CCLR PFCCL

LAW&BUSINESS 法商图书

中国建设工程审裁制度

立法建议与示范规则

常设中国建设工程法律论坛第十八工作组 著

法律出版社 | LAW PRESS

北京

图书在版编目(CIP)数据

中国建设工程审裁制度：立法建议与示范规则 / 常设中国建设工程法律论坛第十八工作组著. -- 北京：法律出版社，2024

ISBN 978-7-5197-8894-0

Ⅰ. ①中… Ⅱ. ①常… Ⅲ. ①建筑法-审判-制度-研究-中国 Ⅳ. ①D922.297.4

中国国家版本馆CIP数据核字(2024)第039828号

中国建设工程审裁制度
——立法建议与示范规则
ZHONGGUO JIANSHE GONGCHENG SHENCAI ZHIDU
—LIFA JIANYI YU SHIFAN GUIZE

常设中国建设工程法律论坛第十八工作组 著

责任编辑 慕雪丹 章 雯
装帧设计 汪奇峰 鲍龙卉

出版发行 法律出版社
编辑统筹 法商出版分社
责任校对 赵明霞
责任印制 胡晓雅
经 销 新华书店

开本 710毫米×1000毫米 1/16
印张 24.5 字数 398千
版本 2024年5月第1版
印次 2024年5月第1次印刷
印刷 天津嘉恒印务有限公司

地址：北京市丰台区莲花池西里7号(100073)
网址：www.lawpress.com.cn
投稿邮箱：info@lawpress.com.cn
举报盗版邮箱：jbwq@lawpress.com.cn

销售电话：010-83938349
客服电话：010-83938350
咨询电话：010-63939796

书号：ISBN 978-7-5197-8894-0 定价：99.00元
凡购买本社图书，如有印装错误，我社负责退换。电话：010-83938349

常设论坛第十八工作组成员

姓　名	工作单位	职　务
召集人		
孙　巍	北京市中伦律师事务所	合伙人
汤　雷	上海市锦天城（南京）律师事务所	合伙人
成　员(以姓氏拼音为序)		
陈　杰	北京大成（济南）律师事务所	高级合伙人
程钦林	深圳国际仲裁院	案件管理处助理法律顾问
范佳煜	上海国际经济贸易仲裁委员会/上海国际仲裁中心	研究部副部长
黄一文	上海仲裁委员会	合作发展部部长
乐　鹏	陕西丰瑞律师事务所	律师 知识产权法律专业委员会主任
李洪远	中铁十五局集团有限公司	法规部副总经理
李　佳	上海中建海外发展有限公司	副总法律顾问
林　菁	深圳国际仲裁院	案件管理处副法律顾问
林君瑞	新加坡立杰律师事务所驻上海代表处	国际法律顾问
刘　波	北京德和衡（广州）律师事务所	联席合伙人，涉外法律服务中心总监
刘　红	西安仲裁委员会	仲裁研究中心主任
刘　洋	广州仲裁委员会	业务发展部主管秘书 建设工程专业委员会副秘书长
卢安龙	上海市建纬（贵阳）律师事务所	主任
吴永定	常州仲裁委员会	（办公室）仲裁事务一处处长
徐丹丹	合肥仲裁委员会	案件服务中心负责人
徐之和	上海国际经济贸易仲裁委员会/上海国际仲裁中心	研究部部长
杨晓鹏	中国中铁股份有限公司	法律合规部高级经理
于丽玲	南京仲裁委员会	办公室国际仲裁部 （网络仲裁部）副部长
赵　爽	中国国际经济贸易仲裁委员会上海分会	秘书长助理
朱若菡	上海仲裁委员会	研究工作部副部长
朱永超	独立仲裁员	
秘　书		
吴子豪	北京市中伦律师事务所	实习律师
郭胜男	上海市锦天城（南京）律师事务所	律师助理

常设论坛第六届主席会议成员

（按轮值顺序排序）

姓　名	主席会议任职	工作单位	职　务
陆春玮	轮值主席	上海仲裁委员会	副主任、秘书长
王唯骏	轮值主席	上海国际经济贸易仲裁委员会 上海国际仲裁中心	秘书长
张光宏	轮值主席	宁波仲裁委员会	副主任、秘书长
谷　岩	副主席	中国国际经济贸易仲裁委员会	仲裁院副院长
陈福勇	副主席	北京仲裁委员会/北京国际仲裁中心	副秘书长
安　欣	副主席	深圳国际仲裁院	副院长
于　涛	副主席	石家庄仲裁委员会／石家庄国际仲裁院	副秘书长
王天喜	副主席	广州仲裁委员会	副主任
徐文新	轮值副主席	西安仲裁委员会	副主任、秘书长
徐　芳	轮值副主席	合肥仲裁委员会	副主任、秘书长

常设论坛专家咨询委员会委员

（除特别注明外按姓名首字母排序）

姓　名	工作单位	职　务
Mohamed S. Abdel Wahab	ICC Governing Body for Dispute Resolution Services	Vice-Chair
（联席主席）	埃及Zulficar & Partners 律师事务所	创始合伙人
辛正郁（联席主席）	北京市天同律师事务所	合伙人
Alexis Mourre	Mourre Gutierrez Chessa Arbitration律师事务所	创始合伙人、独立仲裁员
Anthony Houghton SC	香港德辅大律师事务所	资深大律师
Michael David Kuper SC	南非仲裁基金会	主席
Michael E. Schneider	瑞士仲裁协会	荣誉主席
	瑞士 LALIVE 律师事务所	创始合伙人
Jakob Ragnwaldh	斯德哥尔摩商会仲裁院	副主席
	瑞典MannheimerSwartling律师事务所	合伙人
Jeremy Nicholson QC	英国 4 Pump Court 出庭律师事务所	御用大律师
John Bishop	仲裁事务所（Arbitration Chambers）	独立仲裁员
Nikolaus Pitkowitz	维也纳国际仲裁中心	主席
	Nikolaus & Partners 律师事务所	创始合伙人
Sarah Grimmer	Twenty Essex大律师事务所	独立仲裁员
Sir Vivian Ramsey	新加坡国际商事法庭	法官
Stavros Brekoulakis	英国伦敦玛丽女王大学	教授
Tony Dymond	美国德普律师事务所	合伙人
VK Rajah SC	新加坡Duxton Hill Chambers	资深大律师

常设论坛秘书长会议成员

姓　名	秘书长会议任职	工作单位	职　务
孙　巍	秘书长	北京市中伦律师事务所	合伙人
贾　珅	秘书长	中国国际经济贸易仲裁委上海分会	秘书长
张皓亮	副秘书长	北京仲裁委员会/北京国际仲裁中心	业务拓展（国际案件）处处长
黄郭勇	副秘书长	深圳国际仲裁院	国际合作与发展处处长 江门中心（江门仲裁委员会）主任
游奕清	副秘书长	石家庄仲裁委员会/石家庄国际仲裁院	业务一部副部长
江　岚	副秘书长	广州仲裁委员会	国际仲裁部部长
韦龙艳	副秘书长	上海仲裁委员会	上海建设工程仲裁院秘书长
徐之和	副秘书长	上海国际经济贸易仲裁委员会/ 上海国际仲裁中心	研究部部长
黄震宇	副秘书长	宁波仲裁委员会	秘书处副主任
刘　红	轮值副秘书长	西安仲裁委员会	仲裁研究中心主任
刘小成	轮值副秘书长	合肥仲裁委员会	副秘书长

序　言

常设中国建设工程法律论坛第十八工作组(以下简称第十八工作组)成立于2023年1月,旨在调研建设工程领域审裁制度在中国的立法与实务应用可行性。在持续深入调研、广泛开展交流讨论、不断完善文稿的基础上,第十八工作组撰写了《中国建设工程审裁制度——立法建议与示范规则》(以下简称本书),以期推动审裁制度在中国的立法进程与实践运用。

工程款久拖不结一直是建设工程领域的顽疾,建筑企业应收账款居高不下,对建筑行业和中小企业在国民经济中发挥积极作用造成了负面影响。近年来,虽然从中央到地方的各级政府均力图推行建设工程过程结算,并出台多项保障中小企业的付款措施,试图缓解实践中广泛存在的应收工程款拖欠问题,但其成效仍显不足。此外,建设工程诉讼、仲裁案件的审理期限较长、成本较高、对抗性较强,不利于维系当事人之间的长期合作关系。面对建设工程领域的欠款纠纷,传统的争议解决方式亦显得捉襟见肘。

为应对这一难题,部分域外立法通过确立审裁(adjudication)这一纠纷解决机制,实现了快速解决付款纠纷的目的。参照联合国国际贸易法委员会于2022年1月27日发布的《解决商事争议:审裁》(*Settlement of Commercial Disputes*: *Adjudication*)一文中的定义,审裁是指这样的一种机制:当事人可以将争议提交独立和公正的第三方,然后要求第三方在听取双方陈述后,在严格限定的短期时限内作出决定。这一决定具有临时约束力与强制执行力,但不具有终局性,可以被嗣后的仲裁、诉讼结果推翻。审裁制度的特殊性在于,其在性质上属于一种中期性争议解决(interim dispute resolution)机制,审裁员仅处理价款争议,而不解决可能涉及的工期延误、工程质量等纠纷。当事人可以就审裁事项另行提起诉讼或仲裁,审裁决定书中的相应审裁事项也将被后续生效法律文书所取代,不再具有法律效力。不过,在审裁决定被推翻前,审裁决定具有临时约束力,若当事人一方不履行,另一方可以申请法院强制执行。正因审理范围受到限定,使得审裁员能在较短时限内对付款争议作出决定,审裁制度也由此得以发挥快速解决付款纠纷的功能。

目前,英国、澳大利亚、新西兰、新加坡等英美法系国家均已通过立法建立了付款保障与审裁制度,为建设工程领域内的付款纠纷提供了新的解决路径并已取得良好成效。在我国大力推行建设工程过程结算、保障中小企业款项支付以及多元化纠纷解决体系建设不断深化的大背景下,第十八工作组针对境内外审裁制度立法以及我国实践情况进行了充分调研与分析,并将若干研究成果汇总、编撰成本书,意在为改善建筑行业生态、推动国民经济健康发展提供助力。

本书约30万字,共分为上下两篇,其中上篇为立法研究篇,下篇为实践调研篇。在立法研究篇中,本书分4章依次介绍了"建筑业付款保障与审裁法"共计36条的立法建议草案及其条文释义,审裁制度在深圳市、浦东新区、海南自贸港先行立法的可行性研究,以及审裁制度的地区研究报告,旨在推动审裁制度在立法层面的落地。在实践调研篇中,本书主要介绍了《建设工程争议审裁示范规则》共计43条的规则条文及其理解与适用,以及中国建筑业适用审裁制度的调研报告,以期设计出一套在实践中能够运行良好、简便快捷的建设工程争议审裁程序。

自2023年1月成立以来,第十八工作组先后在深圳、上海、西安、合肥召开了五次线下工作例会,并通过网络会议的形式陆续召开了十余次成员会议,不断完善研究成果。2023年10月,常设论坛课题委员会对调研成果组织了评审并提出大量宝贵意见。2023年11月,调研工作顺利完成。囿于时间与精力所限,本书仍然存在一定的进步空间。欢迎广大读者提出宝贵建议,我们将虚心受教,并根据反馈情况对本书作出进一步的完善和修订。

本书的成稿仰赖第十八工作组专业造诣深厚的前法官、律师、企业法务专家、仲裁员、仲裁机构代表的无私奉献。在此,我们隆重介绍第十八工作组的全体成员,他们是:

召集人:

孙　巍　北京市中伦律师事务所合伙人

汤　雷　上海市锦天城(南京)律师事务所合伙人

成　员(以姓氏拼音为序):

陈　杰　北京大成(济南)律师事务所高级合伙人

程钦林　深圳国际仲裁院案件管理处助理法律顾问
范佳煜　上海国际经济贸易仲裁委员会(上海国际仲裁中心)研究部副部长
黄一文　上海仲裁委员会合作发展部部长
乐　鹏　陕西丰瑞律师事务所律师,知识产权法律专业委员会主任
李洪远　中铁十五局集团有限公司法规部副总经理
李　佳　上海中建海外发展有限公司副总法律顾问
林　菁　深圳国际仲裁院案件管理处副法律顾问
林君瑞　新加坡立杰律师事务所驻上海代表处国际法律顾问
刘　波　北京德和衡(广州)律师事务所联席合伙人,涉外法律服务中心总监
刘　红　西安仲裁委员会仲裁研究中心主任
刘　洋　广州仲裁委员会业务发展部主管秘书,建设工程专业委员会副秘书长
卢安龙　上海市建纬(贵阳)律师事务所主任
吴永定　常州仲裁委员会(办公室)仲裁事务一处处长
徐丹丹　合肥仲裁委员会案件服务中心负责人
徐之和　上海国际经济贸易仲裁委员会(上海国际仲裁中心)研究部部长
杨晓鹏　中国中铁股份有限公司法律合规部高级经理
于丽玲　南京仲裁委员会办公室国际仲裁部(网络仲裁部)副部长
赵　爽　中国国际经济贸易仲裁委员会上海分会秘书长助理
朱若菡　上海仲裁委员会研究工作部副部长
朱永超　独立仲裁员

秘　书:

吴子豪　北京市中伦律师事务所实习律师
郭胜男　上海市锦天城(南京)律师事务所律师助理

第十八工作组全体成员慷慨无私地付出了大量精力和时间,在此对他们的贡献与努力致以崇高敬意和衷心感谢!

此外,还要感谢常设论坛的成员、观察员和建设工程法律界的众多同仁对第十八工作组给予的热情帮助和真诚鼓励。感谢深圳国际仲裁院、上海国际经济贸易仲裁委员会(上海国际仲裁中心)、西安仲裁委员会、合肥仲裁委员会、上海仲裁委员会(按线下会议召开时间排序)为召开工作组会议提供的有力保障。感谢法律出版社法商分社社长薛晗女士和责任编辑慕雪丹女士、章雯女士对本书的审校

与出版工作提供的大力支持。第十八工作组成果凝聚着工作组成员和无数行业同仁的智慧、汗水与情怀。

法律之路漫漫，我们将始终心怀感激，踔厉奋发，笃行不怠！

孙　巍

常设中国建设工程法律论坛秘书长

《中国建设工程法律评论》主编

2024年3月1日

全称、简称对照表

一、法律、司法解释

全　　称	简　　称
《中华人民共和国立法法》	《立法法》
《中华人民共和国民法典》	《民法典》
《中华人民共和国民事诉讼法》	《民事诉讼法》
《中华人民共和国刑事诉讼法》	《刑事诉讼法》
《中华人民共和国海南自由贸易港法》	《海南自由贸易港法》
《中华人民共和国外商投资法》	《外商投资法》
《中华人民共和国仲裁法》	《仲裁法》
《中华人民共和国行政强制法》	《行政强制法》
《中华人民共和国人民调解法》	《人民调解法》
《中华人民共和国证券法》	《证券法》
《中华人民共和国保守国家秘密法》	《保守国家秘密法》
《中华人民共和国电子签名法》	《电子签名法》
《最高人民法院关于适用〈中华人民共和国民事诉讼法〉的解释》	《民诉法解释》

二、相关规则与文件

全　　称	简　　称
《北京仲裁委员会建设工程争议评审规则》	《北仲规则》
《中国国际经济贸易仲裁委员会建设工程争议评审规则》	《贸仲规则》
《建设工程争议审裁示范规则》	《示范规则》
《武汉建设工程争议评审规则》	《武汉规则》

续表

全　称	简　称
《泰州市建设工程争议评审规则》	《泰州规则》
《马鞍山建设工程争议评审规则(试行)》	《马鞍山规则》
《常州建设工程争议评审规则(试行)》	《常州规则》
《香港国际仲裁中心审裁规则》	《港仲规则》
《新加坡调解中心审裁规则》	《新调规则》
《亚洲国际仲裁中心审裁规则与程序》	《亚仲规则》
《德国仲裁院审裁规则》	《德仲规则》
国际律师协会《国际仲裁中的利益冲突指南》	IBA《利冲指南》
《技术与工程法庭指南》	TCC Guide
《新加坡调解中心审裁员行为准则》	《行为准则》
《新加坡调解中心审裁员纪律守则》	《纪律守则》
《中华人民共和国标准施工招标文件》	《标准施工招标文件》

三、其他

全　称	简　称
深圳经济特区	深圳市
上海市浦东新区	浦东新区
海南自由贸易港	海南自贸港
联合国国际贸易法委员会	联合国贸法会
中国国际经济贸易仲裁委员会	贸仲
北京仲裁委员会	北仲
上海仲裁委员会	上仲
上海国际经济贸易仲裁委员会	上国仲
石家庄仲裁委员会	石仲
南京仲裁委员会	南仲
武汉仲裁委员会	武仲
西安仲裁委员会	西仲
宁波仲裁委员会	甬仲

续表

全　称	简　称
常州仲裁委员会	常仲
香港国际仲裁中心	港仲
香港建筑工程行业协会	CIC
新加坡调解中心	新调
亚洲国际仲裁中心	亚仲
德国仲裁院	德仲
常设中国建设工程法律论坛	常设论坛
常设中国建设工程法律论坛第十八工作组	工作组
中国建设工程造价管理协会工程造价纠纷调解工作委员会	中价协调解委员会
英国技术和工程法庭	TCC 法庭
争议解决顾问	DRA
《2015 年咨询文件附录 A“建议模式:香港的付款保障条例”》	《2015 年付款保障条例建议》
《2021 年第 6 号技术通告附件 A“付款保障框架”》	《2021 年付款保障框架》
《摩洛哥 – 意大利投资保护协定》	《摩意 BIT》
《关于解决国家与其他国家国民之间投资争端公约》	《ICSID 公约》
考试和持续专业发展计划	CPD
国际商会	ICC
国际咨询工程师协会	FIDIC

主要词汇对照表

一、域外法律、法规及其他文件

英文全称	中文全称
UNCITRAL Model Law on International Commercial Arbitration	《联合国国际贸易法委员会国际商事仲裁示范法》
Housing Grants, Construction and Regeneration Act 1996	英国 1996 年《房屋补助金、建设和重建法案》
the Scheme for Construction Contracts (England and Wales) Regulations 1998	英国 1998 年《建设工程合同(英格兰及威尔士)法规》
the Scheme for Construction Contracts (Scotland) Regulations 1998	英国 1998 年《建设工程合同(苏格兰)法规》
Local Democracy, Economic Development and Construction Act 2009	英国 2009 年《地方民主、经济发展和建筑法案》
Building and Construction Industry Security of Payment Act 1999	澳大利亚新南威尔士州 1999 年《建筑业付款保障法》
Supreme Court Rules 2000	澳大利亚塔斯马尼亚州 2000 年《最高法院规则》
Building and Construction Industry Security of Payment Act 2002	澳大利亚维多利亚州 2002 年《建筑和施工行业付款保障法》
Building and Construction Industry Security of Payment Act 2004	澳大利亚昆士兰州 2004 年《建筑和施工行业付款保障法》
Construction Contracts Act 2004	澳大利亚西澳大利亚州 2004 年《建设工程合同法案》
Construction Contracts (Security of Payments) Act 2004	澳大利亚北领地区 2004 年《建设工程合同(付款保障)法》

续表

英文全称	中文全称
Construction Contracts Regulations 2004	澳大利亚西澳大利亚州2004年《工程合同法规》
Building and Construction Security of Payment Act 2009	澳大利亚南澳大利亚州、塔斯马尼亚州、首都地区2009年《建筑和施工行业付款保障法》
Building and Construction Industry Security of Payment Amendment (Retention Money Trust Account) 2014	澳大利亚新南威尔士州2014年《建筑业付款保障法(质保金信托账户)修正案》
Building and Construction Industry (Security of Payment) Regulations 2022	澳大利亚西澳大利亚州2022年《建筑业(付款保障)条例》
Building Services (Complaint Resolution and Administration) Act 2011	澳大利亚西澳大利亚州2011年《建筑服务(投诉解决与管理)法》
Building Control Act 1989	新加坡1989年《建筑控制法》
Building and Construction Industry Security of Payment Act 2004	新加坡2004年《建筑业付款保障法》
Building and Construction Industry Security of Payment Regulations 2005	新加坡2005年《建筑业付款保障条例》
Workers' Protection and Contractors' Lien Act 1939	新西兰1939年《工人保护和承包商留置权法》
Construction Contract Act 2002	新西兰2002年《建设工程合同法》
Construction Contracts Regulations 2003	新西兰2003年《建设工程合同条例》
Weathertight Homes Resolution Services Act 2006	新西兰2006年《住宅密闭性争议解决服务法》
Construction Industry Payment and Adjudication Act 2012	马来西亚2012年《建筑业付款及审裁法》
Technical Circular, No. 6/2021	《第6号技术通告》
Conditions of Contract for Work of Civil Engineering Construction 2011	国际咨询工程师联合会2011年《土木工程施工分包合同条件》
Conditions of Contract for Plant and Design – Build 2019	国际咨询工程师联合会2019年版《生产设备和设计—施工分包合同条件》
2022 Construction Adjudication in the United Kingdom: Tracing Trends and Guiding Reform	《2022年英国工程争议审裁报告》

二、相关主体

英文全称	中文全称
Construction Industry Council	香港建筑工程行业协会
Disciplinary Appeals Tribunal	纪律上诉庭
Disciplinary Investigation Committee	纪律调查委员会
King's College London	伦敦国王学院
Preliminary Review Committee	初步审查委员会
Professional Conduct Panel	专业操守专家委员会
the Adjudication Society	争议评审协会
United Nations Commission on International Trade Law	联合国国际贸易法委员会
Weathertight Homes Tribunal	密闭性住宅审裁庭

三、其他

英文全称	中文全称
Adjudication Application	审裁申请
Adjudication Claim	审裁请求书
Adjudication Qualification	审裁资格
Adjudicator Nomination Body/Prescibed Appointor	审裁员指定机构
Authorized Nominating Body	授权指定机构
Charging Order	押记令
Construction Contracts	(建设)工程合同
Continual Professional Development	考试和持续专业发展计划
Dispute Resolution Advisor	争议解决顾问
Dispute Resolution Board	争议解决委员会
Dispute Settlement Period	争议和解期
Engineering and Construction Contract	工程与建筑合同
Extention of time	工期顺延

续表

英文全称	中文全称
Jurisdictional Error	管辖权错误
Liquidated Damages	误期损害赔偿
Non – jurisdictional Error /an Error of Law on the Face of the Record	非管辖错误/记录存在法律错误
Notice of Acceptance	接受指定通知书
Notice of Adjudication	审裁通知
Nominating Body	指定机构
Pay When Paid and Pay If Paid Provision	“背靠背”支付条款
Payment Claim	付款请求
Payment Disputes	付款争议
Payment Response	付款答复
Payment Schedule	付款计划
Preliminary Review Committee	初步审查委员会
Progress Payment/Stage Payment	阶段性付款
Reply to Response to Adjudication Claim	关于审裁答辩书的回复
Response to the Adjudication Claim	审裁答辩书
Scheduled Amount	计划付款额
Security of Payment Framework	付款保障框架
Security of Payment Legislation	付款保障制度
Supporting Statement	附加申明

目　　录

上篇
立法研究篇

第一章　“建筑业付款保障与审裁法”立法建议草案 / 3
第一节　“建筑业付款保障与审裁法”立法草案说明 / 3
第二节　“建筑业付款保障与审裁法”立法建议草案 / 5

第二章　“建筑业付款保障与审裁法”条文释义 / 13

第三章　审裁制度在深圳市、浦东新区、海南自贸港先行立法的可行性研究 / 80
第一节　审裁制度在深圳市立法的可行性研究 / 80
第二节　审裁制度在浦东新区立法的可行性研究 / 93
第三节　审裁制度在海南自贸港立法的可行性研究 / 99

第四章　审裁制度的地区研究报告 / 107
第一节　英国审裁制度 / 107
第二节　澳大利亚审裁制度 / 127
第三节　新加坡审裁制度 / 152
第四节　新西兰审裁制度 / 174
第五节　我国香港地区审裁制度 / 190

下篇
实践调研篇

第一章 《建设工程争议审裁示范规则》/ 205
第一节 《建设工程争议审裁示范规则》起草说明 / 205
第二节 《建设工程争议审裁示范规则》条文 / 215

第二章 《建设工程争议审裁示范规则》的理解与适用 / 226

第三章 中国建筑业适用审裁制度的调研报告 / 287
前言 / 287
第一节 调研背景与内容 / 287
第二节 调研对象与方法 / 294
第三节 中国域内建筑业审裁实践现状与分析 / 297
第四节 域内外实践与规则对比:对核心问题的回应 / 349
第五节 审裁立法和规则制定的建议 / 373

上篇　立法研究篇

第一章 “建筑业付款保障与审裁法”立法建议草案

第一节 “建筑业付款保障与审裁法”立法草案说明

工程款久拖不结一直是我国建设工程领域的顽疾。2020 年,全国 103,805 家建筑企业应收工程款共计 60,013 亿元。其中,属于中小型建筑企业的共 101,000 家,占比约 97% 。[①] 实际上,不仅中小型建筑企业普遍面临着工程款拖欠难题,许多大型建筑企业也因难以及时收回工程款等而导致资金链断裂,被迫走向破产重整或清算。[②] 然而,建筑业是国民经济的支柱产业,中小企业亦是国民经济发展的主力军。2017 年至今,建筑业总产值占国内生产总值的比例始终保持在 6.85% ,[③]而中小企业对国内生产总值的贡献率亦高达 60% 以上,[④]两者均对国民经济的发展具有重要的推动作用。如若对工程款欠付问题放任不管,必将损及建筑业以及中小企业在国民经济中的地位与作用,不利于国民经济与建筑业市场的良性发展。

近年来,虽然从中央到地方各级政府均力图推行建设工程过程结算,并出台

---

① 参见国家统计局固定资产投资统计司编:《中国建筑业统计年鉴:2020》,中国统计出版社 2020 年版,第 8、29 页。

② 例如,2022 年 2 月 13 日,江苏南通六建建设集团有限公司被法院裁定受理破产重整。2021 年 12 月 22 日,苏中建设集团股份有限公司被申请进行破产清算。2022 年 4 月 1 日,江苏南通三建集团股份有限公司组建金融机构债权委员会,拟进行债务重组。

③ 参见国家统计局数据统计,载国家统计局 2022 年 12 月 27 日,http://www.stats.gov.cn/。

④ 参见人民日报:《充分激发中小企业发展活力》,载中华人民共和国中央人民政府网,http://www.gov.cn/zhengce/2019-04/17/content_5383624.htm。

多项保障中小企业款项支付的措施,[①]试图缓解实践中广泛存在的应收工程款拖欠问题,但其成效仍显不足。面对建设工程领域的欠款纠纷,传统的争议解决方式亦显得捉襟见肘。具体而言,建设工程诉讼、仲裁案件的审理期限较长,成本较高,对抗性较强,不仅无法实现纠纷的快速化解,亦不利于维系当事人之间的长期合作关系。此外,业主或承包商等上游企业往往占据着优势的谈判地位,而施工企业的话语权较弱,双方亦难以通过和解或调解的方式协商一致解决纠纷,和解或调解活动也可能因双方陷入谈判僵局而久拖不决。

实际上,建设工程领域内频发的欠款问题以及传统争议解决方式对该问题的"失灵"并非中国所面临的特殊难题。在交易结构为长期合作、分期付款的建设工程合同中,付款迟延是建筑企业所面临的一项固有风险,亦是各国都需要解决的一个具有普遍性的问题。在这一方面,部分域外立法已进行了有针对性的创新和实践,其中最为突出的是通过审裁(adjudication)制度快速解决建设工程合同当事人之间的付款争议。

审裁是指当事人将争议提交给一个独立、中立的第三方,该第三方需要在严格限定的短期时间内并在了解双方意见的基础上作出决定。审裁决定具有临时约束力,但不具有终局性,可以被嗣后的法院判决或仲裁裁决所推翻。[②] 虽然审裁决定不具有终局性,但在审裁决定被推翻前,当事人应遵照决定的内容履行义务,否则另一方可以请求法院执行审裁决定。实践研究成果显示,审裁制度在纠纷快速化解方面能够发挥显著作用,有助于快速解决建设工程领域内的欠款难题。[③]

目前,英国、澳大利亚、新西兰、新加坡等国均已通过立法确立了建设工程领域的审裁制度。然而,就我国而言,目前立法层面尚未规定类似的争议解决机制

① 过程结算,是指工程项目实施过程中,发承包双方依据施工合同,对结算周期内完成的工程内容(包括现场签证、工程变更、索赔等)开展工程价款计算、调整、确认及支付等的活动。关于过程结算,中央政府的文件主要包括《建设工程价款结算暂行办法》(财建〔2004〕369号)和《关于完善建设工程价款结算有关办法的通知》(财建〔2022〕183号);地方政府有代表性的文件包括2019年广东省住房和城乡建设厅《关于房屋建筑和市政基础设施工程施工过程结算的若干指导意见》等。

此外,2020年7月5日,国务院发布《保障中小企业款项支付条例》(国务院令第728号),旨在促进机关、事业单位和大型企业及时支付中小企业款项,维护中小企业合法权益,优化营商环境。

② See *Settlement of Commercial Disputes: Adjudication, Note by the Secretariat*, UN General Assembly Document A/CN. 9/WG. II/WP. 225, 27 January 2022, para. 6.

③ See Adjudication Society, 2022 *Construction Adjudication in the United Kingdom: Tracing trends and Guiding Reform*, the Centre of Construction Law & Dispute Resolution, King's College London, 2022.

可供当事人选择适用，建设工程领域的付款争议缺乏及时有效的化解手段。

党的十八届四中全会通过了《中共中央关于全面推进依法治国若干重大问题的决定》，指出我国要健全社会矛盾纠纷预防化解机制，完善多元化纠纷解决机制。2019 年，习近平总书记在中央政法工作会议上明确提出要“把非诉讼纠纷解决机制挺在前面”。[①] 考虑到建设工程领域欠款纠纷频发的现实情况，以及传统争议解决方式对欠款问题的解决并不具备优势的制度现状，未来我国亟须在立法层面落实对建筑企业的付款保障，并设计出一套能够与付款保障相适配的多元化争议解决机制。

综上，在我国大力推行建设工程过程结算、保障中小企业款项支付以及多元化纠纷解决体系建设不断深化的大背景下，工作组通过对域外审裁制度立法及我国实践情况进行充分调研与分析，形成了“建筑业付款保障与审裁法”立法建议草案。草案主要规定了与审裁相关的程序性事项、审裁决定的效力及审裁决定的执行等内容，旨在规范建设工程合同价款的支付行为，及时公正解决建设工程领域内的付款纠纷，保障建筑行业参与方的合法权益，维护建筑市场秩序，从而实现改善建筑行业生态以及推动国民经济健康发展的目标。立法建议草案具体内容详见本章第二节。

第二节　“建筑业付款保障与审裁法”立法建议草案

第一条　目的

为规范建设工程合同及相关材料、设备的买卖、服务合同价款支付行为，通过审裁制度及时公正解决建设工程付款纠纷，保障建筑业参与方合法权益，维护建筑市场秩序，制定本法。

第二条　审裁的定义

本法所称的审裁是指审裁庭就建设工程合同及相关材料、设备的买卖、服务合同价款争议作出具有非终局约束力决定的争端解决制度。

---

① 人民法院报评论员：《把非诉讼纠纷解决机制挺在前面》，载中国法院网 2019 年 6 月 14 日，http://www.chinacourt.org/article/detail/2019/06/id/4040990.shtml。

审裁庭是指对建设工程合同及相关材料、设备的买卖、服务合同价款争议作出决定的有建设工程相关经验的一名或者三名中立第三人。

第三条　适用范围

在中华人民共和国境内的建设工程合同及相关材料、设备的买卖、服务合同价款争议,应当适用本法。

本法所称的建设工程,是指土木工程、建筑工程、线路管道、设备安装工程、装修工程及其他相关工程。

本法所称的相关材料、设备的买卖、服务合同,是指与建设工程活动有关的采购、监理等合同。

本法所称的价款争议,是指建设工程合同及相关材料、设备的买卖等合同产生的付款争议,包括建设工程合同预付款、进度款,供货、服务合同分期付款,但不包括结算争议。

第四条　审裁适用范围的负面清单

以下类型合同产生的争议不适用审裁:

(一)内部承包合同;

(二)个人发包的以个人居住为目的的非商业建设工程合同及相关供货、服务合同;

(三)非直接与发包方、总包方及分包方签订的,与建设工程活动相关的货物与服务合同。

合同无效、被撤销或合同权利义务关系已终止的,不适用审裁。

第五条　指定机构

指定机构是指经有关主管部门授权提供审裁员指定及其他审裁辅助服务的机构。指定机构不参与审裁案件的审理。

第六条　审裁员的资格条件

审裁员必须公道正派,并同时满足以下条件:

(一)具有教育行政主管部门认可的国内外大学工程类、工程经济类、法学类或者相近专业大学本科以上学历或取得其他同等专业资格;

(二)从事中国境内建设工程行业相关工作满十年。

指定机构可以设立推荐审裁员名册,并定期为审裁员提供培训。

第七条　审裁庭的管辖权

审裁庭有权就审裁庭的管辖权作出决定。

第八条　申请审裁的主体

有权提起审裁的主体应当是为发包人、承包人、分包人等实施建设工程或者提供相关货物或服务的一方。

第九条　审裁通知

申请人在向指定机构提交并向被申请人发送审裁申请书前,应当向被申请人发送审裁通知。

审裁通知应当载明下列事项:

(一)当事人的名称、地址与联系方式;

(二)将争议提交审裁的意向;

(三)审裁请求和所依据的事实与理由;

(四)对指定机构、审裁员的约定或者建议。

审裁庭应当对申请人是否向被申请人发送审裁通知进行形式审查。

第十条　对审裁通知的回复

被申请人应当自收到审裁通知之日起十日内向申请人发送书面回复。

对审裁通知的回复应当载明下列事项:

(一)被申请人的名称、地址与联系方式;

(二)对审裁请求的回复和所依据的事实与理由;

(三)对指定机构、审裁员的约定或者对申请人建议的回复。

第十一条　审裁申请

被申请人未在本法第十条规定的期限内向申请人发送书面回复,或者虽已发送书面回复但在上述期限内双方仍未解决纠纷的,申请人可以向指定机构提交并向被申请人发送审裁申请书。

审裁申请书应当载明下列事项:

(一)当事人的姓名、住所、联系人、联系方式和联系地址,法人或者其他组织的名称、住所、联系人、联系方式和联系地址以及法定代表人或者主要负责人的姓名、职务;

(二)申请人向被申请人发送的审裁通知以及发送审裁通知的证明文件;

(三)审裁请求和所依据的事实、理由以及证据。

申请人不得在审裁申请书中增加审裁通知载明的审裁请求或者请求金额,或者对审裁请求所依据的事实与理由进行实质性变更。

第十二条　对审裁申请的答辩

被申请人应当自收到审裁申请书之日起十日内向指定机构提交并向申请人发送答辩书。

答辩书应当载明下列事项:

(一)被申请人的姓名、住所、联系人、联系方式和联系地址,法人或者其他组织的名称、住所、联系人、联系方式和联系地址以及法定代表人或者主要负责人的姓名、职务;

(二)对审裁请求的抗辩和所依据的事实、理由以及证据。

审裁庭对被申请人未在审裁通知的回复或者答辩书中提出的抗辩事由不予审查。

被申请人不得在审裁程序中提出反请求。

第十三条　指定机构的选择

指定机构由当事人以书面协议形式选定。当事人无法就指定机构达成一致意见的,由建设工程项目所在地直辖市、设区的市、自治州范围内的指定机构受理。设区的市、自治州范围内不存在指定机构的,由建设工程项目所在地省、自治区范围内的指定机构受理。

当事人以书面协议形式选定或者根据本条第一款规定,两个及以上的机构均可作为指定机构受理当事人争议的,由申请人选定一个指定机构受理。

第十四条　受理后发送

指定机构受理审裁申请后,应当在审裁规则规定的期限内将审裁规则及其规定的材料发送双方当事人。

第十五条　审裁庭的人数

审裁庭由一名或者三名审裁员组成。当事人对审裁庭的人数未约定或者约定不明的,由一名审裁员组成。审裁庭由三名审裁员组成的,设首席审裁员。

第十六条　审裁庭的组成

当事人约定由一名审裁员组成审裁庭的,应当由当事人共同选定。无法共同选定的,由指定机构指定审裁员。

当事人约定三名审裁员组成审裁庭的,应当在申请人向指定机构提交审裁申请书前协商一致选定三名审裁员并选定首席审裁员。未协商一致的，审裁庭由一名审裁员组成，该名审裁员由指定机构指定。

指定机构应当在收到审裁申请书且申请人预缴完毕指定机构管理费后的五日内完成审裁员指定工作，并向各方当事人发送审裁庭组成通知。

审裁庭成立后，指定机构应当及时将审裁相关文件移交给审裁庭。

第十七条　披露和回避

审裁员应当及时披露可能对其公正性或者独立性引起合理怀疑的情形，或者其已不符合审裁员任职资格的情形。

当事人对审裁员的公正性、独立性或者任职资格产生合理怀疑的，可以提出回避申请。

第十八条　回避申请的提出

当事人对审裁员提出回避申请，应当说明理由，在知晓审裁庭组成之日起五日内提出。回避事由在审裁庭组成后得知的，应当在知晓回避事由之日起五日内提出。

回避申请应当书面通知审裁员、指定机构和对方当事人。

第十九条　回避的决定

除非审裁员主动辞任，指定机构应当在当事人提出回避申请之日起五日内书面决定该审裁员是否应当回避。

第二十条　审裁员的替换

若审裁员因回避或者其他原因不能履行职责，应当重新指定或者选定审裁员。

因回避而重新选定或者指定审裁员后，当事人可以请求已进行的审裁程序重新进行，是否准许，由审裁庭决定；审裁庭也可以自行决定已进行的审裁程序是否重新进行。

第二十一条　审裁审理的方式

审裁庭可以征询双方当事人意见并根据案件实际情况，决定以其认为适当的方式进行审理。

第二十二条　不公开审裁

审裁不公开进行。当事人协商一致公开进行的，应当公开进行，但涉及国家秘密或者可能损害第三人利益的除外。

第二十三条　保密

除非对于满足以下条件的文件或者信息，审裁的各参与方不得将审裁决定、审裁过程中涉及的任何其他文件或者信息披露给任何第三方：

（一）所有当事人一致同意披露的，且不涉及国家秘密、不损害第三人利益的文件或者信息；

（二）能够通过合法方式获取的文件或者信息；

（三）为了审裁决定的执行或任何法院或仲裁程序的需要必须披露的文件或者信息；

（四）法律规定必须披露的文件或者信息。

第二十四条　审裁和解

当事人申请审裁后，可以自行和解。达成和解协议的，当事人可以请求审裁庭根据和解协议，就满足本法规定审裁适用范围的事项作出审裁决定，也可以撤回审裁申请。

第二十五条　审裁决定的作出

审裁决定应自审裁庭组成之日起三十日内作出。审裁庭提出延期建议并经双方当事人同意的，可以延期。审裁庭未能在审裁期限内作出审裁决定的，审裁程序终止，但当事人可另行提起审裁。

由三名审裁员组成审裁庭的，审裁决定应当合议进行并按照多数审裁员的意见作出；不能形成多数意见时，审裁决定应当按照首席审裁员的意见作出。不同意见应记入审裁决定书。

审裁庭认为必要的，或者当事人申请并经审裁庭同意的，审裁庭可以就当事人的部分请求事项作出部分审裁决定。

第二十六条　审裁决定书的内容

审裁决定书应当写明审裁请求、查明的案件事实、审裁决定的理由、审裁结果、审裁费用的负担、审裁决定日期和逾期履行的法律后果。根据当事人达成的调解协议或和解协议作出的决定，或者当事人另有约定的，可以不写明有关争议事实、裁决理由。

审裁决定书由审裁员签名。对审裁结果持不同意见的审裁员，可以不签名。

第二十七条　审裁决定书的更正和补充

任何一方当事人均可以在收到审裁决定书之日起十五日内就审裁决定书中

的书写、打印、计算错误,或者其他类似性质的错误,书面申请审裁庭作出更正。如确有错误,审裁庭应当在收到书面申请之日起十五日内作出书面更正。

任何一方当事人均可以在收到审裁决定书之日起十五日内就审裁决定书中遗漏的审裁请求事项,书面申请审裁庭作出补充决定。如确有遗漏,审裁庭应当在收到上述书面申请之日起十五日内作出补充决定。

审裁庭可在作出决定后二十日内,自行以书面形式对审裁决定书进行更正或者作出补充决定。

上述书面更正或者补充决定构成审裁决定书的组成部分。

第二十八条　审裁决定书的效力

审裁决定书自作出之日起发生法律效力,直至审裁事项由人民法院或者仲裁庭另行作出生效裁判。

第二十九条　申请撤销审裁决定书的法定情形

当事人提出证据证明审裁决定书有下列情形之一的,可以向指定机构所在地的中级人民法院申请撤销审裁决定书:

(一)审裁决定书的审裁事项不属于本法规定范围或者超出审裁请求范围的;

(二)审裁员的指定或者审裁程序违反法定程序,足以影响审裁程序公正的;

(三)审裁决定书是通过欺诈取得的;

(四)审裁员在审裁该案时索贿受贿,徇私舞弊。

人民法院经审查有前款规定情形之一的,应当裁定撤销审裁决定书。

第三十条　与撤销审裁决定书相关的期限

当事人申请撤销审裁决定的,应当自收到审裁决定书之日起十五日内提出。

人民法院应当在受理当事人撤销申请之日起三十日内审结。有特殊情况需要延长的,经本院院长批准,可以延长三十日。

第三十一条　审裁决定的执行

当事人应当履行依法作出的审裁决定。一方当事人不履行的,对方当事人可以在收到审裁决定后,向被执行人住所地或者被执行的财产所在地基层人民法院申请执行。

第三十二条　审裁申请时效

申请人应当在争议款项到期之日起六个月内提起审裁申请。申请人在申请时效届满后提起审裁申请的,审裁庭应在查明后予以驳回。

第三十三条　审裁费用

申请人应当依照本法规定缴纳审裁费用。审裁费用包括指定机构管理费、审裁员报酬及其他因第三方服务产生的合理费用。

第三十四条　审裁与其他程序的衔接

当事人可以将建设工程合同下的争议提交有管辖权的人民法院或者仲裁机构解决。

当事人将正在审裁的争议提交人民法院或者仲裁机构的，不影响相关审裁程序的进行。当事人也可以将已经提交人民法院或者仲裁机构的争议申请审裁。

有管辖权的人民法院或仲裁机构就相关争议作出了终局性的判决或者裁决的，就该争议的审裁程序应当终止。

如果一方当事人就审裁决定书申请强制执行，而另一方申请撤销的，该审裁决定书的强制执行程序应当中止，待撤销程序完结后，强制执行程序根据撤销程序的结果而继续进行或终止。

第三十五条　审裁与破产程序

人民法院受理针对审裁申请人或被申请人的破产申请后，该审裁程序应当终止。人民法院受理破产申请后，针对债务人的债权请求根据《破产法》的有关规定处理，债务人也不得依据本法提起针对其债务人的审裁程序。

针对审裁申请人的破产申请已经获得人民法院受理的，该审裁申请人不得依据审裁决定书申请人民法院强制执行，人民法院已经受理执行申请的，应当裁定中止该执行程序。

第三十六条　不合理付款条件无效

建设工程合同中约定付款人履行付款义务以第三人向付款人付款为条件，或者以其他合同的履行为条件的，该约定无效。

第二章 “建筑业付款保障与审裁法”条文释义

第一条 目的

为规范建设工程合同及相关材料、设备的买卖、服务合同价款支付行为，通过审裁制度及时公正解决建设工程付款纠纷，保障建筑业参与方合法权益，维护建筑市场秩序，制定本法。

【条文主旨】

本条是关于立法目的的规定。

【条文理解与适用】

近年来，我国建筑业发展迅速，已经成为推动我国经济发展的重要支柱型产业。建筑企业在扩大社会就业、提供社会服务、增加财政收入等方面均作出了突出贡献。然而，我国建筑业在发展中也存在一些问题和挑战，工程争议的数量、种类、涉及金额不断增加。如何及时公平有效地解决工程相关争议已经成为行业内，甚至影响社会民生发展的重要问题。

2007 年 11 月 1 日，国家发展和改革委员会、原建设部、原信息产业部等 9 部委联合制定了《标准施工招标文件》，在其中第 24 条“争议的解决”部分对争议评审这一机制进行了规定。政府主管部门通过制定统一招标文件，将争议评审制度进行了一定程度的推广。2009 年 7 月 24 日，最高人民法院发布了《关于建立健全诉讼与非诉讼相衔接的矛盾纠纷解决机制的若干意见》，对促进非诉讼纠纷解决机制的发展，完善诉讼活动中多方参与的调解机制，规范和完善司法确认程序以及加强工作管理等方面进行了规定。在司法机关推动健全诉讼与非诉讼相衔接的矛盾纠纷解决机制的背景下，北仲、贸仲、常仲等仲裁机构和行业协会相继发布建设工程争议评审规则。

然而,截至目前,通过争议评审机制解决建设工程争议的例子在实践中十分有限,绝大多数的工程类争议仍然通过传统诉讼、仲裁程序解决。虽然诉讼或仲裁的结果对争议双方具有终局性约束力,但是二者已经无法完全满足建设工程付款纠纷既要求争议得到快速解决,又要求结果可被执行的需求。在此背景下,有必要通过立法规定强制性的法定争议评审制度。

"建筑业付款保障与审裁法"作为我国首部规制建筑业合同价款支付的法律草案,兼具程序和部分实体性内容。立法目的体现了本法主要解决的问题、解决问题的方式以及制定本法的宗旨,具有较强的综合性和概括性。

一、本法主要解决的是建设工程及相关合同的及时付款问题

所谓"支付行为",是指根据建筑业相关合同的约定,负有付款义务的合同一方向施工单位或提供货物和服务的一方支付进度款项的行为。建筑施工企业和相关供应、服务企业处于建筑业产业链中下游,由于建设工程持续时间较长、涉及环节较多,这类企业长期以来都面临着资金垫付压力大、回款难等问题。为解决建筑业参与方,尤其是进行施工或提供相关货物和服务的主体(如承包商、分包商、供应商等)能够及时从上游收回款项,确保其资金链不被切断的问题,制定本法。

二、本法旨在通过法定审裁制度解决付款纠纷

我国传统解决建设工程付款纠纷的方式主要包括谈判、调解、仲裁与诉讼。其中,谈判与调解往往属于软性程序,缺乏司法强制性;一方面,诉讼、仲裁程序已有明确的法律规定体系,其判决或裁决具有终局性约束力;另一方面,由于诉讼审级制度的规定和仲裁一裁终局制的属性,法院或仲裁庭对争议必须进行全面审理,因而无法保证在极快速的情况下作出判决或裁决。虽然争议评审制度在我国已有一定程度上的推广,但考虑到我国相关行业主体缺乏相应争议评审实践,本法将审裁制度作为法定的建设工程付款纠纷的争议解决方式,而非基于合同双方约定的争议解决方式,体现了法律规定的强制性属性。通过本法的制定,凡是符合本法适用范围的建设工程相关合同付款争议,均应首先通过审裁这一高效公正的纠纷解决方式进行解决,审裁庭作出的审裁决定书虽具有非终局性约束力,但可通过强制执行保障当事人的合法权益。

"及时"解决付款纠纷,体现了本法制定审裁制度的立法追求和目的,这也与目前已有审裁立法的其他国家如英国、新加坡、澳大利亚、新西兰等国的立法目的一致。审裁程序的快速性、高效性，体现于本法具体条文的规定中。例如，审裁程序各阶段期限，特别是审裁决定自审裁庭组成之日起 30 个工作日内作出的期限规定，相较诉讼和仲裁的审理期限更短，体现出审裁程序极大的效率优势。“公正”解决付款纠纷，是审裁制度的基本要求。审裁决定书具有司法执行力，审裁程序必须基于公正、平等、合理原则解决双方当事人之间的纠纷。

三、本法制定的宗旨是保障建筑业参与方合法权益，维护建筑市场秩序

近年来，随着我国建筑业的持续发展，建设工程争议数量和种类不断增多，复杂建设工程争议解决的需求逐渐增加，建筑产业链中下游企业的资金压力、人员薪酬和企业生存已经影响到我国社会经济的发展。所谓“合法权益”，是指有权主张价款的建筑施工企业和相关供应、服务企业能够通过法定程序，快速高效解决阶段性付款纠纷，以取得进度款，且不以上游企业先行获得第三方付款为条件的一种权益。本法以我国国情为出发点，规范行业竞争，保障建造活动、建筑服务提供方正当权益，推进资金持续健康流动，以达到维护建筑市场秩序、促进建筑业健康发展的最终目的。

第二条　审裁的定义

本法所称的审裁是指审裁庭就建设工程合同及相关材料、设备的买卖、服务合同价款争议作出具有非终局约束力决定的争端解决制度。

审裁庭是指对建设工程合同及相关材料、设备的买卖、服务合同价款争议作出决定的有建设工程相关经验的一名或者三名中立第三人。

【条文主旨】

本条是关于审裁制度的定义和审裁庭的定义。

【条文理解与适用】

本条分为两款，分别涉及审裁制度的定义和审裁庭的定义。

一、审裁制度的定义

区别于传统的诉讼和仲裁制度，审裁制度是指一种特别的争议解决法律机制，根据这种机制，当事方可以将争议提交独立和公正的第三方，然后要求第三方在听取双方陈述后，在严格有限的时间内作出决定。这一决定可立即予以执行，但可对此通过仲裁或诉讼提出质疑。换句话说，审裁员的决定具有约束力，但不是终局性的，只有在随后没有被质疑、质疑期限已过或质疑失败的情况下，才能获得最终效力。因此，审裁被定性为一种临时解决争议的形式，并被称为一种确保迅速付款并可在以后进行争辩的解决办法。由于这一争议解决工具提供了快速解决合同争议的程序，因此在有效解决建设工程领域的争议方面显示了其效用。本法所称的审裁是针对特定建设工程合同及相关材料、设备的买卖、服务合同价款争议而制定的一项特殊的争端解决制度。审裁制度的主要目的是通过一种高效的争议解决方式，由熟悉建设工程相关行业的专业人士对争议作出决定，从而解决建设工程合同和相关服务合同付款相关争议。本条明确了审裁制度的适用范围和审裁制度的法律约束力。

（一）审裁制度的适用范围

本法规定的审裁适用范围限于涉及建设工程合同以及相关材料、设备的买卖和服务合同的价款争议。首先，非建设工程合同或相关材料、设备的买卖和服务合同不适用法定审裁制度。法定审裁制度是专门针对建筑业的争议解决制度，其他类型的合同，不在这一法定审裁制度的适用范围之内。其次，法定审裁制度仅处理价款争议。建设工程合同可能涉及多种问题，如工程质量、付款事项、工期延误、违约责任等复杂问题，但是，这类争议并不适用于法定审裁制度。设计审裁制度的目的是解决进度款支付问题，从而解决掣肘建筑业健康发展的根本问题，保护建筑业相关权利人的合法权益，促进建筑业健康发展，促进公正和高效地解决相关争议。为了达成以上目的，审裁制度需要的是快速、高效，其本身就不适合处理复杂争议。如果将其他复杂的非价款争议适用审裁制度，则无法在本法规定的时间内完成审裁程序，这与审裁程序设计的本意相违背。

（二）审裁决定的约束力

首先，审裁决定书是具有强制执行力的法律文书。审裁决定书对当事人双方发生法律效力，负有给付义务一方当事人应当按照审裁决定书载明的裁决事项在审裁决定书规定的期限内及时履行相应给付义务；该方不履行给付义务的，相对方可依据生效审裁决定按照本法规定向人民法院申请强制执行。其次，审裁决定具有非终局性约束力，即审裁庭作出的决定虽然对当事人有法律约束力，但可以根据相关法律在后续的仲裁或诉讼程序中被推翻。再次，虽然审裁决定具有非终局性约束力，但是除非被后续仲裁或诉讼程序推翻，审裁决定是可以被强制执行的，即在另一方当事人未提交诉讼或仲裁程序的情况下，审裁程序的一方当事人可以提交审裁决定至相关人民法院要求强制执行该审裁决定。复次,审裁决定仅对当事人双方发生法律效力,不对其他第三人发生效力。法定审裁程序是快速争议解决的程序,基于时效性的要求,需要当事人在较为有限的时间内组织证据,要求审裁员在有限的时间内作出裁决,难以像诉讼程序或仲裁程序一样做到基本事实清楚,因此审裁决定的法律效力不具有普适性,不对当事人以外的第三方发生法律效力。又次,审裁决定不具有既判力。审裁决定中的裁决事项以及基本事实的查明,均不对后续诉讼程序或仲裁程序及其他争议解决程序产生约束力。换言之,当事人双方可以就审裁决定所涉事项另行提起诉讼或仲裁。最后,审裁决定书仅具有临时约束力,一旦审裁决定中的裁决事项被后续诉讼程序或仲裁程序另行决定的,审裁决定书不再具有法律效力。

二、审裁庭的定义

作为审裁程序的组织者和主控者,审裁庭尤为重要。本条第 2 款对审裁庭进行了定义。简单来说,审裁庭是由中立的第三方或者多名第三方组成的组织,其主要职责是处理涉及建设工程合同及相关材料、设备的买卖、服务合同价款争议,并对争议作出决定。首先,建设工程相关争议比较复杂,能处理建设工程相关争议的人员,即审裁庭成员应拥有建设工程领域方面的专业知识和经验,以便能够理解和解决与建设工程合同和材料、设备的买卖、服务合同相关的争议并能够快速作出决定。其次,审裁庭成员必须是中立的第三方,即不属于争议各方的任何一方,也不与任何一方有利害关系,以确保审裁过程的公正性。在中立第三方的问题上,域外各国和地区相关法律均要求审裁庭成员应保持独立性与中立性,故本法在审裁庭成员的中立性要求上参照《仲裁法》关于仲裁员的相关原则和要求,即审裁庭成员应保证独立性与中立性。

第三条　适用范围

在中华人民共和国境内的建设工程合同及相关材料、设备的买卖、服务合同价款争议,应当适用本法。

本法所称的建设工程,是指土木工程、建筑工程、线路管道、设备安装工程、装修工程及其他相关工程。

本法所称的相关材料、设备的买卖、服务合同,是指与建设工程活动有关的采购、监理等合同。

本法所称的价款争议，是指建设工程合同及相关材料、设备的买卖等合同产生的付款争议，包括建设工程合同预付款、进度款，供货、服务合同分期付款，但不包括结算争议。

【条文主旨】

本条是关于本法适用范围的规定。

【条文理解与适用】

“建筑业付款保障与审裁法”的宗旨是通过审裁这一争议解决方式，为建设工程合同下产生的相关付款争议提供快速的解决方式，以促进建设工程合同相关当事方之间就建设工程款项的定期与及时支付，并为建设工程合同下支付款项提供相关救济措施。本条作为本法适用范围的规定，直接决定了相关争议是否能够适用本法，故在制定条文时应足够清晰、明确、确保无歧义，并保证法条的内涵与外延符合立法目的。本条文分为 4 款，分别是本法的适用范围，建设工程的定义，相关材料、设备的买卖、服务合同和建设工程合同的定义与价款争议的定义。

一、适用范围

本条文第 1 款是对“建筑业付款保障与审裁法”的适用范围的规定。在制定时主要考虑 3 个部分：争议适用类型、地域管辖范围、法律的强制性适用。

（一）争议适用类型

在制定本条时，首先需要确定的是哪些争议可以适用本法。根据本法第 2 条关于审裁定义的规定，通过审裁方式解决建设工程合同及相关买卖、服务合同价款争议适用本法，但由于建设工程合同及相关买卖、服务合同价款争议的定义比较复杂，故本法以后续第 2 款至第 4 款的方式进行分项定义。

（二）地域管辖范围

本法规定在中华人民共和国境内的争议适用本法，通过限定地域管辖范围的方式明确了建设工程活动相关争议的范围与本法的管辖范围，即只有在中华人民共和国境内的争议应强制适用本法，不在中华人民共和国境内的争议不强制适用。

在地域管辖范围方面，现有相关付款保障和审裁法案的相关法域对其有不同规定。新加坡 2004 年《建筑业付款保障法》规定新加坡境内的建设工程项目适用新加坡《建筑业付款保障法》，但是也特别列明了以下几种特殊情况：第一，在新加坡以外进行的建设工程项目不适用;第二,根据新加坡法律设立的法人组织为新加坡境外的建设工程项目的部分工作而在新加坡进行的预制合同同样适用;第三,新加坡境内的建设工程项目,无论其相关预制合同是否在新加坡境内进行均适用。新西兰2002年《建设工程合同法》规定只要在新西兰进行的与建筑工程有关的项目均适用新西兰2002年《建设工程合同法》。西澳大利亚州2021年《建筑业(付款保障)法》规定了在西澳大利亚州以外进行的建设工程项目不适用2021年《建筑业(付款保障)法》,并且明确以州境作为区分标准。

为了明确本法的适用范围,并尽量避免与其他法律,特别是境外法律的冲突,本条在制定时采用限缩原则,即只有与建设工程有关的相关法律关系全部发生在中国境内的,本法才强制适用。故在法条适用时需要注意以下几种情况:第一,项目在中国境外,与建设工程有关的合同发生在中国境内,在此情况下本法不强制适用;第二,主体均为中国当事人,项目在中国境外,即使其他建设工程有关的其他服务合同全部发生在中国境内的,本法也不适用。

(三)法律的强制性适用

条文明确说明符合争议类型和地域范围的建设工程相关争议应当适用本法,明确了本法在符合前述争议类型和项目地域要求的前提下的强制性适用。综观有相关付款保障和审裁立法的国家,关于相关付款保障和审裁法案是否为强制性适用,基本上采用全部法定适用模式或部分法定适用模式。全部法定适用模式,例如英国、新西兰、新加坡等国立法例,规定所有符合条件的相关争议,必须采用审裁方式解决争议;而部分法定适用模式,例如澳大利亚等国立法例,明确审裁制度可以适用于建设工程合同,但适用范围限于建设工程合同中的某一类或某几类争议。

本条文采取全部法定适用模式,其背后逻辑是,如果审裁不是法定程序,那么相关法律适用性就无法得到保证;另外,如果运用部分法定适用模式,那么是否法定或可约定就成了另外一个争议焦点,这也不利于实现高效、及时解决建筑业相关争议的宗旨。

二、建设工程的定义

本条文第2款是有关建设工程的定义。就建设工程本身而言,本法结合了《建筑法》以及国务院《建设工程质量管理条例》的相关规定,将建设工程明确为土木工程、建筑工程、线路管道、设备安装工程、装修工程及其他相关工程。上述列明的工程类型基本涵盖了建设工程项目的主要类型。相比《建设工程质量管理条例》中建设工程的定义,本法增加了"其他相关工程"的规定。这是为了适应建筑行业不断发展的客观规律,通过设置兜底式条款,确保本法能够有效适用于建筑行业不断发展变化的实践需求。

英国、新加坡、澳大利亚以及新西兰等存在付款保障法案的国家,基本对于建设工程均采用列举式方式进行定义。例如,新加坡 2004 年《建筑业付款保障法》第 3 条规定,"建设工程"是指:(a)建造、改建、修理、恢复、维护、扩建、拆除或拆迁构成或将要构成土地一部分的建筑物或构筑物(无论是否永久性)。(b)建造、改建、修理、恢复、维护、扩建、拆除或拆迁任何形成或将要形成土地一部分的工程,包括墙壁、道路工程、电力线、电信设备、飞机跑道、码头和港口、铁路、内河航道、管道、水库、水管、水井、下水道、工业厂房和用于陆地排水、海岸保护或防御的设施。(c)在任何建筑物、构筑物或工程中安装构成或将要构成土地一部分的装置,包括供暖、照明、空调、通风、供电、排水、卫生、供水或消防以及安全或通信系统。(d)构成(a)、(b)或(c)段所述工程的组成部分或为了筹备或完成上述工作所进行的任何作业,包括:(i)填海造地;(ii)场地清理、土方工程、挖掘、隧道掘进和钻孔;(iii)基础敷设;(iv)架设、维修或拆除脚手架;(v)预制构成任何建筑物、构筑物或工程一部分的部件,无论是现场预制或场外预制;(vi)地盘修复、园林绿化及提供道路及其他通道工程。(e)建筑物、构筑物或工程的外部或内部清洁,只要是在建造、改建、修理、恢复、维护或扩建过程中进行的。(f)粉刷或装饰任何建筑物、构筑物或工程的外表面或内表面。相较于其他国家及地区而言,采用归纳加兜底的立法模式更贴近我国的法律体系,且定义中的土木工程、建筑工程、线路管道、设备安装工程、装修工程基本涵盖域外在立法中列明的各项具体工程,二者无实质意义上的区别。

三、相关材料、设备的买卖、服务合同和建设工程合同的定义

本条文第 3 款是对相关材料、设备的买卖、服务合同的定义,是对本法第 2 条和第 3 条第 1 款的补充说明。相关买卖、服务合同包括采购、验收等相关合同,这是为了将法定审裁程序的保护范围拓展到与建设工程有关的服务领域,确保相关服务主体也能获得本法的保护。

本条文第 4 款所涉及的建设工程合同,是指《民法典》第 788 条所规定的承包人进行工程建设,发包人支付价款的合同,包括工程勘察、设计、施工合同。

从域外立法例来看，英国、新加坡、澳大利亚、新西兰等存在付款保障法案的国家，均将与建设工程有关的服务合同纳入建设工程合同的范围。例如，新西兰2002年《建设工程合同法》规定，该法案的适用范围既包括与实际工程建设开展相关的合同，也包括与工程相关的其他辅助专业合同。英国也规定建设工程合同包括了设计、监理，就建设、室内或室外装修等提供意见的合同，但不包括劳动合同。综上，将与建设工程有关的服务合同纳入建设工程合同的定义范畴，赋予建设工程相关服务企业就服务费提起法定审裁的权利，是国际通行做法，也符合维护建筑市场秩序，促进建筑业健康发展的立法目的。

四、价款争议的定义

"建筑业付款保障与审裁法"规定的审裁制度的适用范围仅限于价款争议，本条第4款明确了本法适用的价款争议的范围。比较各域外法律，新加坡2004年《建筑业付款保障法》、澳大利亚新南威尔士州1999年《建筑业付款保障法》和英国1996年《房屋补助金、建设和重建法案》均明确审裁制度只适用于阶段性付款(Progress Payment/Stage Payment)。由于审裁制度本身的临时性约束力和其高效快速的属性，结算争议和全面的责任索赔计算以审裁制度解决并不现实。但是，阶段性付款不仅针对已完成的施工，带有预付性质的款项、施工过程中的进度款、质保期款项、过程结算款、缺陷通知期内额外的付款也应适用。这里需要注意的是，过程结算款并不属于结算争议，其本质还是价款争议。同时，由于本法条项下的法定审裁制度包括了相关供货和服务合同，故相关合同的分期款项也应适用。

第四条　审裁适用范围的负面清单

以下类型合同产生的争议不适用审裁：

(一)内部承包合同；

(二)个人发包的以个人居住为目的的非商业建设工程合同及相关供货、服务合同；

(三)非直接与发包方、总包方及分包方签订的，与建设工程活动相关的货物与服务合同。

合同无效、被撤销或合同权利义务关系已终止的，不适用审裁。

【条文主旨】

本条规定了不能适用审裁的争议范围，在本法第3条所规定审裁范围的基础上,从反面规定了不适用审裁的情形。

【条文理解与适用】

英国、新加坡、澳大利亚、新西兰等主要国家的付款保障法中基本均规定了不适用审裁的负面清单,但各国是根据其建设工程行业实际情况来设定排除适用审裁的范畴,所以各国立法中的负面清单内容千差万别。总结来看,大多数国家排除适用审裁的主要情形可以分为以下3类:(1)排除特殊类型工程,包括与矿产资源(石油天然气)开采、生产、运输和储存相关的;与隧道或钻探等地下工程相关的;与核处理、发电、废水处理、化学药品、钢铁或食品饮料等生产、运输和储存相关的;与艺术类工程相关的。(2)排除特殊类型合同,包括作为雇员提供建设工程或者相关货物与服务的合同;与贷款协议、担保协议和保险协议相关的建设工程合同。(3)排除特殊状态下的合同,包括已终止的合同。

域外对建设工程范围的把握尺度不一致,因此,域外在立法中排除的工程类型差异较大。鉴于本法第3条已对建设工程给出了明确定义,上述其他法域排除的特殊工程类型,可以其是否归入本法中建设工程的定义范畴来判断是否适用审裁,因此本条负面清单对域外实践不予处理。在参考上述域外立法和域内建设工程行业实际情况的基础上,本法拟从特殊类型合同和特殊状态下的合同两个角度考虑排除适用审裁的范围。

一、本条第1款首先明确了以下3种特殊类型的合同不适用审裁

(一)内部承包合同

本法中的内部承包,指的是建设工程施工合同的承包人将其承包的全部或部分工程交由其下属的分支机构或公司的项目经理等企业职工个人承包施工,承包人对工程施工过程及质量进行管理,对外承担施工合同权利义务的行为。这类纠纷仅涉及企业内部权利义务的划分,并非实质上的建设工程施工合同,且不涉及行业内发包方、总包方、分包方等建筑业上下游主要参与方之间的付款争议问题,与本法的立法目的并不相符。因此不适合以审裁方式予以处理。

(二)个人发包的以个人居住为目的的非商用建设工程合同及相关供货、服务合同

本法的立法目的主要是解决建筑业上下游主体之间预付款、进度款等争议,使承包人、供货商、服务商等可以快速获得工程价款,从而保障项目正常推进。自然人发包的以个人居住为目的的非商用建设工程合同,主要指个人住宅的装饰装

修合同及农村村民建房合同，该类合同的特点是金额小、周期短，且一般系按节点付款，不会在过程中进行进度款结算，因此通常不存在需要快速解决的预付款或进度款争议。在各地法院的指导意见及相关司法实践中，上述合同通常也不按照建设工程施工合同认定，而是按照承揽合同认定，因此，自然人发包的以个人居住为目的的非商用建设工程合同不宜纳入本法调整范畴。

（三）非直接与发包方、总包方及分包方签订的，与建设工程活动相关的货物与服务合同

此款主要针对的是以下两种情形：第一种情形是建设工程供货合同，可能最初销售方、销售代理、经销等无法知晓相关货物是为特定的建设工程提供的，因此仅将审裁权利的行使限定于与建设工程合同直接相关的当事人，符合解决建筑业上下游付款问题的立法目的，可有效防止审裁权利的扩张适用和滥用。第二种情形是建设工程合同权利义务的转让，包括合同权利或义务的转让以及合同权利义务的概括转让，一旦发生争议，将较为复杂且大概率涉及多方主体，而审裁是案件审理期限非常有限，且没有引入第三人的制度，可能短时间内难以查明所有相关事实，作出公正的审裁决定。

其他国家立法中排除的雇员相关合同根据本法不属于适用范畴，因此不需要特别排除；但与贷款协议、担保协议和保险协议相关的建设工程合同，未超出建设工程范畴，不宜过多考虑其他相关因素限缩审裁适用范围，因此不必在本法中特别排除。

二、本条第2款规定了3种特殊状态下的合同争议不适用审裁

审裁制度设立的初衷是保障项目实施过程中进度款的支付，但在合同无效、被撤销或合同权利义务关系已终止的情形下，合同已无须继续履行，合同双方当事人主要需要解决的是结算问题，与本法的立法目的不相符。

第五条　指定机构

指定机构是指经有关主管部门授权提供审裁员指定及其他审裁辅助服务的机构。指定机构不参与审裁案件的审理。

【条文主旨】

本条是关于审裁程序中指定机构的定义和职责的规定。

【条文理解与适用】

审裁程序中的指定机构是审裁程序的重要组成部分，但是相较于商事仲裁，审裁制度在专业、效率方面的特殊性，机构在审裁程序中的作用与商事仲裁中机构的作用有很大的区别。本条文对指定机构的职责、性质和在审裁程序中的作用进行了具体规定。

首先，本法项下的审裁程序是法定争议解决的一种方式，故作为指定机构需要主管部门的授权和认可。域外相关审裁法律制度中，指定机构一般是由相关政府或部门认定的组织，一般包括仲裁机构、行业协会、社会团体等。比如，在英国审裁法下，被认可的审裁员指定机构包括建筑业协会、土木工程师协会、伦敦国际仲裁院、特许造价师协会、特许仲裁员协会等。由于我国的主管部门尚未明确，故在本法中未对主管部门进行明确说明，将视具体情况确定。其次，指定机构的主要职责包括以下两个方面：指定审裁员及提供其他审裁辅助服务。指定机构的主要职责是指定审裁员和提供其他审裁辅助服务。指定机构的首要工作是遴选审裁员并提供给当事人审裁员候选人名单，同时协助当事人从审裁员名单或合格的候选人中，根据案件的性质和特点，选定适合的审裁员组成审裁庭处理争议。另外，指定机构还需在审裁过程前期进行必要的安排和协调工作，以保障审裁程序的顺利进行。需要注意的是，指定机构所提供的支持仅限于行政性辅助服务，例如注册案件、提供与审裁活动有关的财务服务、帮助当事人租借场地等，其功能类似于临时仲裁中的指定机构。最后，不同于仲裁机构，指定机构并不参与具体审裁案件的程序管理。尽管指定机构负责指定审裁员和提供其他审裁辅助服务，但指定机构本身并不参与审裁案件的实际程序组织和管理工作。审裁案件的实际程序管理和审理由审裁员或审裁庭负责进行，指定机构不干预或参与其中。

第六条　审裁员的资格条件

审裁员必须公道正派，并同时满足以下条件：

（一）具有教育行政主管部门认可的国内外大学工程类、工程经济类、法学类或者相近专业大学本科以上学历或取得其他同等专业资格；

（二）从事中国境内建设工程行业相关工作满十年。

指定机构可以设立推荐审裁员名册，并定期为审裁员提供培训。

【条文主旨】

本条是关于审裁员资格条件的规定。

【条文理解与适用】

一、各司法管辖区立法实践

根据立法调研情况来看，各司法管辖区现行建设工程付款保障或审裁立法对审裁员资格条件规定差异较大。部分司法管辖区对审裁员资格条件的规定非常宽松，有的甚至不做任何限制，机构在审裁员资格条件上有很大自由裁量权。这类司法管辖区最为典型的是英国、新西兰以及澳大利亚的维多利亚州等。部分法域则规定了担任审裁员的基本条件，如新加坡以及澳大利亚的新南威尔士州、昆士兰州、西澳大利亚州等。总体来说，多数司法管辖区立法均对审裁员的资格条件提出了基本要求。在满足法律要求的基本前提下，审裁员资格条件的细节和评定方式则授权审裁相关行业机构来确定。

英国被认为是建设工程法定审裁的发源地，其关于审裁制度的立法也最为宽松。如英国1996年《房屋补助金、建设和重建法案》并未对审裁员的资格条件有硬性要求，也未要求机构设立审裁员名单。从实践来看，英国大多数机构的审裁程序规则也未对审裁员资格作出强制性要求。

新西兰2002年《建设工程合同法》第34条要求审裁员满足规定的资格、专业技能和经验要求（如有）。但是，2002年《建设工程合同法》的下位法2003年《建设工程合同条例》并未进一步规定具体的要求。澳大利亚维多利亚州与新西兰类似，仅在2002年《建筑和施工行业付款保障法》中提出了原则性要求。

新加坡现行2004年《建筑业付款保障法》并未直接规定审裁员的资格条件，但其下位法2005年《建筑业付款保障条例》第11条规定了审裁员的基本资格条件，即审裁员应具有相应专业的学位、文凭或其他专业资格，并具有至少10年建筑行业工作经验，经过机构的培训并通过评估。新加坡法律认可的审裁员专业背景主要是建筑、房屋研究、工程、环境研究、法律、规划、房地产或城市设计等。

澳大利亚新南威尔士州2023年新修订的《建筑业付款保障法》要求审裁员具有规定的资格、专业技能和经验。政府暂未就新修订的2023年《建筑业付款保障法》出台相应条例。从澳大利亚新南威尔士州2020年《建筑业付款保障条例》的规定来看，审裁员应当具有由澳大利亚或外国大学或大专院校授予的相关专业学位或文凭[1]并具有至少5年的相关经验,或者审裁员应当具有至少10年的相关经验。

澳大利亚昆士兰州立法并未明确规定审裁员应当具备的专业背景和行业经验。但是,2017年《建筑业公平(付款保障)法》第161条规定,审裁员必须取得审裁资格(adjudication qualification)或审裁员注册机构认可的其他同等资格方可注册。审裁资格评定在配套的2018年《建筑业公平(付款保障)条例》[Building Industry Fairness(Security of Payment) Regulation 2018]中有详细规定。[2] 昆士兰州还要求审裁员参加继续教育,并将审裁员分为两个等级来管理。

澳大利亚西澳大利亚州对审裁员的资格要求相对更为严格,分为审裁员和审查审裁员(review adjudicator)两类。2021年新出台的《建筑业(付款保障)法》第102条规定,申请注册为审裁员和审查审裁员需要具备规定的资格、专业技能和经验,且不能犯有重罪。2022年配套出台的《建筑业(付款保障)条例》[Building and Construction Industry(Security of Payment) Regulations 2022]第18条和第19条细化了对审裁员资格和经验方面的要求。审裁员需要具备澳大利亚大学或大专院校的相关专业学位或文凭,或其他国家的大学或大专院校同等专业资格。[3] 审裁员还必须完成州建筑专员批准的审裁员或审查审裁员课程。除此之外,审裁员需要具备至少5年建设工程合同管理或争端解决经验,或者具有符合规定的法官任职经验。法律对审查审裁员的经验要求更高,需要具备至少10年的行业经验且作为审裁员已经裁决了规定数量和规模的付款争议。西澳大利亚州也将注册审裁员分为两级管理。

二、中国行业实际情况

英美法系国家法律及国际仲裁实践通常要求仲裁员遵循自然正义(natural justice)原则,在实践中对自然正义的内涵形成了比较明确的界定标准。国际审裁实践也普遍认可审裁员应当遵循自然正义原则。但是,自然正义并非中国法域下的概念。《仲裁法》第13条规定,仲裁委员会应当从公道正派的人员中聘任仲裁

① 认可的专业包括建筑、建筑测量、工料测量、建筑施工、施工管理,项目管理、工程或法律。

② 需要参加并完成政府授权机构组织的“建筑业公平(付款保障)审裁”课程,通过考试和模拟审裁两个阶段的评估,取得审裁证书(Certificate in Adjudication)。昆士兰州政府授权开展审裁员资格评定的机构是合同管理集团有限公司(Contract Administration Group Pty Limited),而负责审裁员注册的机构则是建筑业委员会(Building and Construction Commission)。

③ 认可的专业包括建筑、工程、工料测量、建筑和施工、施工管理、项目管理、建筑环境、法律。

员。与仲裁员一样,审裁员一方面应具备较高的专业素养,另一方面也必须坚持较高的道德标准。道德素养是审裁长期健康发展的基石。因此,立法草案参照《仲裁法》,对审裁员的道德素养提出"公道正派"的基本要求。王红松老师在《铸造公信力》一书中指出,"公正不是仲裁员个人的主观体验,而是当事人、代理人从仲裁员行为中感受到的客观效果。重要的不是仲裁员主观动机,而是仲裁员的言行给他人造成的印象"①。"公道正派"并非模棱两可、难以判断的主观标准,我们可以通过审裁员在审裁程序中的言行作出客观判断,比如是否如实披露利益冲突、是否给予当事人合理的辩驳机会等。总体来说,"公道正派"要求审裁员在审裁过程中应平等、公允地对待双方当事人,避免使人产生不公或偏袒的印象。

从中国建筑业实际情况来看,中国的建设工程付款保障立法宜明确审裁员的基本资格条件。第一,中国对建筑业及从业人员历来实行较为严格的行政监管,注册建筑师、注册建造师等执业资格均对人员的专业教育背景、工作经验等有基本的要求。第二,建设工程纠纷在中国法院和仲裁机构审理的商事纠纷中占有较大比例,也被认为是最具专业性和复杂性的纠纷类型,审理此类案件比较依赖鉴定机构、专家辅助人、专家证人的专业支持。仲裁员往往需要具备一定的行业知识和经验。法定审裁作为一种建设工程相关合同纠纷的快速解决方式,更加依赖审裁员自身的专业知识和行业经验。第三,中国未来承担审裁辅助服务的机构会比较多,各机构的管理和服务水平及审裁员专业能力可能参差不齐。法律规定审裁员的基本条件,有利于统一标准、规范审裁程序、培育专业审裁员队伍,有利于审裁在建设工程相关合同纠纷解决中的推广。

综上,中国立法宜对审裁员的基本资格条件作出规定。在具体做法上,资格条件可以在"建设工程付款保障法"中直接明确,也可以在配套的部门规章(如有)中规定。基本资格条件主要包括专业背景和行业经验两个方面。

首先,审裁员应当接受过工程类、工程经济类或法学类相关专业教育。国际立法实践中,很多司法管辖区一般通过罗列方式来界定专业范围,通常认可工程和法学相关大专以上学历。参照我国工程序列注册执业资格考试及统一法律职业资格考试的报名条件,采用"工程类、工程经济类或法学类或相近专业"的表述足以涵盖相关专业。考虑到部分行业资深专家可能并不具备专业教育背景,因此

---

① 王红松:《铸造公信力》,法律出版社2019年版,第282页。

也将“取得其他同等专业资格”包括在内，比如非工程类、非工程经济类、非法学类专业毕业，但通过统一法律职业资格考试，并从事建设工程法律相关工作。学历宜定为大学本科。

其次，审裁员应当具有较为丰富的行业从业经验。国际立法实践中通常要求具有建设工程行业5～10年的工作经验。由于立法草案第3条将适用范围界定为位于中国境内的建设工程活动，因此解决的纠纷也集中于中国境内的建设工程，具有中国境内建设工程行业从业经验的审裁员更加熟悉中国境内建设工程法律法规和行业实践，更加有利于审裁的使用和推广。

有些国际立法实践还要求指定机构对审裁员开展培训并进行评估，部分司法管辖区对培训内容和资格评估也有明确的规定。考虑到在本法草案中，指定机构在审裁程序中扮演的是辅助性角色，因此不宜在法律层面规定由机构来评估审裁员的资格条件，也不宜将参与机构培训作为担任审裁员的法定条件。但在实践中，鉴于立法草案规定的审裁是一种有别于诉讼、仲裁的全新的建设工程纠纷解决方式，各指定机构可以定期组织审裁相关内容的培训，审裁员也应当适时参加，以熟悉和了解审裁程序在实践中的运用。各个指定机构可以组织编写其各自的审裁员推荐名册，并在其规则中对纳入推荐名册的审裁员规定额外的资质评估要求或参与培训的要求，但指定机构不应阻止当事人从其推荐名册之外选择案件的审裁员。

第七条　审裁庭的管辖权

审裁庭有权就审裁庭的管辖权作出决定。

【条文主旨】

本条是关于审裁制度中的管辖权规定。

【条文理解与适用】

作为解决争议的一种方式，管辖权问题是审裁程序的核心问题之一，管辖权问题直接决定了审裁程序是否适用等。因此，有必要在“建筑业付款保障与审裁法”中对管辖权问题进行规定。

一、审裁管辖权问题的类型

本法下可能涉及的审裁庭管辖权问题主要包括以下几个方面：第一，当事人之间存在本法第3条所指的建设工程合同及相关供货、服务合同；第二，当事人提交审裁的事项不属于本法第 4 条规定的负面清单范围。

二、管辖权的决定主体

在考虑审裁制度管辖权的决定权问题上，必然涉及审裁庭自身是否能够就自身的管辖权作出决定。关于此问题，有两种相反的观点：审裁庭无权对其自身管辖权作出决定，或审裁庭有权对其自身管辖权作出决定。本条文规定了审裁庭对其自身的管辖权有权作出决定，其原因如下。

（一）“自裁管辖权”原则

类比仲裁制度，尽管现行的《仲裁法》并未明确规定仲裁庭“自裁管辖权原则”，但《仲裁法（修订）（征求意见稿）》已经提出仲裁庭有权对其管辖权作出决定的原则，与国际实践接轨。同时，各域外审裁程序相关法律也多数将审裁程序管辖权的决定权交由审裁庭本身。故在考虑审裁程序的管辖权问题时应以国际通行做法作为参考。

（二）指定机构的定位

根据“建筑业付款保障与审裁法”，指定机构仅是审裁程序的服务管理机构，不享有管理案件、审理裁决案件的权力，真正享有这一权力的是审裁庭。赋予审裁庭对案件管辖权作出决定的权力，能够尽量尊重和维护审裁庭的独立性，同时确定指定机构与审裁庭的职责定位。故指定机构不应作为管辖权的决定方。

（三）审裁程序的性质

审裁程序是为了快速解决建筑业相关付款争议，以保障相关权益人的权益，同时审裁制度给予当事人的是临时性约束力，可以被后续仲裁或者诉讼程序推翻。故其本身对于管辖权决定权的归属相较仲裁程序应更为灵活。如果由法院对审裁程序的管辖权进行审查，在难以依据表面证据判断审裁案件效力的复杂案件中，法院进行审查时将不可避免地需要深入介入案件事实，甚至是案涉争议的实体问题，这在实质上可能干涉审裁庭对案件的审理权，同时也会与审裁程序的快捷性原则相违背。

综上所述，审裁庭应有权对其自身的管辖权作出决定。当然，需要特别说明的是，审裁庭的自裁管辖权并不影响人民法院依据本法第 29 条第 1 款第 1 项的规定，经审查认定审裁决定书的审裁事项不属于本法规定范围或超出审裁请求范围后，撤销审裁决定书的法定职权。

第八条　申请审裁的主体

有权提起审裁的主体应当是为发包人、承包人、分包人等实施建设工程或者提供相关货物或服务的一方。

【条文主旨】

本条是关于申请审裁的主体之规定。

【条文理解与适用】

有权申请审裁的主体在很大程度上取决于审裁适用的纠纷类型。从国际立法实践来看，审裁适用的纠纷类型范围分为两种模式。第一种是适用于几乎所有建设工程相关纠纷，如付款纠纷、质量纠纷、工期纠纷、违约责任等。这种模式最为典型的代表是英国。英国 1996 年《房屋补助金、建设和重建法案》第 108 条第 1 款规定，“工程合同”一方当事人有权将因合同而起的一个争议（a dispute）提交符合本条规定程序的审裁。① 法律并未对争议的类型作任何限制，因此合同双方均可以提起审裁。新西兰在这方面采取与英国基本相同的立法态度。新西兰 2002 年《建设工程合同法》第 25 条规定，建设工程合同的任何一方当事人均有权将与建设工程合同有关的争议提交审裁，并且未限制争议的类型，可以是关于付款问题也可以是关于合同违约问题。第二种是仅适用于付款纠纷，且往往仅限于狭义的付款纠纷。这种模式更为普遍，如新加坡及澳大利亚新南威尔士州等地区。根据新加坡 2004 年《建筑业付款保障法》，诉诸审裁机制的权利只产生于通过符合该法律规定的付款程序而形成的进度款付款争议。因此，只有实施建设工程或提供相关货物或服务的一方当事人，才有可能通过审裁程序来追索进度款。中国立法草案第 3 条也将其适用范围界定在付款纠纷，这就决定了仅有实施建设工程或提供相关货物或服务的一方当事人，才有权就已经完成部分的建设工程或提供的相关货物或服务的对应价款提起审裁。在此情形下，被申请人仅能够提出合理抗辩，不能提出质量、工期等相关的反请求，这更加有利于实现保障快速付款的立法目的。审裁员应当对被申请人提出的合理抗辩进行审查，并在决定应付款项时予以考虑，但不应当裁定被申请人向申请人付款。

---

① 原文为：“A party to a construction contract has the right to refer a dispute arising under the contract for adjudication under a procedure complying with this section.”

在建设工程实践中,供应链融资扮演越来越重要的角色,工程金融化的趋势越发明显。承揽建设工程或提供相关货物或服务的企业,经常将应收账款权益用于融资,如有追索权和无追索权的工程款保理。这种交易以应收账款转让为基础,但仅转让应收账款权利,不转让基础合同项下实施建设工程或提供相关货物或服务的义务,其本质上是一种融资交易。此类协议应当排除在立法的适用范围之外。此外,审裁是一种具有非终局性约束力的纠纷解决方式,当事人不接受审裁决定时,实体争议可以在后续的仲裁或诉讼中重新审理,其主要用于解决项目实施过程中的付款问题。如果允许应收账款权利受让人提起审裁,就会增加纠纷解决的复杂性,也会破坏当事人之间的延付等融资安排。因此,考虑到应收账款权利转让的性质以及此类交易法律关系的复杂性,立法草案不宜将应收账款权利受让人纳入申请审裁的主体范围内,提起审裁的权利仍由应收账款原始权利人享有。

第九条　审裁通知

申请人在向指定机构提交并向被申请人发送审裁申请书前,应当向被申请人发送审裁通知。

审裁通知应当载明下列事项:

(一)当事人的名称、地址与联系方式;

(二)将争议提交审裁的意向;

(三)审裁请求和所依据的事实与理由;

(四)对指定机构、审裁员的约定或者建议。

审裁庭应当对申请人是否向被申请人发送审裁通知进行形式审查。

【条文主旨】

本条是关于审裁通知的规定。

【条文理解与适用】

一、审裁通知程序的意义

审裁通知是指合同一方当事人将拟启动审裁程序的相关信息告知对方,以便对方能够知晓相关信息。在审裁程序中,申请人发送审裁通知的意义主要体现在以下 3 个方面:一是符合程序正义的要求;二是能够推动审裁程序高效进行;三是可以为当事人解决纠纷提供可能性,避免审裁资源的浪费。

（一）符合程序正义的要求

程序正义，一般是指司法活动应当遵照“自然正义原则”以及固定程序进行，具体要求包括必须向当事人通知对其不利的案件，以及保障当事人能够对对其不利的案件进行证据准备并作出回应。在审裁过程中，申请人有较为充足的时间来准备提起审裁所需的相关材料，但被申请人只有在知悉申请人启动审裁程序及具体依据后，方能针对申请人的主张进行证据准备与答辩。而为了实现审裁快速、高效解决纠纷的制度意旨，本法第 12 条规定被申请人应当在收到审裁申请书之日起 10 日内提交书面答辩文件，可见审裁审理程序的节奏较为快速、紧张。如若立法层面不为当事人设定前置的审裁通知程序，则被申请人难以在短时间内进行充分的证据准备及答辩，从程序上看有失公平。

鉴于此，本条规定了审裁通知的前置程序，要求申请人在正式启动审裁程序前应向被申请人发送审裁通知，被申请人可在收到审裁通知后针对申请人的主张进行证据准备与应对，有利于保障双方当事人在程序上获得平等对待，符合程序正义的要求。

（二）推动审裁程序高效进行

由于审裁程序的答辩、审理期限均较短，本条规定申请人在审裁通知中应明确审裁请求及所依据的事实与理由，本法第 10 条也要求被申请人应当对申请人的主张进行回复并说明所依据的事实与理由，有助于审裁庭在后续的审理过程中能够更加高效地总结双方争议焦点，使当事人围绕争议焦点展开辩论，从而推动审裁程序高效进行。

（三）为当事人解决纠纷提供可能性，避免资源浪费

作为快速化解纠纷的争议解决机制，审裁程序虽然整体耗时较短，但程序一旦正式启动，则不可避免将占用一定的资源。例如，在审裁活动中，指定机构、审裁员、双方当事人均需耗费一定的人力、物力成本。而本条要求申请人在正式启动审裁程序前应向被申请人发送审裁通知，表明其拟启动审裁的意向和具体请求，在一定程度上为双方当事人另行创造了较为正式的谈判机会，有助于双方厘清并解决无争议事项或在审裁程序正式启动前解决纠纷。如能将纠纷部分或全部化解在审裁程序正式启动前，不仅能够实现审裁制度的目的，亦可避免审裁资源的浪费。

二、域外审裁制度立法

从比较法视角观察，在审裁活动正式启动前置入审裁通知程序亦是域外主流国家的立法惯例。

例如，英国1998年《建设工程合同（英格兰和威尔士）规则条例》第1条即规定，建设工程合同的任何一方当事人可发送审裁通知（the notice of adjudication），表示其有意将合同项下产生的争议提交审裁，审裁通知应简要列明纠纷的性质、所寻求的救济措施以及合同各方当事人的名称和地址等内容。加拿大1990年《建筑法案》（Construction Act 1990）第13.7条、新西兰2002年《建设工程合同法》第28条亦对审裁程序启动前的审裁通知程序作出规定。因此，本条规定的审裁通知程序与域外主流国家的立法惯例一致，有利于与国际实践接轨。

三、审裁通知的内容

根据立法建议草案第9条的规定，申请人向被申请人发送的审裁通知应包含以下内容。

（一）当事人的名称、地址与联系方式

审裁通知中应写明各方当事人的基本情况，包括当事人名称、地址与联系方式。

（二）将争议提交审裁的意向

本条规定申请人需在审裁通知中明确表示将争议提交审裁的意向，以便被申请人清楚知悉申请人拟启动的争议解决程序，并给被申请人预留一定的证据准备及应对时间。

（三）审裁请求和所依据的事实与理由

申请人应在审裁通知中明确其主张的审裁请求以及所依据的事实与理由，以便被申请人有针对性地进行证据准备及应对，保障程序正义目标的实现。

（四）对指定机构、审裁员的约定或者建议

指定机构、审裁员均系与审裁程序密切相关的重要程序性事项。如当事人事先已约定指定机构、审裁员，则可在审裁通知中列明上述事项。若当事人事先未约定指定机构、审裁员，则申请人还应提交对上述事项的建议。

四、对审裁通知的形式审查

为了避免审裁通知及回复这一前置程序被架空，本条第3款规定，审裁程序正式启动后，审裁庭应当对申请人是否向被申请人发送审裁通知进行形式审查。

如审裁庭经形式审查后发现申请人未履行审裁通知义务，工作组倾向于认为，审裁庭可决定给予被申请人10日的时间进行准备与应对，以使审裁通知及回复的前置程序得以遵守。作出此种安排的原因在于以下几点：

第一，未履行审裁通知属于程序上的轻微瑕疵，通过另行给予被申请人10日的时间对申请人的主张进行准备与应对即可补正该等程序瑕疵，同时也能实现审裁通知程序的立法目的。

第二，审裁庭如果仅仅因申请人未履行审裁通知程序就直接决定不予受理或驳回申请人的审裁请求，要求将审裁程序推倒重来，不仅会使审裁程序徒增烦琐，同时加重了当事人的负担，与审裁制度快速、高效解决纠纷的制度意旨不相符。

第三，此种安排也符合实践中的操作惯例。以仲裁实践为例，当事人可能在仲裁协议中约定提起仲裁的前置条件，例如："一方当事人向其他各方当事人发出协商解决纠纷的书面通知之日起30日内未能解决纠纷的，当事人可以向仲裁机构提起仲裁。"如果一方当事人在上述30日的协商期届满前就已提起仲裁，实践中仲裁庭通常不会直接驳回申请人的仲裁请求或决定不予受理该案，而是倾向于给予当事人30日的协商期解决纠纷，以使该前置条件得到满足。

当然，在上述情况下，如果被申请人主动放弃10日的准备时间，审裁庭可决定审裁程序继续进行。

第十条　对审裁通知的回复

被申请人应当自收到审裁通知之日起十日内向申请人发送书面回复。

对审裁通知的回复应当载明下列事项：

（一）被申请人的名称、地址与联系方式；

（二）对审裁请求的回复和所依据的事实与理由；

（三）对指定机构、审裁员的约定或者对申请人建议的回复。

【条文主旨】

本条是关于对审裁通知的回复之规定。

【条文理解与适用】

前已述及，在审裁程序正式启动前，申请人向被申请人发送审裁通知不仅符合程序正义的要求，同时也为当事人解决纠纷提供了可能性，有利于避免资源的浪费。在申请人向被申请人发送审裁通知后，被申请人也应当对申请人的主张进行回复并说明所依据的事实与理由，这种程序设计有助于审裁庭在后续的审理过程中能够更加高效地总结双方争议焦点，使当事人围绕争议焦点展开辩论，从而推动审裁程序高效进行。

从比较法上看，域外主流国家在其审裁制度立法中也明确要求被申请人需对申请人的审裁通知进行书面回复。例如，加拿大 1990 年《建筑法案》第 13. 11. 1 条要求被申请人对审裁程序启动前的审裁通知作出书面回复。

根据立法建议草案第 10 条规定，针对申请人发送的审裁通知，被申请人的回复应包含以下内容：

1. 被申请人的名称、地址与联系方式。被申请人应在回复中明确其名称、地址与联系方式，从而避免在后续的审裁活动中发生文件接收障碍。

2. 对审裁请求的回复和所依据的事实与理由。被申请人应对申请人提出的审裁请求进行逐项回复，并说明所依据的事实、理由，以便双方当事人尽早确定争议事项与争议焦点，提高纠纷解决的效率。

3. 对指定机构、审裁员的约定或者对申请人建议的回复。当事人事先对指定机构、审裁员有约定的，被申请人应当在回复中列明，以便指定机构在受理后对当事人事先约定的内容进行审查。当事人对上述事项未进行事先约定的，被申请人应当对申请人就上述事项提出的建议进行回复。被申请人对上述事项有其他建议的，也应当在回复中列明，以便推动后续审裁程序的进行。

第十一条　审裁申请

被申请人未在本法第十条规定的期限内向申请人发送书面回复，或者虽已发送书面回复但在上述期限内双方仍未解决纠纷的，申请人可以向指定机构提交并向被申请人发送审裁申请书。

审裁申请书应当载明下列事项：

（一）当事人的姓名、住所、联系人、联系方式和联系地址，法人或者其他组织的名称、住所、联系人、联系方式和联系地址以及法定代表人或者主要负责人的姓名、职务；

（二）申请人向被申请人发送的审裁通知以及发送审裁通知的证明文件；

（三）审裁请求和所依据的事实、理由以及证据。

申请人不得在审裁申请书中增加审裁通知载明的审裁请求或者请求金额，或者对审裁请求所依据的事实与理由进行实质性变更。

【条文主旨】

本条是关于审裁申请的规定。

【条文理解与适用】

一、审裁程序的正式启动

为了实现程序正义、推动审裁程序高效进行、为当事人提供纠纷解决的可能性以及避免审裁资源的浪费，本法第 9 条规定，在提出审裁申请前，申请人应向被申请人发送审裁通知。上述程序设计通过比较法角度亦有先例可循。例如，新加坡 2004 年《建筑业付款保障法》第 13 条、新西兰 2002 年《建设工程合同法》第 36 条均规定，申请人只有在向被申请人发送审裁通知后方可提出审裁申请（Adjudication Application），正式启动审裁程序。

工作组认为，如被申请人在收到审裁通知之日起 10 日内未向申请人发送书面回复，或者虽已发送书面回复但在上述期限内双方仍未解决纠纷（如被申请人虽然同意付款但未在上述期限内完成支付），为了避免审裁程序受到被申请人一方不当拖延的影响从而导致申请人合法权益受损，本条规定，在上述情况下，申请人可以向指定机构提交并向被申请人发送审裁申请书以正式启动审裁程序。

二、审裁申请书的内容

根据本条规定，审裁申请书应当包括以下几个方面的内容。

（一）当事人的基本情况

审裁申请书首先应当写明双方当事人的基本情况，例如当事人的姓名、住所、联系人、联系方式和联系地址，法人或者其他组织的名称、住所、联系人、联系方式和联系地址以及法定代表人或者主要负责人的姓名、职务。

（二）申请人向被申请人发送的审裁通知以及发送审裁通知的证明文件

根据本法第 9 条第 3 款规定，审裁程序正式启动后，审裁庭应当对申请人是否向被申请人发送审裁通知进行形式审查，以免审裁通知及回复这一前置程序被架空。因此，申请人应在审裁申请书中明确已向被申请人发送审裁通知，并提供相关文件予以证明。

（三）审裁请求和所依据的事实、理由以及证据

审裁请求是申请人意欲通过审裁程序实现的目的，因此审裁申请书中应当写明申请人向被申请人提出的具体实体权利请求。此外，审裁请求的成立需要以充分的事实、理由及证据来支持，审裁请求所依据的事实、理由及证据主要包括：当

事人之间形成争议的事实，双方当事人争议的焦点，请求所依据的证据和适用的法律等。

需要特别强调的是，考虑到审裁通知前置程序的目的在于赋予被申请人在一定期间内对申请人的审裁请求进行证据准备与回应，如若允许申请人在审裁申请书中对审裁通知载明的审裁请求或者请求金额进行增加，或者对所根据的事实与理由进行实质性（Material）变更，则会剥夺被申请人依据本法享有的进行证据准备与回应的期限利益，这将导致审裁通知这一前置程序的要求流于形式。因此，本条对申请人变更审裁请求等权利作出一定的合理限制，亦是程序正义原则具体要求的体现。

第十二条　对审裁申请的答辩

被申请人应当自收到审裁申请书之日起十日内向指定机构提交并向申请人发送答辩书。

答辩书应当载明下列事项：

（一）被申请人的姓名、住所、联系人、联系方式和联系地址，法人或者其他组织的名称、住所、联系人、联系方式和联系地址以及法定代表人或者主要负责人的姓名、职务；

（二）对审裁请求的抗辩和所依据的事实、理由以及证据。

审裁庭对被申请人未在审裁通知的回复或者答辩书中提出的抗辩事由不予审查。

被申请人不得在审裁程序中提出反请求。

【条文主旨】

本条是关于审裁申请的答辩之规定。

【条文理解与适用】

对审裁申请的答辩，是指被申请人对申请人在审裁申请书中的审裁请求和所依据的事实、理由进行答复和抗辩的行为。答辩程序具有重要意义，不仅能够保障被申请人行使辩论权，维护其自身合法权益，同时有助于审裁庭厘清案件争议焦点，实现“兼听则明”，从而作出合理决定。

从比较法上看，域外主流国家在其审裁制度立法中也明确要求被申请人需对申请人的审裁请求进行书面答辩。例如，新西兰 2002 年《建设工程合同法》第 37

条规定,被申请人应当对申请人的审裁请求进行书面答辩,并且应附上相应的证据。

一、审裁答辩的期限

审裁制度的目的在于快速化解当事人之间的纠纷,程序的快速推进、高效进行是审裁制度的应有之义。因此,本条规定被申请人应当在收到审裁申请书之日起10日内向指定机构提交并向申请人发送答辩书,对申请人的审裁请求进行答辩。

二、答辩书的内容

根据本条规定,答辩书应当包括以下几个方面的内容。

(一)被申请人的基本情况

审裁答辩书中应当写明被申请人的基本情况,例如被申请人的姓名、住所、联系人、联系方式和联系地址,法人或者其他组织的名称、住所、联系人、联系方式和联系地址以及法定代表人或者主要负责人的姓名、职务。

(二)对审裁请求的抗辩和所依据的事实、理由以及证据

抗辩,是指被申请人对申请人主张的审裁请求以及所依据的事实、理由进行辩解或者提出异议的行为。对于申请人提出的审裁请求,被申请人应在答辩书中进行抗辩,并提供所依据的事实、理由以及证据,以使审裁庭厘清案件争议焦点,实现"兼听则明"。

三、被申请人未在期限内提交答辩书

从比较法上看,英国1998年《建设工程合同(英格兰和威尔士)规则条例》第15条规定,如果一方未能配合参与审裁程序或提交文件,审裁员有广泛的自由裁量权,可以选择继续推进审裁程序,作出对未能遵守规则一方不利的推定,还可以基于已有信息作出审裁决定。工作组认为,若被申请人未在期限内提交答辩书,亦不影响审裁程序的继续进行。同时,为了防止被申请人消极答辩,避免审裁程序受到不当拖延,对于被申请人未在审裁通知的回复或者答辩书中提出的抗辩事由,审裁庭不予审查。

四、被申请人能否提出反请求

立法建议草案第12条规定,被申请人不得在审裁程序中提出反请求,理由在于:前已述及,出于对程序正义的考量,申请人需向被申请人发送审裁通知,给予被申请人一定的准备时间后方可提交审裁申请书正式启动审裁程序。同理,如若

允许被申请人在申请人提起的审裁程序中提出反请求，则会直接略过审裁通知与回复程序，剥夺申请人进行证据准备与回应的期限利益，不符合程序正义的要求。如被申请人拟对申请人提出反请求，其可另行提起单独的审裁程序并履行审裁通知义务，以使申请人能够获得较为充分的证据准备与回应时间，如此方能满足程序正义的要求。

此外，由于审裁制度是一种快速便捷的争议解决方式，一般认为审裁的处理原则是“一事一议”，也就是说，当事人一次提交进行审裁的只能是一个争议，而不应该是多个争议。例如，英国 1996 年《房屋补助金、建设和重建法案》第 108 条规定，一次提交进行审裁的只能是一个争议。“一事一议”可以使审裁员集中精力快速解决所涉及的争议，如果将多项争议事件一次性交由审裁员同时进行处理，那么审裁制度本身的运作机制和初衷就会受到影响。[①] 因此，不允许被申请人在申请人提起的审裁程序中提出反请求也符合审裁制度快速解决争议的目的。

综合考虑以上原因，立法建议草案第 12 条规定被申请人在审裁程序中不得提出反请求。

第十三条　指定机构的选择

指定机构由当事人以书面协议形式选定。当事人无法就指定机构达成一致意见的，由建设工程项目所在地直辖市、设区的市、自治州范围内的指定机构受理。设区的市、自治州范围内不存在指定机构的，由建设工程项目所在地省、自治区范围内的指定机构受理。

当事人以书面协议形式选定或者根据本条第一款规定，两个及以上的机构均可作为指定机构受理当事人争议的，由申请人选定一个指定机构受理。

【条文主旨】

本条是关于选择指定机构的规定。

【条文理解与适用】

一、指定机构由当事人以书面协议形式选定

基于意思自治原则，当事人可以在事前或者事后以书面协议的形式选定指定机构，由指定机构指定审裁员及提供其他审裁辅助服务。

---

① 参见张舒：《争议评审比较研究及在我国的适用建议》，载《北京仲裁》2015 年第 2 期。

书面形式是指可以有形地表现所载内容的形式，《民法典》第469条第2款、第3款规定："书面形式是合同书、信件、电报、电传、传真等可以有形地表现所载内容的形式。以电子数据交换、电子邮件等方式能够有形地表现所载内容，并可以随时调取查用的数据电文，视为书面形式。"书面形式的核心特征是可以有形地表现所载内容，对防止争议和解决纠纷有积极作用。从比较法上看，在英国法下，当事人对指定机构的选定也应采用书面形式。而在我国法下，类比仲裁程序，《仲裁法》第16条也要求仲裁协议需采用书面形式。①

工作组认为，指定机构虽然不参与审裁案件的审理，但其需要为当事人审裁员指定及提供其他审裁辅助服务，在审裁程序中发挥着推动、保障审裁程序顺利进行的重要作用。因此，当事人对指定机构的约定应通过书面形式进行固定化，从而避免当事人将来对指定机构的选定产生争议，延误审裁程序的进行。

二、当事人无法就指定机构达成一致意见时的处理

在当事人无法就指定机构的选择达成一致意见时，工作组认为，由建设工程项目所在地的指定机构受理审裁案件，更便于为当事人提供审裁辅助服务。例如，为了查清案情，妥善解决纠纷，实践中审裁庭可能会组织当事人进行现场勘察等活动。然而，与临时仲裁程序中的仲裁庭没有固定的办公地点类似，审裁程序中的审裁庭亦没有固定的办公地点。此时，由建设工程项目所在地的指定机构受理案件，更能发挥本地优势，帮助审裁庭及当事人在建设工程项目所在地租借场地，方便当事人在建设工程项目所在地开展现场勘察、开庭审理等审裁活动。

此外，立足我国实践情况，在审裁制度施行过程中，将来可由相关行政部门(如住建部门)设立的指定机构开展审裁活动，由其为当事人提供审裁员名册供当事人选择，并负责监督管理审裁程序的运行。

从域外经验来看，仲裁机构在审裁制度的运行方面亦起到了重要的管理与监督作用。② 以英国为例，审裁员指定机构(Adjudicator Nominating Body)主要由

---

① 《仲裁法》第16条规定："仲裁协议包括合同中订立的仲裁条款和以其他书面方式在纠纷发生前或者纠纷发生后达成的请求仲裁的协议。仲裁协议应当具有下列内容：(一)请求仲裁的意思表示；(二)仲裁事项；(三)选定的仲裁委员会。"

② 参见张舒：《争议评审比较研究及在我国的适用建议》，载《北京仲裁》2015年第2期。

ICC 以及伦敦国际仲裁院(LCIA)等仲裁机构以及其他行业协会构成,[①]而这些仲裁机构亦通过制定相应的审裁规则对审裁程序的运行起到了管理和监督作用。例如,ICC 通过制定 2015 年《争议解决委员会规则》(Dispute Board Rules 2015),对审裁的启动、审裁员的任命与权力等事项作出规定,[②]强化了审裁制度在实践中的可操作性。

考虑到我国仍处于审裁制度实施的初期,为降低审裁制度的运行成本,在未来的一定时期内可先行依托行政主管部门设立的指定机构以及仲裁机构开展审裁活动。

如将仲裁机构引入审裁活动中,指定机构的选定规则也应与仲裁机构的设立规则相衔接。《仲裁法》第 10 条规定:"仲裁委员会可以在直辖市和省、自治区人民政府所在地的市设立,也可以根据需要在其他设区的市设立,不按行政区划层层设立。仲裁委员会由前款规定的市的人民政府组织有关部门和商会统一组建。设立仲裁委员会,应当经省、自治区、直辖市的司法行政部门登记。"根据该条规定,仲裁机构在直辖市和省、自治区人民政府所在地的市或设区的市设立。以上述规定为基础,立法建议草案第 13 条规定当事人无法达成协议的,由建设工程项目所在地直辖市、设区的市、自治州范围内的指定机构受理,为仲裁机构将来担任指定机构创造了条件。

如果设区的市、自治州范围内并无行政主管部门设立的指定机构或仲裁机构,则可由建设工程项目所在地省、自治区范围内的指定机构受理。另外,如两个及以上的机构均可作为指定机构受理当事人争议,则由申请人选定一个指定机构受理。

第十四条　受理后发送

指定机构受理审裁申请后,应当在审裁规则规定的期限内将审裁规则及其规定的材料发送双方当事人。

---

① 截至 2022 年 12 月 6 日,英国审裁协会网站列明的任命机构共有 30 个。See Adjudication Society, *Links to Adjudicator Nominating Bodies*, Adjudication Society(Dec. 6, 2022), https://www.adjudication.org/resources/adjudicator-nominating-bodies. 根据英国审裁协会 2020 年报告,英国 90% 的审裁案件中的审裁员是由任命机构任命的。

② 参见 ICC:《争议解决委员会规则》(Dispute Board Rules, 2015 年 10 月 1 日生效),载 ICC 官网 2015 年 10 月 1 日, https://iccwbo.org/dispute-resolution-services/dispute-boards/rules/#article_5。

【条文主旨】

本条是关于审裁申请受理后,指定机构发送材料的内容及期限之规定。

【条文理解与适用】

关于发送审裁规则的必要性。审裁制度的优势在于快速解决工程进度款争议,故其在制度设计上有别于现行的诉讼或仲裁等争议解决机制。指定机构应当向双方当事人及时发送审裁规则,从而帮助当事人熟悉审裁流程,更好地配合审裁庭审理。

关于发送内容。本法中仅规定发送审裁规则及审裁规则规定的材料,审裁规则通常适用由受理审裁申请的指定机构所颁布的版本。但如当事人另行约定适用其他指定机构的审裁规则,由于本法并未规定审裁争议强制适用的审裁规则,故受理审裁申请的指定机构仍有义务按双方当事人约定发送相应的审裁规则。至于其他材料的具体内容如审裁员名册等,则由各指定机构在审裁规则中予以进一步规定。

关于发送对象。本条中明确发送对象为双方当事人。与此不同的是,新加坡2004年《建筑业付款保障法》第13条则规定:指定机构在收到审裁申请后,除向被申请人发送审裁申请的副本之外,还需向相关的上游付款义务人(如知道)和业主发送书面通知。此举系因在新加坡的立法框架下,申请人有主张直接付款的法律保障机制,通知业主和上游合同主体的目的主要是在取得审裁决定时向其主张直接付款。而本条的设计之所以未采用新加坡法的理念,主要有以下两个原因:第一,本法的立法思路立足于中国实际国情,追求快速解决工程进度款争议,故对审裁程序启动环节的发送程序不做过多要求。根据本法第9条和第11条的规定,审裁通知及审裁申请书均由申请人径行发送被申请人,可知审裁意向的文书发送义务在本法框架下系由申请人承担,申请人有权自行向业主和上游合同主体告知其发起审裁,机构并无发送义务。第二,本法仅对双方当事人发生法律效力,该效力不能及于第三人,包括上游的业主方。申请人无法就审裁决定向业主和上游合同主体直接主张付款,故也没有必要向其发送审裁通知。

关于发送时限。发送时限宜由各指定机构根据实际情况在审裁规则中予以进一步规定。

第十五条　审裁庭的人数

审裁庭由一名或者三名审裁员组成。当事人对审裁庭的人数未约定或者约定不明的，由一名审裁员组成。审裁庭由三名审裁员组成的，设首席审裁员。

【条文主旨】

本条是关于审裁庭人数的规定。

【条文理解与适用】

关于人数设定的考虑。审裁庭负责承担审裁纠纷的程序推进与实体处理工作，对其组成人数的设定将影响到案件程序推进和实体处理的效率。在相关域外法的规定中，新加坡和新西兰建筑业付款保障法中均明确规定审裁庭仅由一名审裁员担任。澳大利亚立法虽无明文规定，但在实践中也通常由一名审裁员承担审裁工作。这样的设定使得审裁庭得以快速成立，有助于高效推进纠纷审理，但可能无法满足特殊情形下当事人对多员审裁庭的需要。首先，审裁程序的宗旨是快速处理进度款争议，大部分情况下，进度款争议相较完整的建设工程施工合同纠纷更为简单，一名审裁员足以胜任。但对于个别存在复杂情形的争议，在严苛的审限下，一名审裁员很难在短时间内全面消化案件争议并快速作出公正审裁，继而可能引发当事人对审裁结果的不满，影响审裁的公信力。其次，通过立法规定强制限定审裁员人数，可能无法满足在特殊情况下当事人对多员审裁庭的需要。鉴于此，本条款在设计上通过限定审裁庭由一名或三名审裁员组成，并规定三人审裁庭的产生形式，兼顾了效率与特殊情形下对多员审裁庭的特殊需要，即采用"一名为原则，三名为例外"的思路，限定只有在当事人有明确约定的情况下才能适用三人审裁庭，换言之，三人情形仅限定在当事人一致同意的基础上（包括对具体人选的一致同意）。且如双方约定人数无法明确指向三人，例如，以"一名以上""奇数位"等表述来约定审裁员人数的，因该类表述存在除三人以外的其他人数理解，故均应视为没有约定三人审裁庭，按规定仍应当由一名审裁员组成审裁庭。此举限定了双方意思自治的范围，避免了审裁庭组成程序受累于当事人的无效约定而拖累程序的快速推进，同时也为复杂情形案件下依靠三人审裁庭处理审裁案件保留了余地。

此外，虽然三人审裁庭可保证案件得以更充分的审查，但为避免多种意见导致审裁结果无法达成统一，故需有一名首席审裁员在审裁庭存在意见分歧时确定最终审裁并决定结果。首席审裁员人选的产生方式见下文。

第十六条　审裁庭的组成

当事人约定由一名审裁员组成审裁庭的,应当由当事人共同选定。无法共同选定的,由指定机构指定审裁员。

当事人约定三名审裁员组成审裁庭的,应当在申请人向指定机构提交审裁申请书前协商一致选定三名审裁员并选定首席审裁员。未协商一致的,审裁庭由一名审裁员组成,该名审裁员由指定机构指定。

指定机构应当在收到审裁申请书且申请人预缴完毕指定机构管理费后的五日内完成审裁员指定工作,并向各方当事人发送审裁庭组成通知。

审裁庭成立后,指定机构应当及时将审裁相关文件移交给审裁庭。

【条文主旨】

本条是关于审裁庭的组成及审裁庭组成通知发出的规定。本条明确了当事人针对审裁员人选协商一致以及指定机构完成审裁员指定的时限。

【条文理解与适用】

关于双方当事人共同选定审裁员的,除按照本法第 15 条规定的须在审裁庭人数上达成一致外,还需在具体人选上达成一致。否则当事人虽已通过约定方式确定审裁庭人数,但可能因对人选协商不一致,导致约定不明确,最终仍由指定机构指定一名审裁员担任。本条进一步严格限制了双方当事人约定三人组成审裁庭的条件,双方当事人须在对人数和人选均达成一致的情形下方可适用三人审裁庭。域外立法实践中也采用类似表述,如澳大利亚西岸模式下,当事人可提前约定审裁员或指定机构,如果未约定,则由受理审裁的指定机构指定审裁员。

关于组庭通知发送时限的规定。本条规定的 5 日应自收到审裁申请且申请人完成缴费之时起计。这 5 日内指定机构需完成的工作包括:向选定或指定的审裁员发送书面的审裁员委托文件;审裁员完成利益冲突检查并决定是否接受委托;审裁庭组成后由指定机构向各方当事人发出通知。相较于类似的争议解决机制,例如在仲裁程序中,仲裁庭组成通知的发出时限通常是在仲裁庭成立之后的 5 日内。而审裁机制在此基础上,将起计时间提前至指定机构确定审裁庭之前,这是区别于仲裁机制的一处设计,更凸显审裁重视效率的特点。

此外,需说明的是,如双方当事人在收到通知后,对审裁员提出回避申请(通常情形下,双方当事人共同选定审裁员应视为双方已排除审裁员存在回避情形,但如在选定后一方发现审裁员存在回避情形，仍应有权提出回避申请），指定机构收到申请并经审查确认存在回避情形，或存在其他审裁员更换的情形，至新的审裁庭成立之时，其间，所耗时间不受本条的约束。但指定机构仍有义务快速推进审裁庭的最终确立。

指定机构在审裁庭成立后，应尽快向审裁庭移交审裁相关文件，帮助审裁庭完成对案件审理的充分准备。审裁相关文件包括但不限于本法第 11 条、第 12 条等规定的审裁申请书、被申请人答辩书及双方提交的证据材料以及其他审裁庭认为有助于查明案情而要求当事人提供的材料。

第十七条　披露和回避

审裁员应当及时披露可能对其公正性或者独立性引起合理怀疑的情形，或者其已不符合审裁员任职资格的情形。

当事人对审裁员的公正性、独立性或者任职资格产生合理怀疑的，可以提出回避申请。

【条文主旨】

本条是关于审裁员披露义务和当事人提出回避申请权利的规定。

【条文理解与适用】

通过审裁公正地解决建设工程付款纠纷，是审裁制度的基本要求。借鉴商事仲裁制度，在审裁程序中，审裁员的产生也是由当事人选择或在当事人无法合意选择的情形下由指定机构指定。需要说明的是，为保证审裁庭的公正性与独立性，一方面，审裁员应当及时披露可能对其公正性或者独立性产生合理怀疑的任何事由，或者其自身不符合审裁员任职资格的相关情况；另一方面，当事人认为审裁员披露的相关情形足以影响审裁员公正性或独立性的，或者审裁员未披露，但当事人认为足以影响审裁员公正性或独立性的，也可以据此申请回避。

审裁员的披露义务应当贯穿整个审裁程序，审裁员应当全面、及时、持续地履行披露义务。

一、审裁员的披露义务

本条第 1 款规定的是审裁员应当将可能对其公正性、独立性产生合理怀疑的情形及时、主动地向当事人和指定机构进行披露的制度。其中，披露义务的主体是审裁员，披露的事由是可能会对审裁员的公正性、独立性产生影响的情形，披露对象是当事人和指定机构。立法建议草案第17条第1款参考了《联合国国际贸易法委员会国际商事仲裁示范法》(UNCITRAL Model Law on International Commercial Arbitration)第12条第1款的表述,该款规定了仲裁员在可能接受指定成为案件仲裁员时,以及自被指定为仲裁员起至整个仲裁程序期间,均应当持续地履行披露义务。同样,在立法建议草案第17条第1款项下,审裁员的披露义务也是一项持续性义务,即在审裁员可能接受指定作为案件审裁员时,以及在审裁员接受指定后至整个审裁程序期间,其均应当持续履行披露义务。

目前,已就付款保障与审裁制度进行立法的各国和地区基本上都规定了审裁员主动披露制度。比如,新加坡2004年《建筑业付款保障法》第29条规定了审裁员在知晓其与案件有任何利益冲突时,或已不符合审裁员资格或当事人约定的资质时,应当立即向指定机构披露上述情形。新西兰2002年《建设工程合同法》第41条(d)项规定,审裁员应当披露任何与案件当事人有关的利益冲突。澳大利亚西澳大利亚州《建设工程合同法案》规定,如果审裁员与相关付款争议中或与案涉建设工程合同中的任何一方有实质性利益冲突,或者其因任何原因不再满足审裁员资质条件时,应立即通知所有相关方。通过比较各国和地区立法可以发现,部分国家和地区除规定审裁员应当披露与案件相关的利益冲突外,还规定了审裁员应当就其不符合法定或约定资质的情形进行披露。由于审裁程序主要涉及建设工程过程性款项支付纠纷,对审裁员的实践经验和相关知识背景有较高要求,因此,本法规定审裁员应当及时披露其不符合任职资质的相关情形,有助于当事人和指定机构确定合适的审裁员人选,以确保审裁程序的质效。

二、当事人申请审裁员回避的权利

本条第2款规定的是当事人在特定情形下可以申请审裁员回避的权利,当事人既可以依据本条第1款审裁员主动披露的信息提出回避申请,也可以基于自身发现的可能对审裁员公正性或独立性产生合理怀疑的情形提出回避申请。

关于提出回避的主体,本条规定的是由当事人提出。新西兰、澳大利亚西澳大利亚州对审裁员的披露与回避存在更为严格的制度规定,即规定审裁员在与案件审理产生利益冲突的情况下不得再担任案件审裁员,除非双方当事人一致同意该名审裁员继续审理。本法未采纳审裁员主动回避的法定情形,仅规定了审裁员主动披露的法定义务,在审裁员主动披露的情况下,指定机构应当根据双方当事人的意思表示作出审裁员是否继续担任该案审裁员的决定。

第十八条　回避申请的提出

当事人对审裁员提出回避申请，应当说明理由，在知晓审裁庭组成之日起五日内提出。回避事由在审裁庭组成后得知的，应当在知晓回避事由之日起五日内提出。

回避申请应当书面通知审裁员、指定机构和对方当事人。

【条文主旨】

本条是关于当事人提出回避程序的规定。

【条文理解与适用】

本条关于当事人提出回避申请的期限和形式要求，参考了《联合国国际贸易法委员会国际商事仲裁示范法》第 13 条关于“申请回避的程序”的规定，但也有所不同。考虑到审裁程序的高效性要求，其回避程序由法律规定，且相关期限更短。

因为审裁员的披露义务是审裁程序过程中的一项持续性义务，所以申请人提出回避申请期限的起算方式也包括两种情形：一是在当事人知晓审裁庭组成后的 5 日内提出；二是在审裁庭组成后，当事人知晓审裁员应予回避事宜后的 5 日内提出。不同于我国《仲裁法》第 35 条“当事人提出回避申请，应当说明理由，在首次开庭前提出。回避事由在首次开庭后知道的，可以在最后一次开庭终结前提出”的规定，本条中并未以开庭时间为界限限制当事人提出回避申请，这是由于本法所规定的审裁审理方式并不以开庭审理为原则。

提出回避的形式要求包括三个方面：一是应当以书面形式提出，二是应当说明理由，三是应同时通知审裁员、指定机构和其他方当事人。由于对审裁员提出回避申请是当事人的一项重要权利，且该权利还涉及相对方当事人选定审裁员的权利、审裁员正常履职的权利以及指定机构的指定权力，提出回避申请的一方当事人有必要以书面形式提出并说明理由，而不能随意、无端提出，影响审裁程序的推进。为避免不必要的拖延，回避申请应由当事人同时通知审裁员、指定机构和其他方当事人，允许审裁员作出答复、对方当事人就回避事宜发表意见。值得注意的是，根据本法第 17 条的规定，指定机构是作出审裁员回避决定的主体，提出回避申请的一方当事人应当及时将书面回避申请发送给指定机构，被提出回避的审裁员、其他方当事人也应当将其对回避的意见反馈给指定机构，以便指定机构及时获悉被申请回避审裁员、对方当事人对回避申请的相关反馈意见，从而更为妥当地作出回避决定。

第十九条　回避的决定

除非审裁员主动辞任，指定机构应当在当事人提出回避申请之日起五日内书面决定该审裁员是否应当回避。

【条文主旨】

本条是关于回避决定作出主体及相关程序的规定。

【条文理解与适用】

本条明确了回避决定作出的主体为指定机构，这也符合目前已有审裁立法的国家，如新加坡、澳大利亚等国的立法和实践惯例。

此外，本条规定了指定机构应当作出回避决定的情形，即当事人提出回避申请的，由指定机构作出回避决定。在审裁员主动辞任的情况下，审裁员自动退出审裁程序，此时指定机构无须再作出相关决定。

需要注意的是，以下几种情况在审裁员回避程序中的具体操作不同：

一是一方当事人提出回避申请，另一方当事人也同意审裁员回避的，此时该审裁员不宜继续担任该案审裁员。在实际操作中，指定机构可作出审裁员退出审裁程序的决定，但这一决定并不意味着当事人提出的回避事由成立。

二是一方当事人提出回避申请，另一方当事人不同意，或者审裁员对此提出异议，该种情形下需由指定机构在充分听取被申请回避的审裁员、对方当事人意见后，作出最终的决定。

根据审裁程序的高效原则，指定机构作出回避决定的 5 日期限应当已经包含了其他方当事人、被申请回避的审裁员向指定机构发送回复意见的时间。此外，与我国《仲裁法》第 36 条的规定类似，本条并未规定指定机构在回避决定中需要说明审裁员是否回避的理由，实践中的具体操作可由各审裁规则自行规定。

第二十条　审裁员的替换

若审裁员因回避或者其他原因不能履行职责，应当重新指定或者选定审裁员。

因回避而重新选定或者指定审裁员后，当事人可以请求已进行的审裁程序重新进行，是否准许，由审裁庭决定；审裁庭也可以自行决定已进行的审裁程序是否重新进行。

【条文主旨】

本条是关于审裁员替换的规定。

【条文理解与适用】

审裁员在无法履职的情形下需被替换。关于无法履职的事由，本条区分为因回避和因其他原因不能履行职责。“其他原因”具体为何，一些域外法的相关法条中采用列举式表述。如新西兰就在建筑工程付款保障法关于审裁员替换情形中列举了诸如去世、重病、失去民事行为能力等情形。本法条对其他原因不作具体规范，该事由使原审裁员达到不能正常履行职责的情形，即满足替换条件。

新审裁员的产生方式，仍由双方共同约定或指定机构指定，此处两条路径非并行，而是在双方当事人无法一致重新选定的情形下，由指定机构重新指定。关于双方重新约定的时限，本条中未予明确，留待指定机构在审裁规则中处理。此外需特别说明的是，在三人审裁庭的情形下，其中一名或两名审裁员符合替换情形，需要重新选定的，当事人仅需就该需替换的审裁员人选达成一致，而无须就全部审裁庭人选进行重新选定。双方最初约定的审裁员只要无替换情形，就仍为审裁庭组成人员。同理，如需指定机构指定新的审裁员，该审裁员仅替换应予替换的审裁员。

第二十一条　审裁审理的方式

审裁庭可以征询双方当事人意见并根据案件实际情况，决定以其认为适当的方式进行审理。

【条文主旨】

本条是关于审裁制度中审理方式的规定。

【条文理解与适用】

审裁制度设计的出发点是快速解决建设工程合同项下付款争议，相应地，审裁程序审理时限也较短。因此，在审裁审理方式的选择上，本条规定赋予了审裁庭一定的自由裁量权，在考虑审裁程序高效性的同时，兼顾审裁结果在一定程度上的准确性和公正性。

鉴于每个案件的事实情况和复杂程度不同，审裁庭应在充分考虑高效性和公正性的前提下，就审裁程序决定其认为适当的审理方式。审裁庭也可以在决定审裁的审理方式前，征询当事人对审理方式的意见。所谓“适当的方式进行审理”，是指审裁庭根据每个案件的实际情况,在均衡考虑各方当事人的利益和需求后,采取有利于公平、高效和节省费用的方式进行审理。

审裁庭在本条规定下享有较大的自由裁量权来组织审裁程序,进行一系列程序安排,运用多种审理措施,高效解决争议。具体而言,审裁庭可以决定的内容包括:是否开庭审理以及以何种方式开庭审理,是否发布程序指令,采取询问式还是辩论式审理,是否举行庭前会议,是否向当事人发出问题清单,是否进行庭前证据交换,是否需要审计、评估、鉴定,采取何种质证方式,等等。审裁庭也可以考虑使用电子送达、电子数据库、线上开庭等技术手段开展审裁程序。

本条规定要求审裁庭作为中立裁判者,在行使其对程序的裁量权时,必须公平、公正地对待双方当事人。无论采取什么样的审理方式,审裁庭必须独立、公正,并给予双方当事人合理机会就其案情和论据作出陈述。审裁庭需要采取最适合案件特点的程序和方式审理案件,以确保审裁程序能够高效开展并在规定的时限内完成。

从比较法视角观察,适用审裁制度的大部分国家在审裁案件审理方式的问题上,也大多给予了审裁庭或审裁员充分的自由裁量权。例如,新加坡 2004 年《建筑业付款保障法》第 16(6)条规定:审裁员可以以审裁员认为合适的方式进行审裁。又如,新西兰 2002 年的《建设工程合同法》第 42(1)条也同样规定了审裁员可以按照其认可合适的方式来开展审裁活动。该条的规定也与目前其他域外国家就审裁案件审理方式的主流规定基本一致。

第二十二条　不公开审裁

审裁不公开进行。当事人协商一致公开进行的,应当公开进行,但涉及国家秘密或者可能损害第三人利益的除外。

【条文主旨】

本条是关于审裁是否公开进行的规定。

【条文理解与适用】

为保守当事人的商业秘密、维护其合法权益,审裁庭审理案件以不公开进行为原则,即审裁庭审理案件的全部活动,不允许群众旁听,也不允许新闻记者以及其他个人或单位进行采访或报道。上述规定的原因在于,适用审裁程序的多为处于执行阶段的建设工程项目,审裁过程可能涉及项目中的各类敏感商业信息等,公开进行审裁可能会损害双方当事人的合法权益，也可能会对执行过程中的项目带来不利影响。因此，原则上审裁不适宜公开进行。

如果当事人出于某些原因，希望审裁活动公开进行，比如希望审裁程序能够接受社会监督，则可以在当事人协商一致的前提下，公开进行审裁。当事人协议公开进行的，审裁应当公开进行，但涉及国家秘密或可能损害第三人利益的除外。

根据《保守国家秘密法》的相关规定，国家秘密是关系国家安全和利益，依照法定程序确定，在一定时间内只限一定范围的人员知悉的事项。一切国家机关、武装力量、政党、社会团体、企业事业单位和公民均负有保守国家秘密的义务。因此，当事人不得以协议的方式改变该强制性规定，涉及国家秘密的审裁案件不得公开进行审理。

在有些情况下，审裁案件公开审理可能会损害到第三人的利益。例如在总包单位与分包单位就分包合同的审裁案件中，可能会涉及和披露项目业主相关的商业秘密或敏感信息。如果总包单位与分包单位协商一致公开进行审裁，可能导致审裁过程中业主方的商业秘密被公开，从而损害项目业主方的利益。因此，对于可能损害第三人利益的案件，当事人同样不得以协议的方式要求公开进行审裁。

第二十三条　保密

除非对于满足以下条件的文件或者信息，审裁的各参与方不得将审裁决定、审裁过程中涉及的任何其他文件或者信息披露给任何第三方：

（一）所有当事人一致同意披露的，且不涉及国家秘密、不损害第三人利益的文件或者信息；

（二）能够通过合法方式获取的文件或者信息；

（三）为了审裁决定的执行或任何法院或仲裁程序的需要必须披露的文件或者信息；

（四）法律规定必须披露的文件或者信息。

【条文主旨】

本条是关于审裁的各参与方对审裁决定及审裁过程中涉及的材料负有保密义务的规定。

【条文理解与适用】

审裁程序涉及的多是正在执行过程中的建设工程项目，审裁决定及审裁过程中的证据、文件、材料、信息等都可能涉及当事人的商业秘密或在建工程的保密信息、敏感信息等。这些信息一旦公开或者向其他第三方披露，可能会对当事人的合法权益造成损害或其他不利影响，也可能会影响项目的后续实施。因此，审裁程序的各个参与方对审裁决定以及审裁过程中涉及的证据、文件、材料、信息等应负有保密义务。本条中的“审裁各参与方”包括审裁庭成员，审裁的各方当事人，参与审裁的证人、专家等。

本条对该保密义务规定了以下 4 种例外情形。

(1)所有当事人一致同意披露的，且不涉及国家秘密、不损害第三人利益的文件或者信息。

如果双方当事人一致同意可以进行公开披露，那么审裁的参与方对相关文件或信息便不再负有保密义务，但涉及国家秘密和可能损害第三人利益的文件或信息除外。

对于国家秘密，根据《保守国家秘密法》的规定，审裁参与方负有保密义务。审裁当事人不得以协议的方式改变该强制性规定，审裁的各参与方也不得违反法律规定披露国家秘密。对于披露相关文件或信息可能损害第三人利益的情况，无论当事人之间是否协商一致，各审裁参与方均仍对相关文件或信息负有保密义务。

(2)能够通过合法方式获取的文件或者信息。

如果相关文件或信息可以通过合法方式从公开渠道获取，那么该文件或信息本身已不具有保密的性质。审裁的各参与方也不再就该文件或信息负有任何保密义务。

(3)为了审裁决定的执行或任何法院或仲裁程序的需要必须披露的文件或者信息。

根据审裁决定的执行或其他任何法院或仲裁程序的需要，必须进行披露的文件或信息，各审裁参与方在相关法律程序必须披露的范围和程度内，不再就相关文件或信息负有保密义务。

(4)法律规定必须披露的文件或者信息。

对于法律规定必须披露的信息，各审裁参与方也不再就该文件或信息负有保密义务。

从比较法视角观察，本条关于保密义务的规定也与目前审裁制度在主要域外国家通行的国际实践相吻合。比如,英国 1998 年《建设工程合同(英格兰和威尔士)规则条例》第 18 条规定,除非为审裁相关目的,审裁员和争议的任何一方不得将审裁有关的任何保密信息或文件披露给任何其他方。又如,新西兰 2002 年《建设工程合同法》第 68 条也作出了类似的规定。

第二十四条　审裁和解

当事人申请审裁后,可以自行和解。达成和解协议的,当事人可以请求审裁庭根据和解协议,就满足本法规定审裁适用范围的事项作出审裁决定,也可以撤回审裁申请。

【条文主旨】

本条是关于当事人在申请审裁后就相关争议达成和解的规定。

【条文理解与适用】

和解是指当事人在平等自愿的基础上,就已经发生的争议进行协商并达成协议,自行解决争议的一种方式。但当事人之间达成的和解协议并不具有法律上的强制执行力。当一方当事人违反和解协议约定时,另一方当事人仍然需要通过诉讼或仲裁的方式来解决相关争议。

当事人就争议申请审裁后,双方仍然可以经过协商、谈判,就相关争议达成和解。对和解协议中符合本法规定的审裁适用范围的事项,当事人可以进一步请求审裁庭按照当事人之间和解协议的内容作出审裁决定。此时,由审裁庭作出的审裁决定具有强制执行力,在一方当事人不能自觉履行时,另一方当事人可以依据本法相关规定就该审裁决定申请强制执行。

在实践中,当事人可能会就建设工程项目的多种类争议进行"一揽子"的谈判与和解。比如,双方可能会在和解过程中就项目的工期延误和付款问题一并进行协商和解决,并对这些问题的协商结果达成一个"一揽子"的和解协议。在这种情况下,对和解协议中不属于本法规定的审裁适用范围的事项,审裁庭不应将其纳入审裁决定中。但对属于本法规定的审裁适用范围的事项,审裁决定应清晰、完整地表达当事人双方在和解协议中达成的意思表示。

这一条款将审裁制度与当事人的和解制度相结合。从理论上说,当事人虽然在审裁程序终结之前已经达成了和解协议,但是双方可能不具备彻底解决争议的条件或能力。该条款则借助审裁制度,通过由审裁庭根据和解协议作出审裁决定的方式,为当事人提供了在一定程度上加强和解协议执行效力的途径。

若当事人不请求审裁庭根据其和解协议作出审裁决定,则其可以选择撤回审裁申请。当事人根据本条规定撤回审裁申请的,不影响其就相关争议根据本法再次提起审裁。

第二十五条　审裁决定的作出

审裁决定应当自审裁庭组成之日起三十日内作出。审裁庭提出延期建议并经双方当事人同意的,可以延期。审裁庭未能在审裁期限内作出审裁决定的,审裁程序终止,但当事人可另行提起审裁。

由三名审裁员组成审裁庭的,审裁决定应当合议进行并按照多数审裁员的意见作出;不能形成多数意见时,审裁决定应当按照首席审裁员的意见作出。不同意见应记入审裁决定书。

审裁庭认为必要的,或者当事人申请并经审裁庭同意的,审裁庭可以就当事人的部分请求事项作出部分审裁决定。

【条文主旨】

本条是关于审裁决定如何作出的规定。

【条文理解与适用】

本条第 1 款对审裁决定作出的期限进行了明确。为了快速解决工程款付款纠纷,体现审裁制度的效率原则,本法规定审裁决定应自审裁庭组成之日起 30 日内作出,该起算时间以审裁庭组成通知上记载的审裁庭组成时间为准。英国 1998 年《建设工程合同(英格兰和威尔士)规则条例》第 19 条规定,审裁员应在收到争议提交通知后的 28 日内对争议作出审裁决定,并及时送达各方。如果申请人同意,该期限可以延长至 42 天。如果争议双方均同意,该期限也可以进一步延长。新加坡 2004 年《建筑业付款保障法》第 17 条规定:(1)如果审裁涉及建设工程合同,而被申请人未能在审裁开始前作出付款答复并提交审裁答复;或未能在到期日前支付申请人已接受的答复金额,则审裁决定作出的期限为在根据第 16(1)条或第 16(2)条(视情况而定)开始审裁后的 7 天内,或在审裁员可能要求并经申请人和被申请人同意的更长期限内。(2)在任何其他情形下,审裁决定作出的期限为在根据第 16(1)条或第 16(2)条(视情况而定)开始审裁后的 14 天内,或在审裁员可能要求并经申请人和被申请人同意的更长期限内。澳大利亚新南威尔士州

1999年《建筑业付款保障法》第21条第3款规定：审裁员须尽快作出决定。审裁员须在答辩人提出答辩的日期或者答辩人有权提出答辩的期限结束后10个工作日内，或在申请人和被申请人可能商定的进一步时间内作出决定。通过对其他法域审裁期限规定的比较并结合我国国情，本法将审理时限规定为30天，这样不仅能够督促审裁员尽快完成审理，还能满足当事人对审理周期的合理预期。审理时限可以延长，但必须经过双方同意。如果审裁庭未能在审裁期限内审结案件，那么该次审裁程序终止，申请人可以重新发起一个新的审裁程序，这可以有效避免审裁庭导致的程序拖延，便于当事人及时再次通过审裁救济权利。由于该次审裁程序未获审裁决定，当事人另行提起审裁程序也并不违背"禁止重复起诉"的原则。从另一个角度来看，审裁决定作出的期限如此之短，也意味着审裁程序应当有一定的容错率，因此审裁决定仅仅具有临时约束力，审裁结果的偏差可以在后续的诉讼或仲裁程序中予以纠正。

本条第2款规定了审裁决定作出的决策机制。当审裁庭由独任审裁员组成时，审裁决定当然根据独任审裁员的意见作出。但根据本法第15条、第16条的规定，当事人可以约定审裁庭由3名审裁员组成，此时当审裁庭不能形成一致意见时，按照少数服从多数的原则，审裁决定应依据多数意见作出。多数意见可能由首席审裁员与一位非首席审裁员形成，另一位非首席审裁员持少数意见。同样地，首席审裁员也可以持少数意见，多数意见由两位非首席审裁员形成。在以上两种情况下，只要能形成多数意见，那么审裁决定就应该依据多数意见作出。如果存在极端情形，审裁庭内部无法形成多数意见，3位审裁员各持各自的意见时，那么为了便于纠纷的快速解决，避免因审裁庭决策的僵局延误审理，审裁决定应按照首席审裁员的意见作出。需要注意的是，审裁决定无法以一致意见作出的，不同意见应该记入审裁决定书并向当事人发送。这可以体现审裁制度对少数意见的尊重，维护了持少数意见的审裁员同等的审理权利，也增加了审裁程序的透明度与公信力。需要说明的是，少数意见虽然记入审裁决定书，但是该少数意见不构成审裁决定的内容，不对当事人产生约束力。

本条第3款规定了作出部分审裁决定的机制。经当事人申请，或审裁庭认为有必要的，审裁庭可以作出部分审裁决定。部分审裁决定的范围必须是当事人已经提出的请求事项，且审裁庭考虑后认为有条件且有必要提前作出该部分审裁决定。部分审裁决定的效力等同于全部审裁决定，对当事人具有约束力，当事人也可以申请执行。部分审裁决定机制可以解决迫在眉睫或事实清楚的争议，在纠纷较为复杂特别是双方同意审裁程序延期的情况下能够快速作出决定，保障工程款支付，促进建筑业的发展。部分审裁决定作出后，对应的请求事项在后续的最终审裁决定中不必再次处理。

第二十六条　审裁决定书的内容

审裁决定书应当写明审裁请求、查明的案件事实、审裁决定的理由、审裁结果、审裁费用的负担、审裁决定日期和逾期履行的法律后果。根据当事人达成的调解协议或和解协议作出的决定，或者当事人另有约定的，可以不写明有关争议事实、裁决理由。

审裁决定书由审裁员签名。对审裁结果持不同意见的审裁员，可以不签名。

【条文主旨】

本条是关于审裁决定书内容、形式的规定。

【条文理解与适用】

首先，由于法定审裁制度在我国尚未施行，当事人、审裁员和审裁指定机构均没有过往审裁实践可供借鉴，因此在立法中明确规定审裁决定书的内容，有助于规范和引导审裁实践。其次，域外各国在建筑业付款保障法或审裁法中，对审裁决定书的内容均有规定，基本是要求写明审裁结果（应支付的金额、应支付的时间、应付利息）、审裁决定的理由等。除审裁结果和审裁决定的理由外，本法中也要求在审裁决定书中写明审裁请求和已查明的案件事实。写明审裁请求，有助于明确其是否在审裁处理的范围，对照审裁决定的内容是否涵盖所有审裁请求，审查是否超出审裁请求范畴。已查明的案件事实，可作为审裁员作出审裁决定的基础和依据。当事人为保守商业秘密或存在其他原因，可以协议不写明争议事实和审裁理由，此种规定可以尊重当事人意思自治，并且保护当事人的合法权益。

审裁决定书应以审裁员的名义书面作出，并由审裁员签名，可以采用手写签名、电子签名等方式。审裁决定书以书面形式作出，可防止电子版本被随意篡改，且更为正式、庄重。域外各国审裁法律无一例外，均要求审裁决定书以书面形式作出。审裁员签名是表明审裁员必须对审裁决定负责，签字确认的要求有助于敦促审裁员谨慎公平对待审裁。大多数实行法定审裁制度的国家在立法中并未明确要求审裁员签字，但实践中审裁庭作出的法定审裁决定书上均有审裁员的签字。因此，建议在立法中明确写明审裁员应当在审裁决定书上签字。考虑到存在3名审裁员组成审裁庭的情形，对审裁决定持不同意见的审裁员，由于审裁决定并未代表其意见，因此应当赋予其是否在决定书上签字的决定权。实践中存在审裁员拒不签名的可能性，如果要求所有审裁员必须签名，那么可能出现审裁决定因审裁员未全部签名而存在效力瑕疵。再者，本法第25条第2款已规定少数意见应记入审裁决定书，因此没有必要要求持少数意见的审裁员在审裁决定书上签字。

第二十七条　审裁决定书的更正和补充

任何一方当事人均可以在收到审裁决定书之日起十五日内就审裁决定书中的书写、打印、计算错误，或者其他类似性质的错误，书面申请审裁庭作出更正。如确有错误，审裁庭应当在收到书面申请之日起十五日内作出书面更正。

任何一方当事人均可以在收到审裁决定书之日起十五日内就审裁决定书中遗漏的审裁请求事项，书面申请审裁庭作出补充决定。如确有遗漏，审裁庭应当在收到上述书面申请之日起十五日内作出补充决定。

审裁庭可在作出决定后二十日内，自行以书面形式对审裁决定书进行更正或者作出补充决定。

上述书面更正或者补充决定构成审裁决定书的组成部分。

【条文主旨】

本条是关于审裁决定的更正及补充决定的具体规定。

【条文理解与适用】

本条第1款是当事人申请对审裁决定书进行书面更正的规定。审裁案件的任何一方当事人，均有权提出审裁决定书更正的申请，申请更正的期限是收到审裁决定书的15日内。本款中所称的书写、打印、计算错误指的是审裁决定书中的笔误等，并不包括对审裁决定中可能存在的实体性内容进行修改或重新决定。施行法定审裁制度的国家，其审裁法均作出了有关审裁决定书更正的规定。审裁庭有权决定是否进行书面更正。如果审裁庭认为确有上述类型错误且有必要进行更正，应在收到更正申请后的15日内书面作出。

本条第2款是当事人申请审裁庭作出补充决定的规定。本款中所称遗漏审裁请求事项，原则上既包括在审裁请求中提出的，但在审裁决定书中未提及、未处理的事项，也包括在审裁庭已经进行了审理且作出了判断和决定，但是在审裁决定书的审裁庭意见部分和主文部分遗漏的事项。为了避免在此种情况下申请人的权利失去救济路径，也为了更高效地解决争议，本款参考《联合国国际贸易法委员会国际商事仲裁示范法》第33条的做法，以补充决定的形式处理遗漏的审裁请求。域外各国立法中均未涉及补充决定的相关条款。

审裁是快速、高效解决争议的机制，当事人应当在较短的时间内对审裁决定书反馈问题，否则可能会导致审裁期限拖延。即使当事人未能在15日内发现问题，其依然可通过后续法院诉讼或者仲裁等途径解决争议，并不会导致权利的丧失。

本条第3款规定了审裁庭主动补正审裁决定书及作补充决定的情形。除当事人申请外，审裁庭也可依职权，自行对审裁决定书进行书面更正或作补充决定，本款赋予审裁庭更宽裕的时间。如双方当事人未能在15日内提出更正审裁决定书或作补充决定的申请，可由审裁庭自行审查后予以更正或者作补充决定。

本条第4款规定了审裁决定更正与补充决定的效力。审裁庭对审裁决定书的更正或补充决定一经作出即生效，构成审裁决定书的一部分，与原审裁决定书有同等的法律效力。更正或补充决定与原审裁决定书内容不一致之处，应以更正的审裁决定书或者补充决定为准。被更正或补充的原审裁决定书依然有效，其生效日期仍是原审裁决定书作出之日，除非更正的审裁决定书或者补充决定对生效日期进行更正或补充。

第二十八条　审裁决定书的效力

审裁决定书自作出之日起发生法律效力，直至审裁事项由人民法院或者仲裁庭另行作出生效裁判。

【条文主旨】

本条是关于审裁决定书效力的规定。

【条文理解与适用】

一、审裁决定书自作出之日起生效

审裁决定书发生法律效力的时点是审裁庭作出审裁决定书之日。由于法定审裁程序是针对建设工程进度款支付的快速争议解决程序，审裁程序的时效性是该项制度的核心价值,因此选择作出审裁决定书之日为发生法律效力的时点,有助于避免审裁制度因送达事项而产生时间上的拖延。

审裁决定书一旦作出,即发生法律效力。审裁决定书以作出之日为发生法律效力的时点,不会导致被申请人的失权。由于本法要求当事人启动审裁程序前,需要向被申请人送达审裁通知及审裁申请书等过程性文件,因此在审裁庭作出审裁决定书之前,已经有相应的程序确保相关法律文书能够对被申请人进行有效送达。值得说明的是,虽然审裁决定书自作出之日起发生法律效力,但并不免除审裁庭向双方当事人送达审裁决定书的法定义务。

二、审裁决定书具有非终局性约束力

审裁决定书具有非终局性的约束力,审裁决定书中的审裁事项可被后续诉讼程序或仲裁程序另行确定。审裁决定书对当事人双方具有非终局性的约束力,即临时约束力。

第一,审裁决定书是具有强制执行力的法律文书,对当事人具有法律效力。在制定本立法建议草案的过程中,有观点认为,审裁决定书仅发生基于当事人合意所产生的法律约束力,这种观点最终没有得到工作组的一致认可。未来制定的审裁法赋予审裁程序强制执行力,这种强制执行力是法定的,而不是基于当事人约定。因此,审裁决定书对当事人双方发生法律效力,负有给付义务的一方当事人应当按照审裁决定书载明的审裁事项在审裁决定书规定的期限内及时履行相应给付义务。被申请人不履行给付义务的,除申请人可依据生效的审裁决定书依法向有管辖权的人民法院申请强制执行之外,被申请人还应当依据《民事诉讼法》第 264 条的规定,承担迟延履行期间加倍支付债务利息的后果。

第二,审裁决定书具有非终局性的约束力。审裁决定书虽然具有约束力,但这种约束力是临时的,并不是终局性的,当事人可以就审裁事项另行提起诉讼或仲裁。一旦审裁事项被后续诉讼程序或仲裁程序另行决定,人民法院或仲裁庭另行作出生效裁判的,审裁决定书中的相应审裁事项将被后续生效法律文书所取代,不再具有法律效力。

值得特别说明的是,如果审裁决定书载明的审裁事项被后续法院判决或仲裁庭裁决推翻,则在后续法律文书生效之日,审裁决定书的对应审裁事项将失去法律效力。但在后续法律文书生效之前,审裁决定书的对应审裁事项并没有被后续程序推翻,审裁决定书依然是有效的,如果当事人不履行相应的给付义务,仍应当承担迟延履行期间加倍支付债务利息的后果。

如果审裁决定书载明的审裁事项没有被后续法院判决或仲裁庭裁决推翻，而是被后者再次确认，此时也应当认为审裁决定书的审裁事项不再发生法律效力，当事人应当依据生效裁判文书确定双方的权利义务。

第三，当事人提起诉讼或仲裁的权利不受审裁程序的影响。同样地，诉讼或仲裁的开展也不影响审裁程序的开展。审裁决定书一旦作出，当事人应当履行相应给付义务。当事人就审裁事项另行提起诉讼或仲裁，且诉讼或仲裁对审裁事项作出不同认定的，在此情况下，如果当事人已经依据审裁决定书履行相应给付义务，则履行给付义务的行为可作为一项基本事实予以认定，不影响后续争议解决程序的开展。

与域外立法经验相比，本法关于审裁决定书效力问题的规定与普通法系国家的规定基本一致。在新加坡，2004 年《建筑业付款保障法》规定，根据该法作出的审裁决定对审裁各方和通过审裁或根据它们提出请求的任何人具有约束力，除非或直到法院拒绝执行审裁决定，争议最终由法院、仲裁庭或任何其他争议解决程序裁决，或争议由双方协议解决。在英国，审裁决定具有临时终局性，即审裁决定对争议各方具有强制约束力，直至该争议最终重新通过诉讼或仲裁程序或双方协议的方式解决。可见，审裁决定书具有非终局性的约束力，审裁事项可被后续诉讼或仲裁程序推翻，是立法上的国际通行规范。

三、审裁决定书不具有既判力

首先，审裁决定书不具有既判力。审裁决定书对后续审裁程序、仲裁程序或诉讼程序等争议解决程序均不发生约束力。审裁决定书中的决定事项以及对基本事实的查明，均不对后续诉讼程序或仲裁程序及其他争议解决程序产生积极既判力或消极既判力的影响。换言之，对于事实认定而言，审裁决定书查明的事实不能直接作为后续诉讼或仲裁程序对事实认定的依据，后续诉讼或仲裁程序对事实的认定，不受到审裁程序的影响和限制，审裁决定书对事实的认定，不对后续争议解决程序发生效力。其次，审裁决定书也不能直接作为证据，当事人仍然要对待证事实重新举证予以证明。对于审裁事项而言，审裁决定书仅对该次审裁事项具有约束力。如果当事人双方在后续争议解决程序中再次涉及该次审裁事项的裁决内容，那么后续争议解决程序应当重新审查审裁事项。最后，当事人提起审裁，不影响当事人就审裁决定书所涉事项另行提起诉讼或仲裁。但对于同一审裁事项,如果相同当事人之间已经存在有生效的审裁决定书,则当事人不得再次提起审裁。

四、审裁决定书仅对当事人双方发生法律效力

审裁决定书仅对当事人双方发生法律效力,不对第三人发生效力。法定审裁程序的立法目的是解决建设工程领域的付款纠纷,是通过快速争议解决程序,来实现进度款的及时支付。一般而言,进度款的支付纠纷仅涉及申请人、被申请人双方。但也存在进度款支付纠纷涉及第三方利益的情况,例如发包人与承包人之间的审裁决定书,将对承包人的分包商的权益产生影响。那么审裁决定书是否应当对第三人发生效力,审裁决定书载明的审裁事项是否对第三人与审裁程序当事人的后续争议产生积极或消极既判力的影响,将直接影响审裁制度与现有诉讼、仲裁制度的衔接,直接影响当事人的权利义务。就此问题,工作组多数意见认为,鉴于审裁程序时效性的要求,当事人需要在较短的时间内组织证据、进行答辩,审裁庭也需要在有限的时间内作出审裁决定,通常来说审裁程序更加重视效率,其对案件事实的查明难以做到诉讼或仲裁程序的标准,像英国、新加坡等地区均评价审裁程序是快速而粗糙的正义(Quick and Rough Justices)的争议解决程序。因此,如果赋予审裁决定书类似于判决书或者仲裁裁决书一样的绝对效力,允许审裁决定书对第三人发生效力,将对其他争议解决程序产生不利影响。因此,审裁决定书仅对当事人双方发生法律效力,不能对除申请人、被申请人之外的第三人发生法律效力。例如,承包方就某一期工程款支付问题向业主方提起审裁,审裁庭就该期工程的工程量及相应价款作出认定。该认定仅在业主方及承包方之间发生法律效力,即使承包方与分包方对同一工程的工程量及价款发生争议,审裁决定书的审裁事项也对分包方不发生法律效力。

第二十九条　申请撤销审裁决定书的法定情形

当事人提出证据证明审裁决定书有下列情形之一的,可以向指定机构所在地的中级人民法院申请撤销审裁决定书:

(一)审裁决定书的审裁事项不属于本法规定范围或者超出审裁请求范围的;

(二)审裁员的指定或者审裁程序违反法定程序,足以影响审裁程序公正的;

（三）审裁决定书是通过欺诈取得的；

（四）审裁员在审裁该案时索贿受贿，徇私舞弊。

人民法院经审查有前款规定情形之一的，应当裁定撤销审裁决定书。

【条文主旨】

本条是关于撤销审裁决定书的法定理由的规定。

【条文理解与适用】

制定本条规定所遵循的基本原则是在维护审裁制度程序性公正的同时最大限度地保障审裁制度的顺利运行，因此对于审裁决定书的撤销而言，需要尽可能限制撤销的法定理由，仅在审裁程序存在严重程序性错误（如存在管辖权问题、欺诈问题、审裁员徇私舞弊问题）等情况下，审裁决定书才能被撤销。

值得指出的是，关于事实认定、法律适用等实体问题，不能成为撤销审裁决定书的理由。即使审裁决定书最终被判定是错误的，从立法价值的角度出发，当事人也应当先予以履行。当事人因为错误的审裁决定书而多支付进度款的情况，可以在最终工程竣工结算中予以解决，也可以在后续诉讼、仲裁中解决。因此，在此阶段不宜设置过于繁杂的制度影响审裁程序的执行效率。除非出现严重违反公平正义的情况，否则审裁决定书应当予以履行。

一、撤销审裁决定书的管辖问题

当事人要求撤销审裁决定书的，应当向指定机构所在地的中级人民法院申请。选择指定机构所在地的中级人民法院管辖审裁决定书的撤销案件，主要有以下几点理由和考量。

第一，由指定机构所在地中级人民法院管辖撤销审裁决定书的案件，有利于对撤销法定事由的查明。需要指明的一点是，为了尽可能避免撤销审裁决定书从而实现审裁制度的有效开展，审裁决定书的撤销理由应当仅限于法律明确规定的几种程序性事项，即管辖权问题，审裁员的指定以及审裁程序开展违反法定程序且足以影响审裁公正的，欺诈以及徇私舞弊的情况。由指定机构所在地的中级人民法院管辖撤销审裁决定书的案件，更有利于上述法定事由的查明。

第二，指定机构所在地往往是建设工程所在地，由建设工程所在地的中级人民法院管辖，能够有效实现审裁案件审理尺度的统一。根据本法规定，当事人应当选择建设工程所在地的指定机构开展审裁程序，因此与该建设工程有关的审裁撤销案件都将由指定机构所在地,也就是建设工程所在地的中级人民法院统一管辖。这样可以将同一建设工程的所有审裁决定书撤销案件集中到同一法院进行审理,从而提高审理效率。

二、申请撤销审裁决定书的法定理由

如上文所述,撤销审裁决定书的理由应当仅限于法律明确规定的几种情况,具体如下。

第一,审裁决定书的审裁事项不属于本法规定的范围的。这是指审裁决定书的审裁事项超出本法规定的范围,因而审裁员没有管辖权,审裁决定书应当被撤销。一般而言,涉案工程不属于本法规定的建设工程或审裁请求不是针对进度款支付争议的,均为审裁事项不属于本法规定范围的情形。在本法制定过程中,有观点认为审裁事项超出当事人合意的可审裁范围,也应当成为撤销审裁决定书的一种情形。对此观点,工作组最终形成多数意见认为,当事人对可审裁范围达成合意进行约定,不能影响到当事人申请审裁的权利。无论是当事人约定不能将争议提交审裁还是改变可审裁范围,只要与该法规定的审裁范围相违背的,都应当认定无效。

第二,审裁决定书的审裁事项超出审裁请求范围的。从广义管辖权的角度出发,审裁事项超出审裁请求范围的也属于审裁庭的管辖权问题,如果出现此类问题,审裁决定书应当被撤销。一般而言,审裁事项超出审裁请求范围是指审裁庭在申请人的审裁请求之外进行裁决,或者是审裁庭将与该案无关的建设工程活动纳入审裁审理范围的情形。

第三,审裁员的指定或者审裁程序违反法定程序,足以影响审裁程序公正的。这是指审裁程序的开展违反法定程序,且此种违反足以影响审裁程序的公平正义。一般而言,被申请人未获得答辩的机会,或者存在利益冲突事项没有披露等,均属于严重违反法定程序,足以影响审裁程序公正的情况。同时,法定程序可以做扩大化理解,违反审裁规则也属于违反法定程序的一种。

第四,审裁决定书是通过欺诈取得的。这是指审裁决定书所依据的主要证据是伪造或虚假的,或者审裁员存在虚假审裁的情况。一般而言,只有申请人有充足证据证明审裁决定书所依据的主要证据存在上述情况,或者有充足证据证明当事人之间存在虚假审裁侵犯他人利益的情况,才能撤销审裁决定书。

第五,审裁员在审裁该案时索贿受贿,徇私舞弊的。申请人需要有充足证据证明审裁员存在索贿受贿,并且存在枉法审裁的行为。

综上,人民法院经审查认为存在上述情况的,应当裁定撤销审裁决定书。

与域外立法经验相比,本法关于审裁决定书撤销程序的规定与普通法系国家与地区的规定基本一致。在新西兰,法律并没有直接规定当事人有就审裁决定提起司法审查进而申请撤销审裁决定的相应权利。但是在实务中,当事人有权利就审裁决定提起司法审查,不过这种权利是极为有限的。在司法实践中,当事人可以就审裁决定向新西兰高等法院提请司法审查。司法审查的法律依据主要是审裁员作出审裁决定是法律赋予的法定决定权,因此应当接受司法审查。① 相较于英国以及澳大利亚西岸的做法,新西兰并没有在法律规定中给出对审裁决定进行司法审查的具体理由或者标准,法院必须根据案件的实际情况予以个案的考量。② 根据新西兰以往判例,法院对审裁决定开展司法审查的主要理由是管辖权问题以及违反自然正义原则。但是,法院在判决中倾向于采取非常谨慎的态度,考虑到新西兰2002年《建设工程合同法》的立法目的,法院认为最低限度的司法审查是恰当的,只有审裁程序严重违反自然正义原则、缺乏管辖权的审裁决定才应当被法院推翻。③ 司法审查作为一种补救措施,只有在最极端的案件中才能适用。而在英国,法院在执行审裁决定时采用的是"默认支持原则",即除非审裁员对被审裁争议明显不具有管辖权,或审裁员决定存在明显违背公平正义的情况,否则法院都将支持审裁员的决定。即使审裁员在审裁程序中存在程序错误,甚至存在一定的事实或法律适用上的错误,法院也不会在执行阶段重新开展相关程序或干预审裁员作出的审裁决定。

可见,针对审裁决定书的撤销问题,国际通行做法是尽可能限制当事人撤销审裁决定书的权利,只有在严重违反自然正义原则的情况下才能撤销审裁决定书。这与审裁制度"先付款后争议"的基本逻辑相一致。

---

① See Andrew Burr, *International Contractual and Statutory Adjudication*, Informa Law from Routledge, 2017, p. 253.

② See Andrew Burr, *International Contractual and Statutory Adjudication*, Informa Law from Routledge, 2017, p. 253; Tayler v. Lahatte HC AK CIV 2007 - 404 - 6843, [2008] NZHC 980, at para. 20 (Stevens J); Spark It Up Limited v. Dimac Contractors Limited HC EN CIV – 2008 - 485 - 1706, [2009] NZHC 704, at para. 24 (Dobson J).

③ See Spark It Up Limited v. Dimac Contractors Limited HC EN CIV – 2008 - 485 - 1706, [2009] NZHC 704, at para. 25 (Dobson J).

在制定本条文的过程中，工作组对采取撤销还是不予执行模式存在不同的观点。一部分观点认为应当采用不予执行模式，主要理由为撤销审裁决定书与审裁决定书的执行程序可能发生在不同的法院，因此建议采用不予执行模式，从而统一案件受理法院。另一部分观点认为应当采用撤销模式，主要理由为以下几点：首先，对于出现严重程序性问题的审裁决定书，应当直接否定其效力，而不是在执行程序中解决。其次，基于当下法院审执分离的制度安排，此类问题应当交给审判法官而不是执行法官予以裁决。最后，对于认定被申请人无须承担给付义务的审裁决定书，申请人在不予执行模式下无法得到救济。

三、审裁决定书的撤销案件不应当由执行法官审理

审裁决定书的撤销案件，应当由审判法官负责审理。除此之外，审裁决定书的执行程序不应当因为被申请人提起撤销审裁决定书而中止，否则很可能出现一旦申请人向法院申请执行审裁决定书，被申请人就向该法院申请撤销审裁决定书，导致该审裁决定书无法得到有效执行。

四、撤销审裁决定书案件的申请人负有证明法定事由存在的举证责任

审裁决定书的撤销案件，应当由申请撤销一方当事人承担证明存在法定事由的举证责任。除此之外，当事人承担的证明责任要达到排除合理怀疑的程度，即比一般民事诉讼程序的证明责任要高。这是为了尽可能避免当事人的撤销权被滥用，以致阻碍审裁制度立法目的的实现。

第三十条　与撤销审裁决定书相关的期限

当事人申请撤销审裁决定的，应当自收到审裁决定书之日起十五日内提出。

人民法院应当在受理当事人撤销申请之日起三十日内审结。有特殊情况需要延长的，经本院院长批准，可以延长三十日。

【条文主旨】

本条是关于当事人申请撤销审裁决定书的期限以及人民法院关于撤销审裁决定书案件的审理期限的规定。

【条文理解与适用】

当事人申请撤销审裁决定书，应当在收到审裁决定书之日起 15 日内提出。之所以设置 15 日，是为了平衡当事人的撤销权与审裁制度的有效性。如果设置过长的撤销期,可能导致审裁决定书长期处于效力不稳定的状态,不利于审裁制度的有效推进。

值得提出的是,如果超出法定期限后,当事人希望撤销审裁决定书相应审裁事项,其只能通过诉讼或仲裁程序予以解决。这主要出于确保审裁制度效力稳定性的考量。对于可撤销的法定事由,当事人在审裁程序开展过程中一般已经知晓或者应当知晓,因此超出法定期限后,当事人才发现存在撤销事由的可能性较小。

人民法院应当在受理当事人撤销申请之日起30日内审结。有特殊情况需要延长的,经该法院院长批准,可以延长30日。由于审裁程序的价值取向是快速解决进度款的付款争议,且审裁决定书的可撤销法定事由仅限于第29条规定的4种情形,因此规定人民法院应当在受理当事人撤销申请之日起30日内审结,既具有较高的可操作性,又可以保障审裁制度不会因为冗长的撤销程序而被动摇。

上文提及的当事人申请撤销审裁决定书的法定期限为除斥期间,不适用有关诉讼时效中止、中断或延长的规定。该期限届满,当事人未提起撤销申请的,撤销权消灭。

本条关于当事人撤销权期限的规定与域外立法例并不一致。在新西兰,法律并没有对当事人提起撤销申请的期限以及法院审理审裁撤销案件的期限进行限制。由于法定审裁制度在我国属于新兴事物,当事人、审裁员、指定机构对审裁程序的开展,人民法院对审裁程序的执行与撤销均属于摸索阶段。因此,设置15日的撤销权行使期限以及30日的审理期限,有利于督促当事人积极行使权利,保障审裁制度的顺利运行。

第三十一条　审裁决定的执行

当事人应当履行依法作出的审裁决定。一方当事人不履行的,对方当事人可以在收到审裁决定后,向被执行人住所地或者被执行的财产所在地基层人民法院申请执行。

【条文主旨】

本条是关于执行审裁决定的规定。

【条文理解与适用】

本条规定的执行审裁决定的情形包括自动履行和司法执行。

审裁决定司法执行的前提是审裁决定的效力问题。从比较法角度来看,目前已有建筑业付款保障立法的地区，如英国、新加坡、澳大利亚等，其建筑业付款保障法律对当事人不主动履行审裁决定而诉诸法院执行的问题存在不同规定，如新加坡采取的是审裁决定与法院判决以相同方式获得执行的路径，澳大利亚新南威尔士州采取的是由指定机构出具裁决书进而执行的路径，英国则采取法院通过简易判决程序执行审裁决定的路径。

如本法关于审裁决定效力的规定所述，审裁决定书自作出之日起发生法律效力，直至审裁事项由人民法院、仲裁庭另行作出生效裁判。根据本法的立法目的和宗旨，审裁程序是为及时解决建设工程付款问题所设定的法定程序，审裁决定的效力是强制性法律规定赋予的，因此当事人可以直接向法院申请执行审裁决定，以保证获得阶段性权利救济。

本条中规定的当事人可依据审裁决定进行执行的法院指的是被执行人住所地或被执行财产所在地的基层人民法院，其中对执行审裁决定的法院管辖作出了明确规定，既有级别管辖又有地域管辖的内容。考虑到建设工程审裁案件频发、案件量巨大，以及法院案多人少等问题，若由中级人民法院管辖执行事项恐难以满足当事人及时获得执行的目的。因此，审裁决定的执行应由基层人民法院管辖。其他关于执行所涉问题，还应参照最高人民法院《关于适用〈中华人民共和国民事诉讼法〉执行程序若干问题的解释》进行适用。

第三十二条　审裁申请时效

申请人应当在争议款项到期之日起六个月内提起审裁申请。申请人在申请时效届满后提起审裁申请的，审裁庭应在查明后予以驳回。

【条文主旨】

本条是关于审裁申请的时效及超出时效如何处理的规定。

【条文理解与适用】

在英国、澳大利亚、新加坡、新西兰等实行法定审裁制度的主要地区中，仅有澳大利亚西岸模式下的西澳大利亚州和北领地区设定了审裁申请的时效。西澳大利亚州在其2004年出台的《建设工程合同法》将审裁申请的时效规定为90个工作日，从付款争议发生之日起算。北领地区与西澳大利亚州的做法类似，仅是将时限进一步缩短到65个工作日。

在本法中拟设定审裁申请时限且将其设定在争议款项到期之日起的6个月

内，主要是考虑以下几个因素：

第一，本法的立法目的之一在于通过法定审裁程序，为在建项目付款争议提供快速且具有临时约束力的争议解决机制，从而保障项目的顺利实施。法定审裁程序的适用对象主要为可能会直接影响到项目继续进行、急需处理的建设工程付款争议。因此，相较于提起普通民事诉讼的时效，审裁申请的时效应设置得较短。审裁申请时效本身不宜过长，这样有利于避免相关证据的丢失和缺损，时效过长会给审裁庭在短时间内作出审裁决定增添难度与不确定因素。

第二，实践中，申请方和被申请方在付款争议发生后，可能会尝试通过和解谈判的方式解决相关争议。考虑到一般民事案件和解或调解的期限基本在3～6个月，将审裁申请的时效设置在6个月，也可给予当事人一定的时间进行谈判和解。

第三，澳大利亚西岸模式的审裁申请时限是从付款争议发生之日起算，但在具体案件中双方当事人对"付款争议发生之日"产生争议的情况比较普遍。相较而言，"争议款项到期之日"更加明确清晰，且申请人在审裁中本身就需要证明应付款项已届期，以"争议款项到期之日"为起算点在操作上更具可行性。

关于本条第2句话，审裁庭应先行查明审裁请求是否超出时效，如确系已超出审裁申请时效，应对审裁请求予以驳回，此处驳回的是申请人通过审裁程序解决争议的实体权利，但不影响当事人通过诉讼或仲裁等方式寻求权利救济。

第三十三条　审裁费用

申请人应当依照本法规定缴纳审裁费用。审裁费用包括指定机构管理费、审裁员报酬及其他因第三方服务产生的合理费用。

【条文主旨】

本条是关于审裁费用构成的规定。

【条文理解与适用】

本条明确了审裁程序是一种有偿法律服务，当事人需承担所产生的费用。此外，相较于《仲裁法》中关于当事人有义务支付仲裁费用的表述，本条还进一步明确了审裁费用的类别，也即指定机构管理费、审裁员报酬及其他因第三方服务产生的合理费用。这使得当事人对审裁费用的构成有更清晰的了解。

关于审裁费用的类别，亦可参考域外立法实践，如新加坡相关立法中就将审裁费用定义为：当事人开展审裁活动所涉及的费用及开支以及应当支付给审裁员的报酬。该规定将审裁费用分为两类,除去审裁员的报酬,其余均归类为开展审裁活动所涉及的费用。本法条借鉴了这一划分思路,并在此基础上,将审裁活动所涉及的费用进一步细分为指定机构管理费和其他因第三方服务产生的合理费用。因机构管理费是审裁申请人必须向指定机构支付的费用,在本法第 16 条中亦是相关程序推进的节点,故在本条中予以列明。其他因第三方服务产生的合理费用,则属于兜底性规定,例如实体审理中可能需支出的第三方提供服务而产生的速记和翻译等费用。具体费用内容可由指定机构在审裁规则中作进一步划分。

关于审裁员报酬,新加坡法律规定审裁员有权与双方当事人协商确定报酬金额,或者在没有约定的情况下,根据审裁员实际工作以及实际费用,由审裁员确定审裁报酬的合理金额。本法中对审裁员报酬的确定及收取方式均未予明确。审裁员报酬的收费依据及是否由机构预收,宜由指定机构来推进。原则上,审裁员报酬应由指定机构代收并发放,指定机构有权就提供审裁员报酬的发放及代扣税等服务向当事人收取费用,该费用包含在指定机构管理费中。

本条对审裁费用的收取与退还、分担方式、审裁员未能在规定时间内作出审裁决定时是否有权收取报酬等情形未作规定,该等情形宜交由审裁规则处理,法条对该类情形不作具体规定。

第三十四条　审裁与其他程序的衔接

当事人可以将建设工程合同下的争议提交有管辖权的人民法院或者仲裁机构解决。

当事人将正在审裁的争议提交人民法院或者仲裁机构的,不影响相关审裁程序的进行。当事人也可以将已经提交人民法院或者仲裁机构的争议申请审裁。

有管辖权的人民法院或仲裁机构就相关争议作出了终局性的判决或者裁决的,就该争议的审裁程序应当终止。

如果一方当事人就审裁决定书申请强制执行,而另一方申请撤销的,该审裁决定书的强制执行程序应当中止,待撤销程序完结后,强制执行程序根据撤销程序的结果而继续进行或终止。

【条文主旨】

本条是关于审裁与其他争议解决程序的并行及衔接的规定。

【条文理解与适用】

审裁作为建设工程合同项下付款争议的快速解决方式，具有“临时性”和“中间性”的特点，在实践中可能会出现与其他合同争议解决方式如诉讼、仲裁等并行的情况。

一方面，将建设工程合同项下付款争议提交有管辖权的人民法院或仲裁机构进行解决是当事人依法享有的权利，审裁程序不应阻止或限制当事人对该权利的行使。即使一方当事人已经将相关争议提交审裁，另一方当事人也有权利将同一争议提交有管辖权的人民法院或仲裁机构进行审理或裁决。

另一方面，当事人将正在审裁的争议提交人民法院或仲裁机构的，审裁程序也不应受到其他法律程序的影响。同样地，如果争议已提交人民法院或仲裁机构解决，当事人也仍然有权将该争议申请审裁。审裁的精神和魅力在于快速、临时性地解决建设工程合同项下的付款争议，即“先付款后争论”。无论相关争议的审裁结果是否可能会被同时进行的诉讼或仲裁程序的结果推翻，审裁的这一功能和特点均应得到保障和体现。否则，审裁势必失去实际意义，无法在建设工程项目的应用场景中切实发挥作用。

如果相关争议已经根据当事人的和解协议、相关法院的判决或仲裁机构的裁决得到了终局性的解决，那么针对该争议的审裁也不再具有实际意义，该审裁程序应当终止。

另外，如果在审裁决定书的强制执行期间，另一方对该审裁决定书申请撤销，那么强制执行程序应当中止。待撤销程序完结后，强制执行程序可以根据撤销程序的结果继续进行或终止。

从域外立法的经验来看，马来西亚 2012 年《建筑业付款及审裁法》(Construction Industry Payment and Adjudication Act 2012)第 37 条也作出了类似规定，并在实践中得到了充分的实施。

第三十五条　审裁与破产程序

人民法院受理针对审裁申请人或被申请人的破产申请后，该审裁程序应当终止。人民法院受理破产申请后，针对债务人的债权请求根据《破产法》的有关规定处理，债务人也不得依据本法提起针对其债务人的审裁程序。

针对审裁申请人的破产申请已经获得人民法院受理的，该审裁申请人不得依据审裁决定书申请人民法院强制执行，人民法院已经受理执行申请的，应当裁定中止该执行程序。

【条文主旨】

本条是关于审裁与破产程序的规定。

【条文理解与适用】

破产程序对争议解决程序具有显著的影响，审裁也不例外。审裁是一种具有非终局性约束力且可执行的建设工程争议第三方裁决机制。审裁区别于和解、调解等其他非诉争议解决机制的显著特征是，审裁决定是由第三方作出且具有临时约束力，缺少当事人合意。审裁区别于诉讼、仲裁的一个显著特征是，审裁决定并不具有终局性，可能在后续的诉讼、仲裁中被推翻，不宜在破产程序中作为有关债权债务的终局判断被采纳。此外，审裁往往是对同一合同下的单个或部分争议进行裁决，而不是综合考虑同一合同下的所有争议，作出全面的裁决。这就决定了在破产程序中对审裁的处理原则与对其他争议解决方式的处理原则不同，同时不同司法管辖区之间的制度也存在较大差异。破产对审裁的影响主要发生在审裁程序和审裁决定执行两个方面。

一、破产程序对审裁程序的影响

从国际立法实践来看，以英国为代表的多数司法管辖区并未在成文法中直接规定破产程序与审裁程序之间的关系。目前已经有建设工程法定审裁立法的司法管辖区大多属于英美法系，法院在审判实践中会结合《破产法》等现行立法，通过判例解决程序衔接问题。

在英格兰及威尔士，陷入财务困境的公司有多种程序处理公司债务和生存问题，如破产清算（liquidation）、破产管理（administration）、管理接管（administrative receivership）、公司自愿安排（company voluntary arrangement）等。不同程序对审裁程序的影响有所不同。审裁制度要求就单个合同下的单个争议进行临时裁决。审裁的目的是加快现金流，使纠纷迅速解决，但可能只涉及双方当事人之间整体交易的一小部分。相反，在破产清算程序中，破产法律法规往往要求合并处理双方之间的所有索赔和交叉索赔，以便最终确定双方之间的债权债务关系。因此，有很多观点认为审裁程序与破产程序不兼容。

在存在交叉索赔的情况下，处于破产清算状态的承包商提起审裁所获得的有利决定将无法强制执行，这种做法只是徒劳。因此，英格兰及威尔士法院早期大多数观点认为进入破产程序时应当准予禁制令以限制审裁继续进行。①法院也表示无法看出审裁决定对破产程序中债务的解决有何帮助。只有在特殊情况下，处于破产清算（并面临交叉索赔）的公司才能将索赔提交审裁，通过简易判决来执行。因此，如果审裁员有权确定双方之间债权债务的最终金额，则可能存在允许审裁继续并执行审裁决定的特殊情况。②

尽管如此，英格兰及威尔士最高法院的最新判例显示，上述立场发生了一些变化。③ 最高法院确定处于破产程序的公司有权采用审裁程序。法院认为，破产清算中的公司由其清算人代为行事，即使被申请人有涉及破产抵销程序的交叉索赔，也可以将建设工程合同下的争议提交审裁。法院还认为，审裁是一种当事人应当采用的替代性争议解决方式。审裁员比清算人更加善于解决建设工程纠纷，清算人可以很好地利用审裁来处理破产程序中涉及的债权债务关系。

新西兰属于少有的在审裁立法中规定破产相关内容的司法管辖区。新西兰2002年《建设工程合同法》第71条专门解决与其他现行立法的衔接问题，其中第2款（a）项规定，审裁必须视为2006年《破产法》第76条下的程序。④ 新西兰2006年《破产法》第76条规定了破产裁定对法院其他程序的影响，即当债务人被裁定破产时，所有追讨破产中可证明的债务的程序均应被停止。⑤

中国立法草案界定的适用审裁的争议类型与上述两个司法管辖区现行立法不同，仅限于特定付款纠纷，更难以通过审裁一并解决申请人和被申请人之间的所有索赔和交叉索赔。这无疑进一步增加了审裁程序与破产程序的不兼容性，削

---

① See Bresco Electrical Services Ltd. v. Michael J Lonsdale(Electrical) Ltd.,[2019] EWCA Civ 27.

② See Meadowside Building Developments Ltd. v. 12 – 18 Hill Street Management Company Ltd.,[2019] EWHC 2651(TCC).

③ See Bresco Electrical Services Ltd. (In Liquidation) v. Michael J Lonsdale(Electrical) Ltd.,[2020] UKSC 25.

④ 原文为："Adjudications must be treated as proceedings for the purposes of section 76 of the Insolvency Act 2006."

⑤ 原文为："(1) On adjudication, all proceedings to recover any debt provable in the bankruptcy are halted. (2) However, on the application by any creditor or other person interested in the bankruptcy, the court may allow proceedings that had already begun before the date of adjudication to continue on the terms and conditions that the court thinks appropriate."（编者强调：新西兰《破产法》中的"adjudication"一词本身不是指《建设工程合同法》规定的审裁制度，而是指债务人被法院裁定破产的程序）

弱了审裁在破产程序中发挥作用的效果。审裁程序与破产程序的衔接也要参照现行法律下诉讼、仲裁程序与破产程序的衔接。我国《企业破产法》第20条规定，人民法院受理破产申请后，已经开始而尚未终结的有关债务人的民事诉讼或者仲裁应当中止；在管理人接管债务人的财产后，该诉讼或者仲裁继续进行。《企业破产法》第21条进一步规定，人民法院受理破产申请后，有关债务人的民事诉讼，只能向受理破产申请的人民法院提起。

鉴于此，对于已经提起但尚未终结的审裁程序，如果申请人或被申请人进入破产程序，则该审裁程序应当终止，以便由管理人在破产程序中综合考虑并"一揽子"解决。此外，如果法院已经在先受理破产案件，针对债务人提起审裁程序主张债权也没有意义。在这种情况下，针对债务人的债权请求应按照《破产法》进行申报，或在申报程序未能确认债权时向仲裁庭或受理破产申请的法院请求确认债权。

此外，破产申请受理后，也应当限制债务人提起针对次债务人的审裁。因为审裁决定仅仅是针对付款纠纷的非终局性裁决，缺乏当事人合意，强制按照审裁实现债权，对次债务人可能造成不公，已经支付的审裁裁定的款项可能因已经被分配而丧失收回的机会。

二、破产程序对审裁执行的影响

如果审裁程序申请人进入破产程序，执行审裁决定最大的风险是审裁决定经过后续仲裁或诉讼被推翻，申请人可能没有能力返还执行审裁决定的款项。即使某一争议的审裁决定后续没有被推翻，被申请人也可能在后续仲裁或诉讼中以其他反索赔主张抵销，但如果审裁决定已经被执行，相应款项成为破产财产的一部分，需要在债权人之间进行分配。如果审裁程序被申请人进入破产程序，执行审裁决定最大风险是可能构成个别清偿，对被申请人的其他债权人不公平（审裁决定金额过多的话），也可能对申请人不公平（审裁决定金额过少的话）。从国际立法实践来看，多数司法管辖区成文法较少直接规定破产程序与审裁决定执行之间的关系，而是通过判例来解决这一问题。

在英格兰及威尔士法律下，审裁决定需要通过向法院申请简易判决的方式来执行。[①] 同时，被执行人也可以申请法院中止执行简易判决。[②] 英格兰及威尔士

① 参见英格兰及威尔士《民事程序规则》第24部分。

② 参见英格兰及威尔士《民事程序规则》第47部分。

建设工程与技术法院在有关审裁决定执行的判例中给出了中止执行与审裁决定有关的简易判决的基本原则。[①] 申请人在争议最终经过仲裁或诉讼实体审理后，可能没有能力返还审裁决定的款项可以构成中止执行的特殊情形。[②]如果申请人处于破产清算状态，或者对申请人无力偿债的证据没有争议，则通常会准予中止执行。但是，如果申请人的财务状况与其订立有关合同时的财务状况相同或相似，或者申请人的财务状况全部或大部分是被告人未能支付审裁决定的款项所导致的，那么即使申请人当下的财务状况预示其可能无法返还审裁决定的款项，也无法证明中止执行的正当性。在随后的另一案件中，法院认为申请人清盘呈请的存在并非对简易判决的绝对抗辩，但也认可申请人可能无法返还审裁决定的款项，因此在准予简易判决的同时，也判令中止执行，直到双方之间的所有争议得到解决。[③]

苏格兰与英格兰及威尔士有所不同，其破产法要求法院综合考虑债权人和债务人之间的索赔与反索赔。这一原则不仅适用于当事人已经进入正式的破产或清算程序，也适用于濒临破产的情形。鉴于审裁程序本身的临时性特征，不太可能考虑当事人之间的所有争议，当事人可以此作为反对执行审裁决定的理由，法院可以判令不予执行，或在准予执行的同时中止执行。[④]

新加坡法院基本采取与英格兰及威尔士法院同样的立场。[⑤] 如果有明确客观的证据证明申请人资不抵债，或法院确信不中止执行的话，在双方之间争议最终以有利于被申请人的方式解决的情形下，已经支付给申请人的款项将无法收回，法院有自由裁量权决定中止执行审裁决定。但是，法院同样要考虑具体情形，比如申请人的财务困境在很大程度上是不是被申请人未能支付审裁决定的款项而造成的，或申请人在双方订立合同时是否已经处于类似的财务状况。

中国破产程序与国外有较大区别，审裁决定的执行必须考虑中国现行《企业

---

① See Wimbledon Construction Company 2000 Limited v. Derek Vago，[2005] EWHC 1086(TCC).

② 原文为："The probable inability of the claimant to repay the judgment sum(awarded by the Adjudicator and enforced by way of summary judgment) at the end of the substantive trial, or arbitration hearing, may constitute special circumstances within the meaning of Order 47 rule 1(1)(a) rendering it appropriate to grant a stay(see Herschell)."

③ See Alexander & Law Ltd. v. Coveside(21BPR) Ltd.，[2013] EWHC 3949(TCC).

④ See Integrated Building Services Engineering Consultants Ltd. (trading as Operon) v. PIHL UK Ltd.，[2010] CSOH 80.

⑤ See W Y Steel Construction Pte Ltd. v. Osko Pte Ltd.，[2013] 3 SLR 380.

破产法》来确定。结合国际立法实践来看，审裁申请人进入破产程序时，审裁申请人不得依据审裁决定书申请人民法院强制执行，人民法院已经受理执行申请的，应当裁定中止该执行程序。

第三十六条　不合理付款条件无效

建设工程合同中约定付款人履行付款义务以第三人向付款人付款为条件，或者以其他合同的履行为条件的，该约定无效。

【条文主旨】

本条是关于不合理付款条件无效的规定。

【条文理解与适用】

在建设工程领域，总承包人常与分包人在合同中约定，总承包人向分包人支付工程款以总承包人收到发包人支付的工程款为前提。此外，上游分包人和下游分包人之间亦会存在类似约定，此类条款通常被称为“背靠背”支付条款。

一、比较法层面的考察

从比较法视角观察，建设工程领域的“背靠背”支付条款以及设置不合理付款条件的其他类似条款在新加坡、英国、澳大利亚新南威尔士州、我国香港地区等国家或地区的建筑业付款保障立法或相关规定中均被认定为无效条款。

例如，新加坡 2004 年《建筑业付款保障法》第 9 条第 1 款、英国 1996 年《房屋补助金、建设和重建法案》第 113 条第 1 款、澳大利亚新南威尔士州 1999 年《建筑业付款保障法》第 12 条第 1 款以及我国香港地区《第 6/2021 号技术通告(工作)》附件 A 第 14 条均规定，“背靠背”支付条款无效。

新加坡 2004 年《建筑业付款保障法》第 9 条第 2 款以及新加坡地区法院(District Court)[2018] SGDC 11 号等案件进一步明确，设置不合理付款条件的条款亦属于“背靠背”支付条款，应属无效。在[2018] SGDC 11 号案件中，案涉合同约定承包商向分包商付款的前提条件是：业主根据其与承包商之间的合同就工程项目签发了完工证书。

二、学理与实践观点

本次规则制定过程中，我们对“背靠背”支付条款的效力问题进行了广泛的调研，部分理论界及实务界人士认为应认可“背靠背”支付条款的效力，理由如下：

第一，从理论层面来看：(1)认定该条款无效在理论上的理由不够充分。影响合同效力的主要因素是主体的民事行为能力、真实意思及法律、行政法规的强制性规定等,不违反《民法典》关于合同效力规定的“背靠背”支付条款,没有理由强行规定其无效。(2)“背靠背”支付条款并不违反公平原则。总分包之间在约定“背靠背”支付条款时,分包人在工程款报价中已经考虑了工程款迟延支付的相关付款利息,即使分包人未考虑相关工程款迟延支付利息,也是总分包之间通过招投标等方式竞价、公平交易的结果。

第二,从实践层面来看:(1)“背靠背”支付条款的存在具有合理性,有利于建筑行业的发展。由于建设工程投入的资金量较大,有的项目中承包人、总包方还需垫资施工,承包人、总包方通过“背靠背”支付条款可以抗辩下游企业的付款请求,有利于降低承包人、总包方自身的资金压力。如从法律层面否定“背靠背”支付条款的效力,则承包人、总包方将承担发包人履约能力下降的全部风险,将可能压垮许多承包人、总包方,不利于整个建筑行业的良性发展。(2)若“背靠背”支付条款由法律强制规定无效,将阻断总承包人风险降低的路径,加大总承包人的商业风险,导致越来越多的总承包人更加注重自身利益和风险防控,而减少承接项目的积极性,不利于保护交易、提供就业机会、促进行业发展。

但是,也有观点认为应在立法层面否定“背靠背”支付条款的效力,具体理由在于以下几点:

第一,在理论层面:(1)“背靠背”支付条款有违公平原则。“背靠背”支付条款将无法选择与控制的未知信息风险转移到了分包人身上,分包人除了要进行资金的垫付,还要承担大量的人力和物力成本,甚至在完成施工建设后时常可能面临无法收回工程款的情况,违反了公平原则。(2)“背靠背”支付条款将造成权利义务的严重失衡。建设工程施工合同中发包人的主要义务是支付工程款;相对于下游企业,承包人的主要义务也是支付工程款。但是,由于“背靠背”支付条款的存在,下游企业在完成合同约定的分包义务并交付合格工程的情况下,经常无法获得应得的工程款,存在权利义务失衡乃至错位的问题。

第二,在实践层面:(1)规定“背靠背”支付条款无效可减轻建筑市场的无序竞争和混乱现象,促进建筑业高质量健康发展。此外,该条款无效还可以使具备市场优势主体地位的一方无法借此转嫁自身风险,减少了“三角债”的存在和蔓延,有利于建筑行业整体债务风险的控制,能够促进建筑行业的健康发展。(2)从长远看,否定“背靠背”支付条款效力能够促使总承包方放弃“业主设置不合理条件”“资金没有落实”等项目，从而将各方引导到一个相对平等的地位，有利于促成平等商事主体地位的形成，从而形成良性竞争的市场环境。(3)否定“背靠背”支付条款效力可让下游分包商摆脱因其不是合同相对人而无法有效获知总包合同中付款安排的困境，同时也有利于为下游分包商提供切实的付款保障，促进社会稳定。(4)从立法层面否定“背靠背”支付条款的效力，能够促使业主在开发建设项目时即筹集充足的资金作为建设项目顺利进行的经济保障，从而确保建设项目的高质量、高效率落成。

三、“背靠背”支付条款无效符合立法目的

工程款久拖不结一直是我国建设工程领域的顽疾，不仅中小型建筑业企业普遍面临着工程款拖欠难题，许多大型建筑业企业亦因难以及时收回工程款等而资金链断裂，被迫走向破产重整或清算。如若对工程款欠付问题放任不管，必将损及建筑业行业以及中小企业在国民经济中的地位与作用，不利于国民经济与建筑业市场的良性发展。

2020年7月5日，国务院发布《保障中小企业款项支付条例》(国务院令第728号)，旨在促进机关、事业单位和大型企业及时支付中小企业款项，维护中小企业合法权益，优化营商环境，为依法预防和化解拖欠中小企业款项问题提供了依据。2022年8月1日，财政部、住房和城乡建设部联合发布《关于完善建设工程价款结算有关办法的通知》(财建〔2022〕183号)，要求在建设工程领域推行过程结算，以期化解拖欠工程款和拖欠农民工工资问题。

在我国大力推行建设工程过程结算以及保障中小企业款项支付的政策背景下，本法对审裁制度进行规定，立法目的主要是快速解决建设工程领域频发的付款争议以及为当事人提供切实的付款保障。本条对“背靠背”支付条款的效力进行否定，不仅有法理依据，同时也有利于为建设工程领域下游企业提供切实的付款保障，能够实现促进社会稳定、减轻建筑市场的无序竞争和混乱现象、促进建设工程行业高质量健康发展的目标，这也与本法的立法目的一致。毋庸置疑的是，如果认可“背靠背”支付条款的效力，则会导致付款人在审裁过程中援引上述条款进行抗辩，阻却付款义务的履行，这不仅不利于为权利人落实付款保障，也不利于实现审裁制度的目的。

综上所述，在综合考虑比较法立法惯例、我国建设工程领域实际情况以及本法立法目的等因素的基础上，本条规定“背靠背”支付条款为无效条款。

此外，除了将第三人向付款人支付工程款作为付款条件外，实践中还可能出现其他类型的不合理付款条件，例如约定业主根据其与承包商之间的合同签发完工证书后，或者承包商与业主完成结算后，分包商才可请求承包商付款等情形。该等条款均将建设工程合同以外的其他合同内容的履行作为付款条件，为下游企业行使付款请求权设置了不合理障碍，不利于为下游企业提供付款保障。因此，本条规定，以其他合同的履行作为付款条件的约定亦属无效。

四、应否为“背靠背”支付条款增设有效例外

英国1996年《房屋补助金、建设和重建法案》第113条第1款规定，“背靠背”支付条款无效，但在业主或上游企业破产时，“背靠背”支付条款有效。作出此种有效例外安排的原因在于，立法者认为在业主破产的情况下，由分包商与承包商分担这种风险是合理的。① 然而，同样是付款风险，为何将业主不付款或迟延付款的风险与破产风险进行区别对待，立法者并未给出合理的解释。

工作组认为，当业主或上游企业破产时，“背靠背”支付条款仍应属无效，理由在于以下几点：

第一，当业主陷入破产境地，承包商已确定无法从业主处获得足额付款，假如认可“背靠背”支付条款的效力，将分包商能够获得的价款限定在业主向承包商付款的金额范围内，则无异于变相减轻或免除承包商应当履行的工程款支付义务，从而将业主破产的风险不合理地转嫁到分包商处，这不仅难谓公平，当事人之间的权利义务亦将严重失衡。

第二，在业主或上游企业破产的情况下才更应切断破产风险的传递，实现风险隔离，这与本法的立法目的相一致。本法的立法意旨在于为建设工程领域的施工企业提供付款保障，如若认可“背靠背”支付条款的效力，令施工企业承担业主或上游企业的破产风险，不仅将对施工企业行使付款请求权造成严重阻碍，同时也与本法的立法目的相悖。

第三，业主或上游企业破产时“背靠背”支付条款有效并非通行惯例。例如，FIDIC编制的2011年《土木工程施工分包合同条件》(Conditions of Contract for Work of Civil Engineering Construction 2011)第14.6条和2019年版《生产设备和

---

① See John. B. Molloy, *Pay When Paid Provisions*, The Hong Kong Institute of Surveyors (Jan. 25, 2023), https://www.hkis.org.hk/ufiles/name2.pdf.

设计—施工分包合同条件》(Conditions of Contract for Plant and Design – Build 2019)均规定,当业主破产或无力偿债、清算时,承包商无权依据“背靠背”支付条款主张缓发或扣发应向分包商支付的任何金额。

综合考虑以上原因,本条并未参照英国法律的相关规定,为“背靠背”支付条款增设有效例外。

五、对“背靠背”支付条款的其他立法建议

在调研过程中,有观点提出不应否认“背靠背”支付条款的效力,但为了落实付款保障的立法目的,立法可以规定在审裁程序中,被申请人不得援引“背靠背”支付条款进行抗辩(以下简称方案一);或者规定“背靠背”支付条款不得违反有关部门制定的保障工程预付款及进度款支付的规定(以下简称方案二)。

工作组认为,上述两个方案均存在不足,如立法未对“背靠背”支付条款或者类似条款的效力进行否定,被申请人将动辄以付款条件未成就为由阻却申请人的付款请求,那么本法的立法目的以及通过审裁制度为施工企业提供快速付款救济的功能与目标均将无法实现。具体而言,方案一回避了“背靠背”支付条款的效力问题,仅规定审裁程序中被申请人不得援引“背靠背”支付条款进行抗辩。然而,审裁决定仅具有临时约束力,被申请人可在嗣后提起的仲裁或诉讼程序中继续援引“背靠背”支付条款进行抗辩,导致在先作出的支持付款的审裁决定很有可能被嗣后仲裁裁决或生效判决所推翻,这不仅极大削减了审裁的制度优势,付款保障的立法目的亦将无法实现。至于方案二,由于“‘背靠背’支付条款不得违反有关部门制定的保障工程预付款及进度款支付的规定”本身仅是宣示性规定,无法起到规制不合理付款条件的作用,因此也无助于实现为施工企业提供付款保障的立法目的。

综上所述,工作组认为立法中仍应对“背靠背”支付条款的效力进行正面回应,将“背靠背”支付条款明确规定为无效条款,以切实为施工企业提供付款保障,同时也能使审裁制度发挥其应有的效用,实现本法的立法目的。

第三章　审裁制度在深圳市、浦东新区、海南自贸港先行立法的可行性研究

第一节　审裁制度在深圳市立法的可行性研究

一、审裁制度在深圳市立法的可行性分析

审裁制度，是指当事人将争议提交给一个独立、中立的第三方，该第三方需要在严格限定的短期时间内，在了解双方意见的基础上作出决定的制度。该决定具有临时约束力、可执行性，但不具有终局性，可以被嗣后的法院判决或仲裁裁决所推翻。作为建设工程领域内能够快速处理纠纷的争议解决机制，目前英国、澳大利亚、新西兰、新加坡等国均已通过立法确立审裁制度。

审裁制度的内容主要包括与审裁相关的程序性规定（如审裁通知与回复、审裁申请与答辩、审裁庭组成、审裁员回避等）、审裁决定的效力及审裁决定的执行等。在中国立法未就审裁制度作出相关规定的情况下，对于审裁制度能否在深圳市进行先行立法，首先需要分析审裁制度是否属于法律保留事项。

（一）法律保留制度概述

法律保留，是指对于某些事项，只能由立法机关以法律的形式加以规范，以保证公民对国家重大问题的决策权。[①] 根据立法机关能否对外授权的不同，法律保留事项又可细分为相对保留与绝对保留两大类。法律绝对保留，是指某些事项只

---

① 参见康敬奎：《〈立法法〉法律保留规则的缺失与完善》，载《江海学刊》2012 年第 2 期。

能由法律规定，立法机关不可授权其他机关对该等事项进行规定；[①]法律相对保留，是指某些事项虽然应由法律规定，但是其他机关可以在立法机关授权的情况下对该事项进行规定。

绝对保留事项，可见诸《立法法》第12条规定的除外事项。《立法法》第12条规定："本法第十一条规定的事项尚未制定法律的，全国人民代表大会及其常务委员会有权作出决定，授权国务院可以根据实际需要，对其中的部分事项先制定行政法规，但是有关犯罪和刑罚、对公民政治权利的剥夺和限制人身自由的强制措施和处罚、司法制度等事项除外。"其中，"有关犯罪和刑罚、对公民政治权利的剥夺和限制人身自由的强制措施和处罚、司法制度"即为法律绝对保留事项，立法机关不可授权国务院制定行政法规。

学理上通常认为，除了《立法法》第12条规定的不可授权国务院制定行政法规的事项外，《立法法》第11条中所列的其余事项即为法律相对保留的事项，立法机关可以授权国务院就这些事项先行制定行政法规。《立法法》第11条规定："下列事项只能制定法律：(一)国家主权的事项；(二)各级人民代表大会、人民政府、监察委员会、人民法院和人民检察院的产生、组织和职权；(三)民族区域自治制度、特别行政区制度、基层群众自治制度；(四)犯罪和刑罚；(五)对公民政治权利的剥夺、限制人身自由的强制措施和处罚；(六)税种的设立、税率的确定和税收征收管理等税收基本制度；(七)对非国有财产的征收、征用；(八)民事基本制度[②]；(九)基本经济制度以及财政、海关、金融和外贸的基本制度；(十)诉讼制度和仲裁基本制度；(十一)必须由全国人民代表大会及其常务委员会制定法律的其他事项。"

(二)审裁制度在深圳市立法具有可行性

根据前述《立法法》第11条、第12条的规定，在法律保留事项中与审裁制度

---

① 参见武增主编，全国人大常委会法制工作委员会国家法室编著：《中华人民共和国立法法解读》，中国法制出版社2015年版，第37页。

② 全国人大常委会法制工作委员会国家法室在其编著的《中华人民共和国立法法释义》中指出，"民事基本制度"即指民事活动中最主要的民事行为准则，具体应当包括以下几个方面：(1)有关民事主体资格的制度。(2)有关物权方面的制度。(3)有关知识产权方面的制度。(4)有关债权方面的制度。(5)有关婚姻家庭、收养、继承等方面的制度。可见，民事基本制度应当是涉及民事主体资格以及其实体权利的相应制度，而审裁制度作为一种新型争议解决制度，不属于民事基本制度的范畴。

最可能相关的当属《立法法》第 11 条规定的“诉讼制度和仲裁基本制度”以及第 12 条规定的“司法制度”。

针对“诉讼制度和仲裁基本制度”,全国人大常委会法制工作委员会在其编著的《中华人民共和国立法法释义》一书中认为,诉讼制度是指国家关于诉讼程序和诉讼方式的统一规定;仲裁制度则是指对有关仲裁机构、仲裁协议、仲裁程序等仲裁事项的统一规定。①

对于司法制度应如何理解,全国人大常委会法制工作委员会在《中华人民共和国立法法释义》中指出:“对有关司法制度事项的立法,全国人大及其常委会不得进行授权。司法制度包括两个方面的内容,一是有关司法机关的产生、组织和职权方面的制度。包括人民法院、人民检察院的产生、组织和职权制度以及公安机关、国家安全机关在司法程序中的侦查制度。二是有关诉讼的制度。包括刑事诉讼程序、民事诉讼程序、行政诉讼程序中诉讼原则、诉讼法律关系、侦查制度、起诉制度、证据制度、辩护制度、审判制度、法律监督制度和执行制度等内容。”②

审裁制度的内容主要包括与审裁相关的程序性规定、审裁决定的效力及审裁决定的执行等,这些事项并不涉及有关司法机关的产生、组织和职权或者民事诉讼制度的相关内容,因此不属于《立法法》第 11 条、第 12 条规定的法律相对或绝对保留的事项。

《立法法》第 84 条第 1 款规定:“经济特区所在地的省、市的人民代表大会及其常务委员会根据全国人民代表大会的授权决定,制定法规,在经济特区范围内实施。”全国人民代表大会常务委员会《关于授权深圳市人民代表大会及其常务委员会和深圳市人民政府分别制定法规和规章在深圳经济特区实施的决定》载明:“第七届全国人民代表大会常务委员会第二十六次会议审议了国务院关于提请授权深圳市人民代表大会及其常务委员会和深圳市人民政府分别制定深圳经济特区法规和深圳经济特区规章的议案,决定授权深圳市人民代表大会及其常务委员会根据具体情况和实际需要,遵循宪法的规定以及法律和行政法规的基本原则,制定法规,在深圳经济特区实施,并报全国人民代表大会常务委员会、国务院和广

① 参见全国人大常委会法制工作委员会国家法室编著:《中华人民共和国立法法释义》,法律出版社 2015 年版,第 60 页。

② 全国人大常委会法制工作委员会国家法室编著:《中华人民共和国立法法释义》,法律出版社 2015 年版,第 67 ~ 68 页。

东省人民代表大会常务委员会备案。”

可见，不同于地方性法规仅能就城乡建设与管理、生态文明建设、历史文化保护、基层治理等方面的事项进行规定，[①]深圳市人大及其常委会可根据具体情况和实际需要制定经济特区法规，法规的内容并无限制。

考虑到审裁制度作为一种新型的争议解决方式，对审裁制度进行立法符合国家对完善多元化纠纷解决机制的倡导，亦不违反宪法规定以及法律和行政法规的基本原则。因此，深圳市人大及其常委会可根据前述《立法法》第 84 条第 1 款的规定及全国人大常委会的授权，通过颁布经济特区法规的方式对审裁制度进行规定，并在深圳市范围内试点实施审裁制度。

值得注意的是，经由审裁程序作出的审裁决定目前并非《民事诉讼法》第 235 条[②]规定的执行依据，审裁决定本身不具有执行力。如审裁立法直接将审裁决定增设为新的执行依据、赋予其执行力，则将变动现行执行制度，从而有可能触及《立法法》第 12 条规定的“司法制度”这一禁止授权立法的法律绝对保留事项。

不过，《立法法》第 12 条仅禁止全国人大及其常委会将涉及司法制度的事项授权给国务院制定行政法规，至于能否将该等事项授权给经济特区进行地方性立法则语焉不详。针对经济特区法规能否对涉及司法制度的事项进行先行立法或变通规定，学理上存在不同观点。

有观点认为，“司法权从根本上说是中央事权”，经济特区法规不能涉及或突破《立法法》第 12 条规定的法律绝对保留事项，这也是宪法基本原则和内在精神的体现。[③] 但亦有观点认为，“司法权从根本上说是中央事权”这一论断是为了防止司法权的运行受制于当地，避免司法活动受到地方干扰，并不构成地方性法规

---

① 参见《立法法》第 81 条规定：“设区的市的人民代表大会及其常务委员会根据本市的具体情况和实际需要，在不同宪法、法律、行政法规和本省、自治区的地方性法规相抵触的前提下，可以对城乡建设与管理、生态文明建设、历史文化保护、基层治理等方面的事项制定地方性法规，法律对设区的市制定地方性法规的事项另有规定的，从其规定。设区的市的地方性法规须报省、自治区的人民代表大会常务委员会批准后施行。省、自治区的人民代表大会常务委员会对报请批准的地方性法规，应当对其合法性进行审查，认为同宪法、法律、行政法规和本省、自治区的地方性法规不抵触的，应当在四个月内予以批准。”

② 《民事诉讼法》第 235 条规定：“发生法律效力的民事判决、裁定，以及刑事判决、裁定中的财产部分，由第一审人民法院或者与第一审人民法院同级的被执行的财产所在地人民法院执行。法律规定由人民法院执行的其他法律文书，由被执行人住所地或者被执行的财产所在地人民法院执行。”

③ 参见周叶中、周鸿雁：《我国经济特区立法变通权的规范审视》，载《荆楚法学》2022 年第 3 期。

介入司法制度的障碍。并且,经济特区法规相较于普通的地方性法规,享有更大的介入司法制度的可能空间。[①]

工作组认为,即便审裁立法直接将审裁决定增设为新的执行依据,也不构成对《立法法》第12条法律绝对保留规定的违反,理由如下:

第一,仅从文义及立法释义上看,包含执行制度在内的司法制度确实属于法律绝对保留事项,但《立法法》第12条仅禁止全国人大及其常委会将涉及司法制度的事项授权国务院制定行政法规,并未明确禁止经济特区法规对涉及司法制度的事项作出规定。

第二,根据《立法法》第84条第1款、第101条第2款[②]规定及全国人民代表大会常务委员会《关于授权深圳市人民代表大会及其常务委员会和深圳市人民政府分别制定法规和规章在深圳经济特区实施的决定》,全国人大及其常委会对深圳市授予的是概括性立法权,并未禁止深圳市对涉及司法制度的事项作出规定,因此深圳市不仅可就审裁制度先行制定经济特区法规,同时也可在该法规中将审裁决定增设为执行依据、对《民事诉讼法》关于执行依据的规定作出变通性规定。

第三,在深圳市的立法实践中,不乏出现经济特区法规对司法制度进行先行创设规定或变通性规定的例证,这为深圳市审裁立法对《民事诉讼法》第235条关于执行依据的规定进行变通提供了可行性例证。

例如,学理上认为,个人破产程序符合非讼程序的特征,属于广义上的诉讼制度,[③]但是个人破产程序此前在国家立法层面始终是一个空白。[④] 而深圳市人大于2020年8月31日发布的《深圳经济特区个人破产条例》首创性地规定了个人破产制度,充分利用了经济特区法规的特殊立法空间,实现对法律绝对保留事项(司法制度)的突破。

再如,以深圳市人大常委会于2019年4月26日发布的《深圳经济特区警务

① 参见赵一单:《论司法制度的法律保留:含义、理由与边界》,载《中外法学》2023年第3期。

② 《立法法》第101条第2款规定:"经济特区法规根据授权对法律、行政法规、地方性法规作变通规定的,在本经济特区适用经济特区法规的规定。"

③ 1991年《民事诉讼法》曾在第十九章规定了企业法人破产还债程序。2007年修改《民事诉讼法》时,考虑到前一年通过的《企业破产法》已经对企业破产程序作出统一规定,因此删去了这一章。实际上,个人破产程序符合非讼程序的特征,属于广义上的诉讼制度。参见赵一单:《论司法制度的法律保留:含义、理由与边界》,载《中外法学》2023年第3期。

④ 参见赵一单:《论司法制度的法律保留:含义、理由与边界》,载《中外法学》2023年第3期。

辅助人员条例》为例，该条例即对刑事诉讼中关于公安机关传唤犯罪嫌疑人等规定进行了变通。《刑事诉讼法》第 119 条第 1 款规定："对不需要逮捕、拘留的犯罪嫌疑人，可以传唤到犯罪嫌疑人所在市、县内的指定地点或者到他的住处进行讯问，但是应当出示人民检察院或者公安机关的证明文件。对在现场发现的犯罪嫌疑人，经出示工作证件，可以口头传唤，但应当在讯问笔录中注明。"而《深圳经济特区警务辅助人员条例》在一定程度上将传唤犯罪嫌疑人的职权赋予了辅警。该条例第 9 条第 3 项规定：根据公安机关的安排，勤务辅警可以在一名以上人民警察的带领下从事下列警务工作，传唤、抓捕、押解违法犯罪嫌疑人。有观点认为，上述规定不仅涉及治安管理，也涉及对刑事诉讼程序中关于传唤犯罪嫌疑人规定的变通。①

二、建设粤港澳大湾区背景下，深圳市进行审裁立法具有必要性

中共中央、国务院在 2019 年 2 月 18 日印发的《粤港澳大湾区发展规划纲要》中指出，推进粤港澳大湾区②建设，要"加强法律事务合作。合理运用经济特区立法权，加快构建适应开放型经济发展的法律体系，加强深港司法合作交流。加快法律服务业发展，鼓励支持法律服务机构为'一带一路'建设和内地企业走出去提供服务，深化粤港澳合伙联营律师事务所试点，研究港澳律师在珠三角九市执业资质和业务范围问题，构建多元化争议解决机制，联动香港打造国际法律服务中心和国际商事争议解决中心"。

工作组认为，在推进粤港澳大湾区建设的背景下，深圳市进行审裁立法具有必要性，具体理由如下：

第一，在深圳市对审裁制度进行立法，是加快构建适应开放型经济发展的法律体系的应有之义。

近年来，广东省住房和城乡建设厅积极推动粤港澳大湾区内地城市开展粤港工程项目合作。据统计，截至 2022 年年初，港商独资或控股的开发建设项目总投资已达 156.2 亿元人民币，粤港工程项目的合作正在不断深化。在此背景下，一方面，未来粤港两地企业在建设工程领域内的合作将越来越常见。另一方面，合

---

① 参见王建学：《国家纵向治理现代化中的立法变通授权》，载《地方立法研究》2023 年第 2 期。

② 粤港澳大湾区包括香港特别行政区、澳门特别行政区和广东省广州市、深圳市、珠海市、佛山市、惠州市、东莞市、中山市、江门市、肇庆市。

作的过程中不可避免伴随着摩擦,而审裁制度作为一种快速化解纠纷的多元化争议解决机制,在纠纷发生时能够将其及时有效地化解,避免工程项目因缺乏资金等而陷入停工,不仅有利于保障工程建设的顺利进行,也有助于维护粤港企业间的长期合作关系,进一步促进两地的经济交融。因此,在深圳市对审裁制度进行立法,是加快构建适应开放型经济发展的法律体系的应有之义。

第二,在深圳市进行审裁制度立法,有利于加强深港两地法律服务市场的一体化,符合国家关于加快建设全国统一大市场的要求。

中共中央、国务院《关于加快建设全国统一大市场的意见》规定:"(二十九)优先推进区域协作。结合区域重大战略、区域协调发展战略实施,鼓励京津冀、长三角、粤港澳大湾区以及成渝地区双城经济圈、长江中游城市群等区域,在维护全国统一大市场前提下,优先开展区域市场一体化建设工作,建立健全区域合作机制,积极总结并复制推广典型经验和做法。"

近年来,香港正在逐步推行付款保障法,其中同样包括对审裁制度的安排。香港特别行政区政府于 2021 年 10 月 5 日发布了含有付款保障法框架(SOPA Framework)的通告,开始在公共工程中对特别行政区政府拟定的付款保障法框架进行试点。根据通告中的付款保障法框架,建设工程合同的当事人有权将关于"法定付款请求"(statutory payment claim)的纠纷提交审裁。截至目前,香港的付款保障与审裁制度试点仍在进行中,通告中的付款保障安排尚未成为正式法律。不过,通告作为立法的重要阶段性成果,无疑展现出了香港在付款保障方面的发展方向。

深圳市不仅是粤港澳大湾区的核心引擎城市,同时又被中央赋予了"中国特色社会主义先行示范区综合改革试点"的地位。在"双区"建设的背景下,深圳市要发挥改革前沿的优势,探索法律制度完善的新路径。考虑到香港的审裁制度已初具雏形(尽管目前仅在公共工程领域适用),如深圳市亦能启动并完成对审裁制度的立法,将有利于加强深港两地法律服务市场的一体化,符合国家关于加快建设全国统一大市场的要求。

三、与审裁立法相关的其他问题

(一)审裁制度与执行程序之间的衔接

《民事诉讼法》第 235 条规定:"发生法律效力的民事判决、裁定,以及刑事判决、裁定中的财产部分,由第一审人民法院或者与第一审人民法院同级的被执行的财产所在地人民法院执行。法律规定由人民法院执行的其他法律文书,由被执行人住所地或者被执行的财产所在地人民法院执行。”

根据上述规定,目前审裁决定并非法定的执行依据,并不具有执行力。为了避免审裁决定成为“一纸空文”、提高审裁制度在实践中的适用率,立法必须对审裁决定的执行机制予以妥善回应与规定。如在深圳市进行审裁制度试点,审裁决定的执行路径有以下几种可能性。

1. 路径一:在审裁立法中对《民事诉讼法》第 235 条进行变通规定

《立法法》第 101 条第 2 款规定:“经济特区法规根据授权对法律、行政法规、地方性法规作变通规定的,在本经济特区适用经济特区法规的规定。”有观点认为,“这一规定,实际上保留了经济特区立法突破国家法律和行政法规具体规定的权限”①。

中共中央、国务院《关于支持深圳建设中国特色社会主义先行示范区的意见》第 3 条第 8 项规定:用足用好经济特区立法权,在遵循宪法和法律、行政法规基本原则前提下,允许深圳立足改革创新实践需要,根据授权对法律、行政法规、地方性法规作变通规定。第 7 条第 18 项规定:该意见提出的各项改革政策措施,凡涉及调整现行法律的,由有关方面按法定程序向全国人大或其常委会提出相关议案,经授权或者决定后实施;涉及调整现行行政法规的,由有关方面按法定程序经国务院授权或者决定后实施。

根据上述规定并结合前文论述,深圳市可向全国人大或其常委会提出相关议案,经授权后在审裁立法中对《民事诉讼法》第 235 条作出变通规定,亦即规定审裁决定可由法院执行,从而解决审裁决定在现行法下并无强制执行力的缺憾。

2. 路径二:建立审裁决定与支付令之间的对接机制

退一步说,如果认为在审裁立法中直接对《民事诉讼法》进行变通规定的做法存在一定难度,那么是否存在其他能与现行《民事诉讼法》相衔接的方式使审裁决定具备执行可能性? 工作组认为,可以尝试将审裁决定与支付令之间建立起对接机制,亦即债权人可依据审裁决定,向有管辖权的基层人民法院申请支付令,从而在不对《民事诉讼法》作出变通性规定的前提下使审裁决定得以执行。

---

① 王成义:《深圳经济特区立法权:历史、学理和实践》,载《地方立法研究》2019 年第 1 期。

支付令程序，或称督促程序，是指人民法院根据债权人提出的给付金钱或者有价证券的申请，不经过开庭就直接向债务人发出支付令，如果债务人不在法定期间内提出异议，则该支付令就具有强制执行力的程序。对于债权债务关系明确，双方均无争议而债务人因为各种原因长期没有还债的案件而言，适用督促程序进行审理，不仅可以简化诉讼程序，方便当事人诉讼和法院审理案件，而且还可以加速纠纷的解决。

工作组认为，债务人依据审裁决定应向债权人支付工程款，但债务人不支付的，债权人可以向法院申请支付令，进而在债务人限期不履行债务的情况下启动执行程序，向法院申请强制执行审裁决定的内容。审裁决定具有临时约束力，在未被判决、裁决推翻前，能够实现确定当事人权利义务的效果，因此即便债务人提出异议，法院亦可经形式审查后认为异议不成立，裁定驳回债务人异议，并不影响支付令的效力。

(1)债权人满足向法院申请支付令的条件

《民事诉讼法》第225条规定："债权人请求债务人给付金钱、有价证券，符合下列条件的，可以向有管辖权的基层人民法院申请支付令：(一)债权人与债务人没有其他债务纠纷的；(二)支付令能够送达债务人的。申请书应当写明请求给付金钱或者有价证券的数量和所根据的事实、证据。"

《民诉法解释》第427条规定，申请支付令应满足以下要件：①请求给付金钱或有价证券；②请求给付的金钱或者有价证券已到期且数额确定；③债权人没有对待给付义务；④债务人在我国境内且未下落不明；⑤支付令能够送达债务人；⑥收到申请书的人民法院有管辖权；⑦债权人未向人民法院申请诉前保全。

可以预见，未来审裁制度主要将用于解决建设工程领域的欠款纠纷，如审裁员经审理后决定由业主(或上游承包商)向承包商(或下游分包商)支付工程款，因审裁决定具有临时约束力，承包商(或下游分包商)可向业主(或上游承包商)主张到期且数额确定的金钱债权。在满足送达、管辖等要求的基础上，承包商(或下游分包商)作为债权人还应满足申请法院发出支付令的条件。

(2)审裁决定的临时约束力为驳回债务人的异议提供了重要支持

《民诉法解释》第435条规定："经形式审查，债务人提出的书面异议有下列情形之一的，应当认定异议成立，裁定终结督促程序，支付令自行失效：(一)本解释规定的不予受理申请情形的；(二)本解释规定的裁定驳回申请情形的；(三)本解释规定的应当裁定终结督促程序情形的;(四)人民法院对是否符合发出支付令条件产生合理怀疑的。”

①关于不予受理的事由。《民诉法解释》第 427 条规定:“债权人申请支付令,符合下列条件的,基层人民法院应当受理,并在收到支付令申请书后五日内通知债权人:(一)请求给付金钱或者汇票、本票、支票、股票、债券、国库券、可转让的存款单等有价证券;(二)请求给付的金钱或者有价证券已到期且数额确定,并写明了请求所根据的事实、证据;(三)债权人没有对待给付义务;(四)债务人在我国境内且未下落不明;(五)支付令能够送达债务人;(六)收到申请书的人民法院有管辖权;(七)债权人未向人民法院申请诉前保全。不符合前款规定的,人民法院应当在收到支付令申请书后五日内通知债权人不予受理。基层人民法院受理申请支付令案件,不受债权金额的限制。”据此,如不符合上述条件,则该支付令申请法院不应予以受理。

②关于驳回申请的事由。《民诉法解释》第 428 条规定:“人民法院受理申请后,由审判员一人进行审查。经审查,有下列情形之一的,裁定驳回申请:(一)申请人不具备当事人资格的;(二)给付金钱或者有价证券的证明文件没有约定逾期给付利息或者违约金、赔偿金,债权人坚持要求给付利息或者违约金、赔偿金的;(三)要求给付的金钱或者有价证券属于违法所得的;(四)要求给付的金钱或者有价证券尚未到期或者数额不确定的。人民法院受理支付令申请后,发现不符合本解释规定的受理条件的,应当在受理之日起十五日内裁定驳回申请。”

③关于终结督促程序的事由。《民诉法解释》第 430 条规定:“有下列情形之一的,人民法院应当裁定终结督促程序,已发出支付令的,支付令自行失效:(一)人民法院受理支付令申请后,债权人就同一债权债务关系又提起诉讼的;(二)人民法院发出支付令之日起三十日内无法送达债务人的;(三)债务人收到支付令前,债权人撤回申请的。”

④关于法院对是否符合发出支付令条件产生合理怀疑。对此,最高人民法院在《民诉法解释》第 435 条的理解与适用中认为,该种情况主要是指债务人提供的证据表明,债权人与债务人“可能”会存在其他债务纠纷的,或者支付令能够送达债务人存在疑问的情形等。

根据上述规定,债务人最有可能提出的异议为债权人请求给付的金钱未到期、数额不确定。然而,审裁决定自作出后即具有临时约束力,建设工程合同当事人的权利义务及付款期限得以确定，因此债务人难以提出异议证明支付令中所请求给付的金钱未到期或数额不确定。即便债务人提出该等异议，基于审裁决定的临时约束力效果，法院经形式审查后也会倾向于裁定驳回债务人的异议，从而不影响支付令的效力。

（3）支付令不具有既判力，与审裁决定的临时约束力能够互相契合

按照通说观点及《民事诉讼法》及其司法解释的规定，支付令仅具有执行力而不具有既判力。[①] 这意味着，在后的仲裁裁决或法院判决的内容可以与支付令的内容不一致。这与审裁立法中规定的审裁决定仅具有临时约束力，不具有终局性的设计相契合。

（4）如其他地区未就审裁制度进行立法，支付令的效果将大打折扣

《民事诉讼法》第228条规定："人民法院收到债务人提出的书面异议后，经审查，异议成立的，应当裁定终结督促程序，支付令自行失效。支付令失效的，转入诉讼程序，但申请支付令的一方当事人不同意提起诉讼的除外。"

债权人申请支付令，由债务人住所地基层人民法院管辖。如果债务人住所地并不在深圳市，债权人只能向其住所地法院申请支付令。前已述及，审裁决定的临时约束力为驳回债务人的异议提供了重要支持。然而，如果债务人住所地并未颁布法规等规范性文件认可审裁决定的临时约束力，那么当债务人在支付令程序中提起异议时，由于当事人的权利义务可能存在争议（如债务人不认可债权人主张的工程款数额、债务人主张款项支付条件未成就等），法院经形式审查后有可能认为异议成立，从而裁定终结督促程序，支付令自行失效，后续可能转入诉讼程序，从而导致执行程序难以启动。

3. 路径三：通过司法确认或确认仲裁程序赋予审裁决定执行力

审裁决定具有临时约束力，但是在审裁决定无法直接成为执行依据时，有观点提出能否通过确认仲裁或者司法确认程序将审裁决定转化为仲裁裁决或司法确认决定从而赋予其执行力。

根据现行规定，法院可通过司法确认的方式确认调解协议的效力，从而使调解协议获得强制执行力。最高人民法院《关于人民调解协议司法确认程序的若干规定》第2条第2款规定："人民法院在立案前委派人民调解委员会调解并达成调

① 参见史长青：《支付令既判力之研判》，载《法学杂志》2016年第9期。

解协议,当事人申请司法确认的,由委派的人民法院管辖。”第 9 条规定:“人民法院依法作出确认决定后,一方当事人拒绝履行或者未全部履行的,对方当事人可以向作出确认决定的人民法院申请强制执行。”按此逻辑,当审裁当事人在审裁决定无争议的情况下,似可以另行达成调解协议,就该调解协议申请由法院司法确认,经确认的调解协议具有强制执行效力,从而间接实现强制执行审裁决定的效果。

工作组认为,路径三不具有合理性,理由如下:其一,根据现行规定,司法确认的对象仅为经人民调解委员会调解达成的调解协议,而不包括审裁决定。因此,获得司法确认的前提是当事人对审裁决定无争议并在人民调解委员会的主持下达成调解协议。而这一要求不仅徒增当事人解决争议的成本,而且在双方无争议的情况下,债务人已有较大概率可以主动履行,无须借助执行程序维护债权人利益。其二,司法确认裁定具有既判力,裁定内容不得通过诉讼的方式进行纠正,而这与审裁决定的临时约束力、可被后续裁判所推翻形成根本矛盾。

至于确认仲裁,则是指纠纷当事人将纠纷交付仲裁后,仲裁庭通过各种方法,帮助、促进纠纷当事人通过和解、调解解决纠纷,并将当事人的和解协议或者调解协议制作成仲裁裁决,从而赋予和解协议或者调解协议以强制执行力。

工作组认为,上述解决方案同样不具有合理性,理由如下:其一,如若需要借助仲裁机构的二次确认方可获得具有执行力的结果,不仅将增加当事人争议解决的成本,亦会促使当事人从一开始就选择仲裁制度解决纠纷,而非适用审裁制度。其二,确认仲裁裁决亦具有既判力,这与审裁决定的临时约束力也存在冲突。

(二)审裁立法中可否规定“背靠背”支付条款或类似条款无效

讨论深圳市审裁立法中可否规定“背靠背”支付条款或类似条款无效,首先需要分析该规定是否涉及《立法法》中关于法律保留的事项。在对《立法法》第 11 条、第 12 条进行逐项检索后,从表面上看,与该规定最可能相关的事项为《立法法》第 11 条规定的“民事基本制度”,但“背靠背”支付条款难以纳入民事基本制度的范畴从而被认为系法律保留的事项。前已述及,《中华人民共和国立法法释义》中认为,“民事基本制度”是指民事活动中最主要的民事行为准则,具体包括有关民事主体资格、物权、知识产权、债权、婚姻家庭、收养、继承等方面的制度。针对有关债权的制度,《中华人民共和国立法法释义》进一步指出:“全国人大已制定了合同法,对各类合同制度作出规定;全国人大常委会制定了侵权责任法,对侵权责任作出规定。”①合同制度与侵权责任具有普遍适用性,而审裁立法中规制的“背靠背”支付条款仅存在于建设工程领域,规定“背靠背”支付条款无效意在禁止这种为承包商设定不合理付款条件的做法,难谓其为具有普适性的“合同制度”或“民事活动中最主要的民事行为准则”。因此,“背靠背”支付条款或类似条款无效的规定并不属于民事基本制度的内容。

实际上,在经济特区立法中否定相关交易合同效力的安排亦可见诸《深圳经济特区个人破产条例》第 42 条②。该条将为逃避债务而不当处分财产和财产权益的行为规定为无效,否定了相关交易合同的效力,影响了当事人之间的债权债务关系。需要特别注意的是,《企业破产法》第 33 条仅规定:“涉及债务人财产的下列行为无效:(一)为逃避债务而隐匿、转移财产的;(二)虚构债务或者承认不真实的债务的。”可见,《深圳经济特区个人破产条例》第 42 条对《企业破产法》第 33 条进行了突破,将“不当处分财产和财产权益”作为无效事由进行规定。

而规定“背靠背”支付条款无效与《深圳经济特区个人破产条例》第 42 条的相似性在于,两者均会影响相关条款的效力,从而对当事人之间的债权债务关系造成影响。既然《深圳经济特区个人破产条例》能够否定不利于债务人财产的交易合同或安排,那么通过审裁立法否定不利于承包商的不合理付款条件亦具有可能性。

此外,还可能招致疑问的是,在主要是程序法内容的审裁立法中嵌入“背靠背”支付条款无效的规定是否存在立法技术上的障碍。实际上,一部在立法中既有实体法又有程序法的立法例并不罕见。同样以《深圳经济特区个人破产条例》为例,该条例既有对破产程序的程序法规定,又兼有个别清偿无效等实体法规定,两者并不冲突。因此,在以程序规定为主的审裁立法中亦不排斥“背靠背”支付条款无效的实体法规定。

四、结论

首先,在立法可行性方面,根据《立法法》第 84 条第 1 款规定及全国人民代表

---

① 全国人大常委会法制工作委员会国家法室编著:《中华人民共和国立法法释义》,法律出版社 2015 年版,第 57 页。

② 《深圳经济特区个人破产条例》第 42 条规定:“涉及债务人财产的下列行为无效:(一)为逃避债务而隐匿、转移、不当处分财产和财产权益的;(二)虚构债务或者承认不真实债务的。”

大会常务委员会《关于授权深圳市人民代表大会及其常务委员会和深圳市人民政府分别制定法规和规章在深圳经济特区实施的决定》，深圳市作为经济特区可通过制定经济特区法规的方式对审裁制度作出规定，并在特区范围内试点实施审裁制度。此外，深圳市在审裁立法中直接将审裁决定增设为新的执行依据，并不构成对《立法法》第 12 条法律绝对保留规定的违反。并且，从深圳市的立法先例来看，不乏有对司法制度进行先行创设规定或变通规定的例证，深圳市在审裁立法中将审裁决定增设为执行依据的难度与阻力均较小。

其次，在深圳市对审裁制度进行立法不仅具有可行性，同时在推进粤港澳大湾区建设的背景下亦具有必要性，这不仅是加快构建适应开放型经济发展的法律体系的应有之义，也有利于加强深港两地法律服务市场的一体化，符合国家关于加快建设全国统一大市场的要求。

值得关注的是，为避免审裁决定沦为“一纸空文”、提高审裁制度在实践中的适用率，工作组认为，从效率最大化、成本最小化的角度考虑，最优的方式是通过经济特区立法对《民事诉讼法》第 235 条进行变通规定，直接赋予审裁决定以执行力。如果认为经济特区立法对司法制度进行变通具有一定难度，那么亦可尝试将审裁决定与支付令之间建立起对接机制，亦即债权人可依据审裁决定，向有管辖权的基层人民法院申请支付令，从而在不对《民事诉讼法》作出变通性规定的前提下使审裁决定得以执行。

最后，为了落实对建筑企业的付款保障，审裁立法中还应规定“背靠背”支付条款或类似条款无效，这不仅不存在立法障碍，同时也有利于完善我国建筑业付款保障体系。

第二节　审裁制度在浦东新区立法的可行性研究

一、审裁制度在浦东新区立法的可行性分析

全国人民代表大会常务委员会《关于授权上海市人民代表大会及其常务委员会制定浦东新区法规的决定》规定：“一、授权上海市人民代表大会及其常务委员会根据浦东改革创新实践需要，遵循宪法规定以及法律和行政法规基本原则，制

定浦东新区法规，在浦东新区实施。二、根据本决定制定的浦东新区法规，应当依照《中华人民共和国立法法》的有关规定分别报全国人民代表大会常务委员会和国务院备案。浦东新区法规报送备案时，应当说明对法律、行政法规、部门规章作出变通规定的情况。”

中共中央、国务院《关于支持浦东新区高水平改革开放打造社会主义现代化建设引领区的意见》第9条第26项进一步规定：“建立完善与支持浦东大胆试、大胆闯、自主改相适应的法治保障体系。比照经济特区法规，授权上海市人民代表大会及其常务委员会立足浦东改革创新实践需要，遵循宪法规定以及法律和行政法规基本原则，制定法规，可以对法律、行政法规、部门规章等作变通规定，在浦东实施。对暂无法律法规或明确规定的领域，支持浦东先行制定相关管理措施，按程序报备实施，探索形成的好经验好做法适时以法规规章等形式固化下来。本意见提出的各项改革措施，凡涉及调整适用现行法律和行政法规的，按法定程序办理。”

可见，不同于一般地方性法规仅能就城乡建设与管理、生态文明建设、历史文化保护、基层治理等方面的事项进行规定，上海市人大及其常委会可根据浦东改革创新实践需要制定浦东新区法规，法规的内容并无限制。

对于审裁制度能否在浦东新区进行立法，需要分析的问题有：第一，审裁制度是否属于法律保留事项；第二，浦东新区是否具有进行审裁制度立法的权限。

如本章第一节中的分析，审裁制度的内容主要包括与审裁相关的程序性规定、审裁决定的效力及审裁决定的执行等。其中，与审裁相关的程序性规定以及审裁决定的效力等事项并不涉及有关司法机关的产生、组织和职权或者民事诉讼制度的相关内容，因此不属于《立法法》第11条、第12条规定的法律相对或绝对保留的事项。此外，审裁制度是一种新型的争议解决方式，旨在快速解决建设工程领域的付款纠纷，不仅符合国家对完善多元化纠纷解决机制的倡导，而且有利于为建筑企业提供及时的付款救济、提高付款保障水平，亦不违反宪法规定以及法律和行政法规的基本原则。

因此，浦东新区可依据前述全国人民代表大会常务委员会《关于授权上海市人民代表大会及其常务委员会制定浦东新区法规的决定》及中共中央、国务院《关于支持浦东新区高水平改革开放打造社会主义现代化建设引领区的意见》第9条第26项的规定，根据浦东改革创新实践的需要，对审裁制度先行制定浦东新区法规,在浦东新区实施。

然而,审裁决定目前并非《民事诉讼法》第 235 条规定的执行依据,其本身不具有执行力。如审裁立法直接将审裁决定增设为新的执行依据、赋予其执行力,则将变动现行执行制度,从而有可能触及《立法法》第 12 条规定的"司法制度"这一禁止授权立法的法律绝对保留事项。

至于浦东新区法规能否直接对《民事诉讼法》中关于执行制度(司法制度)的规定进行变通、将审裁决定增设为执行依据,存在一定程度的不确定性,原因在于:《立法法》第 12 条仅禁止全国人大及其常委会将涉及司法制度的事项授权国务院制定行政法规,并未明确禁止授权浦东新区对涉及司法制度的事项作出规定。并且,根据全国人民代表大会常务委员会《关于授权上海市人民代表大会及其常务委员会制定浦东新区法规的决定》,全国人大常委会对浦东新区授予的是概括性立法权,对其内容并无限定。此外,学理上亦有观点认为地方性法规具有介入司法制度的可能性。因此,从理论上看,上海市人大及其常委会可根据前述规定,在浦东新区法规中将审裁决定增设为执行依据。不过,对比深圳市的立法实践不难看出,深圳市法规不乏有对司法制度进行先行性规定或变通性规定的例证,但目前并未看到浦东新区法规对司法制度有明显的突破。因此,虽然在浦东新区对审裁制度立法并无障碍,但浦东新区法规能否直接对司法制度进行变通仍存在一定程度的不确定性。

二、为响应高水平改革开放的号召,在浦东新区进行审裁立法具有必要性

中共中央、国务院《关于支持浦东新区高水平改革开放打造社会主义现代化建设引领区的意见》规定:"……(十)推进中国(上海)自由贸易试验区及临港新片区先行先试……加强商事争端等领域与国际通行规则接轨……"

上海市住房和城乡建设管理委员会发布的《上海住房和城乡建设管理发展报告(2022)》显示,2021 年上海市重大工程建设完成总投资 1957.5 亿元,比上年增长 14.6%;房地产开发完成投资 5035.18 亿元,比上年增长 7.2%;建筑业实现总产值 9236.42 亿元,比上年增长 11.6%。[①] 据统计,未来 5 年内,上海市重大工程

---

① 参见新民晚报:《"数"读上海 2022 年住建发展目标:加梯全年完工 2000 台　提升 30 个桥下空间品质》,载新民网 2022 年 6 月 30 日,http://news.xinmin.cn/2022/06/30/32192693.html。

年度投资总量将继续保持每年 2000 亿元以上规模，累计投资将达到 10,000 亿元。①

随着建设工程投资规模的稳步增长，可以预计，未来将有更多的建筑企业参与到建筑市场中。然而，在建设工程领域应收工程款拖欠问题仍然较为严重的现实背景下，②有必要通过一定手段改善工程款拖欠现象，保障建筑企业获得及时有效的付款，整体改善行业生态。

为了解决建设工程领域的欠款难题，目前，英国、澳大利亚、新西兰、新加坡等国均已通过立法确立了建设工程领域的审裁制度。泰国也已经完成审裁制度的立法建议，目前正处在推动立法的过程中。我国立法层面尚未规定类似的争议解决机制可供当事人选择适用，建设工程领域的付款争议缺乏及时有效的化解手段。

域外行业研究表明，各法域的审裁制度基本上在建设工程争议解决中发挥了积极作用，改善了行业生态，取得了很好的反响。据统计，从 1999 年到 2022 年，英国各审裁员任命机构（Adjudicator Nominating Body）每一年提供服务的争议评审案件都在 1000 件以上，部分年份还达到了 2000 余件。③ 此外，澳大利亚新南威尔士州拖欠工程进度款的现象在审裁制度实施后也呈减少趋势，审裁制度较为成功地实现了其制度目标。④

为支持浦东新区高水平改革开放、打造社会主义现代化建设引领区、加强商事争端领域与国际通行规则接轨，浦东新区应发挥先行先试精神并借鉴国际规则与有益经验，在建设工程领域引入审裁制度，为建筑企业提供及时的付款救济，以

---

① 参见上海市住房和城乡建设管理委员会：《[喜迎二十大]市重大工程这十年》，载微信公众号“上海住房城乡建设管理”2022 年 10 月 2 日，https://mp.weixin.qq.com/s/UctHhi5JWOovwnkUmLLARA。

② 国家统计局数据显示，自 2016 年至 2019 年，全国建筑业企业的应收工程款（拖欠工程款）由 40,000亿元逐年递增至 60,000 亿元。从近年的情况来看，2020 年全国 103,805 家建筑业企业应收工程款共计 60,013 亿元，亏损企业共 16,971 家，占比 16.3%。可见，目前我国建设工程领域应收工程款拖欠问题仍然较为严重，近年来亦呈现愈演愈烈之势，这不仅损害了建筑企业的合法权益，亦将严重影响工程建设的顺利实施，不利于建筑市场的规范运行。参见国家统计局固定资产投资统计司编：《中国建筑业统计年鉴：2020》，中国统计出版社 2020 年版。

③ See Renato Nazzini & Aleksander Kalisz, 2022 *Construction Adjudication in the United Kingdom: Tracing Trends and Guiding Reform*, London: the Centre of Construction Law & Dispute Resolution, King's College London, 2022, p. 18 – 19.

④ See Michael Charles Brand & Thomas Uher, *Follow – up Empirical Study of the Performance of the New South Wales Construction Industry Security of Payment Legislation*, International Journal of Law in the Built Environment, Vol. 2, Issue 1, p. 7 (2010).

期为审裁制度将来在全国范围内的推广创造条件，助力建设工程行业生态的改善。

三、与审裁立法相关的其他问题

（一）审裁制度与执行程序之间的衔接

如前所述，目前审裁决定并非法定的执行依据，并不具有执行力。为了避免审裁决定沦为“一纸空文”、提高审裁制度在实践中的适用率，立法必须对审裁决定的执行机制予以妥善回应。如在浦东新区进行审裁制度试点，审裁决定的执行路径有以下几种可能性。

1. 路径一：在审裁立法中对《民事诉讼法》第 235 条进行变通规定

前已述及，从理论上看，上海市人大及其常委会可根据全国人民代表大会常务委员会《关于授权上海市人民代表大会及其常务委员会制定浦东新区法规的决定》及中共中央、国务院《关于支持浦东新区高水平改革开放打造社会主义现代化建设引领区的意见》第 9 条第 26 项的规定，在审裁立法中对《民事诉讼法》第 235 条进行变通规定，将审裁决定增设为执行依据。不过，在实践中目前并未看到浦东新区法规对司法制度有明显的突破。因此，浦东新区法规能否在审裁立法中直接对司法制度进行变通仍存在一定程度的不确定性。

2. 路径二：建立审裁决定与支付令之间的对接机制

退一步说，如认为在审裁立法中直接对《民事诉讼法》进行变通规定的做法存在一定难度，也可以尝试将审裁决定与支付令之间建立起对接机制，亦即债权人可依据审裁决定，向有管辖权的基层人民法院申请支付令，从而在不对《民事诉讼法》作出变通性规定的前提下使审裁决定得以执行。具体理由详见本章第一节，在此不再赘述。

3. 路径三：通过司法确认或确认仲裁程序赋予审裁决定执行力

至于能否通过司法确认或确认仲裁程序赋予审裁决定执行力，如本章第一节所述，上述路径均不具有合理性，理由如下：其一，获得司法确认的前提是当事人对审裁决定无争议并达成调解协议。而这一要求不仅徒增当事人解决争议的成本，而且在双方无争议的情况下，债务人已有较大概率可以主动履行，无须借助执行程序维护债权人利益。其二，司法确认裁定具有既判力，裁定内容不得通过诉讼的方式进行纠正，而这与审裁决定的临时约束力、可被后续裁判所推翻形成根本矛盾。其三，就确认仲裁而言，如若需要借助仲裁机构的二次确认方可获得具有执行力的结果，不仅将增加当事人争议解决的成本，亦会促使当事人从一开始就选择仲裁制度解决纠纷，而非适用审裁制度。况且，确认仲裁裁决亦具有既判力，这与审裁决定的临时约束力也存在冲突。具体论述详见本章第一节，在此不再赘述。

（二）审裁立法中可否规定"背靠背"支付条款或类似条款无效

如本章第一节中所述，审裁立法中规制的"背靠背"支付条款仅存在于建设工程领域，规定"背靠背"支付条款无效意在禁止这种为承包商设定不合理付款条件的做法，难谓其为具有普适性的"合同制度"或"民事活动中最主要的民事行为准则"。因此，规定"背靠背"支付条款或类似条款无效并不涉及《立法法》中关于法律保留的事项。此外，在以程序规定为主的审裁立法中亦不排斥"背靠背"支付条款无效的实体法规定。综合以上原因，工作组认为，在审裁立法中规定"背靠背"支付条款或类似条款无效并不存在障碍。

四、结论

浦东新区可根据全国人民代表大会常务委员会《关于授权上海市人民代表大会及其常务委员会制定浦东新区法规的决定》及中共中央、国务院《关于支持浦东新区高水平改革开放打造社会主义现代化建设引领区的意见》第 9 条第 26 项的规定对审裁制度进行立法。不过，由于缺乏实例佐证，浦东新区法规中能否直接对审裁所涉的司法制度进行变通仍存在一定程度的不确定性。

值得注意的是，为避免审裁决定沦为"一纸空文"、提高审裁制度在实践中的适用率，工作组认为，从效率最大化、成本最小化的角度考虑，最优的方式是通过浦东新区立法对《民事诉讼法》第 235 条进行变通规定，直接赋予审裁决定以执行力。如果认为浦东新区法规对执行制度进行变通具有一定难度，那么亦可尝试将审裁决定与支付令之间建立起对接机制，亦即债权人可依据审裁决定，向有管辖权的基层人民法院申请支付令，从而在不对《民事诉讼法》作出变通性规定的前提下使审裁决定得以执行。

第三节　审裁制度在海南自贸港立法的可行性研究

一、审裁制度在海南自贸港立法的可行性分析

审裁制度的内容主要包括与审裁相关的程序性规定（如审裁通知与回复、审裁申请与答辩、审裁庭组成、审裁员回避等）、审裁决定的效力及审裁决定的执行等。如同本章第一节所述，审裁程序所作决定并非现有执行依据，因此如在海南自贸港立法时将审裁决定增设为新的执行依据可能触及《立法法》第 12 条规定的"司法制度"这一法律绝对保留事项。但是，我国《海南自由贸易港法》第 10 条第 3 款规定："海南自由贸易港法规涉及依法应当由全国人民代表大会及其常务委员会制定法律或者由国务院制定行政法规事项的，应当分别报全国人民代表大会常务委员会或者国务院批准后生效。"第 54 条规定："国家支持探索与海南自由贸易港相适应的司法体制改革。海南自由贸易港建立多元化商事纠纷解决机制，完善国际商事纠纷案件集中审判机制，支持通过仲裁、调解等多种非诉讼方式解决纠纷。"海南省人民代表大会及其常务委员会依法可就法律保留事项制定法规，同时，审裁制度作为一种新型的争议解决方式，对审裁制度进行立法符合国家在海南自贸港建立多元化商事纠纷解决机制的愿景。因此，虽然将审裁决定列为执行依据属于法律绝对保留事项，但海南省人民代表大会及其常务委员也有权制定法规。

通过对比《立法法》第 84 条、全国人民代表大会常务委员会《关于授权深圳市人民代表大会及其常务委员会和深圳市人民政府分别制定法规和规章在深圳经济特区实施的决定》、全国人民代表大会常务委员会《关于授权上海市人民代表大会及其常务委员会制定浦东新区法规的决定》可知，深圳市、上海市人民代表大会及其常务委员会的立法权分别源自全国人民代表大会、全国人民代表大会常务委员会对其的特别授权，深圳市、上海市人民代表大会及其常务委员会获得的立法权限是一个概括性范围，仅需遵循宪法规定以及法律和行政法规基本原则，深圳市、上海市人民代表大会及其常务委员会就可以分别根据经济特区具体情况和实际需要、浦东改革创新实践需要制定法规。但是海南省人民代表大会及其常务委员会的立法权限仅限于法律规定。因此，判断审裁制度能否在海南自贸港立法除

了需要讨论审裁制度是否属于法律保留事项之外，还需要正面判断对审裁制度立法是否属于海南省人民代表大会及其常务委员会法律授权范围。

《海南自由贸易港法》第10条第1款规定："海南省人民代表大会及其常务委员会可以根据本法，结合海南自由贸易港建设的具体情况和实际需要，遵循宪法规定和法律、行政法规的基本原则，就贸易、投资及相关管理活动制定法规（以下称海南自由贸易港法规），在海南自由贸易港范围内实施。"《海南自由贸易港法》对海南省人民代表大会及其常务委员会的立法权限作出了明确的限制，即可就贸易、投资及相关管理活动制定法规。工作组认为作为，建设工程中期争议纠纷解决机制，审裁制度无疑能够推动投资活动，理由如下。

第一，在中国立法体系以及国际仲裁惯例中，工程建设行为均被认定为投资行为。

在我国的立法体系中，新建、改建、扩建等活动被认定为投资活动。如《外商投资法》第2条第2款第3项规定：外商投资，是指外国的自然人、企业或者其他组织直接或者间接在中国境内进行的投资活动，包括外国投资者单独或者与其他投资者共同在中国境内投资新建项目；《政府投资条例》第2条规定："本条例所称政府投资，是指在中国境内使用预算安排的资金进行固定资产投资建设活动，包括新建、扩建、改建、技术改造等。"此外，《海南自由贸易港建设投资基金管理办法》第三章"投资范围与基金运营"第12条第3项规定："自贸港基金主要投向以下领域：（三）支持重大项目建设。鼓励和引导社会资本进入基础设施和公共服务领域，支持未来预期现金流可以覆盖投资成本、退出有保证的重大项目建设。"因此，在我国现有立法体系中，建设工程相关活动被认定属于投资行为。

在国际仲裁惯例中，工程建设行为也被认定为投资行为。最早解释"投资"定义的投资仲裁案件是2000年的Salini案。该案中，两家意大利公司与摩洛哥国家高速公路公司签订合同，承建了从Rabat到Fès的50公里高速公路，该摩洛哥公司在高速公司的建设与运营方面代表国家行事。公路建设完成后，意大利公司与摩洛哥就工程延误与付款问题产生争议。[①] 意大利公司基于《摩意BIT》第8条向国际投资争端解决中心（ICSID）仲裁庭提交了该争议，而摩洛哥政府主张ICSID

① See Salini Costruttori S. p. A. & Italstrade S. p. A. v. Kingdom of Morocco, ICSID Case No. ARB/00/4, Decision on Jurisdiction, 23 July 2001 ("Salini"), para. 1 - 5.

仲裁庭对该案没有管辖权，其理由之一是意大利公司建设高速公路的工程不符合《摩意 BIT》中对“投资”的定义。经审理，仲裁庭认为在摩洛哥修建 Rabat – Fez 高速公路部分路段的行为属于《摩意 BIT》以及《ICSID 公约》中所定义的“投资”。(1)修路工程符合《摩意 BIT》第 1 条中“投资”的定义。首先，建设工程合同创造了《摩意 BIT》第 1 条(c)项中的“具有经济价值的可履行合同权利”，同时，缔约方还享受了第 1 条(e)项中的“合同赋予的经济性质的权利”。[①] 其次，该案中的建设工程合同也属于第 1 条(g)项中的“主管当局批准的合同中的项目”，原因如下：其一，合同的签订经过了摩洛哥公司的招标程序，摩洛哥公司的公共采购合同也经过了摩洛哥基础设施部的批准；其二，签署建设工程合同的各个阶段都有不同政府部门的参与。[②] (2)修路工程符合《ICSID 公约》第 25 条中“投资”的定义（仲裁庭对《ICSID 公约》下“投资”定义的解读被后案广泛引用，称为“Salini test”）。仲裁庭认为判断建设工程是否属于投资可采用以下标准：(1)当事人应有投入；(2)应有一定的履行合同期间，至少 2 ~ 5 年；(3)当事人应承担一部分该交易的风险；(4)一项附加的考察因素可能是项目对东道国经济发展的贡献。该案中的建设工程项目符合《ICSID 公约》第 25 条对“投资”的定义。

除 Salini 案之外，由 ICSID 审理的 Bayindir 案[③]、Jan de Nul 案[④]、Minnotte 案[⑤]、Garanti 案[⑥]、北京城建案[⑦]中，仲裁庭均认为案涉工程建设行为属于投资。

综上所述，无论是就我国立法体系还是国际仲裁惯例而言，一般情况下，工程建设行为被认可为投资行为。

第二，审裁制度有利于促进工程建设活动的开展。

长期以来，工程款久拖不结是我国建设工程领域的常见现象，也是造成我国

---

① See Salini para. 45.

② See Salini para. 48.

③ See Bayındır İnşaat Turizm Ticaret ve Sanayi A. Ş. v. Islamic Republic of Pakistan(I), ICSID Case No. ARB/03/29, Decision on Jurisdiction, 27 August 2009("Bayindir").

④ See Jan de Nul N. V. & Dredging International N. V. v. Arab Republic of Egypt, ICSID Case No. ARB/04/13, Decision on Jurisdiction, 16 June 2006("Jan de Nul").

⑤ See David Minnotte & Robert Lewis v. Republic of Poland, ICSID Case No. ARB(AF)/10/1, Award, 16 May 2014("Minnotte").

⑥ See Garanti Koza LLP v. Turkmenistan, ICSID Case No. ARB/11/20, Award, 19 December 2016("Garanti").

⑦ See Beijing Urban Constructio Group Co. Ltd. v. Republic of Yemen, ICSID Case No. ARB/14/30, Decision on Jurisdiction, 31 May 2017.

大量建筑企业发展困境的重要原因。如无法解决这一现象,一方面不利于建筑企业的健康经营,另一方面也将阻碍已开工工程的顺利建设。但现有的争议解决方式无法解决前述问题,一方面,相较于其他案件,建设工程案件更为复杂、烦琐,我国法院、仲裁庭在审理建设工程案件中常常依赖鉴定结果,导致建设工程案件审理耗时长,当事人无法通过诉讼或仲裁方式快速获得救济;另一方面,发包人与承包人之间地位不对等,处于强势地位的发包人往往不愿意与承包人和解或者调解,因此,和解、调解方式也无法帮助当事人获得未结工程款。

因此,需要建立一种新的争议解决机制用以快速解决工程建设中的付款难题。审裁制度作为一种快速解决工程建设付款问题的中期争议解决措施,可以使得当事人在支付工程款事宜发生争议后由中立第三方在短时间内就争议事项作出决定。该决定具有初步约束力,当事人可依据审裁决定履行付款义务。审裁制度的设立将有望使得已开工工程建设不至于因付款问题而陷入停工,帮助建筑企业避免因无法收到工程款实现资金回流而趋于破产。总之,审裁制度有利于促进工程建设活动的开展。

在海南自贸港设立审裁制度有利于推动工程建设活动的开展,便利投资,设立审裁制度应当属于《海南自由贸易港法》第 10 条第 1 款的授权内容,海南省人民代表大会及其常务委员会可制定法规建立审裁制度。

综上所述,根据《立法法》第 84 条规定及《海南自由贸易港法》第 10 条第 1 款规定,海南省人民代表大会及其常务委员会可通过制定法规的方式对审裁制度作出规定,并在法规中直接将审裁决定增设为新的执行依据。

二、海南自贸港进行审裁立法的必要性分析

2022 年 4 月,中共中央总书记、国家主席、中央军委主席习近平近日在海南考察时强调,要坚决贯彻党中央决策部署,坚持稳中求进工作总基调,完整、准确、全面贯彻新发展理念,全面深化改革开放,坚持创新驱动发展,统筹疫情防控和经济社会发展,统筹发展和安全,解放思想、开拓创新,团结奋斗、攻坚克难,加快建设具有世界影响力的中国特色自由贸易港,让海南成为新时代中国改革开放的示范。

工作组认为,在加快建设高水平的中国特色自由贸易港的背景下,海南自贸港进行审裁立法具有必要性,具体理由如下。

第一,在海南自贸港对审裁制度进行立法符合其现实需求。

2023 年 6 月 29 日,海南自贸港建设项目 2023 年第二批集中开工活动在海南省各省市县同步举行。此次开工项目共 180 个,总投资 366 亿元,其中社会投资项目总投资占比 65.8% 。此次集体开工活动是海南自贸港建设的缩影,大量建设工程项目正在海南自贸港设立开工。针对海南自贸港的工程建设,海南省省长刘小明表示,“要加快推动项目建设,加强项目管理,科学安排施工计划,合理组织施工力量,力争把每个项目都建设成精品工程、样板工程、平安工程和廉洁工程。要全力做好服务保障,强化项目全过程管理、全周期服务,多为‘办成事’想办法,不为‘办不成’找理由,竭尽全力为项目业主和建设单位排忧解难”。

大量的建设工程动工意味着需要大量投资,如出现工程款争议将延缓工程建设进度,甚至导致工程烂尾。审裁制度作为一种中期争议解决措施,可以使得当事人就支付工程款事宜发生争议后由中立第三方在短时间内就争议事项作出决定,尤其是在审裁立法时否定“背靠背”支付条款效力将最大限度地解决工程款久拖不决从而影响建设工程开展以及分包商、材料商等正常经营的问题。海南自贸港建设如火如荼,此时对审裁制度立法一方面能够实际上解决可能已经出现的建设工程纠纷,另一方面也能够通过制度建设给予投资者信心,吸引更多投资者,加快海南自贸港建设进程。

第二,在海南自贸港进行审裁制度立法是实现海南自贸港建设总体方案的重要举措。

《海南自由贸易港建设总体方案》明确海南自贸港的制度设计应当“以贸易投资自由化便利化为重点,以各类生产要素跨境自由有序安全便捷流动和现代产业体系为支撑,以特殊的税收制度安排、高效的社会治理体系和完备的法治体系为保障,在明确分工和机制措施、守住不发生系统性风险底线的前提下,构建海南自由贸易港政策制度体系”。对于法治制度建设,《海南自由贸易港建设总体方案》指出应当“建立以海南自由贸易港法为基础,以地方性法规和商事纠纷解决机制为重要组成的自由贸易港法治体系,营造国际一流的自由贸易港法治环境。制定经济特区法规。在遵循宪法规定和法律、行政法规基本原则前提下,支持海南充分行使经济特区立法权,立足自由贸易港建设实际,制定经济特区法规。建立多元化商事纠纷解决机制。完善国际商事纠纷案件集中审判机制,提供国际商事仲裁、国际商事调解等多种非诉讼纠纷解决方式”。

如上文所述，审裁制度将加快解决建设工程纠纷，在中国立法体系以及国际仲裁惯例中，工程建设行为均被认定为投资行为，对审裁制度立法将作为海南自贸港便利投资制度建设的一大亮点。

“本世纪中叶全面建成具有较强国际影响力的高水平自由贸易港”是海南自贸港的发展目标。因此，稳步推进海南自贸港建设也意味着需要在基建、科技、制度上与国际接轨。审裁制度已为多个国家广泛立法并普遍应用，如2004年11月16日，新加坡审议通过了《建筑业付款保障法》；1996年，英国通过《房屋补助金、建设和重建法案》等。在海南自贸港对审裁制度进行先行立法无疑为市场主体提供了更为高效便捷且兼具国际化的争议解决方式，有利于推动海南自贸港多元化商事争议解决机制的建立，是实现海南自贸港建设总体方案中“建成具有较强国际影响力的高水平自由贸易港”目标的重要举措。

三、与审裁立法相关的其他问题

（一）审裁制度与执行程序之间的衔接

根据我国《民事诉讼法》第235条规定，目前审裁决定并非法定的执行依据，并不具有执行力。为了实现审裁制度的现实价值，在海南自贸港进行审裁制度立法试点时，应尽可能地设置多种执行路径，具体可包含以下几种。

1. 路径一：在审裁立法中将审裁决定列为执行依据

如上文所述，根据《海南自由贸易港法》第10条第3款、第54条的规定，海南省人民代表大会及其常务委员会依法可就法律保留事项制定法规，同时，审裁制度作为一种新型的争议解决方式，对审裁制度进行立法符合国家在海南自贸港建立多元化商事争议解决机制的愿景。因此，虽然将审裁决定列为执行依据属于法律绝对保留事项，但海南省人民代表大会及其常务委员会也有权制定法规，并在审裁决定列为执行依据后将对应法规报全国人民代表大会常务委员会审批。

2. 路径二：建立审裁决定与支付令之间的衔接机制

如经过综合研判，认为现阶段难以在审裁立法中直接将审裁决定作为执行依据，工作组认为，可以尝试与现行《民事诉讼法》相衔接，如将审裁决定与支付令之间建立衔接机制，具体可见本章第一节的分析。

综上所述，工作组认为，从效率最大化、成本最小化的角度考虑，在海南自贸港建立审裁决定执行路径的最优方式是通过立法将审裁决定作为执行依据。次之，则是尝试将审裁决定与支付令之间建立起衔接机制。除此之外的执行路径，如通过司法确认或确认仲裁程序赋予审裁决定执行力，均不具有合理性及效益性。

（二）审裁立法中可否规定“背靠背”支付条款或类似条款无效

首先，如本章第一节所述，审裁立法中规制的“背靠背”支付条款仅存在于建设工程领域，并非普适性的“合同制度”或“民事活动中最主要的民事行为准则”，亦即不属于《立法法》中关于法律保留的事项。

其次，需要讨论的是该规定是否属于《海南自由贸易港法》第10条明确规定的海南省人民代表大会及其常务委员会的立法权限内事项。工作组调研结果显示，否定“背靠背”支付条款效力将对承包商、下游分包商、业主、市场竞争、统一司法裁判等均有所裨益。对于承包商而言，“背靠背”支付条款无效对总包单位履行合同有积极的促进作用；对于下游分包商而言，否定“背靠背”支付条款效力有利于为下游分包商提供切实的付款保障，促进工程建设顺利开展；对于业主及建设项目而言，否定“背靠背”支付条款效力能够促使业主为工程提供充足经济保障，确保建设项目高质量、高效率落成。如上文所述，工程建设活动属于投资活动，否定“背靠背”支付条款将极大促进工程建设的顺利开展，吸引外来投资。海南省人民代表大会及其常务委员会可就投资相关事宜制定法规，在审裁条例中否定“背靠背”支付条款的效力属于海南省人民代表大会及其常务委员会立法权限内的事项。

最后，否定“背靠背”支付条款的效力契合了《海南自由贸易港建设总体方案》中提出的海南自贸港建设要“对标国际高水平经贸规则，解放思想、大胆创新，聚焦贸易投资自由化便利化，建立与高水平自由贸易港相适应的政策制度体系”的指导思想，也符合《海南自由贸易港法》第1条明确的立法目的——“推动形成更高层次改革开放新格局，建立开放型经济新体制，促进社会主义市场经济平稳健康可持续发展”。

四、结论

根据《立法法》第84条规定及《海南自由贸易港法》第10条第1款规定，海南省人民代表大会及其常务委员会可通过制定法规的方式对审裁制度作出规定。

此外，在审裁立法中直接将审裁决定增设为新的执行依据，并不构成对《立法法》第 12 条法律绝对保留规定的违反。同时，在中国立法体系以及国际仲裁惯例中，工程建设行为均被认定为投资行为，而审裁制度能够推进工程快速、顺利完成，对其立法无疑能够推动海南自贸港投资发展。

此外，在加快建设高水平的中国特色自由贸易港的背景下，设立审裁制度具有必要性，审裁制度不仅符合海南自贸港建设的现实需求，也是实现海南自贸港建设总体方案的重要举措。

为了实现审裁制度的现实价值，需给予审裁决定执行路径，而最优的方式是通过审裁立法将审裁决定列为执行依据，直接赋予审裁决定以执行力。如果现阶段无法将审裁决定列为执行依据，那么也可在审裁决定与支付令之间建立起衔接机制。

为了落实对建筑企业的付款保障，海南自贸港进行审裁立法时还可规定“背靠背”支付条款或类似条款无效。

第四章　审裁制度的地区研究报告

第一节　英国审裁制度

一、英国审裁制度立法背景

预计到2030年,英国将成为欧洲最大、全球第6大的建设工程市场。① 然而在20世纪90年代初,英国的建设工程工业却曾经进入过一段衰退期,并导致其经济产值和国内就业率下降。② 这一情况发生的最主要原因之一,便是传统的建设工程合同的争议解决方式已无法适应该行业的特点。正如英国上诉法院法官梅(May LJ)在*Pegram Shopfitters Ltd. v. Tally Wiejl(UK)Ltd.*一案的判决书中写道:建设工程合同由于其行业性质,往往会产生付款方面的争议。如果项目发生延误、变更或其他原因导致额外费用,那么完成相关工作的承包方往往会认为其应有权获得额外费用的补偿。而发包方也往往会有或好或差的理由,来主张其并不应该向承包方支付这些额外费用。③

在当时,法律规定的争议解决方式仅有诉讼和仲裁。这两种争议解决方式都存在耗时长、成本高、结果确定性较低等特点,对建筑行业争议解决的适用也均饱受诟病。约翰·纽维(John Newey)法官认为:就涉及诉讼或仲裁程序的建设工程项目,特别是走到庭审阶段的案件,即便是对最终成功处理了相关争议的双方当

---

① See Graham Robinson, *Global Construction Market to Grow $8 Trillion by* 2030: *Driven by China, US and India*, PR Newswire (Nov. 5, 2015), https://www.prnewswire.com/news-releases/global-construction-market-to-grow-8-trillion-by-2030-driven-by-china-us-and-india-544142522.html.

② See Office for National Statistics, *Changes in the Economy Since the* 1970*s*, Office for National Statistics (Sept. 2, 2019), https://www.ons.gov.uk/economy/economicoutputandproductivity/output/articles.

③ See Pegram Shopfitters Ltd. v. Tally Wiejl(UK) Ltd., [2003] EWCA Civ 1750.

事人而言,也是最大的不幸和灾难。①

对于存在争议多、施工时间紧张、市场周期波动强等固有特点的建设工程行业的争议,资金和时间成本较高的传统争议解决方式(诉讼和仲裁)已经无法满足当时市场上建设工程合同当事人对快速、低成本解决争议的需求。诸多中小型承包方企业不得不因此走向破产清算,使当时英国的建设工程行业雪上加霜。

针对该情况,英国政府委托了迈克尔·莱瑟姆(Michael Latham)负责调查分析建筑行业资金流动问题的诱因及争议解决机制存在的弊端。迈克尔·莱瑟姆于1994年发布了最终报告,其中第9部分专门针对建设工程纠纷的争议解决机制进行了分析和构想,并认为"审裁(adjudication)制度必须成为解决建设工程行业争议的重要方式"。具体而言,迈克尔·莱瑟姆在报告中提道:"我建议审裁制度应加入到所有建设工程行业的标准合同中,且审裁制度应当在立法层面得到支持。同时,我也建议:(1)无论是对于总包合同还是分包合同,不应限制能够通过审裁机制解决的争议类型;(2)审裁决定应当能够得到立即执行;(3)除非存在特殊情形,最终的仲裁或诉讼程序不应延误对于审裁决定的执行;(4)如果一方当事人拒绝履行审裁决定,那么另一方当事人应获得相关的法院救济途径。在这种情况下,法院可以考虑通过针对临时付款建立简易程序来支持审裁制度的执行;(5)应当建立对于审裁员的培训程序。执行机构也应当出台相关的审裁员行为守则。"②

在这样的背景下,英国首次通过成文法,即1996年《房屋补助金、建设和重建法案》,规定了审裁制度,并通过1998年《建设工程合同(英格兰及威尔士)法规》[the Scheme for Construction Contracts(England and Wales) Regulations 1998]与1998年《建设工程合同(苏格兰)法规》[the Scheme for Construction Contracts(Scotland) Regulations 1998]对审裁制度进行了细化规定。

2004年,迈克尔·莱瑟姆针对1996年《房屋补助金、建设和重建法案》的内容和实施进一步发布了报告。迈克尔·莱瑟姆建议对于法定审裁制度的适用,删除

---

① See His Honour Judge John Newey QC, *The Construction Industry' in Peter Fenn and Rod Gamerson (eds.)*, *Construction Conflict Management and Resolution*, Routledge, 1992.

② Michael Latham, *Constructing the Team: Final Report of The Government Industry Review of Procurement and Contractual Arrangements in The UK Construction Industry*, Stationery Office Books, 1994, p. 91.

关于建设工程合同必须为书面的要求,其同时也建议立法者简化审裁制度中的相关付款程序。迈克尔·莱瑟姆的报告和建议催化了2009年《地方民主、经济发展和建筑法案》(Local Democracy, Economic Development and Construction Act 2009)的出台以及1998年《建设工程合同(英格兰及威尔士)法规》与1998年《建设工程合同(苏格兰)法规》修正案的制定。

二、审裁程序的适用情形和实践情况

(一)法定审裁程序的适用范围

对于1996年《房屋补助金、建设和重建法案》中定义的"建设工程合同"项下的争议,英国法为当事人提供了将争议提交审裁的法定权利,且双方当事人不能通过合同约定排除法定审裁程序的适用。而对于其他类型的合同,法律则并没有规定法定的审裁程序。合同签订方需要在合同中明确约定"审裁协议",才能将相关争议提交审裁程序解决。

1996年《房屋补助金、建设和重建法案》第104条对"建设工程合同"进行了定义。具体而言,"建设工程合同"指就以下任一内容订立的合同:(a)开展建设"建设运营"(construction operations);(b)通过分包或其他方式,安排其他方开展"建设运营";(c)就"建设运营"的开展提供其自身或其他方的劳务。该条还明确规定,"建设工程合同"包括了设计、监理,以及对建设、室内或室外装修等提供意见的合同,但不包括劳动合同。

1996年《房屋补助金、建设和重建法案》第105条第1款则进一步对"建设运营"进行了定义。"建设运营"包括:

(a)建筑物或构筑物的建造、改建、修理、维护、扩建、拆除或拆卸,或形成或将形成土地的一部分(无论是否永久性);

(b)形成或将形成土地一部分的任何工程的建造、改建、修理、维护、扩建、拆除或拆卸,包括(但不限于)墙体、道路工程、电力线路、飞机跑道、码头和港口、铁路、内河航道、管道、水库、主供水管、井、下水道、工业设备以及用于土地排水、海岸保护或防御的设施;

(c)在任何建筑物或结构中安装形成土地一部分的设备,包括(但不限于)供暖、照明、空调、通风、电力供应、排水、卫生、供水或消防设施,或安全、通信系统;

(d)在建筑物和结构的建造、改建、修理、扩建或修复过程中进行的建筑物和结构的外部或内部清洁;

(e)构成前述各段中描述的事项的整体部分,或准备工作,或为使这些事项完成的工作,包括现场清理、土方、挖掘、隧道和钻孔、奠定基础、搭建、维护或拆卸脚手架、现场恢复、景观美化以及提供道路和其他通行设施;

(f)对任何建筑物或结构的内部或外部表面进行油漆或装饰。

1996年《房屋补助金、建设和重建法案》第105条第2款中则对不属于"建设运营"的事项进行了排除规定。以下事项明确不属于1996年《房屋补助金、建设和重建法案》中定义的"建设运营":

(a)钻探或提取石油或天然气。

(b)开采(无论是地下还是地表作业)矿产;为此目的进行隧道挖掘或钻孔,或建造地下工程。

(c)在以下主要活动场所,对设备或机械进行组装、安装或拆除,或为支撑或提供通往设备或机械的通道而进行钢结构的建造或拆除:(i)核处理、发电或水处理、废水处理;(ii)化学品、制药品、石油、天然气、钢铁或食品饮料的生产、传输、加工或大规模储存(除仓储外)。

(d)制造或运送至工地的:(i)建筑或工程部件或设备;(ii)材料、设备或机械;(iii)供暖、照明、空调、通风、电力供应、排水、卫生、供水或消防设施的系统部件,或用于安全或通信系统的部件,除非合同中还约定了安装服务。

(e)制作、安装和修理艺术品,包括雕塑、壁画和其他完全具有艺术性质的作品。

对于符合1996年《房屋补助金、建设和重建法案》中定义的,位于英格兰和威尔士或苏格兰的"建设工程合同"(无论其约定的合同管辖法律是否为英国法)项下的任何争议,合同当事人均拥有将争议提交审裁解决的法定权利。

(二)提交审裁程序的案件数量

从表1统计数据中可以看出,自1996年《房屋补助金、建设和重建法案》于1998年生效之后,英国每年提交审裁的建设工程争议案件的数量均较为可观。即便英国在经历退出欧盟、新冠疫情等对建设工程市场可能带来一定冲击的事件时,这一情况也未曾出现重大变化。

表 1　英国每年提交审裁的建设工程案件数量和增长趋势①

年份	案件总数量(件)	案件数量较上一年增长百分比(%)
第 1 年(1998.5—1999.4)	187	—
第 2 年(1999.5—2000.4)	1309	600
第 3 年(2000.5—2001.4)	1999	50
第 4 年(2001.5—2002.4)	2027	1
第 5 年(2002.5—2003.4)	2008	-1
第 6 年(2003.5—2004.4)	1861	-7
第 7 年(2004.5—2005.4)	1685	-9
第 8 年(2005.5—2006.4)	1439	-15
第 9 年(2006.5—2007.4)	1506	5
第 10 年(2007.5—2008.4)	1432	-5
第 11 年(2008.5—2009.4)	1730	21
第 12 年(2009.5—2010.4)	1538	-11
第 13 年(2010.5—2011.4)	1064	-31
第 14 年(2011.5—2012.4)	1093	3
第 15 年(2012.5—2013.4)	1351	24
第 16 年(2013.5—2014.4)	1282	-5
第 17 年(2014.5—2015.4)	1439	12
第 18 年(2015.5—2016.4)	1511	5
第 19 年(2016.5—2017.4)	1533	1
第 20 年(2017.5—2018.4)	1685	10
第 21 年(2018.5—2019.4)	1905	13
第 22 年(2019.5—2020.4)	1945	2
第 23 年(2020.5—2021.4)	2171	12
第 24 年(2018.5—2019.4)	1903	-14

(三)提交审裁程序的争议金额和争议类型

249 份调查问卷的结果(可多选)显示,总体而言,审裁程序在各类争议金额案件中均有适用。在审裁程序中,一方面,争议金额区间在 125,001 英镑至

① See Adjudication Society, *2022 Construction Adjudication in the United Kingdom: Tracing trends and Guiding Reform*, the Centre of Construction Law & Dispute Resolution, King's College London, 2022, p. 18.

500,000英镑的案件数量最多,占所有提交审裁程序案件数量的42%。当争议金额超过50,000,000英镑后,提交审裁程序的案件数量也相应地大幅下降。另一方面,当争议金额小于25,000英镑时,提交审裁程序的案件数量仅占5%(见图1)。

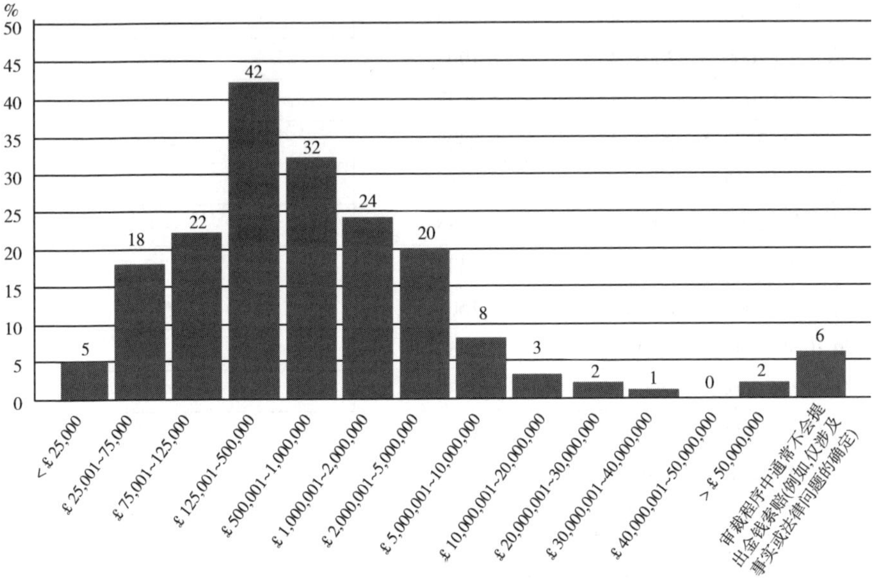

图1 审裁程序中争议金额情况统计①

246份关于审裁程序的问卷调查结果显示,在审裁程序中,工程延期相关争议占比73%,工程结算款争议占比51%,工程进度款争议占比49%(见图2)。

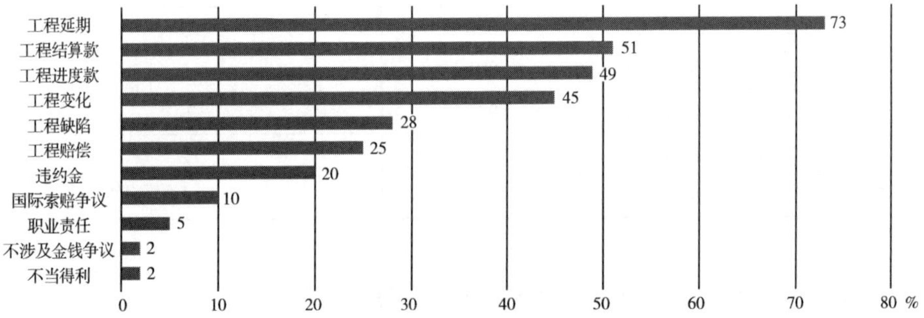

图2 审裁程序中争议类型情况统计②

---

① See Adjudication Society, *2022 Construction Adjudication in the United Kingdom*: *Tracing trends and Guiding Reform*, the Centre of Construction Law & Dispute Resolution, King's College London, 2022, p. 25.

② See Adjudication Society, *2022 Construction Adjudication in the United Kingdom*: *Tracing trends and Guiding Reform*, the Centre of Construction Law & Dispute Resolution, King's College London, 2022, p. 27.

从该调查结果可以看出,英国的审裁程序如今已并非一个仅仅保障建设工程项目现金流的机制,在实践中,它已然成为合同双方解决建设工程合同项下所有类型、各种金额争议的常用机制。

三、审裁员指定机构及审裁员人选

(一)审裁员指定机构

审裁员指定机构(Adjudicator Nomination Body)是参与管理英国审裁程序的机构。根据1998年《建设工程合同(英格兰及威尔士)法规》第2(3)条规定,任何机构都可以成为审裁员指定机构,成为审裁员指定机构也没有任何法定的正式要求或条件。如果在合同中没有指定审裁员,那么合同双方可以要求由双方同意的审裁员指定机构来指定案件的审裁员。

英国规模最大、最常用的审裁员指定机构包括以下几个机构:

1. Construction Industry Council(建造业委员会,CIC)
2. Institution of Civil Engineers(土木工程师协会,ICE)
3. London Court of International Arbitration(伦敦国际仲裁法院,LCIA)
4. Royal Incorporation of Architects in Scotland(苏格兰皇家建筑师协会,RIAS)
5. Royal Institute of British Architects(英国皇家建筑师协会,RIBA)
6. Royal Institution of Chartered Surveyors(皇家特许测量师协会,RICS)
7. Scottish Building Federation(苏格兰建筑业联合会)
8. Technology and Construction Bar Association(技术与建筑出庭律师协会,TECBAR)
9. Technology and Construction Solicitors' Association(技术与建筑事务律师协会,TECSA)
10. UK Adjudicators(英国仲裁员协会)

虽然在法律层面,合同双方可以跳过审裁员指定机构,直接在合同中约定审裁员人选,但在实践中,大多数当事人还是会通过审裁员指定机构来为其指定审裁员。

(二)审裁员人选

绝大部分的审裁员指定机构都会建立其审裁员人选库,并要求有意愿的人士通过提交申请等方式进入其审裁员人选库名单。对于已经在审裁员人选库名单上的人员,审裁员指定机构也往往会有一定的要求[比如,每年进行专业能力培训(CPD)小时数的要求]。

英国在法律层面没有对审裁员提出任何明确的资质要求。在实践中,根据统计,几乎所有的当事人都认为审裁员必须对工程法和审裁拥有足够的理解,70%的当事人认为审裁员在上任前必须事先完成一定的课程及资质培训,69%的当事人认为审裁员必须拥有一定年限的相关行业从业经验,而59%的当事人则认为审裁员必须拥有技术相关知识。①

另外,虽然立法层面没有相关规定,但许多审裁员指定机构发布了审裁员行为准则,其中包含了对审裁员的资质要求和行为规范等内容,以及案件当事人向审裁员指定机构投诉其审裁员的相关程序。

四、审裁程序

(一)发送审裁通知

审裁通知(Notice of Adjudication),是指建设工程合同的一方当事人(以下简称申请人)可以在任何时候向合同其他各方发出书面通知,表示其希望将建设工程合同项下的争议提交审裁的意思表示。

审裁通知的内容应当包括:(1)争议性质及简要描述,以及涉及的各方当事人;(2)争议产生的地点和时间;(3)寻求的救济措施性质;(4)合同各方当事人的姓名和地址。

值得注意的是,英国1996年《房屋补助金、建设和重建法案》第108条给予了建设工程合同双方当事人在"任何时间"将相关争议提交审裁的权利。因此,如果双方在合同中约定将争议提交审裁前需要满足一定的前提条件(如合同双方约定在将争议提交审裁前,必须先进行调解或先发出通知等),那么相关条款将无效,

---

① See Adjudication Society, *2022 Construction Adjudication in the United Kingdom: Tracing trends and Guiding Reform*, the Centre of Construction Law & Dispute Resolution, King's College London, 2022, p. 32.

并且将自动适用关于审裁程序的法律规定。在 *John Mowlem & Co. plc v. Hydra Tight Ltd.* 一案中,合同约定一方当事人将争议提交审裁前,必须先向另一方发出"notification of dissatisfaction"(不满意通知),并经过双方的友好协商。法院最终认为该条款无效。

(二)指定审裁员

在发出审裁通知后,如果建设工程合同没有另行约定,那么有以下几种情况:

1. 申请人应要求合同中约定的人员担任该案的审裁员;

2. 如果合同中未约定审裁员人选,或者合同中约定的审裁员人选表示其不愿意或无法担任该案审裁员,且合同中约定了审裁员指定机构,那么申请人应要求合同中约定的审裁员指定机构来指派该案的审裁员人选;

3. 如果上述情形均不适用,那么申请人应要求一家审裁员指定机构来指派该案的审裁员人选。

被要求或指派担任审裁员的人选应当自收到相关要求后的 2 日内回复其是否愿意担任该案的审裁员。如果其表示不愿意担任该案审裁员,或未能在 2 日内做出相关回复,那么申请人可以:(1)要求合同中约定的其他审裁员人选作为该案审裁员;(2)要求合同中约定的审裁员指定机构指派该案的审裁员;(3)或者要求其他审裁员指定机构指派该案的审裁员。

审裁员应是自然人且以其个人的名义担任审裁员。审裁员不应是争议任何一方的雇员。审裁员应披露其在案件中可能存在的任何利益冲突。

对于由审裁员指定机构指派审裁员的情形,审裁员指定机构应当在收到申请人申请后的 5 天内反馈其审裁员指定结果。否则,申请人可以与被申请人协商指定审裁员,或提请另一家审裁员指定机构来指定案件的审裁员。

(三)作出审裁决定

在确定审裁员人选后,申请人需要在发出审裁通知之后的 7 天内,向审裁员提交书面的争议提交通知(referral notice)。争议提交通知应附有申请人所依据的合同及支持性文件,并同步向被申请人送达。

审裁员应在收到争议提交通知后的 28 天内(申请人发出审裁通知的 35 天内)就争议作出审裁决定,并及时送达各方。如果申请人同意,该期限可以延长至

42天。如果争议双方均同意,该期限也可以进一步延长。根据统计,大部分审裁程序会在自争议提交通知发送之日起的29～42天之内审结(约56%的案件);约有16%的案件在少于28天的时间期限内审结;约有20%的案件在43～75天的时间期限内审结。而约有2%的案件的审裁期限超过了120天。[①]

若审裁员未能在上述期限内作出审裁决定,那么争议的任何一方可以重新发出审裁通知,并重新启动审裁程序。在新的审裁程序中,经新任审裁员的合理要求,争议双方应当将之前审裁程序中的相关文件提交新任审裁员。

审裁决定作出后,审裁员有义务尽快将审裁决定送达合同各方当事人。审裁员不应对审裁决定的作出和送达设置任何前提条件。

在 *Mott Macdonald Ltd. v. London & Regional Properties Ltd.* [②]一案中,审裁员要求申请人先支付其审裁费用,否则将拒绝向当事人双方公布其作出的审裁决定。最终该案的审裁决定公布给当事人双方的时间推迟了一天。在审裁决定的执行阶段,桑顿(Thornton)法官认为,审裁员就其公布审裁决定设置这样的前提条件,违反了1998年《建设工程合同(英格兰及威尔士)法规》的规定和义务,并最终认定由于存在程序违反法律规定的情形,其作出的审裁决定不具有可执行性。

(四)审裁员的辞任及重新选派

审裁员可以在任何时候书面通知争议各方辞去其审裁员职务。当审裁员辞任时,申请人可以重新发出新的审裁通知重新进行审裁程序。

如果相同或实质性相同的争议此前已提交过审裁,且审裁员已出具过审裁决定,那么此时对该争议进行审裁的审裁员应当辞任。

如果审裁员因上述情况辞任,或者审裁的争议与争议提交通知中提到的争议存在重大差别,审裁员因此没有能力对该争议作出决定时,审裁员将有权获得其合理确定的费用和合理支出的开支。

争议双方也可以协商撤销已指定的审裁员。除非该撤销是审裁员的过错造成的,否则审裁员有权要求争议双方承担其费用。

---

① See Adjudication Society, *2022 Construction Adjudication in the United Kingdom: Tracing trends and Guiding Reform*, the Centre of Construction Law & Dispute Resolution, King's College London, 2022, p. 27.

② See Mott Macdonald Ltd. v. London & Regional Properties Ltd., [2007] EWHC 1055(TCC).

（五）审裁程序的费用

审裁员有权决定审裁费用的分摊方式。争议双方对审裁费用的支付承担连带责任。

根据统计，英国审裁员最常采用的小时费率集中在 251 英镑至 300 英镑的区间（占比约为 37%）。小时费率为 301 英镑至 350 英镑的占比为 34%，而小时费率为 351 英镑至 400 英镑的占比为 24%。① 这样的费率与英国法律市场上拥有大约 8 年执业经验的律师或法务的小时费率相当。②

审裁员费用往往根据争议的性质、审裁程序的持续时间、审裁员小时费率等因素有所不同。在实践中，大部分审裁程序中的审裁员费用在 8000 英镑至 30,000 英镑。

图 3 简要总结了英国法下通过审裁程序解决争议的流程。

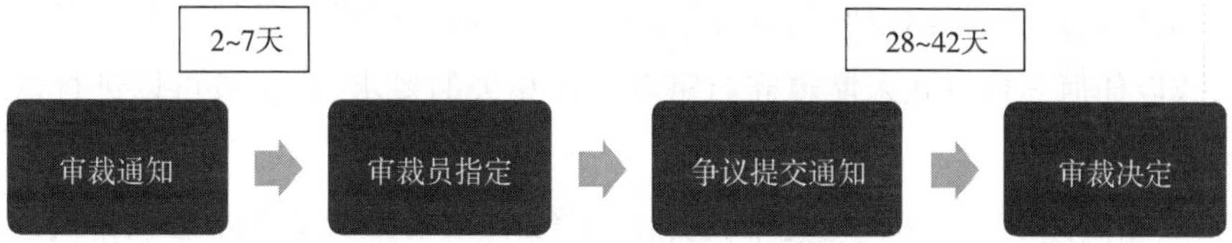

图 3　英国法下通过审裁程序解决争议的流程

五、审裁员的权利和义务

（一）审裁员的权利

审裁员可以主动查明争议相关的事实和法律，并决定审裁程序中所需遵循的程序，具体包括以下几种：

1. 要求合同的任何一方向审裁员提供其认为合理需要的文件，包括要求合同任何一方提供书面陈述来支持或补充争议提交通知中的内容。

2. 决定审裁程序中使用的语言，以及是否需要提供任何文件的翻译件。如需

---

① See Adjudication Society, *2022 Construction Adjudication in the United Kingdom: Tracing trends and Guiding Reform*, the Centre of Construction Law & Dispute Resolution, King's College London, 2022, p. 45.

② See Adjudication Society, *2022 Construction Adjudication in the United Kingdom: Tracing trends and Guiding Reform*, the Centre of Construction Law & Dispute Resolution, King's College London, 2022, p. 45.

要任何文件的翻译件，由哪一方提供。

3. 会见并询问合同各方及其代表。

4. 在取得第三方或各方必要同意的前提下，开展审裁员认为适当的现场访问和检查（无论是否需要由各方陪同）。

5. 在取得第三方或各方必要同意的前提下，开展任何测试或实验。

6. 获取并考虑审裁员所要求的陈述意见，并在通知各方后，委任专家、评估师或法律顾问。

7. 就仲裁的时间表、任何截止日期或书面文件或口头陈述的时限等作出指示。

8. 签发与审裁程序有关的其他指示。

争议双方应当遵守审裁员作出的与审裁程序相关的要求或指示。

如果争议一方在没有充分理由的情况下，未能遵守审裁员在其权限范围内作出的任何请求、指示或时间表，或未能提交审裁员要求的任何文件或书面陈述，或以任何其他方式未能遵守与审裁程序相关的要求，审裁员可以进行以下行为：

1. 在该方缺席或未能提交审裁员要求的文件或书面陈述的情况下，继续进行审裁程序；

2. 从未遵守的情况中得出在审裁员看来情况可能合理的推断；

3. 根据审裁员所掌握的信息作出决定，对在其要求或指示的任何期限之外向其提交的任何证据给予其认为适当的重视。

另外，在作出审裁决定时，审裁员可以考虑当事人同意纳入审裁范围的任何其他事项，或者其认为与争议必要相关的合同项下的事项。具体而言，审裁员可以进行下列行为：

1. 审核、修改并重新审查合同中提到的任何当事人作出的任何决定或给出的任何证书，除非合同约定该决定或证书是最终且具有终局性的；

2. 决定争议中的任何一方有义务根据合同支付款项（无论是以英镑还是其他货币）；

3. 根据与支付利息有关的合同条款，决定付款适用的利率及期限等。

（二）审裁员的义务

审裁员应该行事中立，并依据适用法律和合同约定作出审裁决定。在作出审裁决定时，审裁员应考虑任何当事方提交的与争议相关的信息，并向他们提供在作出审裁决定时考虑的任何信息。在这个过程中，审裁员需要确保信息交流的公平性和透明度，以便争议各方能够充分了解和回应彼此的立场和证据。这也有助于提高审裁程序的公正性和公信力，确保所有当事方在审裁程序中能够有机会平等地参与和维护自己的权益。在当事人一方提出要求时，审裁员还应对其作出的审裁决定给出理由和原因。

另外，审裁员也对审裁程序及涉及的文件负有保密义务。除非在审裁目的必要的范围内，否则审裁员不得向任何其他方披露与审裁程序有关的任何保密信息或文件。

英国 1998 年《建设工程合同（英格兰及威尔士）法规》还要求审裁员在审裁程序中应避免产生不必要的费用。在实践中，审裁员常用的控制审裁程序费用的方式包括仅书面审理、限制当事人提交书面陈述的期限、文件提交和交换仅采用电子方式等。

六、审裁决定的效力与执行

（一）临时终局性

审裁决定具有临时终局性，即审裁决定对争议各方具有强制约束力，直至该争议最终重新通过诉讼、仲裁程序或双方协议的方式解决。在 *Bouygues Ltd. v. Dahl – Jensen Ltd.* [①]一案中，大法官巴克斯顿（Buxton）提到，审裁的目的在于“对于那些复杂且需要花费高额成本的争议得到最终解决之前，能够做出一个快速、临时但具有执行力的决定”。

即使审裁程序具有的是临时终局性，但根据对 238 份调查问卷结果的统计，约 42% 的当事人表示在其经历的案件中，仅有不到 5% 的经审裁决定的争议最终进入诉讼或仲裁程序。有 25% 的当事人表示在其遭遇的案件中，经审裁决定后的案件从未重新提交诉讼或仲裁。仅有 12% 左右的当事人表示，在其经历的案件中

---

① See Bouygues Ltd. v. Dahl – Jensen Ltd. ,[2001] 1 All E. R. (Comm)1041.

有超过11%的经审裁决定后的争议进入诉讼或仲裁程序。①

（二）审裁决定的执行

审裁决定具有临时终局性，即使被申请人确信审裁决定是错误的，其也有义务接受、遵守并履行审裁决定。如果被申请人没有履行审裁决定，那么申请人可以根据英国民事诉讼程序规则，申请法院通过“简易判决”（Summary Judgment）的程序执行审裁决定，被申请人则仅有有限的抗辩权。

英国1996年《房屋补助金、建设和重建法案》和1998年《建设工程合同（英格兰及威尔士）法规》《建设工程合同（苏格兰）法规》等与审裁相关的法律法规中并没有对审裁决定的执行程序进行明确的规定。而英国于2022年发布的TCC Guide第9.1.1条则规定了TCC法庭是通常负责审裁决定的执行以及其他与审裁相关活动的法院。

TCC法庭是一所专门处理涉及建筑、工程、科技和相关领域复杂纠纷的法庭，它是英国高等法院的一部分。TCC法庭审理的案件通常涉及技术性强、需要专业知识的问题，TCC法庭会聘请具备相关专业知识的法官来审理这些案件。除了审理建筑和工程纠纷外，TCC法庭还处理与能源、环境等领域相关的争议。TCC法庭的判决具有相当的权威性，对英国乃至国际上的建筑和工程法律实践有着重要影响。

TCC Guide第9条对审裁决定的执行程序进行了一系列规定。与创设审裁程序的初衷和原则一致，TCC法庭对审裁决定的执行程序总体而言也较为快捷。

图4简要列出了在TCC法庭执行审裁决定的程序。②

---

① See Adjudication Society, *2022 Construction Adjudication in the United Kingdom: Tracing trends and Guiding Reform*, the Centre of Construction Law & Dispute Resolution, King's College London, 2022, p. 57.

② See Jennifer Varley, *Enforcement of adjudication decisions in the TCC: a flowchart*, Practical Law (October, 2023), https://uk.practicallaw.thomsonreuters.com/0-382-0176?contextData=(sc.Default)&transitionType=Default&firstPage=true.

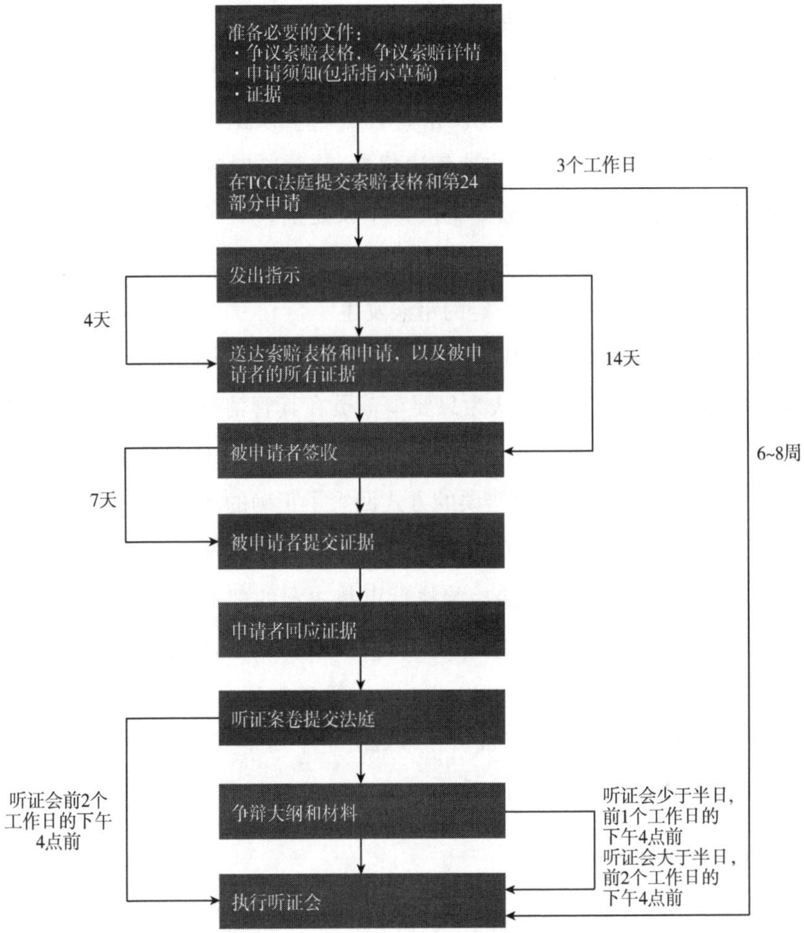

图 4　TCC 法庭执行审裁决定的程序

TCC 法庭在执行审裁决定时采用的是“默认支持原则”，即除非审裁员对被审裁争议明显不具有管辖权，或审裁决定存在明显违背公平正义的情况，否则 TCC 法庭都将支持审裁决定。即使审裁员在审裁程序中存在程序错误，甚至存在一定的事实或法律适用上的错误，TCC 法庭也不会在执行阶段干预审裁员作出的审裁决定。

英国首例在 TCC 法庭进行审裁决定执行的案件是 *Macob Civil Engineering Ltd. v. Morrison Construction Ltd.* 。[①] 在该案中，当事人一方基于审裁员在审裁过

① See Macob Civil Engineering Ltd. v. Morrison Construction Ltd. , [1999] EWHC Technology 254.

程中存在程序性错误，就审裁决定的有效性提出了异议。TCC 法庭最终驳回了该异议，并判决执行了审裁决定。戴森(Dyson)法官在该案中认为：英国议会通过该法案(注:1996 年《房屋补助金、建设和重建法案》)的意图非常明确。其目的便是给建设工程合同纠纷引入一种快速解决机制，作为临时的中间性安排，并要求当事人在通过仲裁、诉讼或协议最终解决该争议之前，执行审裁员的审裁决定。戴森法官也同时提到，创设 1996 年《房屋补助金、建设和重建法案》的目的便在于引入“相对正义”的概念，并允许一定的错误发生。

类似原则也体现在了英国其他判例中。比如在 *Bouygues UK Ltd. v. Dahl - Jensen UK Ltd.* ①一案中，法院认为只要审裁员在其管辖权范围内作出了决定，即使该决定存在一定程度的错误，法院也不应在执行阶段对审裁员的决定进行干预。换言之，即使审裁员“通过错误的方式回答了正确的问题”(answered the right question in the wrong way)，其审裁决定也应当得到法院的执行。

在“默认支持原则”下，法院拒绝执行审裁决定的理由比较有限，通常仅包括两类：第一类理由是审裁员超出其管辖权范围作出了审裁决定，即审裁员“回答了错误的问题”(answered the wrong question)；第二类理由是审裁决定违反了公平正义原则。例如上文提到的，审裁员在审裁决定中对事实或法律适用的错误并不构成法院拒绝执行其审裁决定的理由。

(三)审裁员的管辖权

审裁员对被审裁争议是否具有管辖权是一个至关重要的问题。审裁员对其没有管辖权的争议作出的审裁决定，可能无法得到法院的执行。管辖权问题也是审裁程序中被申请人最常提出的审裁决定无效的理由。

以下几方面的问题可能涉及审裁员对被审裁争议是否具有管辖权。

1. 争议双方之间的合同是否“建设工程合同”

例如上文中提到的，法定的审裁程序只适用于符合 1996 年《房屋补助金、建设和重建法案》中定义的“建设工程合同”。如果当事人双方之间的合同并非法律定义的“建设工程合同”，那么审裁员对相关争议可能并不具有管辖权。

---

① See Bouygues UK Ltd. v. Dahl - Jensen UK Ltd. , [2000] EWCA Civ 507.

2. 被审裁的争议是否明确

申请人提交审裁的事项是否确实是一个明确的争议(crystallised dispute),判断这一问题取决于当事人是否就该事项提出过主张、该主张是否确实未得到另一方的认可等因素。

值得注意的是,如果被申请人认为申请人提交审裁的对象并非一个明确的争议,那么被申请人应当尽快就该问题提出异议。在 TCC 法庭审理的 *Allied P&L Ltd. v. Paradigm Housing Group Ltd.* ①一案中,虽然法院确实认为审裁决定的对象并非一个明确的争议,但法院仍然执行了该审裁决定。阿肯海德(Akenhead)法官认为,被申请人在审裁程序一开始的阶段未能保留其就该问题对审裁员管辖权提出异议的立场,其在执行阶段再提出该问题已经为时太晚。

3. 审裁员的指定是否有效

例如,如果申请人未能遵守 1996 年《房屋补助金、建设和重建法案》第 108(2)条或 1998 年《建设工程合同(英格兰及威尔士)法规》中对审裁员指定的程序要求,或申请人未向合同中约定的审裁员指定机构申请指派审裁员,那么相关审裁员的指定可能是无效的。在 *Ecovision Systems Ltd. v. Vinci Construction UK Ltd.* ②一案中,哈维诺・阿兰(Havelock - Allan)法官便基于审裁员的指派未能遵守法律和合同规定的程序,从而认定审裁员对该案争议不具备管辖权。

4. 审裁程序是否符合法律规定

1996 年《房屋补助金、建设和重建法案》的第 108(2)条至第 108(4)条以及 1998 年《建设工程合同(英格兰及威尔士)法规》中对审裁程序进行了一系列规定。另外,2009 年《地方民主、经济发展和建筑法案》也进一步对审裁程序增加了一定的要求。如果审裁程序违反了相关法律法规中的程序(如审裁员作出审裁决定的时间超过了法律或合同规定的时限),那么相应作出的审裁决定可能无法得到法院的执行。

5. 相关争议是否已在先前的审裁程序中作出了决定

如果相关争议已经在之前的审裁程序中作出过决定,那么该争议不应再次提交审裁。例如,在 *Vertase FLI Ltd. v. Squibb Group Ltd.* ③一案中,法官拒绝执行审

---

① See Allied P & L Ltd. v. Paradigm Housing Group Ltd. ,[2009] EWHC 2890(TCC).

② See Ecovision Systems Ltd. v. Vinci Construction UK Ltd. ,[2015] EWHC 587(TCC).

③ See Vertase FLI Ltd. v. Squibb Group Ltd. ,[2012] EWHC 3194(TCC).

裁员作出的审裁决定,并认为该审裁决定涉及的争议内容(对承包方的损害赔偿)已经在先前的另一个审裁程序中作出过决定,因此该案中的审裁员对相关争议没有管辖权。

值得注意的是,如果在后的审裁程序所解决的争议并非与在先的审裁程序解决的争议完全相同,那么在后的审裁程序可能仍然可以对相关争议作出决定。例如在 *Holt Insulation Ltd. v. Colt International Ltd.* ①一案中,承包方首先就建设工程合同下工程款的索赔争议提交了审裁,索赔特定金额的款项。随后,又就该合同下工程款索赔争议再次提交审裁,但此次承包方要求通过估价程序来确定工程款金额。法院最终认为第一次审裁程序是关于特定金额的工程款索赔争议,而第二次审裁程序涉及的则是经过估价后非特定金额工程款的索赔。法院基于该原因认为第二次审裁程序处理的争议与第一次审裁程序所处理的争议不同,第二次审裁程序中的审裁员拥有管辖权,并执行了第二次审裁程序中作出的审裁决定。

6. 审裁员是否仅对申请人提交审裁的争议作出了审裁决定

审裁员仅对申请人提交审裁的争议拥有管辖权。如果审裁员在未经过当事人双方一致同意的情况下,就申请人提交审裁以外的争议也作出了审裁决定,那么审裁员作出相关决定的行为超出了其管辖权,相关审裁决定不会得到法院的执行。

比如在 *McAlpine PPS Pipeline Systems Joint Venture v. Transco plc* ② 一案中,图尔明(Toulmin)法官拒绝执行审裁员作出的审裁决定,原因是审裁员处理了其认为的“真正”争议,而该争议实际上与申请人提交审裁的争议并不相同。法院最终认为审裁员无权越过申请人在争议提交通知中提交审裁的争议范围。

争议一方如果对审裁员的管辖权有异议,通常会通过以下方式采取行动:(1)继续参与审裁程序,保留其在执行阶段对该案审裁员管辖权提出异议的权利;(2)在审裁程序中,同意扩大审裁员的管辖权;(3)根据民事诉讼法,申请法院来决定审裁员的管辖权问题;(4)拒绝参加审裁程序;(5)将管辖权争议提交另一个审裁程序处理。实践中最常见的是第一种,即继续参与审裁程序,但保留后续在执行程序中提出管辖权异议的权利。

---

① See Holt Insulation Ltd. v. Colt International Ltd. ,[2001] EWHC 451(TCC).

② See McAlpine PPS Pipeline Systems Joint Venture v. Transco plc,[2004] EWHC 2030(TCC).

另外，如果在审裁决定的执行过程中，一方当事人就争议提起诉讼或仲裁，那么该诉讼或仲裁程序一般不会影响对审裁决定的执行。被申请人只有在非常有限的情形下才能够向法院申请暂停对审裁决定的执行。比如，审裁程序的被申请人能够向法院证明，审裁决定如果被后续的诉讼或仲裁结果推翻，其为了执行审裁决定所支付的款项将无法被返还。

在 *Wimbledon Construction Co.* 2000 *Ltd. v. Vago* ①一案中，法院认为，由于暂停执行审裁决定与1996年《房屋补助金、建设和重建法案》的立法初衷相违背，暂停执行审裁决定的情形应受到严格的限制，特别是考虑到以下几点：(1)审裁旨在成为解决建设工程合同争议的一种快速、低成本，并具有临时约束力的方法；(2)法律的立法初衷是使审裁决定能够被快速得到执行，承包方相应的资金在一般情况下不应被剥夺；(3)在决定是否暂停执行审裁决定时，法官必须根据法律行使其自由裁量权，并充分考虑上述因素；(4)在相关争议最终通过诉讼或仲裁解决后，如果承包方会出现无法偿还判决或裁决款项的情形，那么这种情况可能作为特殊情况，可以考虑暂停对审裁决定的执行；(5)如果承包方处于破产清算的状态，那么通常可以暂停对审裁决定的执行；(6)即使承包方目前财务状况表明其可能无法偿还将来诉讼判决或仲裁裁决的款项，但如果承包方的财务状况与签订建设工程合同时的财务状况相同或相似，或者承包方的财务状况全部或部分是发包方未支付审裁决定的款项所导致的，那么审裁决定一般不会因此而暂停。

在之后的 *Gosvenor London Ltd. v. Aygun Aluminium UK Ltd.* ②一案中，弗雷泽(Fraser)法官就该问题进一步增加了以下观点：如果有证据表明，承包方为了消耗或处置审裁决定中款项的财务行为，将使其存在无法偿还最终诉讼或仲裁结果的款项的实际风险，那么，暂停执行审裁决定的行为也是合理的。

(四)审裁决定违反公平正义原则

公平正义原则要求每个当事人都有权就案件获得公正的审理，且其意见能够被公正的审裁员听取。审裁员违反公平正义原则的行为可能包括在案件审理过程中未能保持公正、在案件中对当事人存在偏见或在审裁过程中违反程序公正。

---

① See Wimbledon Construction Co. 2000 Ltd. v. Vago, [2005] EWHC 1086(TCC).

② See Gosvenor London Ltd. v. Aygun Aluminium UK Ltd. , [2018] EWHC 227(TCC).

在英国的判例法中，法院认为审裁员对公平正义这一原则的遵守应当是附一定条件的，这是因为：（1）审裁员在进行审裁时，需要遵循法律及合同规定的严格时间限制，这些时间限制本身在一定程度上也限制了审裁员对公平正义原则的遵守；（2）审裁决定具有的是临时终局性。

因此，就审裁的角度而言，审裁员实际上是在快速高效地解决争议与遵守公平正义原则之间寻找平衡。法院需要充分考虑到审裁程序的快速性和临时终局性特点，只有在审裁员严重违反公平正义原则的情况下，才能够决定拒绝执行审裁决定。

关于审裁决定是否遵循公平正义原则这一问题，*Cantillon Ltd. v. Urvasco Ltd.*[①]一案是英国法下的典型案例之一。在 *Cantillon Ltd. v. Urvasco Ltd.* 一案中，阿肯海德法官结合了与该问题相关的此前判例，并得出了以下结论：（1）审裁员对公平正义原则的违反必须超出"边缘性"，该违反必须是实质性的；（2）如果审裁员本应给予当事人双方合理机会就对案件结果具有决定性或相当重要性的问题发表意见，但其没有将这些问题告知双方当事人，那么这种对公平正义原则的违反便具有实质性。基于 Cantillon 一案的事实情况，法院最终认定审裁员并未违反公平正义原则。

如果审裁员实质性地违反了公平正义原则，那么其作出的审裁决定将无法得到法院的执行。审裁员违反公平正义原则的常见情形包括：（1）就争议问题与各方当事人单独沟通；（2）未恰当告知当事人或征询各方当事人的意见，例如，审裁员收到一方当事人关于案件的沟通后未告知另一方当事人、就处理争议的方式没有给各方当事人适当的机会发表意见、审裁员在依赖第三方制作的报告前没有给各方当事人适当的机会发表意见；（3）在未告知各方当事人的情况下，便已经对案件争议形成了初步看法；（4）审裁员没有恰当行使其自由裁量权，或没有考虑是否应当行使其自由裁量权，例如，审裁员没有恰当考虑其是否应当采纳逾期提交的书面意见；（5）在未给各方当事人恰当机会发表意见的情况下，依赖审裁员自身的知识和经验，这在一些情况下也可能违反公平正义原则；（6）审裁员错误地对自己的管辖权范围进行限制；（7）审裁过程中未能中立行事，或对一方当事人存在偏见。

① See Cantillon Ltd. v. Urvasco Ltd. ,[2008] EWHC 282(TCC).

七、建设工程合同中附条件付款条款

在2009年《地方民主、经济发展和建筑法案》对1996年《房屋补助金、建设和重建法案》进行修改后，根据1996年《房屋补助金、建设和重建法案》第110条的规定，建设工程合同中以另一合同项下义务的履行或者任何人对另一合同项下义务是否履行的决定为付款条件的条款是无效的。

换言之，在英国法下，合同双方不能在建设工程合同中约定类似“背靠背”支付条款。一个典型的例子是，分包合同的付款条款中，双方不能约定总包方对分包方的付款，以总包方在总包合同下的相应付款被发包方认可为前提。

这一法律规定在一定程度上减少了建设工程项目中分包方延迟获得工程款的情况，但也同时对项目中的总包方提出了更高的资金要求，迫使其为各分包方准备更充足的项目资金。自从2009年《地方民主、经济发展和建筑法案》颁布之后，实践中已经很少在建设工程合同中再看到附条件付款的条款。为缓解风险，一些总包方可能在分包合同中寻求更长的工程款支付期限，以便其在项目中获得更多的资金缓冲时间。

第二节　澳大利亚审裁制度

一、审裁制度立法背景及框架

（一）立法背景

建筑业是澳大利亚第二大产业，其经济贡献占全国GDP的7.6%，且具有市场集中度低、竞争激烈、主要由小型企业推动等特点。根据Market Invoice 2015年对全球主要国家全行业支付周期的调研，[①]在全球19个主要国家中澳大利亚的支付情况最恶劣，平均延迟26.4天（见图5）。这一情况在竞争白热化的建筑行业尤为明显，当地建筑企业常常面临严重的延迟付款问题，加上小型企业多、资金周转

---

① See J. Murray AM, *Review of Security of Payment Laws*, Department of Jobs and Small Business, 2017, p. 14.

能力弱，频繁引发资金链断裂问题，对建筑业健康发展产生严重影响。

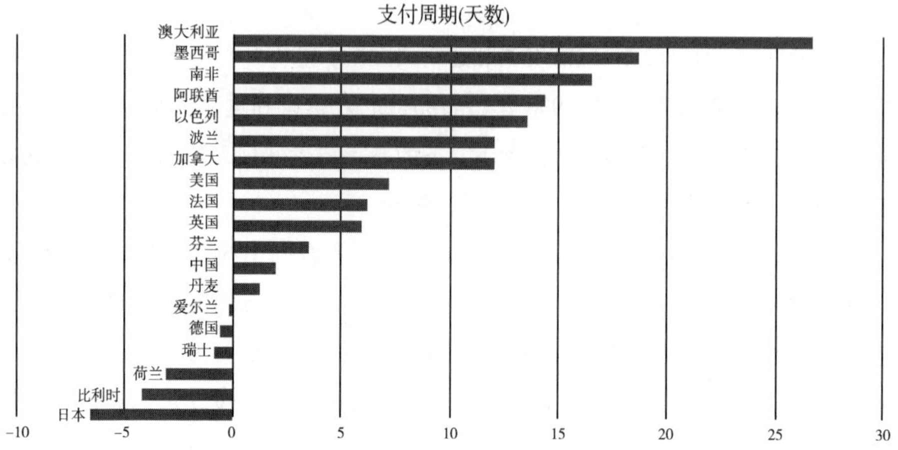

图5　世界主要国家款项支付周期对比

（二）法定审裁制度框架

在澳大利亚的司法体系下，各州均有独立立法权。为解决建设工程行业付款困境，保护小型弱势分包商，在对建筑行业付款情况进行调研的基础上，澳大利亚新南威尔士州率先于1999年通过立法确定审裁制度，颁布1999年《建筑业付款保障法》（Building and Construction Industry Security of Payment Act 1999）。维多利亚州和昆士兰州紧随其后，在新南威尔士州立法的基础上，分别颁布2002年《建筑和施工行业付款保障法》（Building and Construction Industry Security of Payment Act 2002）和2004年《建筑和施工行业付款保障法》（Building and Construction Industry Security of Payment Act 2004）。南澳大利亚州、塔斯马尼亚州、首都地区均在2009年出台《建筑和施工行业付款保障法》（Building and Construction Security of Payment Act 2009）。上述州支付保障法案在立法模式和内容上高度相似，且均处于东岸地区，因此被统称为东岸模式。

西澳大利亚州和北领地区在学习借鉴英国、新西兰支付保障立法的基础上，开创了西岸模式的法定审裁制度。2004年西澳大利亚州和北领地区分别出台《建设工程合同法案》（Construction Contracts Act 2004）和《建设工程合同（付款保障）法》［Construction Contracts（Security of Payments）Act 2004］，正式拉开西岸模式的序幕。值得注意的是，西澳大利亚州在2021年改弦更张，逐渐向东岸模式靠拢，并将法案更名为《建筑业付款保障法案》，但北领地区仍保持原有西岸模式的特色。考虑到西澳大利亚州2004年《建设工程合同法案》是最早也是更鲜明的西岸模式，为展示东岸与西岸模式的区别，本书仅以该法案为西岸模式的代表进行讨论。

迄今为止，澳大利亚仍同时运行上述两种模式的法定审裁制度，联邦政府层面未出台统一的审裁制度立法。考虑到各州立法目的均为保障付款，因此本书将澳大利亚的法定审裁立法统称为建筑业付款保障法案。在特定模式下，虽然各州在具体的立法内容上有细微差别，但总体特征保持一致，因此本书仅以新南威尔士州和西澳大利亚州的立法为代表进行讨论，辅以其他州的特殊立法规定加以说明。

二、东岸模式

（一）适用范围

1. 适用的合同类型

东岸模式下，法定审裁制度可适用工程合同（Construction Contracts），工程合同包括建设工程合同及其相关货物与服务合同。

新南威尔士州1999年《建筑业付款保障法》第5条明确建设工程包括：（1）建筑物或构筑物的建造、改建、修理、恢复、维护、扩建、拆毁或拆除；（2）建造、改建、修理、恢复、维护、扩建、拆毁或拆除构成或将构成部分土地的任何工程，包括围墙、道路工程、电力线、电信设备、飞机跑道、码头和港口、铁路、内河航道、管道、水库、水管、水井、下水道，用于陆地排水或海岸保护的工业厂房和设施；（3）在任何建筑物、结构或工程中安装构成或将构成部分土地的附属构筑物，包括供暖、照明、空调、通风、供电、排水、卫生、供水、消防、安保和通信系统；（4）建筑物、构筑物和工程的外部或内部清洁，只要是在其施工、改建、维修、修复、维护或扩建过程中进行的；（5）上述（1）、（2）或（3）段所述工作的组成部分，或为上述工作做的准备工作，包括现场清理、土方搬运、开挖、隧道开挖和钻孔，以及基础的铺设，以及脚手架的架设、维护或拆除，以及预制构成任何建筑、结构或工程一部分的构件，无论是在现场还是场外进行，以及现场修复、景观美化以及道路和其他通道工程的提供，内外装涂漆或装饰。但建设工程的定义明确排除了石油、天然气开采、矿产开采和钻井平台等相关工程。建设工程相关的货物包括构成永久工程的材料和设备或为施工使用的工业设备或材料，相关的服务包括提供劳动力进行施工，与建设工程相关的建筑、设计、测量或工料测量服务，与建筑工程有关的建筑、工程、室内或室外装饰或景观咨询服务等。东岸模式对合同的形式一般没有特殊限制，根据 *Okaroo Pty Limited v. Vos Construction and Joinery Pty Limited and Anor*（*Okaroo*）①案件，关于建设工程或相关服务及货物的商业安排（包括口头形式），都可以视为合同。

新南威尔士州的建筑业付款保障法案，不适用于以下类型的工程合同：

（1）构成贷款合同、担保合同或保险合同一部分的工程合同；

（2）小业主自住或拟自住的住宅建设工程合同；

（3）双方约定一致，不以建设工程或相关货物与服务的价值作为对价的合同；

（4）作为建设工程或与之相关的货物、服务提供方的雇员，为雇主从事建设工程或提供货物、服务相关工作；

（5）非本州内项目。②

2. 适用的争议类型

从适用的争议类型来看，澳大利亚东岸模式下，法定审裁制度适用争议范围仅限于阶段性付款争议（Progress Payments）。维多利亚州 2002 年《建筑和施工行业付款保障法》第 10 条 A 款和 B 款规定在付款请求中排除的款项类型，包括潜在条件、时间相关费用和有争议的变更项等，③主要是基于过于复杂的争议无法迅速裁决的考量。

（二）审裁前置程序

根据新南威尔士州 1999 年《建筑业付款保障法》，法定审裁制度仅适用于按照规定的前置程序而形成的阶段性付款争议。前置程序主要包括付款请求和付款计划两个环节。

1. 付款请求（Payment Claim）

申请人如认为自己有权获得阶段性付款，可向被申请人送达付款请求。付款

① See [2005] NEWSC 45 (Okaroo).

② See Andrew Burr, *International Contractual and Statutory Adjudication*, Informa Law from Routledge, 2017, p. 46.

③ 原文为："Latent conditions, time - related costs and a class of disputed variations."

请求可在完成施工或提供货物或服务的当月最后一日发出，但如果合同另行约定付款请求的发送时间，则应按照合同约定进行。如合同终止，则付款请求可在合同终止当日或之后发出。付款请求可按照合同中约定的期限内，或者在完成施工或提供货物或服务之后的 12 个月[①]内（两者中较晚的期限）前发出。

付款请求中必须载明相关的建设工程或相关服务与货物合同和请求的付款金额，并且需要声明付款请求是按照新南威尔士州 1999 年《建筑业付款保障法》的规定发出的。

2. 付款计划（Payment Schedule）

收到申请人的付款请求后，被申请人可回复付款计划，说明与之对应的付款请求，也必须载明被申请人提议支付的金额。如提议支付的金额低于付款请求的金额，则被申请人必须说明原因。

新南威尔士州 1999 年《建筑业付款保障法》中规定，如果被申请人未能在合同中约定的期限或付款请求送达 10 个工作日[②]内（两者中较早的期限内）发出付款计划，或者被申请人回复了付款计划，并且在付款计划中说明被申请人提议支付的款项，但被申请人未能按照付款计划支付，则被申请人被视为有义务在款项到期日向申请人支付付款申请中载明的工程进度款。在此情形下，被申请人如未支付相应款项，申请人可向有管辖权的法院提起诉讼或者申请审裁，也可以在向被申请人发出停工通知后暂停施工。如果申请人选择向法院起诉，法院可在确认付款请求、付款计划等相关事实后，作出支持申请人的判决。在法院诉讼程序中，被申请人不得提出反请求，也不得援引合同中的相关事项进行抗辩。

（三）审裁程序

1. 提起审裁的条件

根据新南威尔士州 1999 年《建筑业付款保障法》第 17 条，申请人可在以下 3 种情形下，提起书面审裁申请：

---

① 新南威尔士州、塔斯马尼亚州和首都地区均是 12 个月，昆士兰州和南澳大利亚州是 6 个月，维多利亚州是 3 个月。

② 在东岸模式下，各州对付款计划的回复期限有不同的规定。南澳大利亚州改为 15 个工作日；塔斯马尼亚州规定住宅楼相关审裁，付款计划回复期限为 20 个工作日，但其他情形下仍为 10 个工作日；昆士兰州区分复杂争议情形或一般情形，规定了不同的回复期限。

（1）被申请人付款计划中所列的计划付款金额小于付款申请中的索赔金额；（2）被申请人未在款项到期日前向申请人支付全部或部分付款计划中所列款额；（3）被申请人既未提供付款计划，也未能在付款到期日前支付全部或部分申请金额。

在上述第3种情形下，申请人必须在付款到期日后的20个工作日内，向被申请人送达书面通知，告知申请人申请审裁的意图，且给被申请人机会在收到通知后的5个工作日内向申请人提供付款计划。其他情形并未强制要求送达书面通知。

2. 审裁申请

东岸模式下，仅提供建设工程施工或相关货物或服务的一方可申请法定审裁，即收款方。

新南威尔士州在法案中规定，在不同情形下，提出审裁申请的时间期限不同，付款计划中载明的计划付款金额少于付款请求中要求支付的金额时，申请期限为被申请人收到付款计划的10个工作日内；被申请人没有在款项到期日前向申请人支付全部或部分付款计划中所列金额时，申请期限为款项到期日的20个工作日内；被申请人未提供付款计划，也未能在付款到期日前支付全部或部分申请金额时，申请人向被申请人送达书面审裁通知的，申请期限为通知送达后的5个工作日内。

审裁申请中应说明与之相关的付款请求和付款计划等，申请人也需同时缴纳授权审裁员指定机构规定的审裁费用。审裁申请人可在审裁员被选定前或者审裁员在作出最终裁决前，撤销审查申请。

3. 审裁员委任

申请人必须向其选择的授权指定机构（Authorized Nominating Body）提交审裁申请。除昆士兰州外，东岸模式下的各州均授权了数家机构①，例如，新南威尔士州公平贸易部（Fair Trading）部长授权的审裁员指定机构②包括专门从事审裁的机构、争议解决服务中心等。部分指定机构是非营利性机构，但也有私人营利性机构。

---

① 昆士兰州是特例，昆士兰州仅授权建筑委员会（Queensland Building and Construction Comission）下设的审裁登记处（Adjudication Rigistrar）作为唯一审裁员指定机构。

② 新南威尔士州共授权7家机构，包括 Adjudicate Today Pty Ltd.，Australian Building & Construction Dispute Resolution Service，Australian Soutions Centre Pty Ltd.，Expert Adjudication，Master Builders Association of New South Wales Pty Ltd.，Resolution Institute，Royal Institute of Chartered Surveyors Dispute Resolution Services。

虽然新南威尔士州1999年《建筑业付款保障法》未对审裁员的资质条件提出硬性要求，但各州对授权审裁员指定机构的准入条件和行为准则均作出规定。相关政府监管部门需要对授权审裁员指定机构的财务和管理能力进行评估和监管。在行为准则上，各州均颁布了专门规定。如果违反行业准则的规定，授权可能被取消或对授权机构进行处罚。新南威尔士州公平贸易部发布的《授权审裁员指定机构行业准则》①主要规定了机构基本行为准则，避免利益冲突规则，专业审裁程序安排，处理审裁申请和裁决证明的注意事项，费用公开和信息公开原则，审裁员选聘、培训及监督等，对审裁员指定机构的各类行为进行规范。例如，如当事人通过司法审查或审裁申请等形式表达出对授权审裁员指定机构或审裁员的不满与指控，那么指定机构需要在第一时间通知建设部部长及其代表②。

授权审裁员指定机构有义务在接到审裁申请后尽可能迅速地将审裁申请送达符合条件的审裁员。新南威尔士州1999年《建筑业付款保障法》对审裁员的任职条件并未作严苛限制，仅要求审裁员是一个自然人，且符合相关法律的规定，并且不是合同当事人。审裁员可以以向申请人和被申请人送达接受通知的方式接受裁决申请。

4. 审裁答辩

被申请人可在收到审裁申请后5个工作日内或者收到审裁员接受审裁庭指定的通知后2个工作日内（两者间以较晚的时间为准），向审裁员提交对审裁申请的书面答辩。新南威尔士州1999年《建筑业付款保障法》明确规定被申请人不可在答辩中提出其未在付款计划中提出的拒绝支付相关款项的理由，东岸模式下除维多利亚州③的其余州④均作出类似的规定。

---

① New South Wales Fair Trading, *Building and Construction Industry Security of Payment—Authorised Nominating Authorities(Code of Practice) Order* 2020, NSW legislation(October, 2020), https://legislation.nsw.gov.au/view/pdf/asmade/sl - 2020 - 623.

② See Andrew Burr, *International Contractual and Statutory Adjudication*, Informa Law from Routledge, 2017, p. 51.

③ 维多利亚州2002年《建筑和施工行业付款保障法》第21条2B款规定，如果在审裁答辩中新增在付款计划中未提及的拒绝支付的理由，那么审裁员需通知申请人，被申请人新提出的理由，并且给申请人2个工作日对新提出的理由进行回复。

④ 个别州对具体期限的规定不一致。例如，塔斯马尼亚州规定被申请人可在收到审裁申请后10个工作日内或者收到裁决员接受审裁员指定的通知后5个工作日内（以两者中较晚的时间为准），向审裁员提交对审裁申请的书面答辩。

5. 审裁裁决的作出

为作出审裁裁决,审裁员可以:(1)要求任何一方提交进一步的书面意见,并必须给予另一方对这些意见发表意见的机会;(2)设定提交书面意见的截止日期;(3)召集非公开进行的双方会议;(4)对审裁申请相关的事项进行检查。

在被申请人可以提交答辩的期限结束之前,审裁员不得对裁决申请作出裁决。如果超出答辩期限进行答辩,则审裁员不得在裁决中予以考量。

根据新南威尔士州的《建筑业付款保障法》,审裁员应尽快作出审裁裁决。如果被申请人有权提交答辩,则审裁员必须在被申请人提交答辩之后或答辩期限届满后的10个工作日内作出裁决;在其他情形下,审裁员必须在审裁员接受聘任后的10个工作日内作出裁决。如申请人和被申请人一致同意,可延长审裁期限。东岸模式下大部分州均不限制延长的期限,只要双方当事人同意即可;但维多利亚州规定,在既定的10个工作日限期外,最长延期不得超过15个工作日,即审裁期限最长不超过25个工作日。昆士兰州①则区分审裁类型,规定了不同的审裁期限和延长期限。然而,超出审裁期限作出的裁决依然是有效裁决,②但双方当事人可不必支付相应的审裁员费用。

审裁员须在裁决中决定被申请人应向申请人支付的款项金额、支付日期及应付利息。审裁裁决必须是书面的,且应说明裁决理由。审裁员作出审裁裁决的依据仅包括法律规定、审裁申请相关的合同、付款申请、付款计划及双方提交的书面意见、审裁员调查结果等。

如果审裁员在一份审裁裁决中对某项施工工作、相关货物或服务等作出估价,则在此后的审裁申请中,该审裁员必须作出同样的估价,除非当事人双方认可

---

① 昆士兰州2017年《建筑业公平(付款保障)法》[Building Industry Fairness(Security of Payment) Act 2017]将付款申请划分为两类,即标准付款申请(金额小于或等于75万澳元)和复杂付款申请(金额大于75万澳元)。该法第85条规定,标准付款申请中,审裁期限为审裁员收讫审裁答辩后或答辩期限届满后的10个工作日内;复杂付款申请中,审裁期限为审裁员收讫审裁答辩后或答辩期限届满后的15个工作日内。如果双方当事人一致同意,审裁期限可延长。对于复杂付款请求,如双方无法达成延长审裁期限的一致意见,审裁员可自行延长5个工作日。这种制度设计照顾到不同规模和复杂程度的案件。对于复杂的付款要求,被申请人在原有10天答辩期的基础上还有额外的5天期限提交答辩,且有权提出未在付款计划中出现的新抗辩理由。审裁员也可以有长达20个工作日的时间来对复杂付款请求作出裁决,这些规定意在赋予各方更充裕的时间,从而使复杂付款请求得到更好的处理,降低司法审查提起的可能性。

② See MPM Constructions Pty Limited v. Trepcha Constructions Pty Limited, [2004] NSWSC 103 at [17] (McDougall J).

价格已变化。如果审裁裁决存在计算错误、偶然失误、文书或格式错误等，审裁员可自发或应当事人请求，对裁决书进行更正。

（四）审裁复审程序

1. 复审条件

东岸模式下部分州尝试采用复审程序，以期在不借助法院的情况下自我修正裁决带来的争议。维多利亚州法规定了当事人可在裁决作出后，申请授权指定机构重新指定另一位审裁员进行复审。复审申请只能以对裁决金额存在异议[①]为由提出，也仅针对标的额超过 10 万美元的审裁案件。此外，被申请人必须满足一定条件才能启动复审，包括：（1）在规定的时间内向申请人提供了付款计划；（2）审裁员裁决支持的金额包括了应排除的金额；（3）当被申请人在付款计划或裁决答复中把该金额确定为应排除的金额时；（4）被申请人已经向申请人支付了除据称是应排除的金额之外的裁决金额时；（5）被申请人将所称的应排除在外的款项存入指定的信托账户时。

2. 复审流程

复审申请的主要程序要求包括：（1）裁决复审申请必须向原授权指定机构提出。（2）必须在被申请人或申请人收到裁决书副本后 5 个工作日内提出裁决复审申请。（3）申请书须按照规定的格式提供要求的信息，并附上授权指定机构要求的申请费。此外，申请人还必须在申请提出后的 1 个工作日内将裁决复审申请的副本交给裁决复审的另一方。授权指定机构在收到裁决复审申请后，也必须尽快将申请书副本交给作出裁决的审裁员以及管理局。

授权指定机构必须在收到复审申请后的 5 个工作日内任命一名复审员。复审员必须是法案规定有资格成为审裁员的人，且授权指定机构不得任命曾直接或间接参与前案审裁的审裁员。授权指定机构必须向双方当事人和管理局发出任命复审员的书面通知，通知必须包括任命的日期。授权指定机构须向复审员提供资料，[②]其中包括原裁决及原审裁员的所使用的参考材料（包括付款计划）等。

---

① 关于“除外金额”（excluded amounts）的概念，即“具有相当复杂性，很难快速解决，故不得包括在付款要求中”的金额，详见维多利亚州 2002 年《建筑和施工行业付款保障法》第 14（3）b 条、第 23（2A）条、第 28B 条。

② 参见维多利亚州 2002 年《建筑和施工行业付款保障法》第 28H 条。

3. 复审裁决

复审后，复审员可以用一个新的裁决取代作为审查对象的原裁决或确认原裁决。[①] 在新的复审裁决中，复审员必须具体说明是否改变了原裁决以及是如何改变原裁决的。但是，即使复审员改变了原裁决，也不能对原裁决的事实调查结果进行重新评估。复审员需要在复审文书中引述原裁决载明的被申请人需向申请人支付的款项金额；再明确被申请人是否应向申请人进一步支付款项；或反之明确申请人应向被申请人退还的款项金额（包含利息）。被申请人或申请人获得复审裁决副本后的5个工作日内应履行复审裁决。[②]

如果复审裁决中存在文字错误、意外失误或遗漏导致的错误、数字的重大错误或事实描述重大错误，复审员也有权纠正其复审裁决。纠正行为可以自发或依当事人申请。[③] 复审员需在其任命后的5个工作日内，或在复审申请人同意的情况下，在不超过任命后的10个工作日内完成复审。[④]

维多利亚州的复审制度在一定程度上代替了法院的司法审查职能，但在实践中，审裁和复审程序本身均可能受到法院司法审查的监督。

（五）司法审查

1. 司法审查的定义

“司法审查”这一表述是指法院有权审查行使公法职能的审裁员的行为，并要求他们对未经法律授权的行为负责。司法审查的目的是确保审裁员正确行使法律赋予他们的权力。虽然新南威尔士州在立法中没有提及是否允许对审裁裁决进行司法审查，但也并没有予以禁止。并且，法院已经认识到，即使审裁员只被授权作出临时裁决，裁决结果仍然会对败诉方产生重大影响。败诉的被申请人需要先行支付裁决的金额，然后才能通过仲裁或诉讼获得对争议问题的最终裁决。

2. 司法审查事由

通过梳理新南威尔士州的司法审查案例实践，可提起司法审查的事由大致包括以下4点：（1）管辖权错误（jurisdictional error）；（2）违反自然正义（breach of

---

① 参见维多利亚州2002年《建筑和施工行业付款保障法》第28I条。

② See Grocon Constructors v. Planit Cocciardi Joint Venture（No. 2），p. 256.

③ 参见维多利亚州2002年《建筑和施工行业付款保障法》第28L条。

④ 参见维多利亚州2002年《建筑和施工行业付款保障法》第28I(10)条。

natural justice)；(3)欺诈(fraud)；(4)非管辖错误/记录存在法律错误(non – jurisdictional error /an error of law on the face of the record)。

以上情形中，非管辖权错误的裁决可以自发或依申请纠正，也即审裁员的裁决包含以下4种情形之一的，审裁员可自行发起或者依当事人申请予以纠正：(1)文书错误；(2)因意外失误或错漏而产生的错误；(3)对数字的计算有重大错误，或描述有重大错误；(4)形式缺陷。[①]

至于存在管辖权错误的裁决，法院如果发现审裁员作出的裁决存在管辖权错误，那么其可以撤销整个裁决或只撤销裁决中受管辖权错误影响的部分，同时确认裁决中不受管辖权错误影响的部分。[②] 被申请人如果启动诉讼程序要求撤销裁决，则其应在诉讼程序最终裁决之前向法院支付裁决金额的未支付部分作为担保，但在司法审查程序中不得行使以下权利：(1)对申请人提出交叉赔偿；(2)就施工合同下产生的事项提出补充抗辩；(3)对审裁员的裁决提出质疑。

3. 司法审查范围的变化

新南威尔士州立法的目的是确保在所有争议得到最终裁决之前，临时进度款得到迅速支付，[③]而通过识别审裁裁决中的错误从而启动司法审查也并非易事。因此，新南威尔士州各级法院对审裁裁决的司法审查实践常常前后矛盾、标准不一，存在混乱和不确定性，这种不确定性对行业参与者利用司法审查程序维权产生了阻碍。

2003年的Musico案认为：司法审查可用于不符合自然正义和管辖权错误的情形，包括非司法管辖权的法律错误。[④] 2004年的Brodyn案中，新南威尔士州上诉法院推翻了Musico案，认为应限制施工合同当事人寻求对审裁裁决进行司法审查的权利。[⑤] 2010年的Kirk案中，法院重申州最高法院拥有审查下级法院审裁裁决或审查行使公共职能者的权力。[⑥] 法院随后在Chase Oyster Bar案中撤销审

---

① 参见新南威尔士州1999年《建筑业付款保障法》第22(5)条。

② 参见新南威尔士州1999年《建筑业付款保障法》第32A条。

③ See Jeremy Glover, *Adjudiation in Australia – an overview*, Fenwick Elliott (October 5, 2020), https://www.fenwickelliott.co.uk/sites/default/files/Adjudication%2022%20 – %20Adjudiation%20in%20Australia%20 – %20an%20overview.pdf.

④ See Musico & Ors v. Davenport, [2003] NSWSC 977.

⑤ See Brodyn Pty Ltd., t/as Time Cost and Quality v. Davenport, [2004] NSWCA 394.

⑥ See Kirk v. Industrial Relations Commission of New South Wales, [2010] HCA 1.

裁裁决,证明法院已不再遵照 Brodyn 案中确定的要求。[①] 2015 年的 Lewence 案则再度缩小了司法审查的范围。[②]

通过对上述案例的梳理,可以发现新南威尔士州的法定审裁制度在以下两个目标中艰难地维持着平衡:(1)坚持为解决工程款付款争议提供一种快速、非正式的程序,从而维持承包商的现金流;(2)维护当事人针对错误的审裁裁决寻求司法救济的权利。法院的干预倾向并不能理解为对新南威尔士州立法意图的漠视。事实上,法院最初的做法是承认立法制度的目标。然而,就如澳大利亚建筑法协会(SOCLA)在其 2014 年关于付款保障的报告中所指出的,[③]法院对审裁效力的失望是有原因的。随着时间的推移,法院看到越来越多案件的审裁过程的质量非常差,以至于法院干预意愿越来越强。法院对此的解释是:被申请人在被命令支付争议金额之前,至少有权在裁决书中看到对争议部分的论述,而这正是目前大量裁决文书所缺乏的。特别是在许多情况下,案件涉及非常大的资金数额。尽管法院承认立法机构的意图是追求效率和快速正义,但人们期望履行法定职能的审裁员应真诚地履行这一义务,并通过论述分析案情来作出适当的裁决结论。

4. 其他州的特殊规定

塔斯马尼亚州的支付保障法案并无司法审查的相关规定。不过依据该州 2000 年《最高法院规则》(Supreme Court Rules 2000)第 627(2)条的规定,当事人仍可采用移送诉讼(Certiorari)的方式来撤销裁决。

首都地区则可以就裁决引起的任何法律问题向澳大利亚首都地区最高法院提出上诉。[④] 经各方同意或经最高法院许可,可就裁决决定所产生的任何法律问题向澳大利亚首都地区最高法院提出上诉。[⑤] 与此同时,澳大利亚首都地区 2009 年《建筑业(付款保障)法》第 43 条规定法院无权以裁决决定表面上的事实或法律错误为由,撤销或发回裁决。

---

① See Chase Oyster Bar Pty Ltd. v. Hamo Industries Pty Ltd. ,[2010] NSWCA 190.

② See Lewence Construction Pty Limited v. Southern Han Breakfast Point Pty Limited, [2015] NSWCA 288.

③ See SoCLA Australian Legislation Reform Sub – Committee, *Report on Security of Payment and Adjudication in the Australian Construction Industry*(2014),2014, paras. 110 – 112.

④ 参见澳大利亚首都地区 2009 年《建筑业(付款保障)法》[Building and Construction Industry(Security of Payment) Act 2009]第 43(2)条。

⑤ 参见澳大利亚首都地区 2009 年《建筑业(付款保障)法》第 43(1)条。

(六)审裁裁决的履行和救济

1. 关于款项的支付

以新南威尔士州为例,当审裁员通过裁决方式确定被申请人需要支付裁决的金额后,被申请人必须在收到裁决书的5个工作日内向申请人支付该金额,[①]除非审裁员指定更晚的日期。

2. 救济方式

(1)裁决证书

如被申请人没有按照规定支付全部或部分裁决金额,申请人可向受理审裁申请或复审申请的授权指定机构申请裁决证书。裁决证书须包括申请人的姓名、有义务支付裁决金额一方的姓名、应支付的金额及支付时限。这其中的款项还包括一方当事人支付的审裁及复审程序费用中对方应承担的部分。

拿到裁决证书后,当事人可在任何有管辖权的法院对债务进行追偿。具体的操作是向法院提交裁决证书以及宣誓书,宣誓书的内容是确认当事人提交法院追偿时对方未完全支付欠款(如果宣誓书确认了部分欠款已支付,则法院仅对未支付部分作出判决)。

(2)向发包方(Principal Contractor)索赔

申请人在收到裁决证书后,除了直接要求被申请人付款,也可要求发包方[②]从应付给被申请人的款项中保留足够的款项以支付欠款。扣款请求必须由申请人以书面形式向发包方作出,发包方收到书面申请后,应从其应付给被申请人的款项中保留相应款项。[③]

如果收到该请求的主体不是(或不再是)被申请人的发包方,则必须在收到请求后的10个工作日内向申请人发出情况说明以解释其身份不(再)适格。[④]

如发包方在履行其向被申请人支付合同项下所欠款项的义务时,违反了留置要求,全额支付了款项,则发包方须对申请人向被申请人主张的金额承担连带清

---

① 该付款期限在其他州的规定中存在一定程度的延长。

② 发包方是指因所进行的工作或材料而应向被告支付款项的人。这些工作或材料是被申请人雇用申请人进行或提供的工作或材料的一部分或附带部分。

③ 参见新南威尔士州1999年《建筑业付款保障法》第26A条。

④ 参见新南威尔士州1999年《建筑业付款保障法》第26C条。

偿责任(仅以该违反行为所涉及的金额为限)。[①] 发包方在向申请人支付完申请人依据裁决追讨的金额后,可将该款项作为债务向被申请人追讨。

(3)停工权

除申请裁决证书外,申请人还可以向被申请人送达通知,内容包括暂停进行施工合同规定的施工工作,或暂停供应建设工程合同下的相关货物和服务。但如果申请人已就裁决金额提出裁决审查申请,则在该审查完成之前,申请人无权发出前述意向通知。

申请人发出意向通知3个工作日后即可实际执行拟暂停的服务或约定。该暂停行为不构成对合同约定的违反。且如果申请人在行使暂停进行建筑工程或相关货物和服务供应的权利时,因被申请人从合同中删除任何部分工程或供应而产生任何损失或费用,被申请人有责任向申请人支付任何此类损失或费用的金额。且被申请人无权向申请人主张其在暂停期间因申请人不进行工程或不供应这些货物和服务而遭受的任何损失的赔偿。[②]

(4)强制令

被申请人同样也拥有救济措施,即可以向法院申请单方面的强制令(ex - parte injunction),内容包括阻止申请人申请签发裁决证书,或限制申请人继续进行裁决申请。[③] 被申请人在申请强制令后,其仍然可以继续向法院申请撤销判决,但必须向法院支付裁决金额的未支付部分作为担保。至于申请强制令的理由,可资参考的是 *Co. Pty Limited v. J M Hargreaves Pty Limited* 一案。在该案中,被申请人在判决书发布一周后申请签发裁决证书禁令,理由是双方一直在进行调解谈判。而法院最终决定批准该禁令申请。[④]

(七)审裁员及授权指定机构

1. 审裁员的任职资格

新南威尔士州的法案并没有明确规定审裁员的任职资格,仅要求其为自然人

① 参见新南威尔士州1999年《建筑业付款保障法》第26D条。

② 参见新南威尔士州1999年《建筑业付款保障法》第27条。

③ See Co - ordinated Construction P/L v. J M Hargreaves P/L, [2004] NSWSC 1206(Palmer J).

④ See [2012] NSWSC 234.

并具备专门知识和经验。[①] 其他各州对审裁员的任职资格规定大体上与新南威尔士州一致，但昆士兰州略有不同。首先，昆士兰州要求所有审裁员必须注册才有资格在昆士兰州执业，且昆士兰州废除了授权指定机构，改为裁决登记处。裁决登记处的注册官和工作人员由昆士兰建筑和建设委员会任命并服从其指示。所有的裁决申请均需向注册官提出，注册官再将裁决申请提交给由他挑选出来的审裁员。这一变化是为了回应一些对私人营利性授权指定机构在任命审裁员时存在偏见的批评。通常情况下，一些授权指定机构会乐于将裁决申请指派给那些愿意向授权指定机构支付一定比例裁决报酬的审裁员。为了避免此现象，昆士兰州特作出该调整。[②]

昆士兰州还要求审裁员申请者在获得正式资格前完成培训课程，并完成 CPD（旨在保持注册审裁员专业能力）。昆士兰州还为审裁员建立了一个等级制度，按照审裁员所作出的裁决数量、累计金额、强制性考试结果、审裁员其他专业证书或资格来进行打分。高级审裁员只接受复杂审裁申请的任命。

除昆士兰州外，塔斯马尼亚州对审裁员委任的规定也较为特别。该州额外规定审裁员被取消资格的情形，也即如果审裁员在裁决申请中拥有重大的个人利益，那么就会被取消裁决资格。[③] 审裁员必须在意识到其与案件存在利益关联后，尽快停止处理该付款申请。法案还规定，如果一方当事人认为审裁员应当被剥夺审裁资格，可以通过书面形式通知审裁员并详细说明理由。如果审裁员未被取消资格，那么当事人均有权要求裁判法院审查该决定。[④]

2. 审裁员的职责权限

新南威尔士州的法案为审裁员提供了有限的权力。在审裁过程中，审裁员可以提出以下要求：(1)任何一方进一步提交书面材料，并且必须给予对方质证及答辩的权利；[⑤](2)要求双方当事人参加会议；(3)除非双方当事人反对，可进行案涉工程现场探查、案涉物品检验、聘请专家进行调查并发表报告。审裁员经评审，认

---

① 参见新南威尔士州 1999 年《建筑业付款保障法》第 18 条。

② See Andrew Burr, *International Contractual and Statutory Adjudication*, Informa Law from Routledge, 2017, p. 185.

③ 参见塔斯马尼亚州 2009 年《建筑业付款保障法》(Building and Construction Industry Security of Payment Act 2009)第 35 条。

④ 参见塔斯马尼亚州 2009 年《建筑业付款保障法》第 36 条。

⑤ 参见新南威尔士州 1999 年《建筑业付款保障法》第 21(4)条。

为一方确需支付另一方相关款项，可同时裁决应支付款项的延期支付利息。

审裁员可在下列情形下直接驳回审裁申请：(1)案涉合同非建设工程合同；(2)申请人书面要求撤销审裁申请；(3)申请人未能按法律规定提出申请；(4)仲裁庭或法庭已经在处理案涉争议；(5)案件情形太复杂，不可能在短时间内作出公平裁决。如果指定审裁员未能在规定时间内作出裁决，则被视为驳回付款申请。

值得一提的是，审裁员无权纠正因法律错误而产生的审裁金额，无论其是否具有管辖权，①但如果仅是文书或计算错误，则可以自行纠正裁决。

3. 审裁员的费用

审裁员有权获得报酬，金额可以是与各方参与人商定的，或者是考虑到审裁员所做的工作和产生的费用后的合理报酬。② 双方当事人有责任对半或按审裁员决定的比例共同或单独承担。如果审裁员没有在规定的时间内对审裁申请作出裁决，则无权收取报酬。③

4. 授权指定机构的业务准则

东岸模式下，公平贸易部部长可通过在新南威尔士州立法网站上发布的命令，制定授权指定机构在根据新南威尔士州 1999 年《建筑业付款保障法》开展活动时应遵守的业务守则。业务守则自命令公布之日生效，或者按命令规定的生效日期生效。部长可在新南威尔士州立法网站上公布命令，修订或废除该业务守则。如果部长确信经授权的审裁员指定机构违反了业务守则的某项规定，部长可以撤销授权并处以罚款。④

5. 与其他争议解决程序的衔接

新南威尔士州的立法承认审裁过程是临时性的，并不影响根据建设工程合同提起的任何民事程序，对合同或任何民事诉讼中的权利没有影响⑤。诉讼或仲裁可以发生在审裁程序开始之前、期间或之后；仲裁庭或法庭在处理案涉争议时，要考虑审裁裁决中的已支付或待支付款项，可要求退还部分款项或作出任何其他适当的判决。审裁的证据、材料不可用于仲裁或诉讼中，除非仲裁庭或法庭同意。⑥

---

① See Multiplex Constructions Pty Limited v. Luikens, [2003] NSWSC 1140 at 91.

② 参见新南威尔士州 1999 年《建筑业付款保障法》第 29(3)条。

③ 参见新南威尔士州 1999 年《建筑业付款保障法》第 29(4)条。

④ 参见新南威尔士州 1999 年《建筑业付款保障法》第 28A 条。

⑤ 参见新南威尔士州 1999 年《建筑业付款保障法》第 32(3)a 条。

⑥ 参见新南威尔士州 1999 年《建筑业付款保障法》第 34(3)b 条。

（八）法定审裁外的制度保障

除上述法定审裁制度本身，建筑业付款保障法案中还设置了其他一些机制，致力于解决建筑业付款问题。

1.“背靠背”支付条款和付款期限条款

东、西岸模式下的各州均在法案中明确规定，合同中约定“背靠背”支付条款是无效的。例如，新南威尔士州在《建筑业付款保障法》中规定“背靠背”条款无效。

东岸模式下的建筑业付款保障法案规定，如果合同约定付款期限，则按照合同约定执行；如果合同未约定，则一方在收到另一方付款申请后 10 个工作日内必须支付。[①] 新南威尔士州对不同付款申请人区别对待：业主对总包商的支付期限应是收到付款申请后的 15 个工作日内；总包商对分包商的付款期限则是 30 个工作日内。

2. 信托抵押金/信托账户制度

澳大利亚许多小企业从业者和业界专家，建议以立法的形式确定建筑业信托抵押制度，来缓解建筑业付款问题，特别是布鲁斯·柯林斯（Collins Inquiry）关于建筑业破产问题的调研[②]和西澳大利亚法律改革委员会（Law Reform Commission of Western Australia）关于建筑业财务保护的调研[③]发布以后，多个州政府开始酝酿将信托抵押金和信托账户制度纳入立法保障。

新南威尔士州在 2014 年《建筑业付款保障法（质保金信托账户）修正案》[Building and Construction Industry Security of Payment Amendment（Retention Money Trust Account）2014]中首次引入信托账户制度，规定合同额在 2000 万元以上的分包合同的总包商需要将分包的质保金存入经授权的金融机构专门账户。

昆士兰州在 2017 年以前的建筑业支付保障法案中，要求总包商为每个项目开立 3 个专用信托账户[④]，当且仅当总包商已支付下游分包商相应工程款时，其方

---

① 南澳大利亚州的支付期限是 15 个工作日。

② See Bruce Collins, *Final Report of the Independent Inquiry into Construction Industry Insolvency in NSW*(2012), p. 355.

③ See Law Reform Commission of Western Australia, *Financial Protection in the Building and Construction Industry*, Project No. 82, p. 105.

④ 包括一般信托账户、质保金信托账户、争议基金账户。

可获取账户款项,以此来保障分包商工程款的支付。但改革法案后,在新颁布的《建筑业公平(付款保障)法案修正案》[①]中,取消了专用信托账户制度,建立了项目信托账户和质保金信托账户制度。

3. 总包方提起审裁申请的前提条件

总包方如向业主提起审裁申请,必须在申请中附加申明(Supporting Statement),说明总包方已向其所有分包商支付与审裁申请相关的所有应付款项。根据 *Kitchen Xchange v. Formacon Building Services* [②]案例,总包方未能提供附加申明是启动审裁的前提条件,如果未能满足该前提,则审裁制度无权管辖。

三、西岸模式

(一)适用范围

1. 适用的合同类型

西岸模式下,根据西澳大利亚州 2004 年《建设工程合同法案》第 4 条规定,法定审裁制度可适用于书面或口头的工程合同,且工程合同的定义、范围与东岸模式的相关规定基本类似,均排除了矿产、天然气和石油等开采相关工程,但排除的细分产业范围有一定差异。西岸模式进一步扩展适用范围,包括了海床结构建造和电梯、自动扶梯、保温材料、家具安装工程。北领地区的建筑业保障法案特别排除了"全艺术类"工程的适用,包括雕塑、艺术装置和壁画等。此外,西岸模式并没有排除构成贷款合同、担保合同或保险合同一部分的建设工程合同适用法定审裁制度。

2. 适用的争议类型

西岸模式下,建筑业付款保障法案可适用于建设工程合同项下的付款争议(Payment Disputes),包括以下 4 种情形:(1)付款请求被拒绝或全部或部分有争议;或(2)在付款请求中要求的金额根据合同已到期时,该金额尚未全额支付;或(3)当一方根据合同保留的任何款项应根据合同时,该款项尚未支付;或(4)当一方根据合同持有的任何保证金根据合同应返还时,该保证金尚未返还。实践中,

---

① See *Regulation* 2014 *Building Industry Fairness*(*Security of Payment*)*and Other Legislation Amendment Bill* 2020(*Qld*)(*BIF Amendment Bill*).

② See [2014] NSWSC 1602.

一般认为，西岸模式下，可提交法定审裁的争议类型，不仅包括特定的工程款争议，也可以包含与工程款支付相关的索赔或其他争议。

（二）审裁程序

1. 审裁申请

根据西澳大利亚州2004年《建设工程合同法案》第25条和第26条规定，在付款争议发生后的90个工作日内，[①]建设工程合同中的任一方可提起书面审裁申请，并且将申请送达至被申请人。值得注意的是，西岸模式认为合同双方均有发起审裁的权利，并不仅限于提供建设工程或相关货物及服务的一方。审裁申请中必须说明案涉建设工程合同或相关部分内容及引发案涉付款争议的付款申请，也必须包含所有发起审裁申请以来的相关信息与文件。

2. 审裁答辩

被申请人在收到审裁申请的10个工作日内作出书面答辩，说明与付款争议相关的法律法规、事实并附上发起审裁以来的信息与文件。

3. 审裁员委任与更换

（1）审裁员的委任

西岸模式下，双方当事人可提前约定审裁员，或者约定授权审裁员指定机构。[②] 根据西澳大利亚州2004年《建设工程合同法案》第28条规定，授权指定机构须在5个工作日内委任注册审裁员，提供相关案件材料给审裁员，书面通知双方当事人并且通知州建设部部长[③]。如果约定的审裁员指定机构未能在规定时间内委任审裁员，则州建设部部长可以指定一名审裁员。如果已委任的审裁员与付款争议存在利益冲突，则需说明其不能继续担任审裁员的原因。

（2）审裁员的更换

西岸模式下，如果指定的审裁员与相关付款争议中或与案涉建设工程合同中

---

① 北领地区2004年《建筑合同（付款保障）法》规定，可在付款争议发生后90天（非工作日）内提起审裁申请。

② 与东岸模式授权审裁员指定机构类似，西澳大利亚州政府指定了6家非营利机构作为审裁员指定机构。

③ 根据西澳大利亚州2011年《建筑服务（投诉解决与管理）法》[Building Services（Complaint Resolution and Administration）Act 2011]第85条规定，Building Commissioner为公报中发布被任命为建设部行政长官的人，本书中翻译为建设部部长。

的任何一方有实质性(Material)利益冲突,或者其存在任何原存在不再满足审裁员资质条件时,已委任的审裁员应立即通知所有相关方。除非双方当事人在5个工作日内一致同意该审裁员继续担任审裁员,否则该审裁员裁决争议的资格将被取消。审裁申请人应重新进行审裁申请,再重新进行审裁员委任程序。审裁任一方当事人在审裁裁决作出前,可向州行政法庭申请宣布取消已委任审裁员的审裁资格。

4. 审裁裁决的作出

(1)审裁裁决期限与驳回

根据西澳大利亚州2004年《建设工程合同法案》第31条规定,审裁员在收到审裁答辩后或答辩期届满后,审裁员需要在10个工作日内或者双方当事人同意的更长时间内作出裁决。

但在下列情形下,审裁员可不对争议进行实质审理,并驳回审裁申请:

①非建设工程相关合同;

②申请人申请撤销审裁;

③未按照法律规定进行审裁申请;

④仲裁庭或法院就相关争议已作出命令、判决等;

⑤审裁员认为规定时间内或即使延长审裁期限,也无法对复杂问题作出公正裁决。

如果审裁员既未驳回审裁申请,也未在规定的审裁期限或延长的审裁期限内作出裁决,则该审裁视为已被驳回。

(2)裁决书内容

裁决书内容与东岸模式要求一致,需要写明被申请人应向申请人支付的款项金额、支付日期及应付利息。审裁裁决必须是书面的,且应充分说明裁决理由或者驳回审裁的理由。① 审裁员作出审裁裁决的依据仅包括法律规定,与审裁申请相关的合同、付款申请、付款计划及双方提交的书面意见、审裁员调查结果等。

(3)审裁费用

原则上,审裁费用由双方共同承担。但如果审裁员认定是一方行为导致审裁

① "充分"的标准,参见案例 *Zurich Bay Holdings Pty Limited. v. Brookfield Multiplex Engineering & Infrastructure Pty Limited*, [2014] WASC 39 at [25]-[26]。

发生或者有一方提交毫无依据的文件资料,则可以裁决由该方当事人承担部分或全部费用,在此种情形下,审裁员要在裁决书中说明原因。

(三)审裁裁决的效力与执行

审裁裁决对双方具有约束力,除非仲裁庭或法庭对相关争议作出相反裁决或判决。在裁决书中负有付款义务的一方当事人应在裁决书规定的期限内完成付款。根据西澳大利亚州2004年《建设工程合同法案》第41条规定,除非双方当事人一致同意,否则审裁员不得在审裁裁决书作出后对文书进行更改①或撤销,双方当事人也不得对同一付款争议再次提起审裁申请。

如果负有付款义务的一方当事人未能履行付款义务,则有收款权的一方可采取以下措施:

1. 停工。但停工前有收款权的一方需提前通知另一方其停工意向,并在通知中写明依据的法律法规、预计停工时间,并至少提前3个工作日向被申请人送达通知。如果被申请人在收到通知后的3个工作日内仍没有支付,则申请人可一直停工直至收到付款。申请人不对停工造成的损失负责,并保留合同项下的其他权利,包括终止合同的权利。

2. 申请强制执行。有收款权的一方可向有管辖权的法院提交申请,此时审裁裁决将被视为与法院令有同等效力,从而得以强制执行。

(四)审裁复审程序

西岸模式下各州均设置了特定情形下的审裁裁决复审程序。根据西澳大利亚州2004年《建设工程合同法案》第31条、第46条、第49条的规定,在以下两种情形下,当事人可向州行政法院申请复审②:

1. 对审裁员驳回审裁申请的决定不满;③

2. 对州建设部部长予以注册审裁员或取消注册审裁员资格的决定不满。

---

① 例外情形:裁决书中存在计算错误、偶然失误、文书或格式错误,审裁员可自发或应当事人请求,对裁决书进行更正,但更正仅限于文字或形式更正。

② 北领地区2004年《建设工程合同(付款保障)法》规定,可向当地法院(local courts)申请对审裁裁决进行复审。

③ 原法案中所用词语为"feel aggrieved by"。

除上述情形外，当事人不得对审裁裁决或审裁员委任提出上诉或复审申请。

根据西澳大利亚州《州行政法院法案》第9条，当事人应在收到审裁裁决后的28天内提起复审申请，法院应在28天内对审裁裁决或决定进行复审。复审后，可确认或撤销审裁裁决并发回重审。[①] 如果州行政法院撤销审裁裁决并发回重审，则原审裁员须在10个工作日内或双方当事人同意的更长时间内作出裁决。重审时，审裁员不得考虑原审裁时未提交的材料，但不包括对原审裁时提交材料的法律论述文件。[②] 北领地区的《建筑业付款保障法案》也有类似的复审机制，仅将复审机构规定为基层法院。

由上述可知，西岸模式下的复审程序与东岸模式有着根本上的区别。西岸模式的复审并不针对审裁裁决实体内容本身，复审对象主要是程序性内容。

（五）法院对审裁裁决的监督与救济

1. 审裁申请的撤销及重新申请

西岸模式下，审裁申请人可在下列两种情形下，重新发起审裁申请：(1)审裁员未在规定期限内驳回审裁申请或作出审查裁决（审裁申请被视为已驳回）；(2)已委任的审裁员因利益冲突被取消审裁资格。此时，申请人应向审裁员指定机构及审裁员发出撤销原审裁申请的通知。北领地区2004年《建设工程合同（付款保障）法》还特别规定了当合同另一方当事人反对撤销，且审裁员认为获得审裁裁决对该方当事人有切身利益关切时，审裁员可拒绝撤销审裁申请。

2. 司法审查程序

西岸模式下，当事人可向州最高法院申请对审裁裁决进行司法审查。但截至目前，西澳大利亚州和北领地区与审裁裁决相关的司法审查案例较少。

在西澳大利亚州，可提起司法审查申请的理由主要是管辖权错误，且其对管辖权采取更广义的理解。在 *WADC1 Witham v. Ramine Pty Ltd.* [③]案件中，西澳大利亚州州建设部部长在阅读了最高法院和上诉法院的部分案例后，总结认为：

---

① 参见西澳大利亚州2004年《州行政法庭法》[State Administrative Tribunal Act 2004(WA)]第29(3)条。

② See Andrew Burr, *International Contractual and Statutory Adjudication*, Informa Law from Routledge, 2017, p. 125.

③ See WADC1 Witham v. Ramine Pty Ltd., [2012] WADC1.

(1)在西澳大利亚州,审裁裁决中与管辖权相关的法律错误可以被司法审查纠正,但非管辖权的法律错误,是不能被司法审查纠正的;(2)违反程序公正不属于管辖权相关法律错误;(3)有管辖权相关法律错误的裁决,不可被执行。但是西澳大利亚州最高法院的普里查德(Pritchard)法官在 *Cape Range Electrical Contractors Pty Limited v. Austral Construction Pty Limited* ①案中持不同观点,他认为在自然公正原则被违反,且实质影响审裁裁决时,就应该提供司法救济。因此,从西澳大利亚州最近的判例法来看,在出现管辖权错误或者违反自然公正原则的情形下,可对审裁裁决进行司法审查。米勒(Le Miere)法官在 *Zurich Bay Holdings Pty Limited v. Brookfield Multiplex Engineering and Infrastructure Pty Limited* ②案件中支持了遵守自然公正原则,认为其是对审裁员授权的限制,并认为可以采用复审令③的形式纠正裁决错误。综上,整体而言,在西澳大利亚州可以管辖权错误或违反自然公正原则为由提起司法审查。

北领地区审裁裁决的司法审查实践,与西澳大利亚州类似,整体上采纳对审裁管辖权更广义解释的做法,而且西澳大利亚州和新南威尔士州的有说服力的先例在北领地区均适用。在 *A J Lucas Operations Pty Limited v. Mac – Attack Equipment Hire Pty Limited*(*Lucas*)④案中,法院扩大了对审裁裁决进行效力挑战的理由范围:对《建筑业付款保障法案》的错误解释,包括是否存在付款申请以及付款申请的效力认定,均属于管辖权范畴,违反上述规定会使得审裁裁决无效。

(六)审裁员

1. 审裁员的任职资格

西岸模式下,州建设部部长可根据个人申请或授权审裁员指定机构的提名,将个人登记为注册审裁员。根据西澳大利亚州 2004 年《工程合同法规》(Con-

---

① See Cape Range Electrical Contractors Pty Limited v. Austral Construction Pty Limited, [2012] WASC 304.

② See Zurich Bay Holdings Pty Limited v. Brookfield Multiplex Engineering & Infrastructure Pty Limited, [2014] WASC 40 AT [21].

③ 复审令,又称调卷令、移审令,是上诉法院签发给下级法院要求将某一案件的诉讼记录移交其进行审查的一种特别令状。上级法院进行司法审查时,只负责法律适用上的审查,即是否存在法律错误,不对下级法院的事实认定进行审查。

④ See A J Lucas Operations Pty Limited v. Mac – Attack Equipment Hire Pty Limited(Lucas), [2009] NTCA 4.

struction Contracts Regulations)附件 9.2 的第 9 条规定,注册审裁员需要满足以下条件:

(1)澳大利亚大学学历或者海外大学同等学力;

(2)有资格成为专业协会的会员;

(3)注册建筑师;

(4)在建设工程合同管理或争议解决方面有 5 年以上经验;并接受过审裁相关培训课程。

审裁员还必须遵守《审裁员行为和操守准则》,[①]该准则对审裁员职业行为准则、保密义务、利益冲突、审裁收费等方面进行规定。除对审裁员的行为有明确要求外,西澳大利亚州还在政府官网发布《审裁员指定机构责任清单》,[②]来规范指定机构的行为。

2. 审裁员职责权限

在审裁过程中,审裁员可不受证据规则的约束,这一点与东岸模式不同。审裁员也可进行以下行为:(1)要求一方当事人提交进一步的资料或文件;(2)要求双方当事人参加会议;(3)除非双方当事人反对,可进行案涉工程现场探查、案涉物品检验、聘请专家进行调查并发表报告。不过实践中考虑到审裁时限极短,审裁员很少会组织调查勘探等。审裁员可在双方同意的前提下,延长审裁时间或者同时审查双方当事人之间两个以上的争议。审裁员作出裁决的权利不受双方是否按时提交相关文件或信息影响。除《建设工程合同法案》规定外,指定审裁员可自行决定审裁程序。

审裁员的职责是在规定时间内作出裁决并充分说明理由。审裁员如决定驳回审裁申请,必须充分阐述理由,并将裁决与理由告知双方当事人。

3. 审裁员豁免

根据西澳大利亚州 2004 年《建设工程合同法案》第 54 条第 3 款的规定,对于审裁员或指定机构根据法案规定本着诚信善意原则所采取的任何行为,任何人不

---

① See *Code of Conduct and Practice Guidelines for Adjudicators*, Government of Western Australia (August, 2022), https://www.commerce.wa.gov.au/sites/default/files/atoms/files/code_of_practice_for_adjudicators_and_review_adjudicators.pdf.

② See *Prescribed Appointers' Responsibilities*, Government of Western Australia (July. 29, 2022), https://www.commerce.wa.gov.au/building-and-energy/prescribed-appointors-responsibilities.

得主张侵权赔偿,但审裁员/审裁机构与当事人达成的合同责任或法律规定责任不可豁免,[①]例如,欺诈、误导等导致的刑事或民事责任。

4. 与其他争议解决程序的衔接

审裁并不影响根据建筑合同提起的任何民事程序,因为其本质是临时性的,对合同或任何民事诉讼中的权利没有影响。诉讼或仲裁可以发生在审裁程序开始之前、期间或之后;仲裁庭或法庭在处理案涉争议时,要考虑审裁裁决中的已支付或待支付款项,可要求退还部分款项或作出任何其他适当的判决。审裁的证据、材料不可用于仲裁或诉讼中,除非仲裁庭或法庭同意。

(七)法定审裁外的制度保障

关于无效条款与默示条款的规定。

西澳大利亚州2004年《建设工程合同法案》明确规定两种类型的条款无效,一种是"背靠背"支付条款(Pay When Paid and Pay If Paid Provision)无效,另一种是约定付款周期长于40天的条款[②]。

此外,西澳大利亚州规定[③]以下条款被视为建设工程合同默示条款:(1)如果业主和承包商未就变更的性质、范围、价格达成一致,则承包商无义务去实施变更;(2)承包商无论是否已完成所有义务,其有权利就其已实施的工作内容,得到合理的价款;(3)承包商有权就其已完成的合同义务申请进度款;(4)承包商可在其完成合同义务后的任何时间内提起付款申请,且提起一次付款申请,并不能剥夺其提起其他付款申请的权利;(5)法案中关于付款申请、答辩及付款时间的相关条款;(6)一方应支付但未支付另一方相关款项时,应从应付未付之日起向另一方支付延期付款利息,利率按照2004年《民事判决执行法案》[④]执行;(7)与建设工程相关的货物,在承包商获得相应款项或货物成为永久工程(以二者中较早的时间为准)时所有权转移;(8)业主在破产期间,不应要求将货物变成永久工程,或落入承包商以外的任何其他人的占有或控制之下,除非事先得到承包商的书面同意,且应允许承包商合理取回货物;(9)业主只有在以下事件发生时(以最早发生

---

① See Julian Bailey, *Construction Law*, Informa Law, Vol. 3, p. 1593(2011).

② 北领地区禁止约定付款期限超过50天,如果合同作此约定,则付款期限被视为28天。

③ 参见西澳大利亚州2004年《建设工程合同法案》第13条至第23条。

④ See *Civil Judgments Enforcement Act* 2004.

的事件为准),不再返还质保金:①款项已支付给承包商;②承包商同意放弃质保金;③按照合同,业主无义务向承包商支付质保金;④仲裁员、审裁员或者法庭认为业主不必再支付质保;(10)即使合同作出相反约定,1984年《法律解释法案》[①]和本法案(《建设工程合同法案》)第3~6条关于建设工程合同及其相关货物与服务的范围等条款也视为默示条款。

第三节 新加坡审裁制度

一、审裁制度法律框架介绍

(一)立法背景

21世纪初,新加坡建筑业步入行业低迷期,工程需求大幅下降。2004年11月16日,时任国家发展部部长符志庆(Mr Cedric Foo Chee Keng)在介绍建筑业付款保障立法背景时指出,新加坡建筑业正步入行业低迷期,工程需求大幅下降。新进入市场的承包商加剧了竞争态势,使得建筑业的局面更加困难。这种叠加效应导致很多承包商难以维持生计。分包商和供应商往往难以得到及时的付款,未能及时付款基本上使这些下游实体陷入瘫痪。与此同时,建筑业中一个被广泛关注的问题是产业链底层的参与者在付款纠纷中处于劣势地位。此外,这些未及时获得付款的下游实体在普通法下甚至没有放缓或暂停施工的权利,必须继续履行合同义务,否则造成工期延误仍有责任承担误期违约金。在此背景下,关于在新加坡建筑业实施付款保障制度的立法研究被提上议事日程。

经过对英国、澳大利亚、新西兰等地的立法研究以及对相关专业机构和商业组织的咨询,新加坡政府最终以澳大利亚新南威尔士州1999年《建筑业付款保障法》(Building and Construction Industry Security of Payment Act 1999)为蓝本形成了《建筑业付款保障立法草案》(Building and Construction Industry Security of Payment Bill)。2004年11月16日,新加坡审议通过了《建筑业付款保障法》(Build-

---

① See *The Interpretation Act* 1984.

ing and Construction Industry Security of Payment Act)。新法于2005年4月1日全部生效,标志着新加坡建筑业纠纷法定审裁制度正式确立。2004年《建筑业付款保障法》的目的就是要促进建筑业中已完工程或提供的相关货物和服务的付款,保障行业内现金流畅通。新加坡2004年《建筑业付款保障法》的核心措施概括起来主要包括两个方面:一是明确承包商、分包商、供货商等参与主体有权就根据合同完成的工程获得进度款,二是建立具有临时约束力和可执行效力的"快速且低成本"的争议审裁机制。

(二)现有审裁制度法律框架发展现状

1. 发展现状

新加坡出台2004年《建筑业付款保障法》后,于2005年进一步出台了配套的《建筑业付款保障条例》(Building and Construction Industry Security of Payment Regulations)。该条例主要是对2004年《建筑业付款保障法》中的有关要求进行细化补充,如付款程序、审裁程序的细节要求,还规定了裁决员的任职资格、裁决费分摊和保障机制以及授权指定机构的行为准则。随着《建筑业付款保障法》的实施,建筑业利益相关者开始呼吁修订《建筑业付款保障法》,以期进一步提高该法在促进建筑业现金流畅通方面的作用。2018年,新加坡出台第47号《建筑业付款保障(修订)法》,对《建筑业付款保障法》的适用范围、付款请求和回复程序、审裁程序进行了比较实质的优化。此外,《建筑业付款保障法》分别于2006年、2020年、2021年等也进行了局部修订。《建筑业付款保障条例》在实践过程中也进行了相应修订。

2. 实施效果

新加坡法学会法律改革委员会在2015年的一份立法修改建议报告中指出,2004年《建筑业付款保障法》在改善建筑业付款方面产生了预期的影响。[①]即使每个具体争议最终并不一定诉诸审裁,这样一个具有成本效益的争议解决机制的存在也对规范行业秩序有一定积极作用,它能够促使双方在争议当中保持合理立场。2018年,时任新加坡国家发展部部长扎基·穆罕默德(Zaqy Mohamad)在《建

---

① See Law Reform Committee, *Proposals for Amending the Building and Construction Industry Security of Payment Act*, Singapore Academy of Law, 2015, p. 2 – 3.

筑业付款保障(修正)草案》二读报告[①]中指出,《建筑业付款保障法》在行业内应用效果良好。行业参与者现在更加意识到,与冗长且昂贵的仲裁或诉讼相比,审裁是快速解决付款纠纷的有效机制。

从审裁案件数量来看,2004 年《建筑业付款保障法》实施以来,审裁案件的数量基本保持逐年快速增长。2004 年《建筑业付款保障法》生效当年仅有 1 起审裁案件。2009 年至 2012 年,审裁案件数量基本保持在 130 件至 170 件。2013 年审裁案件数量增加了 88%,达到 252 起。2014 年,审裁案件进一步增加了 65%,达到 416 起。[②]建筑业参与者越来越多地应用审裁来解决他们的支付问题。从审裁案件涉及的争议金额来看,审裁程序促进建筑业付款的效果也比较明显。新加坡法学会法律改革委员会 2015 年的报告指出,大多数的审裁案件所涉争议金额在 10 万~50 万新元。但是,极个别审裁案件也涉及较大争议金额,数个案件争议金额甚至超过了 1 亿新元。截至 2018 年年中,审裁程序已促成了超过 9.4 亿新元款项的支付。[③]

二、建筑业付款保障制度

尽管在立法目的上与英国及其他英国前殖民地国家或地区类似,但新加坡的立法与英国的立法存在很大的差别。新加坡制度具有速度快,在争议方面针对性强,更加注重保护收款方利益等特征。第一,明确获得付款的法定权利,即在新加坡建筑行业实施工程或提供货物或服务的当事人有权获得付款。合同中的"背靠背"支付条款或者规避 2004 年《建筑业付款保障法》适用的条款均属无效,还特别明确了构成"背靠背"支付条款的具体情形。第二,适用范围广,除少数特例外,审裁制度适用于大多数建设工程合同以及与之相关的供货和服务合同。第三,更加聚焦于进度款付款纠纷,不包括工期、质量等其他违约索赔问题。第四,更加聚焦

① See Zaqy Mohamad, Gan Thiam Poh(Ang Mo Kio) & Louis Ng Kok Kwang(Nee Soon), *Building and Construction Industry Security of Payment(Amendment) Bill*, Singapore Parliament(October 2, 2018), https://sprs.parl.gov.sg/search1#1sprs3topic? reportid = bill - 23.

② See Law Reform Committee, *Proposals for Amending the Building and Construction Industry Security Of Payment Act*, Singapore Academy of Law, 2015, p. 6.

③ See Zaqy Mohamad, Gan Thiam Poh(Ang Mo Kio) & Louis Ng Kok Kwang(Nee Soon), *Building and Construction Industry Security of Payment(Amendment) Bill*, Singapore Parliament(October 2, 2018), https://sprs.parl.gov.sg/search1#1 sprs3topic? reportid = bill - 23.

于保护收款方利益,比如仅收款方有权提出付款请求并将争议提交审裁。第五,更加注重快速解决纠纷,比如审裁程序整体的时间框架比较紧凑,直接明确授权提名机构并由授权提名机构指定审裁员。第六,兼顾当事人双方利益平衡,比如在付款程序中引入争议和解期,在审裁程序中引入审裁审查程序等。

(一)适用范围

新加坡2004年《建筑业付款保障法》适用于2005年4月1日以及之后以书面形式订立的任何合同,无论合同是否明确表示受新加坡法律管辖。在英国等国家已经不再要求法定审裁仅适用于书面合同时,新加坡仍然保留了书面要求,但书面要求比较宽松,并不一定要求当事人签署。建设工程法定审裁作为《建筑业付款保障法》下的一种特定的替代性争端解决机制,有特定的适用范围或应用场景,可以从项目类型、合同类型和争议类型3个方面进行分析。

从适用的项目类型来看,新加坡的法定审裁制度可适用项目非常广泛。根据2004年《建筑业付款保障法》第3条的规定,建设工程(construction work)包括与建筑、土木、电力、工艺、基础设施、电信以及石油和天然气有关的所有建造、改建、修复、维护、扩建、拆除等工程,也包括在任何建筑物、结构或工程中安装构成或将要构成土地一部分的设备,如供暖、照明、空调、通风、电源、排水、卫生、供水或消防以及安全或通信系统。除此之外,与前述工程、设备或系统安装相关的,构成建设工程的组成部分,或为了准备或完成建设工程所开展的任何活动也属于建设工程,包括场地平整,场地清理,土方工程,开挖,隧道掘进和钻孔,基础工程,架设、维修或拆除脚手架以及构成任何建筑物、结构或工程一部分的构件的场内和场外预制,也包括地盘修复、园林绿化以及提供道路及其他通道的工程。需要注意的是,施工过程中的清理作业和装饰装修工程也包含在内。新加坡2004年《建筑业付款保障法》第4条也明确规定,法定审裁制度不适用于依据1989年《建筑控制法》(Building Control Act 1989)无须获取建筑审批的住宅工程,也不适用于雇佣关系[①]。此外,位于新加坡领域外的建设工程及与之相关的货物或服务合同,不适用2004年《建筑业付款保障法》。对于在新加坡为任何新加坡域外的建设工程预

---

① 在1998年《雇佣法》下,一方作为建设工程或与之相关的货物、服务提供方的雇员,为雇主从事建设工程或提供货物、服务相关工作。

制建筑构件的活动来说，只要有一方主体不属于新加坡籍①，就不适用 2004 年《建筑业付款保障法》。换句话说，虽然建设工程位于新加坡境外，但为该工程预制建筑构件的合同双方当事人都是新加坡籍，则该合同同样适用 2004 年《建筑业付款保障法》。

从适用的合同类型来看，新加坡法定审裁制度的适用范围也比较广泛，适用于建设工程合同（Construction Contract）以及与之相关的供货合同（Supply Contract）。建设工程合同除了传统的施工合同外，也包括与建设工程相关的服务合同。根据 2004 年《建筑业付款保障法》第 3 条对"服务"的解释，服务既包括与建设工程相关的可行性研究、规划、勘察、设计、监理、项目管理等专业服务，也包括建筑施工劳务服务。2004 年《建筑业付款保障法》项下的供货合同指与建设工程相关的纯供货合同，不包含在施工现场或建筑工地组装、建造或安装货物。除了构成永久工程一部分的材料、构件或设备，供货合同项下的货物也包括临时工程施工所需的货物。此外，2005 年《建筑业付款保障条例》第 3 条进一步明确，供货合同内容必须能够识别出与所提供货物相关的建筑工地或建筑项目，否则将无法适用 2004 年《建筑业付款保障法》。由于 2004 年《建筑业付款保障法》对建设工程合同和供货合同规定了不同的付款时间限制，因此识别具体合同的种类在实践中特别重要。比如，新加坡高等法院曾认定，不涉及任何现场工作的预制建筑构件的场外制造供货合同属于建设工程合同，当事人基于供货合同的付款时间框架发起审裁并获得的审裁决定也因此被法院撤销。②如果当事人建设工程合同或相关供货合同项下的付款争议已经通过和解协议和解，则其不能再将该付款争议诉诸审裁。③和解协议是否构成单独的建设工程合同或供货合同，则要看其是否包含这类完成一定建设工程，或提供货物或服务的履行内容。

从适用的争议类型来看，新加坡法定审裁制度则将争议范围限制于关于已完工程和提供的货物或服务的进度款付款争议。重要问题是，审裁员对误期损害赔偿（Liquidated Damages）及与之密切相关的工期顺延（Extention of time）问题是否有管辖权。④ 2018 年修订前的《建筑业付款保障法》第 15 条第 3 款允许审裁员考

① 新加坡籍主要包括 3 种情形：按照新加坡法律设立的公司实体、合伙企业以及在新加坡注册商业名称并以该商业名称开展业务的人。

② See Eng Seng Precast Pte Limited v. SLF Construction Pte Limited，[2015] SGHC 252.

③ See Admin Construction Pte Ltd. v. Vivaldi（S）Pte Ltd.，[2013] SGHC 95.

④ 建设工程付款纠纷实践中，业主或其他上游承包商、分包商常常以误期损害赔偿为由，主张抵销应付款项。

虑付款方抵扣金额的理由，包括但不限于任何交叉索赔、反索赔和抵销。新加坡上诉法院法官在 *Range Construction Pte Ltd. v. Goldbell Engineering Pte Ltd.* ①一案中确认了这一点，认为业主可以在审裁程序中提出误期损害赔偿请求，审裁员也可以就此作出决定。2018 年修订后的《建筑业付款保障法》第 17 条第 3 款规定，在作出审裁决定时，审裁员不得考虑付款请求或付款答复中的任何损害赔偿、损失或花费，除非有文件证明申请人和被申请人已经就此达成一致，或根据相应合同签发的证书或其他文件予以佐证。②如此规定的原因是实践中某些申请人经常提出损害赔偿、赶工费用等复杂索赔请求，导致审裁程序被拖长。新加坡上诉法院法官在上述案件中也提出，新法的规定仅仅是限制申请人提出复杂索赔，并非完全禁止业主以损害赔偿等行使抵销权。新加坡建筑业实践认为，2004 年《建筑业付款保障法》中的阶段性付款（Progress Payment）既包括临时付款（Interim Payment），也包括最终阶段付款（Final Payment）。③但是，对于 2004 年《建筑业付款保障法》下的机制是否适用于赶工费、开办费、保留金等索赔，新加坡司法实践中目前还没有给出定论。④英国、澳大利亚等国家法院判例则认为，赶工费、开办费、保留金等属于承包商应该获得的进度款。

新加坡 2004 年《建筑业付款保障法》是否适用于已经终止的合同还存在不确定性。早期，建筑业的从业者普遍认为合同终止后可以根据 2004 年《建筑业付款保障法》提交付款请求并诉诸审裁。该法第 2 条对合同的定义明确包含已经终止的合同。⑤但是，该法第 4 条第 2 款 c 项规定，该法不适用于约定了如下有关终止条款的已经终止的合同，即允许被申请人在终止时暂停向申请人支付进度款，

---

① See Range Construction Pte Ltd. v. Goldbell Engineering Pte Ltd.，[2021] SGCA 34. 本案适用 2018 年以前的《建筑业付款保障法》，但作出判决时新的法律已经生效。该案中审裁员仅仅认定某个在具体日期的工程并未完工，并未就承包商应该获得多少工期顺延以及新的竣工日期作出任何决定。

② 原文为："In determining an adjudication application, an adjudicator must disregard any part of a payment claim or a payment response related to damage, loss or expense that is not supported by:

(a) any document showing agreement between the claimant and the respondent on the quantum of that part of the payment claim or the payment response; or

(b) any certificate or other document that is required to be issued under the contract."

③ See Tiong Seng Contractors (Pte) Ltd. v. Chuan Lim Construction Pte Ltd.，[2007] SGHC 142.

④ See Andrew Burr, *International Contractual and Statutory Adjudication*, Informa Law from Routledge, 2017, p. 287.

⑤ 原文为："'contract' means a construction contract or a supply contract, and includes a construction contract or a supply contract that has been terminated."

直至合同规定的日期或事件发生,但该日期或事件还未发生。[①]这一规定导致了冲突,其中一个问题就是这种条款是否因构成2004年《建筑业付款保障法》第9条下的“背靠背”支付条款而无效。在 *Frontbuild Engineering & Construction Pte Ltd. v. JHJ Construction Pte Ltd.* 一案[②]中,分包合同条款约定分包合同终止的情况下,分包合同付款将暂停,直到总包合同下的工程竣工。审裁员决定承包商应当向分包商支付。承包商申请法院撤销审裁决定,理由是审裁员没有考虑分包合同中关于合同终止时的付款约定。新加坡高等法院法官认为,由于2004年《建筑业付款保障法》的核心目的是保障建筑业中的付款,因此第9条具有解释上的优先性。分包合同中的条款构成“背靠背”支付条款,按照法律规定当属无效。

（二）付款权利保障

保障建筑业的付款和现金流是《建筑业付款保障法》的立法初衷,其核心目的也是保障付款。因此,该法规定了非常明确的付款保障机制,法定审裁则是确保这些付款保障机制有效执行的一种特殊争议解决机制。

1. 进度款权利

新加坡2004年《建筑业付款保障法》第5条赋予了建设工程项目收款方获得进度款的法定权利,根据合同开展任何建设工程或提供任何货物或服务的任何人有权获得进度付款。

2. 进度款估价

申请人有权获得的进度款原则上按照合同条件计算,或者由合同中约定的相关人员按照已完工程量或已经提供的货物和服务计算。同时,新加坡2004年《建筑业付款保障法》第7条还规定了在合同未明确约定的情况下,计算申请人应得进度款的基本原则。总体来说,进度款的计算要考虑合同价及合同约定的其他费率和价格,同时考虑双方达成的变更调整因素。如果缺乏上述信息,进度款的计算主要依据工程施工时,或货物或服务提供时的市场价格。缺陷工程修复的成本需要从中扣除。对于构成任何建筑物、构筑物或工程实体一部分的材料、构件或

---

① 原文为:“This Act does not apply to—. . . (c) the terminated contract contains provisions relating to termination that permit the respondent to suspend progress payments to the claimant until a date or the occurrence of an event specified in the contract.”

② See Frontbuild Engineering & Construction Pte Ltd. v. JHJ Construction Pte Ltd., [2021] SGHC 72.

设备,只有所有权已经发生转移或在付款后发生转移的,才可包含在进度款评估范围内。

3. 禁止“背靠背”支付条款

新加坡2004年《建筑业付款保障法》第9条规定,合同中约定的“背靠背”支付条款(Pay When Paid and Pay If Paid Provision)不可执行且没有效力。就该法而言,合同约定一方当事人向另一方当事人的付款责任或付款日期取决于第三方向该方支付全部或任何部分款项的责任或日期,或以其他方式使该等付款责任或日期取决于任何其他合同或协议,即构成“背靠背”支付条款。部分国家在司法实践中对“附期限”(Pay when paid)和“附条件”(Pay if paid)两种付款条款的含义和效力存在争议,或予以明确区分。新加坡是少数在立法中明确“背靠背”支付条款的具体含义的国家,该条款所界定的“背靠背”支付条款既包括了附条件付款条款,也包括了附期限付款条款。

(三)审裁程序

1. 付款程序

根据新加坡2004年《建筑业付款保障法》,诉诸审裁机制的权利只适用于通过该法规定的付款程序而形成的付款争议,因此对审裁制度的分析必须首先考虑付款程序。2004年《建筑业付款保障法》第3部分详细规定了提起审裁前的付款程序。

(1)付款请求(Payment Claim)

申请人有权向被申请人送达进度款付款请求。付款请求必须在合同约定的时间内送达,如果合同没有约定则按照法律规定的时间。同时,新加坡2004年《建筑业付款保障法》第10条第2款(b)项规定了付款保障机制下的付款请求提出时效,申请人最晚需要在30个月内提出付款请求。该时效考虑了新加坡建筑市场最终结算和缺陷责任期一般在12~18个月这一实际情况。付款请求必须是书面形式,应注明相关的合同、请求金额、金额明细、计算方式等,并附上相关文件。

从新加坡的立法和实践来看,仅有收款方才能主动发起付款请求,并在满足条件的情况下发起后续审裁程序。2004年《建筑业付款保障法》第2条将“申请人"定义为有权或主张有权获得进度款的一方。①结合《建筑业付款保障法》第5条来看,进度款是因完成一定工程,或提供相关货物或服务所应得的款项。此外,新加坡建设局发布的2020年版《建筑业付款保障法资料库》第2.1款也印证了这一点。②付款请求包括以下几点:一是承包商针对业主的付款请求;二是指定或自雇分包商针对总承包商的付款请求;三是次级分包商针对指定或自雇分包商的付款请求;四是咨询顾问针对业主或总承包商(设计施工总承包模式下总承包商聘请咨询顾问的情况)的付款请求;五是供应商、设备出租人或相关服务提供商针对各类分包商、总承包商或业主的付款请求。

(2)付款答复(Payment Response)

收到收款方的付款请求后,付款方必须送达一份书面的付款答复。如果合同约定了付款答复的送达时间,则按照合同约定的时间送达,且必须在付款请求送达后21天内送达。如果合同没有约定这样的条款,则必须在付款请求送达后14天内送达付款答复。付款答复必须注明与之关联的付款请求,注明同意的付款金额。如果同意的付款金额少于请求金额,付款方必须在付款答复中充分说明扣减付款请求中指明的任何金额的理由以及支持这些理由的计算依据。付款方不得在后续审裁程序中主张任何未在付款答复中提出的新理由。③付款答复也需要附上相关的文件。

(3)争议和解期(Dispute Settlement Period)

根据2004年《建筑业付款保障法》第12条第5款规定,自法律要求的必须送达付款答复之日或送达期限届满之日起,双方有7天的争议和解期。在此期间,双方可就有关付款的任何事宜向另一方寻求澄清。如果付款方此前未能在规定时间内送达付款答复,则在此期间付款方仍有机会送达付款答复,或者也可以变更此前已经发出的付款答复的内容。争议和解期是新加坡2004年《建筑业付款保障法》不同于很多其他国家法律框架的一个重要创新。

---

① 原文为:"'claimant' means a person who is or claims to be entitled to a progress payment under section 5."

② See Building and Construction Authority, *Building and Construction Industry Security of Payment Act Information Kit*, Second Edition, 2020.

③ See WY Steel Construction Pte Limited v. Osko Pte Limited, [2013] 3 SLR 380 at [33].

2. 审裁程序

(1)提起审裁的权利

根据新加坡2004年《建筑业付款保障法》第12条第1款和第2款规定,收款方只有在履行完付款程序后,仍未收到付款或争议未予和解的情况下才有权提起后续审裁程序。具体来说包括以下两种情形:

①收款方没有按期收到付款程序中付款方在付款答复中提议且收款方书面接受的款项;

②收款方对付款答复中的款项提出异议,[①]或付款方没有在规定期限内送达付款答复,且在争议和解期内,双方仍未达成一致或付款方仍未补充送达付款答复。

(2)审裁意向通知

在按照规定提起审裁之前,申请人还需要通过书面方式通知被申请人,载明有关详情,说明其拟提出审裁申请的意向。2005年《建筑业付款保障条例》第7条第1款详细规定了审裁意向通知必须载明的内容。如果申请人未发出审裁意向通知,则不得提起审裁程序。新加坡的法院判例认定,在争议和解期内发出的审裁意向通知仍然属于有效的通知。[②]

(3)审裁申请

申请人通过向授权指定机构(Authorized Nominating Body)提交审裁申请,申请裁决付款请求下的争议。自按照法律规定有权提起审裁程序之日起,申请人仅有7天的窗口期提起审裁申请。《建筑业付款保障法》和《建筑业付款保障条例》均对审裁申请的基本内容有详细的规定。授权指定机构收到申请后,必须向被申请人送达一份副本,将提起审裁申请的事项通知其他相关方。[③]

---

① 根据新加坡2004年《建筑业付款保障法》第12条第3款规定,收款方未书面接受付款答复中的金额,视为对此提出异议。

② See JFC Builders Pte Ltd. v. Lion City Construction Co. Pte Ltd. ,[2013] 1 SLR.

③ 根据新加坡2004年《建筑业付款保障法》,其他相关方包括"Principal"和"Owner"。其中,"Principal"是指有义务就付款请求中收款方和付款方之间合同项下全部或部分建设工程,或全部或部分货物、服务向该付款方付款的一方。通俗来说,就是上游承担付款义务的人。"Owner"则指没有被任何其他方聘用在有关建筑地盘或在其上进行建设工程,或提供与该建筑地盘有关的货物或服务的一方。实践中通常是业主或开发商。

(4)委任审裁员

根据新加坡2004年《建筑业付款保障法》第14条第1款,审裁员由授权指定机构从注册审裁员名册上选择其认为合适的人员担任,并将审裁申请转交给该审裁员。[①]《新调规则》[②]第4.1条规定,在提交审裁申请或审裁复核申请后,新调应当指定一人(或多人,视情况而定)担任审裁员。审裁员可以同意或拒绝指定。授权指定机构必须在收到审裁申请后7天内送达书面通知,向申请人、被申请人及其他相关方确定审裁员的任命。在注意到审裁员不再符合法律规定的资格条件,或者其有任何原因不能履行评审员职责时,授权指定机构可以重新委任替代审裁员。替代审裁员的委任程序和最初委任的程序基本一致,需要在意识到存在需替换的情形后7日内完成。

(5)审裁答复

被申请人必须在收到审裁申请副本后7天内,向授权指定机构提交对该申请的答复。2004年《建筑业付款保障法》对被申请人可以在审裁答复中提出的异议进行了限制。具体来说,如果是建设工程合同,原则上要求相关异议必须已经在付款答复中提出过,除非该异议涉及的情形是在付款答复送达后才出现或送达之时被申请人还不能合理获知。如果是供货合同,则原则上要求异议在相关到期日之前已经书面向申请人提出过,除非该异议涉及的情形在相关到期日之后才出现或相关到期日之前被申请人还不能合理获知。[③]同样,授权指定机构需要将审裁答复的副本送达申请人,并书面通知其他相关方审裁答复已经提交。

(6)审裁案件审理

审裁案件的审理必须在被申请人提交审裁答复的期限届满之时立即开始。如果存在中途替换审裁员的情形,则审裁案件的审理时间需要重新开始计算。审裁员可以拒绝不符合要求的评审申请或评审答复。审裁员可以组织召开会议,除非其允许,否则每一方可出席会议的代表不超过2位。被申请人未能送达付款答复或审裁答复,或任何一方未遵守审裁员给出的任何指令,均不影响审裁员根据

---

① 原文为:"The authorised nominating body must, upon receiving an adjudication application, refer the adjudication application to a person who is on the register of adjudicators established under section 28(4)(a) and whom the authorised nominating body considers to be appropriate for appointment as the adjudicator to determine the adjudication application."

② See SMC Adjudication Rules(8th Edition, 15 December 2020).

③ See WY Steel Construction Pte Ltd. v. Osko Pte Ltd., [2013] SGCA 32.

其可获得的资料和文件作出决定。

(7)审裁决定

新加坡2004年《建筑业付款保障法》规定的作出审裁决定的时间框架非常紧凑。如果争议涉及建设工程合同,且被申请人未能在审裁开始时送达付款答复并提交审裁答复,或者未能在到期日前支付申请人已经书面接受的金额,则审裁员必须在评审开始后7天内作出决定。在其他情形下,审裁员作出决定的期限为14天。审裁员提出并经申请人和被申请人同意的情况下,可以延长作出决定的期限。在审裁决定中,审裁员必须裁定被申请人需要向申请人支付的金额、裁定金额的应付日期、裁定金额的应付利息以及裁决费用的分摊比例。审裁员还需要就作出的决定给出自己的理由。在作出审裁决定时,审裁员可不受任何付款答复或与进度付款有关的任何评估的约束,即使合同中规定付款答复是终局的或对合同各方具有约束力。原则上审裁员不得考虑被申请人提出的未包含在付款答复中的任何性质的异议。审裁决定作出后,授权指定机构应当向申请人和被申请人送达审裁决定副本,或任何修改后的审裁决定,同时通知其他相关方。

(四)审裁审查

2004年《建筑业付款保障法》中对审裁审查问题作了明确的规定。本小节将具体对审裁审查的申请条件、审裁员的更换、具体程序等方面进行介绍。

1. 审裁审查申请

(1)申请主体

审裁程序的申请人或被申请人均可以根据2004年《建筑业付款保障法》向指定机构,即新调提出审查申请。虽然申请人和被申请人均有权提起审查申请,但是适用的条件各有不同。

就审裁程序的被申请人而言,只有当审裁案件涉及建设工程合同,并且被申请人已于先前进行了付款答复,而审裁决定与其付款答复的差额超过10万新元时(审裁金额超过被申请人同意的金额,且差额达到10万新元),审裁程序的被申请人才可以申请审裁审查。除此以外,被申请人不得提出申请审裁审查。

就审裁程序的申请人而言,只有当其要求的款项与审裁决定的款项相差超过10万新元时(审裁金额低于申请人请求的金额,且差额达到10万新元),审裁程序的申请人才可以申请审裁审查。

由此可见,新加坡法律项下审裁审查申请将 10 万新元作为申请门槛,若审裁作出的决定与申请人或被申请人认可的款项差额不到 10 万新元时,任何一方不得提起审查申请。

(2)审查范围

2004 年《建筑业付款保障法》仅规定了对审裁不满的当事人可以提出审裁审查的申请,但是对于审裁审查的范围,即审查审裁庭是否有权对整个审裁决定进行审查,还是只能对被申请人提出的请求进行审查,2004 年《建筑业付款保障法》的条文并没有明确规定。

在 *Ang Cheng Guan Construction Pte Ltd. v. Corporate Residence Pte Ltd.* ①案件(以下简称 Ang Cheng Guan 案)中,原审裁决定中审裁员就申请人(承包商)的付款请求是否有效、分包商(被申请人)的付款答复是否有效、承包商是否有权额外延期、分包方是否有权获得延期违约金、承包商是否有权获得款项等 5 个问题进行了决定,其中被申请人就审裁决定中的两个问题进行了审裁审查申请。② 审查审裁庭最终认可了被申请人的审查申请,并认为其管辖权仅限于分包商在审裁审查中提的两个方面。承包商向新加坡高等法院提起司法审查诉讼。

新加坡高等法院在考虑审裁审查范围时对 2004 年《建筑业付款保障法》的相关条款(第 18 条至第 19 条)进行了分析,表示 2004 年《建筑业付款保障法》本身没有规定限制审裁审查应受限于被申请方提出的事项,也没有规定其不应受限于被申请方提出的事项。③ 对于审查范围确定应该使用广义解释(审查审裁庭有权审查整个审裁决定)还是狭义解释(审查审裁庭的权力应仅限于申请审查中的请求)方面,新加坡法院认为不能简单地将审裁审查与法院诉讼中的上诉程序进行类比,审裁审查是为解决建筑行业的支付纠纷提供一种快速但临时的手段;而上诉机制是根据法律要求,确保所有相关事实和法律论据经充分公开程序后作出最终决定。同时,如果将审查范围仅限于审查申请的内容,则会变相鼓励被申请人提出审裁审查申请(可以只针对不利于己方的内容进行申请),而与审裁高效快速

---

① See Ang Cheng Guan Construction Pte Ltd. v. Corporate Residence Pte Ltd. ,[2017] SGHC 9.

② See Ang Cheng Guan Construction Pte Ltd. v. Corporate Residence Pte Ltd. ,[2017] SGHC 9,para. 2 and 6.

③ See para. 18 of Ang Cheng Guan Construction Pte Ltd. v. Corporate Residence Pte Ltd. ,[2017] SGHC 9,"What is clear is that the Act does not state that an adjudication review is limited to the issues raised by the respondent;nor does it state that it is not limited to these issues".

的宗旨相违背。

故根据 Ang Cheng Guan 案，新加坡法院确定 2004 年《建筑业付款保障法》第 18(2)条使用的定义"the review of the determination"应使用广义解释方式，审查审裁庭有权对整个专家评审决定进行审查，而不是仅考虑被申请人提出的相关请求内容。①

(3)申请程序

审裁审查申请必须在审裁决定书送达双方当事人后 7 天内提出。被申请人须将决定书所述金额支付到指定机构所管理的财务账户中，否则不能提出审裁审查申请。而在申请人提出审裁申请的情况下，在审裁审查决定送达被申请人之前，被申请人无须向指定机构支付审裁裁决所述金额。

审裁审查申请必须满足以下要件：

①申请需以书面形式提交至指定机构，并写明要求指定机构任命审裁员(一人或多人)进行审查；

②据指定机构要求支付审裁审查费用；

③附上审裁审查申请有关的审裁决定副本；

④提供已向指定机构支付审裁所述金额的证明。

指定机构应于收到审裁审查申请后向相关当事人(通常是审裁审查的被申请方)提供审裁审查申请的副本，并向相关总包方和业主方提供收到相关申请的书面通知。

指定机构将在审查申请提出后的 7 天内任命新的审裁庭，即审查审裁庭，该审查审裁庭需不同于原审裁程序的审裁庭。新的审裁庭通常由一人组成，但在原审裁程序作出的决定与审查程序申请方认可的款项差额超过 100 万新元的情形下，新的审裁庭应由 3 人组成。审裁审查程序从新的审裁庭组成并经指定机构确认后当日起计算。

2. 审查审裁庭的替换

当审查审裁庭中的一人或多人不符合审裁员的要求或审查审裁庭中的一人或多人无论出于何种原因无法履行其作为审裁员的职责时，指定机构需在其审裁

---

① See para. 16 of Ang Cheng Guan Construction Pte Ltd. v. Corporate Residence Pte Ltd., [2017] SGHC 9, "...However, the operative words in s 18(2) of the Act are 'the review of the determination'. Prima facie, this refers to the entire adjudication determination and supports the Broad Interpretation..."

员名册中选择其认为适合被任命为替代审查审裁庭人员的替代成员，并将审裁审查申请提交至该替代成员。该替代审裁庭成员可以决定是否接受该等替换。审查审裁庭成员的替换应在指定机构知道不符合要求或无法履行职责的审查审裁庭成员事项的7天内完成，并以书面方式通知审裁的各方当事人、总包方和相关业主替代审裁庭成员的任命。

3. 审裁审查程序

审裁审查程序与原审裁程序相似。审查审裁庭将在审裁审查程序开始后的14天内或经申请人和被申请人同意的更长时间内作出决定。审查审裁庭可以通过作出决定的方式代替原决定，也可以拒绝审裁审查申请。

如果审裁审查决定与原决定不同，指定机构（通过被申请人支付的其所管理的财务账户）或被申请人必须在审裁审查决定送达各方后7天内或由审查审裁庭确定的日期前（以较晚的为准）进行款项支付。

（五）审裁决定的效力、执行与监督

1. 审裁决定的效力与执行

新加坡法律明确规定除非法院司法审查或双方当事人合意解决，否则根据2004年《建筑业付款保障法》作出的审裁决定对当事人有约束力。被申请人应在审裁决定送达后的7天内或审裁决定中确定的较晚日期前支付相应款项。当审裁庭作出决定后，申请人有以下4种方式来保证其决定的效力与执行。

（1）申请人有权根据审裁庭决定，直接从被申请人总包方处获得付款。如果被申请人未支付全部或部分审裁决定的金额，被申请人的总包方可以向申请人直接支付。总包方可以向申请人送达其直接付款的意向通知书，并将这笔款项视为被申请人欠总包方的到期债务。

（2）留置所供应的货物。留置是指申请人享有的保留、扣押或出售货物，以弥补付款的权利。根据2004年《建筑业付款保障法》规定，申请人对有关合同项下供应的未安装且未支付的货物享有留置权。

（3）中止工作或供应的权利。需要注意的是，这一方式是对新加坡法律体系的一种突破。一般而言，新加坡作为普通法系国家，其法律中没有规定可中止工作这一权利，通常认为即使发生不正当的拒付款行为，申请人也不能停止工作。中止工作构成违约，将使付款方有权终止合同。而依据2004年《建筑业付款保障法》规定，如果未获得裁决金额，申请人可送达书面意向通知以中止工作或供应。在中止期内，申请人无须对被申请人、总包方或业主遭受的或由于任何人士向这些当事人提出索赔而导致的任何损失或损害承担责任。但是总包方和业主可以依据任何合同或法律从被申请人处获得损害赔偿违约金或任何其他救济。如果由于申请人中止工作或供应货物，导致被申请人取消了其工作或供应，那么被申请人有责任向申请人支付由此产生的损失或费用，且申请人可以将该损失或费用作为到期债务向被申请人索取赔偿。在收到裁决金额后，申请人应在 3 天内重新开始建筑工作或供应。在计算申请人或第三方（被申请人除外）直接或间接受"中止"影响而完成工作或供应的合同的竣工期限时，中止期不计算在内，合同期限设置为一个日期而非期间，日期也将作相应调整。

（4）申请人可以提交审裁决定至法院强制执行。除非经法院撤销或后续进行审裁审查程序，否则审裁决定将与法庭判决或法院令有同等效力并可以强制执行。如果要撤销该裁决决定，申请者应按照法院指示向法院支付裁决金额的未付部分作为担保。

2. 审裁决定的救济

（1）审裁决定和审裁审查决定的撤回

提出审裁申请或审裁审查申请的一方有权撤回审裁申请或审裁审查申请。申请一方可以在任何时候通过向指定机构、审裁庭和其他审裁或审裁审查当事人发送撤回通知书的方式撤回申请。申请撤回的一方应承担审裁庭在撤回申请之前（包括撤回之日）所产生的费用和开支。

（2）审裁决定的更正

如果审裁决定出现文字错误、遗漏或失误，审裁庭可主动或应审裁相关当事人的申请，更正相应的错误。审裁决定的更正仅限于文字错误，审裁庭不得通过更正的方式对审裁决定作出任何实质性的改变。指定机构应将相关更正告知审裁的各参与方。

（3）法院对审裁程序的监督与救济

当审裁程序的当事人认为审裁庭以不恰当的方式作出决定或审裁庭对案件没有管辖权时，其可以启动法院诉讼程序进行司法救济。

根据新加坡 2004 年《建筑业付款保障法》第 27（6）条规定，申请司法救济的理由包括但不限于付款请求送达瑕疵、申请人对一项进度付款提出多个付款请求、付款请求相关事项已经实体审理、未按照法律要求提出审裁或审裁审查申请、审裁决定未遵循相关法律条文、决定裁定申请人需向被申请人支付款项、程序违反自然公正、程序涉及欺诈或腐败等。

法院就此作出的司法救济措施包括以下几点:①可全部或部分撤销审裁决定;②将审裁决定的全部或部分内容发回给审裁员;③更正审裁决定中的文字错误、遗漏或失误,以及形式瑕疵;④作出费用决定。

(六)审裁员

1. 审裁员的任职资格

新加坡2004年《建筑业付款保障法》并没有对审裁员的任职资格进行特别要求,而将审裁员的具体任职资格要求交由指定机构决定。法案规定指定机构需要建立审裁员名册,[①]而名册中的审裁员应符合相应机构对资历、专长、经验方面的要求。由于目前新加坡的指定机构只有一家,即新调,所以新调对审裁员的资历要求即成了新加坡对《建筑业付款保障法》项下审裁员的要求。

根据新调的公开信息,目前其有审裁员共计99人,其中资深审裁员(senior adjudicator)共计23人[②]。新调的资深审裁员是指其作为审裁员或审查审裁员处理过至少15起审裁案件。

此外,要成为新调的审裁员需要完成审裁员评审(Adjudication Accreditation) Module 1和Module 2两个培训课程,完成培训后经新调任命委员会(Selection Panel)审核才有机会成为新调在册审裁员。[③]

新调对审裁员的资历没有明确要求,但是对参加课程的人员有资格等方面的要求。根据新调的相关规定,参加培训课程的人员必须满足以下全部要求:

(1)在任何一个公司、组织或专业机构中担任或曾经担任资深职位;

(2)在新加坡建筑行业拥有至少10年或与之有关的经验;

(3)拥有建筑学、建筑研究、工程、环境研究、法律、规划、房地产、城市设计或

① 参见新加坡2004年《建筑业付款保障法》第28(4)条。

② See Singapore Mediation Centre, Adjudicators, Singapore Mecliation Centre (Jan. 25, 2024), https://www.mediation.com.sg/experts/adjudicators/.

③ See Singapore Mediation Centre, Cours, Singapore Mecliation Centre (Jan. 25, 2024), https://www.mediation.com.sg/course/adjudication-accreditation/.

新调认可的其他资格的学位或文凭；

(4)为建筑师、工程师或律师申请人，有在新加坡进行执业的资格；

(5)无犯罪记录；

(6)未破产。

2. 审裁员的职责权限

新加坡2004年《建筑业付款保障法》明确了审裁员应该及时、公正、独立、以符合自然公正的方式处理案件，①并应该尽可能地避免不必要的费用和花费。对于审裁员的职责范围，审裁员可以根据其认为合适的方式进行审裁，其权力包括要求当事人提交相关文件及材料，对各方提交的材料设置截止日期，任命独立专家进行调查报告，召集会议，对相关工程、工地、货物进行检查，对审裁程序进行指示等。②在2004年《建筑业付款保障法》的框架中，即使被申请人未提供付款答复或未提交抗辩答复，或任何一方当事人未遵守审裁员的会议安排或指令，审裁员仍有权根据其获取的信息和文件作出相关审裁决定。

在*Comfort Management Pte Ltd. v. OGSP Engineering Pte Ltd.*③案中，上诉法院对审裁员的角色和职责（包括其在审裁程序中的职责范围，以及其作出决定时需要考虑的事项）等方面作出了明确认定。案件中，OGSP公司（审裁申请人）向Comfort公司（审裁被申请人）提交了付款请求，Comfort公司表示OGSP请求款项已经进行支付，并要求OGSP公司提供其他证明文件，Comfort公司在此情况下未提交付款回复。OGSP公司随后向新调提前申请审裁程序，Comfort公司未在规定时间内提交答辩书，审裁员后续作出了要求Comfort公司支付款项的审裁决定。Comfort公司上诉要求撤回该决定。

新加坡上诉法院认为审裁员在审裁程序中作出决定时不应因被申请人未提交付款回复或答辩就直接作出不利于被申请人的审裁决定，而是应该考虑该付款请求的实质依据（consider the true merits of a payment claim），无论被申请人是否已提交付款回复。在该案中，审裁员必须确信申请人已经提出表面证据确凿的理由，证明作为索赔标的的建筑工程已经完工，并且该工程的价值如付款请求中所述。法院认为审裁员的职责之一就是其在确定裁决时必须考虑2004年《建筑业

---

① 参见新加坡2004年《建筑业付款保障法》第16(5)条。

② 参见新加坡2004年《建筑业付款保障法》第16(6)条。

③ See Comfort Management Pte Ltd. v. OGSP Engineering Pte Ltd.，[2018] SGCA 19.

付款保障法》第17(3)条中列出的事项。①

3. 审裁员的行为准则

新加坡2004年《建筑业付款保障法》虽然对审裁员没有资格、学历等硬性要求,但其明确了审裁案件的审裁员必须独立、公正地处理案件,相关合同的当事方或利害关系人不得成为该案件的审裁员。若指定机构任命的审裁员与案件有利益冲突,则该审裁员应主动披露并主动要求回避。②

此外,新调作为新加坡唯一的指定机构,其对审裁员的行为准则也进行了相关规定,同样作为新加坡关于审裁员行为准则的参考。

(1)公平公正(Integrity and Fairness)

《行为准则》③规定了审裁员应该保证审裁程序的公平公正。审裁员若无法遵循公平公正原则或出现影响公平公正的情况,则不得接受任何审裁程序的任命或应主动退出审裁程序。④

(2)利益冲突

《行为准则》规定了审裁员应在审裁进行之前和审裁程序的整个过程中及时披露任何使其或可能使其无法担任或继续担任审裁员的情况。同时,该准则明确了如果审裁员已经或后续意识到其无法保证相应的独立性和中立性,其应采取必要措施,包括退出审裁程序。⑤

---

① See para. 24 of Comfort Management Pte Ltd. v. OGSP Engineering Pte Ltd. , [2018] SGCA 19, "Our view is that notwithstanding s 15(3), and regardless of whether any payment response has been filed, an adjudicator has an independent duty to address his mind to and consider the true merits of a payment claim, and, to allow it, he must be satisfied that the claimant has established a *prima facie* case that the construction work which is the subject of the payment claim has been completed and that the value of that work is as stated in the payment claim. Articulated in the terms of the Act, this duty comprises the obligations set out in ss 17(2) and 17(3), and requires an adjudicator, in particular, to have regard to all the matters stated in the latter provision. However, an adjudicator's duty to adjudicate is conceptually distinct from a respondent's entitlement to make submissions before him. Therefore, notwithstanding the existence of such a duty, if a respondent has failed to file a payment response, he is permitted to challenge the payment claim before the adjudicator by highlighting *only* patent errors in the material properly before the adjudicator".

② 参见新加坡2004年《建筑业付款保障法》第29(2)条。

③ See *Singapore Mediation Centre Code of Conduct for Adjudicators*, Singapore Mecliation Centre (Jan. 27, 2024), https://mediation. com. sg/wp – content/uploads/sites/6/2019/12/Code – of – Conduct – for – Adjudicators – 15 – Dec – 2019. pdf.

④ 参见《行为准则》第2条。

⑤ 参见《行为准则》第3条。

(3)适格

《行为准则》规定了审裁员只有在具备适当资格或经验担任审裁员的情况下,才能接受审裁员任命,并且审裁员不得自己或允许他人代表其对审裁员的经验或专业知识作出任何具有误导性或欺骗性或可能具有误导性或欺骗性的陈述。①

(4)自然公正

《行为准则》明确了裁决员应确保审裁程序各方有合理的机会,在审裁过程中对审裁决定所依据的全部事项(包括 2004 年《建筑业付款保障法》和相关规定在内)进行表达和阐述。②

4. 审裁员的纪律守则

由于新调是新加坡 2004 年《建筑业付款保障法》项下唯一的指定机构,而其审裁员的质量好坏某种程度上决定了审裁程序的好坏,所以新调专门制定了《纪律守则》,对其审裁员进行规范。

(1)投诉

审裁决定作出或审裁申请撤销的 28 天内可以对审裁员进行投诉。投诉人应将相关证明材料以及审裁员违反行为准则的相关内容提交至审裁员。审裁员应在收到投诉材料的 14 天内进行答复,并将相应答复提交至投诉人;投诉人可以针对审裁员的答复在 7 天内另行回应。相关的所有材料应同时递交至新调执行主任(Executive Director)或其指定的工作人员。

(2)专业操守专家委员会(Professional Conduct Panel)

新调设立专业操守专家委员会,委员会应由不多于 20 个资深审裁员和不多于 10 个非审裁员组成,委员会含 1 名专家委员会主席,专家委员会主席和成员由新调主席任命,任期为 3 年。

专业操守专家委员会的成员应根据相关规定分为初步审查委员会(Preliminary Review Committee)、纪律调查委员会(Disciplinary Investigation Committee)和纪律上诉庭(Disciplinary Appeals Tribunal)。

①初步审查委员会

在收到投诉材料的 14 天内,专业操守专家委员会应组成由 2 人构成的初步

---

① 参见《行为准则》第 4 条。

② 参见《行为准则》第 4 条。

审查委员会，成员中一人应为资深审裁员。初步审查委员会应对投诉、答复和相关回应进行研究，并根据情况考虑以调解方式对相关投诉进行调解。

初步审查委员会根据情况可以针对投诉向专业操守专家委员会主席提出两种建议：驳回投诉或进行全面调查。

如果初步审查委员会的两名委员都一致认为投诉没有实质内容，应予以驳回，则其应向专家委员会主席建议驳回；但若两名委员无法达成一致意见，则应向专家委员会主席建议进行全面调查。

②纪律调查委员会

纪律调查委员会在收到投诉后由专业操守专家委员会主席任命，由 3 人组成，其中一人为主任。纪律调查委员会的主任应为新加坡资深律师或有超过 15 年律师经验的资深审裁员，纪律调查委员会的其他成员不应是审裁员，不得是相应投诉案件初步审查委员会的成员，也不得与纪律程序的结果有任何利益冲突。

纪律调查委员会的职能包括以下几种：

- 决定管辖权的范围；
- 为程序操守发布合适指令；
- 对投诉、答复、回应的相关法律、事实、证据进行决定；
- 明确举证责任；
- 就投诉事宜进行庭审。

纪律调查委员会应在其组成后的 60 天内提交其对投诉案件的决定。若纪律调查委员会认为审裁员的不当行为不成立，应决定驳回投诉；若纪律调查委员会认为审裁员的不当行为成立，其可以作出以下决定：

- 告知审裁员不当行为成立但不采取进一步行动；
- 就审裁员的行为进行警告；
- 中止审裁员在新调审裁员名册的资格，中止时间不超过 24 个月，其间，不得被任命为任何案件的审裁员；
- 要求审裁员进行额外培训；
- 从新调审裁员名册中除名。

③向纪律上诉庭进行上诉

审裁员在收到从新调审裁员名册中除名的决定后有权进行上诉。上诉请求应在收到纪律调查委员会决定的 14 天内作出并提交新调主席。在收到上诉请求的14天内，新调主席应设立一个由3人组成的纪律上诉庭，上诉庭的成员应从专业操守专家委员会或新调董事会成员中选出，该成员不得为相应投诉案件初步审查委员会或纪律调查委员会的成员。

上诉申请应同时送达投诉人，投诉人有权在收到上诉申请后14天内提交一份上诉申请答复。

纪律上诉庭应以多数投票决定以下3种情况：

驳回上诉并支持纪律调查委员会决定；

支持上诉并撤回纪律调查委员会决定；

支持纪律调查委员会决定但对其进行部分修改。

具体流程见图6。

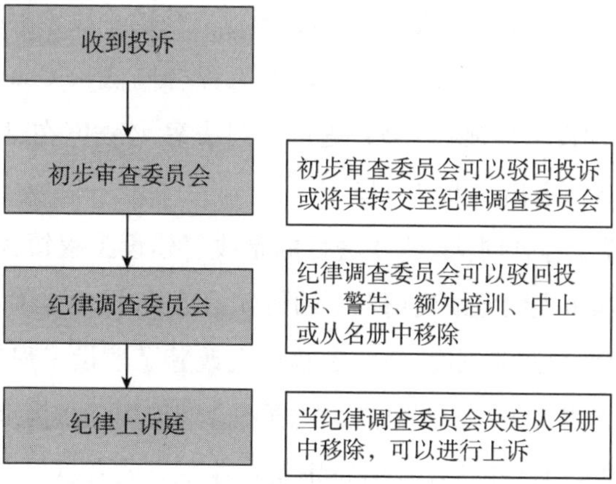

图6　审裁员投诉审理流程

（七）与其他争议解决程序的衔接

在与其他争议解决方式的衔接方面，新加坡2004年《建筑业付款保障法》最大限度保障了建设工程相关当事人通过审裁方式解决争议的权利。无论是否正在进行诉讼、仲裁或其他争议解决方式，建设工程相关合同的当事人均可申请审裁程序。同样，审裁程序的当事人可以根据合同通过其他争议解决方式保障自己的合法权利。

此外，其他争议解决方式（包括向法院提出申请）不影响审裁程序的进行，除非在审裁程序期间，争议已经通过该其他争议解决程序得到完全解决。审裁员在该等情况下必须终止审裁程序。①

第四节　新西兰审裁制度

一、新西兰建设工程领域审裁制度介绍

(一)新西兰建设工程领域的付款纠纷

建设工程领域的逾期付款问题一直是制约建筑行业健康发展的一个核心问题。新西兰与英国、澳大利亚、新加坡、美国等其他国家一样,也希望通过颁布建设工程领域付款保障相关专门法案的方式,通过立法的手段来解决建设工程领域的逾期付款问题。在新西兰,2002 年《建设工程合同法》(Construction Contract Act 2002)是针对建设工程领域付款问题的专门法案,该法案在建设工程领域付款违约问题的解决方面迈出了重要一步。

2002 年《建设工程合同法》的立法目的是改善建设工程领域的现金流问题。该方案通过引入当事人约定缺失情况下的付款示范条款、规定附条件付款条款无效、赋予当事人审裁权利等制度,在一定程度上改善了建设工程领域的现金流问题。但部分研究表明,2002 年《建设工程合同法》的作用更多为缩短付款周期,无法起到确保付款得以实现的作用。② 特别是在业主方或者承包方破产的情况下,下游分包施工企业的付款损失难以避免。例如,根据普华永道在 2014 年的报道,新西兰一家领先的房地产建设公司破产,其普通债权人包括大量分包商及供应商,近 1.393 亿美元债权金额无法得到偿还。有学者通过问卷调查的方式对新西兰建设工程领域逾期付款的原因问题进行了分析研究。研究表明,逾期付款的主要原因包括以下几点:(1)其他项目逾期付款或未付款导致本项目现金流困难;(2)因付款请求及付款回复引起争议;(3)缺乏初始资金,导致现金流困难;(4)行

---

① 参见新加坡 2004 年《建筑业付款保障法》第 34(3)条。

② See Bayley, G, *Construction adjudication in New Zealand under the Construction Contracts Act 2002*, 9th LEADR International ADR conference Wellington New Zealand, 2007, p. 19 – 21.

业的付款文化等。[①]

研究进一步对 2008 年至 2010 年新西兰高等法院建设工程领域 40 例付款纠纷案件进行了数据分析,得出如下结论:(1)82% 的付款争议案件发生在业主方与承包方之间,剩余 8% 及 10% 分别发生在业主与分包商以及承包方与分包商之间;(2)55% 的付款争议案件针对的是工程进度款争议,25% 的案件针对的是最终付款争议,20% 的案件针对的是其他付款争议;(3)大部分付款争议案件,均经过审裁程序、地区法院的执行程序以及高等法院的上诉程序,整个流程的时间较长,其中高等法院一般在开庭后 4 天左右作出判决,审裁程序一般需经过 6 周。[②]

综上,新西兰建设工程领域的付款问题始终存在,但不可否认 2002 年《建设工程合同法》是解决逾期付款问题的一项重大尝试,其作用是不容忽视的,下文对新西兰建设工程领域审裁制度的基本内容进行介绍。

(二)新西兰建设工程领域审裁制度的框架介绍

新西兰建设工程领域中的审裁制度主要延续了英国、澳大利亚西岸的传统立法模式。[③] 相关立法文件主要包括两部分:一个是针对建设工程付款及快速争议解决的 2002 年《建设工程合同法》,另一个是针对私人住宅渗漏等质量问题的 2006 年《住宅密闭性争议解决服务法》(Weathertight Homes Resolution Services Act 2006)。

就《建设工程合同法》而言,该法案自 2002 年起颁布实施,先后经过若干次修改,已经成为新西兰建设工程领域的核心法律规定。新西兰建设工程合同法的立法目的是促进建设工程相关付款的定期支付以及及时支付,提供快速的建设工程纠纷解决机制以及获得付款的救济途径。[④] 新西兰的建设工程领域立法与英国以

---

① See Thanuja Ramachandra & James Olabode Rotimi, *Causes of Payment Problems in the New Zealand Construction Industry*, Construction Economics and Building, Vol. 15:1, p. 43 – 55(2015).

② See Thanuja Ramachandra & James Olabode Rotimi, *The Nature of Payment Problems in the New Zealand Construction Industry*, Australasian Journal of Construction Economics and Building(2011), https://www.researchgate.net/publication/267940047_The_Nature_of_Payment_Problems_in_the_New_Zealand_Construction_Industry.

③ See Davenport. P, *A Proposal for a Dual Process of Adjudication*, 12 Australian Construction Law Newsletter, 2007, p. 115.

④ 参见新西兰 2002 年《建设工程合同法》第 3 条。

及澳大利亚西岸的传统立法模式基本相同，主要包括对建设工程合同的进度款付款、请款程序、附条件付款条款的效力、停工权以及审裁程序等付款保障制度的常规规定。

新西兰模式与英国模式的不同之处主要在于，新西兰 2002 年《建设工程合同法》赋予审裁员根据申请人的申请出具押记令（Charging Order）的权利。① 新西兰法律允许当事人向法院申请对债务人的财产或权利出具押记令，押记令应当载明所针对的财产或权利。债务人在未偿还所欠债务前，不得以任何方式处置押记令上记载的相应财产或权利。新西兰 1939 年《工人保护和承包商留置权法》（Workers' Protection and Contractors' Lien Act 1939）允许承包商向法院申请在业主的建设项目上设置押记令。相应地，新西兰 2002 年《建设工程合同法》赋予审裁员根据当事人的申请对被申请人所拥有的建设项目发出押记令的权利，但仅限于商业用途的场所，不包括住宅用途的场所。② 更进一步，根据 2002 年《建设工程合同法》第 50 条规定，分包商也可以在与承包商的审裁程序中，在业主方负有连带责任的情况下，申请审裁员对业主方的建设项目出具押记令。

此外，新西兰于 2006 年专门出台了《住宅密闭性争议解决服务法》，就住宅存在的渗漏等质量问题为住宅业主提供了一个法定的审裁途径，该机制为任何认为自己的住宅存在渗漏等质量问题的人提供了索赔的机会。他们可以针对渗漏等问题的实际情况要求相关机构进行评估并出具评估报告。该法案规定，针对住宅渗漏等问题，住宅业主可以向密闭性住宅审裁庭（Weathertight Homes Tribunal）提起审裁。该审裁庭是一个独立的机构，它的主要职责是评估和解决渗漏和防水问题而导致的住宅损坏相关索赔，并决定适当的赔偿金额。审裁庭的决定是具有约束力且可执行的，但当事人可以向法院提出上诉，法院可以对审裁决定的事实及法律问题进行审查。③

下文将就新西兰 2002 年《建设工程合同法》的相关规定进行介绍，并就该法案所规定的审裁程序要求进行重点论述。

---

① See Andrew Burr, *International Contractual and Statutory Adjudication*, Informa Law from Routledge, 2017, p. 250.

② 参见新西兰 2002 年《建设工程合同法》第 29 条。

③ 参见新西兰 2006 年《住宅密闭性争议解决服务法》第 93 条。

二、2002 年《建设工程合同法》的法律规定

（一）适用范围

2002 年《建设工程合同法》的适用范围，主要规定在该法案的第 6 条及第 9 条。《建设工程合同法》第 9 条规定，除另有规定外，该法案适用于：（1）所有在新西兰境内开展的与建设工程有关的活动；（2）在该法案实施后的建设工程合同；（3）书面或口头签署的建设工程合同，且不论该合同是否由新西兰法律管辖。可见，《建设工程合同法》的适用范围主要采取的是属地管辖原则，其主要适用于在新西兰境内开展的建设工程相关活动，且其适用范围取决于“建设工程”（Construction Work）的定义。

2002 年《建设工程合同法》第 6 条通过列举方式对建设工程的含义进行了定义。建设工程，是指对任何类型的建筑或建筑物（包括永久或临时的结构）所进行的建造、架设、安装、执行、修改、修理、恢复、更新、维护、扩建、拆除、移除或拆卸等活动。另外，2002 年《建设工程合同法》第 6 条明确将石油或天然气的钻探开采、矿产资源的开采提炼等相关合同排除在建设工程的定义范围之外。

从该法案的修订历史来看，新西兰 2002 年《建设工程合同法》的适用范围存在一个不断扩大的过程，其中“建设工程”的定义在不断扩大。最开始在 2016 年 9 月 1 日之前的法案中，“建设工程”仅针对与实际工程建设有关的合同，不包括与工程相关的其他专业辅助合同，例如工程设计合同、工程监理合同、工程顾问合同等。但这种区分在 2016 年 9 月 1 日的《建设工程合同法》修订中被移除了，目前《建设工程合同法》的适用范围既包括与实际工程建设开展相关的合同，也包括与工程相关的其他专业辅助合同。因此，与设计师、工程师、造价师所签订的相关服务合同均适用 2002 年《建设工程合同法》，合同当事人将受到付款程序、审裁程序等规定的约束与保障。①

（二）法案关于付款条款的规定

1. 付款条款的原则性规定

2002 年《建设工程合同法》第二章是关于付款的规定，其中不仅包括对付款

---

① See Andrew Burr, *International Contractual and Statutory Adjudication*, Informa Law from Routledge, 2017, p. 255.

条款的规定以及请款程序的规定，还包括附条件付款条款无效的规定。值得注意的是，2002 年《建设工程合同法》关于付款的规定不仅包括进度款，也包括最终结算款。起初，《建设工程合同法》仅对进度款支付问题提供保障。但是，在 2015 年修订时，该法删除了原先仅对进度款提供保障的限制，将相关付款保障条款改为适用于所有工程款项，即适用于进度款及最终结算款，[①]这也与付款争议从进度款争议逐渐改变为最终结算款争议的发展趋势相匹配。[②]

就付款条款问题，2002 年《建设工程合同法》第 14 条明确规定，当事人可以自行商议建设工程合同的付款条款，可以就合同付款次数、付款间隔、当次付款金额以及应付款时间进行约定。同时，该法允许当事人在合同中明确约定工程可以仅有单次付款。[③] 上述规定显然以尊重当事人意思自治为基本原则。而在缺少关于付款条款的明确约定时，2002 年《建设工程合同法》第 15 条至第 18 条关于付款的默认规定将直接适用，包括承包方有权主张支付进度款，进度款的支付方式、周期、金额等内容。

2. 付款流程的法律规定

就工程款（包括进度款及最终结算款）的付款流程，2002 年《建设工程合同法》第 19 条至第 24 条规定了法定的工程款付款流程，且当事人不能通过合同约定排除付款流程的适用。

简言之，该法案规定具有请款资格的合同任意一方（请款方），均可以向有付款义务的合同相对方（付款方）发出付款请求（Payment Claim）。付款请求应当载明请款金额以及应付款时间，并且应当包含足够详细的信息来确定请款金额所对应的施工合同、施工内容等。除此之外，付款请求中还应当明示付款方不回复付款请求以及不全额支付请款方要求的请款金额或者不全额支付付款方回复的付款计划书中载明的计划付款金额（scheduled amount）的法律后果。[④]

付款方收到付款请求后，应当向请款方回复付款计划（Payment Schedules）。付款计划应当载明计划付款额以及计划支付时间。如果计划付款额相比请款金

---

① 参见新西兰 2002 年《建设工程合同法》2015 年修订版第 14 条。

② See Andrew Burr, *International Contractual and Statutory Adjudication*, Informa Law from Routledge, 2017, p. 251.

③ 参见新西兰 2002 年《建设工程合同法》第 14 条。

④ 参见新西兰 2002 年《建设工程合同法》第 20 条。

额有减少或者付款方认为不应当付款，则付款计划书中应当明确陈述其少付款或不付款的理由。①

3. 未遵守法定付款流程的法律责任

当付款方收到付款请求后，在合同约定的时间内（合同没有约定时间则按照20个工作日的法定期间计算），付款方没有回复付款计划书的，则付款方将负有按照付款请求所载明的应付款时间支付请款金额的法定义务，即付款请求载明的请款金额成为付款方应付款义务（Due and payable）的金额。

如果付款方没有在应付款时间前支付或者少支付该应付款金额，则请款方可以直接向地区法院通过简易诉讼程序申请执行该部分债权（may recover from the payer as a debt due），同时也可以主张实现该部分债权所花费的实际成本及合理费用。②

在 *AUCKLAND Waterproofing v. TPS Consulting* 一案中，上诉人（承包方）在业主方未按照法律规定及时回复付款计划书的情况下，直接向地区法院提起简易诉讼程序主张欠付的工程款及实际开支的费用，最终得到了新西兰高等法院的支持。在该案中，业主欠付的工程款为1625新西兰元，而承包方主张的实际开支主要为律师费，金额为7073新西兰元。在实际开支远大于欠付工程款数额的情况下，承包方请求被申请人承担实际开支的诉讼请求仍然得到了新西兰高等法院的支持，该法院的主要理由为：2002年《建设工程合同法》第22条赋予了付款义务人通过付款计划书对付款请求进行争辩的权利，此时当事人的付款义务仍是存在争议的。而根据该法案第23条的规定，如果争议程序没有在法律规定的框架和期限内作出，则付款请求将自动变为付款义务。此时，请款人可以向地区法院通过简易诉讼程序主张支付该应付款金额，并且有权就实际、合理的追诉成本要求付款方承担。如果认为追诉成本需要与诉争标的金额相匹配，则可能导致小额标的追诉变得不具有经济合理性，这与新西兰2002年《建设工程合同法》的立法本意相违背。③

根据上述规定可以看出，2002年《建设工程合同法》规定了较为严格的请款流程，特别是对不按时作出付款计划书以及不按照付款计划书及时付款的情况，

---

① 参见新西兰2002年《建设工程合同法》第21条。

② 参见新西兰2002年《建设工程合同法》第22～23条。

③ See HC AK CIV－2007－404－005890.

赋予了请款人直接向法院申请执行的权利。

(三)法案关于附条件付款条款无效的规定

与其他法域做法一致,新西兰在2002年《建设工程合同法》中也规定了附条件付款条款无效。

2002年《建设工程合同法》第13条规定,附条件付款条款不发生法律效力,在任何民事程序中都不可执行,不能成为付款方拖欠应付款项的理由。根据2002年《建设工程合同法》的规定,附条件付款条款是指:(1)甲方向乙方支付应付款项的义务取决于甲方从丙方收到款项的条款;(2)甲方向乙方支付应付款项的截止日期取决于甲方从丙方收到款项的日期的条款;(3)其他与"先收款后付款"(pay when paid)或"如果收到则付款"(pay if paid)相似的条款。可见,无论是设置付款条件还是设置付款期限,只要合同相关条款将合同双方间的付款义务与合同外第三方的行为相关联,均将被认为不发生法律效力。

综上,在新西兰的工程建设领域,凡是受到2002年《建设工程合同法》管辖的建设工程,附条件付款条款都是不具有可执行性的,这一点也在*Parker Construction Management(NZ) Limited v. Aden Electrical Limited*案件中得到了印证。[①] 该案件重申了2002年《建设工程合同法》对"先收款后付款"条款不发生法律效力的规定,并且进一步强调了在2002年《建设工程合同法》实施前,如果当事人有足够证据证明双方对付款义务没有争议,也是可以突破"先收款后付款"条款的约束的。[②]

(四)未获付款的停工权

新西兰2002年《建设工程合同法》一开始并未给予未获付款方停工的权利,直至2015年9月1日的修订版本中才添加了关于未获付款方停工权的相关规定。

2002年《建设工程合同法》第24A条规定,如果业主方存在下列情况:(1)未全额支付款项且未作出付款计划书;(2)作出付款计划书但未按照计划书付款;(3)未履行审裁决定支付相应款项,则承包方有权向业主方发送停工通知。5日

① See HC WN CIV-2005-485-1334.

② See HC WN CIV-2005-485-1334.

后仍未获全额清偿的，则承包方有权停工。该等停工不视为违约，承包方不承担相应责任，且有权获得工期补偿。

三、审裁制度的法律解读

新西兰 2002 年《建设工程合同法》第三章及第四章是关于审裁程序、审裁决定的监督以及执行等相关规定。

（一）审裁程序的发起

1. 申请主体及可审裁对象

2002 年《建设工程合同法》第 25 条规定，建设工程合同的任何一方当事人均有权将与建设工程合同有关的争议提交审裁，即使相同当事人正在诉讼或仲裁程序中处理该争议，当事人提交审裁的权利也不受影响。但是，如果在审裁员作出决定前，法院或仲裁庭已经就该争议作出了裁判，则审裁程序应终止。

2002 年《建设工程合同法》并未对争议的定义进行限制，争议可以是关于付款问题也可以是关于合同违约问题的争议，[①]而最终的审裁决定既可以是关于付款金额的也可以是关于当事人权利义务的决定，[②]并且上述审裁决定均具有可执行性。[③]

就当事人提交审裁的权利问题，还有一点值得讨论。2002 年《建设工程合同法》第 25 条规定，如果当事人在建设工程合同中约定有仲裁条款，并且该仲裁程序属于国际仲裁，则当事人不能将争议提交审裁，除非双方协商一致同意。

而在实践中，有案例表明，如果合同中既约定有仲裁条款，又约定有审裁条款，那么法院会认为这种合同约定代表当事人就将争议提交审裁在争议发生前已经达成一致，满足 2002 年《建设工程合同法》第 25 条的规定。在 *Eltek Australia Pty Ltd. v. Derek Firth & Hawkins Construction Ni Limited* 一案中，业主方 ELTEK 是一家澳大利亚的公司，双方在合同中约定有仲裁条款，同时又在合同中约定相关争议可以根据 2002 年《建设工程合同法》的规定提交审裁处理。在该案中，双方对于施工方 HAWKINS 是否履行合同义务存在争议，并且无法协商解决。但

---

① 参见新西兰 2002 年《建设工程合同法》第 25(2)条。

② 参见新西兰 2002 年《建设工程合同法》第 48 条。

③ 参见新西兰 2002 年《建设工程合同法》第 58 条。

HAWKINS 并没有将争议提交仲裁,反而按照 2002 年《建设工程合同法》的规定将争议提交审裁员处理,并指定弗斯(Firth)先生作为审裁员。ELTEK 对弗斯先生是否享有管辖权提出质疑,弗斯先生对此作出决定,认为自己享有管辖权,并指令 ELTEK 进行实体答辩。ELTEK 随即向新西兰高等法院提请司法审查,认为弗斯先生不具有管辖权,要求撤销该审裁员的任何决定。

新西兰高等法院认为,首先,审裁员作出审查决定是在履行法律赋予的司法权利,因此应当受到高等法院的司法审查。其次,高等法院通过有效性解释的方式,认为合同中"争议可以提交审裁处理"的约定,视为当事人就提交审裁的意向达成一致,更具有商业逻辑,其理由为:(1)案涉合同受到 2002 年《建设工程合同法》的管辖,该法案足以引起商事主体的重视及关注;(2)2002 年《建设工程合同法》提供了快速解决金钱纠纷的途径,即审裁程序;(3)提交审裁的权利不受其他争议解决程序的影响,即使同样的当事人在诉讼或仲裁程序中提出相同的争议;(4)审裁程序是一个低成本且快速的程序,在开展昂贵且旷日持久的仲裁或诉讼程序前,审裁程序可以作为"模拟运行",在开展此类程序前"试水"。因此,新西兰高等法院认为此等合同约定,既代表了任何一方均有权利将争议提交审裁,也代表了当事人双方对审裁程序达成合意,因此符合 2002 年《建设工程合同法》第 25 条第 3 款的要求,属于当事人协商一致同意提交审裁的情况。当事人可以将相关争议提交审裁,审裁员有管辖权。①

2. 提起审裁的时限要求

新西兰 2002 年《建设工程合同法》并没有限定当事人将争议提请审裁的时限。实践中也未发现对当事人提请审裁的时限限制。因此,当事人可以在法律允许的任何时候将争议提交审裁裁决。

3. 审裁程序与其他争议解决程序的关系

根据 2002 年《建设工程合同法》第 26 条、第 27 条的规定,审裁程序与其他争议解决程序,例如仲裁或者诉讼程序,是平行关系。首先,审裁程序并不具有排他性。2002 年《建设工程合同法》第 26 条规定,一方当事人发起审裁程序,并不妨碍该方或建设工程合同的其他方将争议提交其他争议解决程序(如法院诉讼或仲裁庭仲裁或者调解程序)予以解决,即使该争议解决程序与本次审裁程序同时进行。

① See HC AK CIV - 2017 - 404 - 000241.

如果一方在本次审裁程序开展过程中，将该争议再次提交给其他争议解决程序，那么这种提交行为不会终结或者影响本次审裁程序。但是，如果在审裁员就相关争议作出审裁决定前，其他争议解决程序就该争议提前作出了裁判，则审裁员必须终止本次审裁程序。其次，审裁程序也不会对后续的民事诉讼程序产生影响。新西兰2002年《建设工程合同法》第27条规定，除非该法另有规定，否则审裁程序不会对基于建设工程合同所引发的民事诉讼程序产生任何影响。其他争议解决程序（诉讼、仲裁、其他审裁程序）在作出判决或者裁决时，应当考虑到当事人因执行审裁决定而支付的相关款项或者采取的相关行为。

上述规定说明，当事人在执行审裁决定后，仍可以将相关争议提交其他争议解决程序予以解决，例如提交仲裁或者诉讼。其他争议解决程序，则将当事人之间的纠纷作为一个全新的争议来处理，即采用重新开始（de novo）的方式来审理。进一步讲，即使是当事人基于审裁程序所确认的事实或者审裁员查明的事实，也不对后续争议解决程序产生约束力。当事人在后续争议解决程序中，仍然需要举证来证明自己的主张。当事人因执行审裁决定而作出的履行行为，将作为一个新的事实在后续审理程序中予以考量。

这种理念是为了确保建设工程领域的付款保障可以实现，确保合同当事人获得定期、及时的付款，这与英国"先付款后争议"的传统审裁理念相一致。① 对于这种"先付款后争议"的立法理念，新西兰上诉法庭在 *George Developments* 案以及 *Salem Limited v. Top End Homes Limited* 案中均予以了明确的阐述。新西兰高等法院在判决书中明确，立法会的立法目的是实现建设工程合同定期和及时的付款，这种付款现金流对建筑行业至关重要。任何可能削弱立法会维持现金流意图的形式主义、技术官僚主义的解释，都是不被接受的。②

（二）审裁员的任命与行为规范

1. 审裁员的指定方式

新西兰2002年《建设工程合同法》以及2003年《建设工程合同条例》（Construction Contracts Regulations 2003）对审裁员的指定问题，有如下规定。

---

① See Andrew Burr, *International Contractual and Statutory Adjudication*, Informa Law from Routledge, 2017, p. 252.

② See CA 244/04; CA169/05.

第一,当事人仅能选择一名审裁员担任独任审裁员。

第二,审裁员的指定遵循当事人意思自治原则,当事人可以在争议发生后,共同指定一名审裁员。如果当事人无法就审裁员的指定达成一致,则可以共同指定一个指定机构(nominating body),指定机构可以指定审裁员。如果当事人无法就指定机构的指定达成一致,则申请人可以指定授权指定机构(Authorized Nominating Body),由授权指定机构直接指定审裁员。

第三,当事人在争议发生前达成的关于审裁员、指定机构以及授权指定机构的指定协议,并不具有约束力。①

除上述规定外,新西兰 2002 年《建设工程合同法》还规定,审裁员接收到被指定的请求后,应当在 2 个工作日内明示其是否愿意成为审裁员,并向当事人双方送达接受指定通知书(Notice of Acceptance)。② 法律进一步明确要求,审裁员必须在接受指定通知书中明确陈述"本人符合《建设工程合同法》第 34 条规定的审裁员的任职资格,不存在任何利益冲突"。

值得进一步说明的是,新西兰法律对于审裁员的披露和回避问题,采取的是更加严格的做法。只要被指定担任审裁员的个人存在任何(经济上或其他的)利益冲突,该人在没有获得当事人双方一致同意的前提下,就不得担任审裁员。③ 2002 年《建设工程合同法》第 34 条明确规定了审裁员的任职资格,其中审裁员必须向审裁程序当事人、指定机构或者授权指定机构明确披露其所存在的任何经济上或其他的利益冲突,并且只要存在这种利益冲突,就必须得到当事人的一致同意,否则不得担任审裁员。可见,对于审裁员的任职资格而言,其只要存在利益冲突就必须披露且得到当事人的同意,否则不得担任审裁员,不管这种利益冲突是否足以构成对审裁员公平公正性的合理怀疑。

2. 审裁员的权利及义务

就审裁员的权利与义务,2002 年《建设工程合同法》的规定与其他法域的规定基本一致。

审裁员的义务主要是:(1)居中裁判,行为要符合公平公正,且应当快速解决

---

① 参见新西兰 2002 年《建设工程合同法》第 33 条、第 35 条以及 2003 年《建设工程合同条例》附件 1。

② 参见新西兰 2002 年《建设工程合同法》第 35 条。

③ 参见新西兰 2002 年《建设工程合同法》第 34 条。

争议；(2)避免不必要的费用开支；(3)行为要符合自然正义的要求；(4)披露任何利益冲突，且出现利益冲突时，必须获得当事人的一致认可，否则不可以担任审裁员。

审裁员的主要权利包括：(1)有权自行决定审裁程序的具体开展方式；(2)有权要求当事人进一步提供意见书，但应当给予另一方当事人答辩的机会；(3)有权要求当事人提供其认为有关的任何文件；(4)确定当事人提供意见书及答辩书的最后期限；(5)指定专家顾问就重点问题发表专家意见，但应当提前通知当事人双方；(6)到建设工程现场或者对其他相关事项进行现场检查；(7)其他审裁员为了能够高效作出审裁决定所涉及的适当事项。①

除上述规定外，新西兰2002年《建设工程合同法》明确规定，当被申请人没有按照法律规定的时限提交答辩书或者没有按照审裁员的要求提交或提供相关意见、文件、信息等事项时，审裁员的审裁权利不受影响，审裁员可以根据其已经掌握的信息，根据自由心证的原则，作出最终的审裁决定。②

（三）审裁程序的开展

1. 审裁程序的具体规定

2002年《建设工程合同法》就建设工程合同当事人提请审裁的相关程序，给予了明确的规定。

首先，提起审裁程序的一方当事人应当向另一方当事人送达审裁通知（Notice of Adjudication）。2002年《建设工程合同法》第28条规定，审裁程序由申请人发起，申请人需向另一方当事人或者与建设工程合同有关的其他方当事人送达审裁通知。此外，如果申请人主张业主应当承担责任并且向审裁员申请押记令，那么也应当向业主送达审裁通知。审裁通知的内容应当包括建设项目的基本情况描述、纠纷争议的详细情况、主张的诉求、是否申请审裁员出具押记令（当被申请人是业主方时）、是否主张业主承担连带责任并且申请审裁员对业主所拥有的建设项目出具押记令以及可以确定合同当事人及其送达地址等相关信息。审裁通知中还应当载明被申请人在审裁程序中的权利及义务，以及关于审裁程序的简要

① 参见新西兰2002年《建设工程合同法》第41条、第42条。
② 参见新西兰2002年《建设工程合同法》第43条、第44条。

说明。

其次,当事人双方按照法律规定的程序指定审裁员。审裁员接受指定的,应当向当事人双方送达接受指定通知书。审裁员指定的相关要求,在此不再赘述。

再次,申请人应当在收到审裁员接受指定通知书后 5 个工作日内,向审裁员及被申请人或其他方当事人送达审裁请求书(Adjudication Claim)。审裁请求书必须明确双方争议的背景情况以及具体内容,并且附上相应的审裁通知,以及相关证据等支撑材料。

被申请人可以在收到申请人审裁请求书之日或审裁员接受指定通知书之日(以后到者为准)起 5 个工作日内,向审裁员、申请人或其他方当事人送达审裁答辩书(Response to the Adjudication Claim)。针对相对复杂以及金额较大的争议案件,或者审裁员认为该审裁申请过于仓促,被申请人没有足够的时间准备答辩的,经审裁员允许,上述期限可以延长。

新西兰法律还规定了,申请人可以在收到被申请人审裁答辩书后 5 个工作日内,再次向审裁员提交关于审裁答辩书的回复(reply to response to adjudication claim)。而审裁员则可以在收到申请人的回复书后,对是否将回复书中涉及的新材料或者新问题纳入考虑范围,或者是否给予被申请人 2 个工作日进行回应。

最后,审裁员应当自被申请人提交审裁答辩书的期间到期之日起(被申请人收到申请人审裁请求书之日或审裁员接受指定通知书之日起,以后到者为准,5 个工作日)的 20 个或 30 个工作日(审裁员有自由裁量权)或者当事人同意的更长时间内,作出审裁决定。

2. 关于针对业主(非被申请人)审裁程序的特别规定

新西兰 2002 年《建设工程合同法》第 30 条规定,在业主不是被申请人的审裁案件中,申请人可以主张业主与被申请人对付款义务承担连带责任,并且申请对业主所拥有的建设项目出具押记令。此时,业主将享有作为当事人的全部权利,包括但不限于参与审裁程序的权利以及答辩的权利。但是,如果申请人拟申请的押记令针对住宅用途的场所,则该申请将不被支持。

(四)审裁程序的其他规定

2002 年《建设工程合同法》还规定审裁程序具有保密性。审裁员以及当事人不得肆意对外公开与审裁程序相关的信息。

审裁员有权不出庭作证。审裁员有权拒绝在其他争议解决程序中就与审裁程序相关的问题出庭作证。

另外,2002 年《建设工程合同法》也规定,审裁员以及审裁程序中的专家顾问,对在行使法律赋予的相应职权或权利时的作为或不作为,均不承担民事或刑事责任,但主观恶意所导致的责任除外。

四、审裁决定的效力以及监督与执行

(一)审裁决定的内容及形式

审裁员必须按照规定的格式出具书面审裁决定,并且应当给出审裁决定的具体理由,列明申请人向法院申请执行审裁决定而被申请人不予回应的法律后果。同时,审裁员也享有对审裁决定的计算错误、文字书写错误等进行更正的权利。

审裁决定的裁决事项主要有两大类:一类是金钱给付义务的裁决事项,另一类则是合同项下当事人权利义务的裁决事项。根据申请人请求权的不同,审裁决定的裁决事项也有一定的区别。如果申请人请求审裁的是金钱给付义务,则审裁员应当就任一当事人是否负有金钱给付义务或者在何种条件下负有给付义务进行裁决,并且还应当明确具体付款时间以及付款金额。审裁员还可以对与争议事项有关的当事人权利义务进行裁决。如果申请人请求审裁的不是金钱给付义务,则审裁员应当对合同项下当事人权利义务的相关问题进行裁决。

(二)审裁费用的承担

审裁费用的承担包括当事人开展审裁活动所涉及的费用及开支以及应当支付给审裁员的审裁费。

就审裁开支而言,原则上,当事人应当自行承担自己的审裁开支及成本,但如果审裁员认为一方当事人的恶意行为或者没有实质依据的主张或者反对而导致不必要的开支及成本,其可以决定开支及成本由谁承担。

就审裁费而言,审裁员有权收取审裁费,审裁费应当由审裁员与双方当事人协商确定,或者在没有约定的情况下,根据审裁员实际工作时间以及实际费用,由审裁员确定审裁费的合理金额。审裁费原则上应当由当事人双方共同等额承担,但审裁员如果认为一方当事人的请求或者答辩缺乏实质依据,或者当事人在审裁程序中的行为不适当,那么其可以决定审裁费用在当事人之间的承担比例。

最后,审裁员如果未能在规定时间内作出审裁裁决,则无权主张审裁费。

(三)审裁决定的效力

审裁决定中关于金钱给付义务的决定事项以及当事人权利义务的决定事项均具有约束力、可执行性。

首先,就金钱给付义务而言,如果当事人不遵守审裁决定,在规定的付款期限内没有全额付清应付金额,则另一方当事人可以将未付金额以及维护权利所产生的合理开支作为到期债权向法院申请执行。该当事人也可以因此向另一方当事人送达暂停施工通知书。

其次,就关于当事人权利义务的审裁决定而言,如果当事人不履行审裁决定,则另一方当事人也可以向法院申请执行。

最后,就审裁决定的效力问题,新西兰2002年《建设工程合同法》规定,审裁决定对当事人双方均具有约束力,而且即使在一方当事人已经就审裁决定提起司法审查或者关于诉争争议的其他争议解决程序已经开展的情况下,审裁决定依然具有约束力。只有在司法审查、其他争议解决程序推翻审裁决定时,审裁决定才失去效力。这也与前文所提到的"先付款后争议"的基本原则相一致。

(四)审裁决定的执行

2002年《建设工程合同法》规定,当事人可以向地区法院通过简易诉讼程序申请认可审裁决定,从而予以执行。[①] 同时,被申请人可以反对法院认可审裁决定,但其必须在5个工作日内提出,而且合法的反对理由仅有5种:(1)审裁决定的金额已经支付;(2)审裁决定所依据的合同并不是2002年《建设工程合同法》中规定的建设工程合同;(3)审裁决定所确定的付款条件尚未满足;(4)审裁决定所确定的付款时间尚未届满;(5)针对权利义务的审裁决定,发生非基于被申请人原因的情势变更,已经无法再执行审裁决定。[②] 如果地区法院认为存在上述5种理由的任意一种,则应当拒绝认可审裁决定,反之则应当认可审裁决定,并予以执行。

---

① 参见新西兰2002年《建设工程合同法》第73条。

② 参见新西兰2002年《建设工程合同法》第74条。

（五）审裁决定的司法审查

2002 年《建设工程合同法》并没有规定当事人就审裁决定提请司法审查的相应权利，但是在实务中，当事人有权就审裁决定提出司法审查。不过，这种权利极为有限。

2002 年《建设工程合同法》仅规定了业主方可以向地区法院申请对审裁决定进行司法审查。[①] 在业主方并非被申请人的审裁案件中，如果业主方被判定应就付款义务承担连带责任，且审裁员就建设项目出具了押记令，则其有权利向地区法院提起司法审查。此时，地区法院必须将司法审查案件作为一个全新的案件，对全部案件事实进行审理。

但是，实践中当事人仍然可以就审裁决定向高等法院提起司法审查。此时，司法审查的法律依据主要为：审裁员作出审裁决定是在履行法定决定权，因此审裁员的决定应当接受司法审查。[②] 相比英国以及澳大利亚西岸的做法，新西兰并没有在法律规定中给出对审裁决定进行司法审查的具体理由或者标准，法院必须根据案件的实际情况予以个案的考量。[③] 根据新西兰以往判例，法院对审裁决定开展司法审查的主要理由是存在管辖权问题以及违反自然正义。但是，考虑到建设工程合同法案的立法目的，法院在判决中都采取非常谨慎的态度，认为最低限度的司法审查是恰当的，只有在审裁程序严重违反自然正义、缺乏管辖权时作出的审裁决定才应当被法院推翻。[④]

多布森（Dobson）法官在 *Spark It Up Limited v. Dimac Contractors Limited* 一案中作出了说明："我很同意 Stevens 法官的观点，即法院的做法必须取决于个案的具体情况。申请人可以主张撤销理由包括所有传统的司法审查理由，但考虑到该法案的立法目的，低强度的司法审查是更为恰当的，这意味着对于申请人而言，其负有更高且更为困难的举证责任，来证明其主张的撤销理由足以赋予法院干预行为的合理性及正当性。"

---

① 参见新西兰 2002 年《建设工程合同法》第 71A 条。

② See Andrew Burr, *International Contractual and Statutory Adjudication*, Informa Law from Routledge, 2017, p. 253.

③ See Andrew Burr, *International Contractual and Statutory Adjudication*, Informa Law from Routledge, 2017, p. 253.

④ See HC EN CIV - 2008 - 485 - 1706.

可见,司法审查作为一种补救措施,只有在最"极端"的案件中才能适用。《建设工程合同法》的立法目的是明确的,上诉法院对任何可能阻碍其立法目的解释都是不接受的。

第五节　我国香港地区审裁制度

一、我国香港地区付款保障与审裁制度的发展历程

在我国香港地区,商事仲裁是解决包括建设工程领域纠纷在内的商事主体间纠纷的主要形式。[①] 但商事仲裁往往只能在工程项目完工后方能提起,这导致纠纷无法得到第一时间的解决。[②] 因此,香港一直在不断探索更加快速、便捷的争议解决机制,以在商事仲裁难以发挥作用的领域起到补充作用,力求实现及时、高效、低成本的整体争端解决方案。

CIC 在 2010 年 9 月公布的《争议解决指南》中建议在工程合同中引入 DRA,力求能够第一时间化解当事人间的争议。[③] 但由于 DRA 一般仅扮演顾问的角色,仅向当事人提供专业建议,并不居中裁判,其决定也不具有约束力,该制度并未得到广泛的认可和应用。

2011 年,香港发展局(The Development Bureau)和 CIC 联合开展了针对建筑行业付款实践的问卷调查活动。调查结果显示,在建筑工程领域,承包商、分包商以及材料供应商普遍遭遇了严重的付款危机,年平均未付款金额达到 200 亿港元,超过 45% 的承包商以及超过 57% 的分包商认为付款问题严重或者非常严重。[④] 除此之外,调查结果显示,超过 50% 的分包商表示其上游合同均采用了"先收款后付款"的"背靠背"支付条款,而值得注意的是此类合同安排更容易出现付

---

① See Paul Starr & Thomas Feld, *ADR in Construction Hong Kong*, IBA International Construction Projects Committee, August 2013, p. 3.

② See Library of Standard ACC for NEC ECC, 2022, p. 177.

③ See Hong Kong Construction Industry Council, *Reference materials for application of dispute resolution in construction contracts*, Construction Industry Council (August 2, 2015), https://www.cic.hk/files/page/51/Reference%20Materials%20Dispute%20Resolution%20%28August%202015%29_e.pdf.

④ See The Development Bureau, *Survey on Payment Practice in the Construction Industry Executive Summary*, MOV Data Collection Centre Limited, p. 2.

款问题。[1]

为解决此问题,香港特别行政区政府自 2012 年开始,不断探索付款保障制度(Security of Payment Legislation)在香港的应用与推广。香港发展局在 2012 年组建了由 15 家各领域专业机构组成的工作小组,对域外审裁制度的成功经验进行研究,探索适合香港的解决方案。[2] 香港发展局在 2012 年公布的调查报告中总结了香港建筑业面临的困难及问题。报告指出,香港建筑业存在以下两大主要问题及矛盾。

(一)严重的付款问题

香港建筑业分包现象非常普遍,根据 2012 年的调查报告,92% 的承包方存在将工程向下分包的情况,60% 的一级分包商存在将分包工程再次分包的情况。[3] 工程分包的现象加上"背靠背"支付条款的普遍适用,无疑导致分包商面临严重的付款问题。根据调查报告,工程进度款的支付周期一般在 41 天至 50 天不等,付款周期普遍大于合同约定的周期。2010 年,建筑业未付款金额总额近 200 亿港元,其中针对承包商的未付款金额有 94 亿港元,针对分包商的未付款金额达到 99 亿港元。[4]

(二)现有争议解决机制的滞后性

值得注意的是,在香港的工程实践中,一般在建设项目竣工前,当事人是不能提请仲裁的,这导致工程款支付纠纷无法得到及时解决。在香港发展局公布的工程与建筑合同(Engineering and Construction Contract)标准合同文本中,争议解决条款均包含禁止在工程竣工前将争议提交仲裁的约定。[5] 这种约定在香港工程领域并非个例,而是普遍的现象,其目的是确保工程施工进度不会因为冗长的争议解决程序而被搁置,但显然这也阻碍了施工过程中的争议(特别是进度款支付的争议)得到及时有效的解决,甚至会导致矛盾的不断激化,最终令承包商、分包商

---

① See The Development Bureau, *Survey on Payment Practice in the Construction Industry Executive Summary*, MOV Data Collection Centre Limited, p. 2.

② See Andrew Burr, *International Contractual and Statutory Adjudication*, Informa Law from Routledge, 2017, p. 187.

③ See The Development Bureau, *Survey on Payment Practice in the Construction Industry Executive Summary*, MOV Data Collection Centre Limited, p. 2.

④ See The Development Bureau, *Survey on Payment Practice in the Construction Industry Executive Summary*, MOV Data Collection Centre Limited, p. 4.

⑤ See Library of Standard ACC for NEC ECC, 2022, Dispute Resolution, G1B(4).

出现资金链断裂的问题。①

基于调查结果，香港发展局联合各行业代表组成工作组，共同研究建筑业付款保障条例的框架建议。香港发展局最终决定借鉴英国、新加坡、澳大利亚、新西兰、马来西亚以及爱尔兰的立法模式，通过付款保障法例改善工程领域的付款问题。②

2015 年，为更好收集行业意见，香港发展局向社会公开发布了关于付款保障制度的咨询文件(consultation document)，并邀请相关方对重要问题发表意见。咨询活动持续 3 个月，先后收集了 1116 份反馈意见，充分征求了建筑业商事主体对付款保障条例框架的意见，特别是对重要条款的不同意见。③ 香港发展局于 2016 年 4 月公布咨询报告，总结了公众对拟定的付款保障制度的建议及意见。

按原计划，香港发展局本应于 2016 年开始付款保障条例草案的起草工作，④ 但出于某些原因，付款保障制度在香港的推广受到一定的阻力。直至 5 年后，2021 年 10 月 5 日，香港发展局以技术通告(Technical Circular)的形式，强制性要求在与公共工程合同相关的各级承包合同或分包合同中加入付款保障制度的相关条款。同一时间，香港发展局组织更新了公共工程合同的标准条款，使其与付款保障制度的相关要求保持一致。香港发展局表示，付款保障制度在公共工程合同中的推广与应用，能够更好地积累实践经验，有助于立法的顺利实施。

香港发展局于 2021 年 10 月 5 日发布了《第 6 号技术通告》(Technical Circular, No. 6/2021)，《公共工程合同中的付款保障条款》(Security of Payment Provisions in Public Works Contracts)。该技术通告强制要求在所有公共工程合同以及其下游分包合同中执行付款保障制度的相关条款，所有公共工程招标文件中的合同附加条款(ACC)或合同专用条款(SCC)必须要添加付款保障制度的相关要求

---

① See John Lau, *ADR and Statutory Adjudication in the Hong Kong Construction Industry*, Lawyer Monthly(Jul. 28, 2022), https://www. lawyer - monthly. com/2022/07/adr - and - statutory - adjudication - in - the - hong - kong - construction - industry/.

② See The Development Bureau, *Proposed Security of Payment Legislation for the Construction Industry Consultation Document*, Thirtieth Meeting of the Business Facilitation Advisory Committee, para. 1 – 4.

③ See The Development Bureau, *Report on Public Consultation on Proposed Security of Payment Legislation for the Construction Industry*, 2016, p. 2.

④ See The Development Bureau, *Proposed Security of Payment Legislation for the Construction Industry Consultation Document*, Thirtieth Meeting of the Business Facilitation Advisory Committee, para. 25.

及条款，以强制要求修改合同条款的手段，实现付款保障制度的适用与推广。该技术通告虽然并非立法性文件，但其作为一种行政手段，切实有效地推进了付款保障制度在香港的实施，为未来付款保障制度的正式立法积累经验，不失为一种值得借鉴的做法。

虽然香港发展局及相关主体为付款保障制度的正式立法进行了大量的准备工作，但时至今日，付款保障条例在香港并未正式立法，付款保障条例的立法草案也尚未向社会公布。

二、香港付款保障与审裁制度的立法探索

时至今日，我国香港地区并未正式就付款保障制度进行立法。香港发展局《2015 年付款保障条例建议》给出了付款保障条例的概要模式。在 2015 年咨询活动收集的公众意见以及付款保障法案立法小组建议的基础上，香港发展局于 2021 年发布《第 6 号技术通告》，其中的附件 A"付款保障框架"（Security of Payment Framework）为香港建立付款保障与审裁制度的法定框架提供了进一步的参考。以下分别就两份文件的内容进行介绍。

（一）《2015 年付款保障条例建议》

1. 适用范围

《2015 年付款保障条例建议》第 1 段规定，付款保障条例适用于所有由香港特别行政区政府（包括所有部门、科、局、署或其他政府机构）、指定的法定及/或公共机构（该等机构罗列于条例附表一中）。[①] 对于私营类建造合约来说，只有最终雇主（ultimate employer）采购的是《建筑物条例》第 123 章所指的"新建筑物"

① 根据 2015 年咨询文件附录 A 附表一，条例内指定的法定及/或公共机构及企业包括机场管理局、中华电力有限公司、香港中文大学、香港城市大学、建造业议会、香港医学专科学院、香港演艺学院、香港浸会大学、香港中华煤气有限公司、香港电灯有限公司（港灯电力投资）、香港教育学院、香港国际主题乐园有限公司、香港理工大学、香港生产力促进局、香港科技园公司、香港体育学院、香港贸发局、香港电车有限公司、香港科技大学、医院管理局、香港房屋委员会、香港房屋协会、九广铁路公司、岭南大学、香港铁路有限公司、海洋公园公司、香港公开大学、香港大学、市区重建局、职业训练局、西九文化区管理局。

(new building),①并且满足以下两种情形之一时,条例才能得以适用:(1)总包合同是金额超过500万港元的建造或相似工程合同;(2)合同是超过50万港元的专业服务及物料供应合同。

建造合同包括3大类,分别为:(1)承办建造活动,包括工地工程,其内容可以仅关乎供应劳工或同时供应劳工、物料和机械;(2)与建造活动有关的服务合约,包括提供工程及建筑设计、测量、工料测量、项目管理、园景设计、室内或外观设计、规划、检测和咨询服务,也包括提供可行性研究的合约;(3)供应合约,由缔约一方向进行建造活动的另一方供应(并只限于供应)物料设备或机械,而所供应的物料会于建造活动完成后构成工程的一部分或用以进行建造活动。

相关的建造活动包括:(1)对楼宇或构成土地一部分的建筑物作出的建造、改动、修葺、修复、翻新、保养、扩建、拆卸或拆除髹漆或装饰工作;(2)建造、改动、修葺、修复、翻新、保养、扩建、拆卸或拆除构成土地一部分的工程,包括墙壁、道路、输电线、电讯器具、跑道、船坞、海港、铁路、水道、管道、水库、总水管、井、污水渠、工业装置、土地排水、海岸防护以及填海;(3)装设在楼宇、构成土地一部分的建筑物或工程内的装配,包括暖气、照明、空气调节、通风、能源供应、渠务、卫生设施、供水、防火、保安或通讯系统;(4)构成上述工程一部分的工序,包括清理工地、翻动泥土、挖掘、建隧道和钻凿、铺设地基、棚架、修复工地、园景建构、提供行车道和其他通道工程,以及其清理工作。

关于总承包合同与分包合同的适用场景,《2015年付款保障条例建议》第5段明确,当总承包合同适用付款保障条例时,同一供应链下任何层级的分包合同也适用该条例。《2015年付款保障条例建议》第6段规定,当总承包合同不适用付款保障条例时,同一供应链下任何层级的分包合同亦不适用该条例。

《2015年付款保障条例建议》还规定了非根据工程或所提供服务、物料或机

① 《建筑物条例》第123章将"建筑物"定义为包括任何住用或公共建筑物或经建造或改装作公众娱乐用途的建筑物、拱门、桥梁、经改装或建造以用作贮存石油产品的洞穴、烟囱、厨房、牛棚、船坞、工厂、车房、飞机库、围板、厕所、茅棚、办公室、贮油装置、外屋、码头、遮蔽处、店铺、马厩、楼梯、墙壁、仓库、货运码头、工场或塔、海堤、防波堤、突堤式码头、突堤、埠头、经改装或建造以供占用或作任何用途的洞穴或任何地下空间,包括相关的隧道通道及竖井通道、塔架或其他相类的用以承托架空缆车设施的构筑物,以及建筑事务监督借宪报公告宣布为建筑物的其他构筑物的全部或任何部分及"新建筑物"为今后建成的任何建筑物,以及任何以体积计不少于一半是重新兴建的现有建筑物,或任何曾予改动而其程度致使主墙的表面面积不少于一半需要重新建造的现有建筑物。

械的价值而付款的合同,不应适用该条例。同时,4类合同明确不适用该条例,即个人雇佣合同、保险合同、担保合同和贷款合同。

对于该条例在地域和主体上的适用范围,《2015年付款保障条例建议》规定,该条例只适用在香港境内或仅限于在此范围内进行的相关建造活动。除此之外,在香港境外提供服务和制造物料的合同,只要供应对象是为香港采购或承办建造活动的人士,而所提供的服务和物料也是用于相关建造活动的,该等合同也会被纳入《2015年付款保障条例建议》的适用范围。

2. 进度款付款保障

《2015年付款保障条例建议》赋予承包方就建造活动、相关服务、物料或机械进度款(包括单次、中期和最终进度款)进行追讨的权利。进度款的期数、付款条件、计算方法、付款日期原则上由各方自由商定。

(1)付款申索与付款回应

对于合同中有关进度付款事项,双方可以就支付期数、追讨时间和前提情况、计算款项方式进行约定,但关于付款的相关日期有以下强制性规定:①中期进度款的付款期限不得超过付款申索提出后的60个日历日;②最终进度款的付款期限不得超过付款申索提出后的120个日历日,否则约定即为无效。付款申索指的是,承办建造活动或提供相关服务、物料或机械的各有关方,有权(但并非必须)援引合同条款就进度款项提出的申请。所有到期应付的进度款项均可成为付款申索的项目。付款申索内容应包含相关工作、服务、物料及机械的明细和详情及费用计算方式。如果合同未约定进度款付款进程相关内容,则直接适用法定的进度款安排,即①承包方有权按月提出付款申索;②中期进度款应在付款申索提出后的60个日历日内支付;③最终进度款应在付款申索提出后的120个日历日内支付。

与付款申索相对应的概念为付款回应。一方提出付款申索,另一方在收到付款申索后,发出付款回应的期限不应晚于收到付款申索后的30个日历日。另一方如果认为有部分款项应作抵销或者扣减,应在付款回应中列明并附计算方法,否则,其不得抵销或者扣减。

(2)"先收款后付款"条款("背靠背"支付条款)

《2015年付款保障条例建议》明确规定,如果合同约定以付款方收到第三方付款作为付款的前提条件,则该合同条款无效。

(3)因不获付款而暂时停工的权利

《2015年付款保障条例建议》赋予了承包方暂时停工的权利,主要针对的是两种情形:一是合同另一方已在付款回复中确认了进度款项但未支付;二是经审裁员裁定为应付款项但未支付。当然,承包方在行使暂时停工的权利前应履行必要的提前通知义务,如提前5个或10个工作日通知负有付款义务的另一方。

3. 审裁

在《2015年付款保障条例建议》中,审裁制度是重要的一部分内容。当事人提起审裁的权利并不能通过合同协商的方式被豁免或限制,①这是一种法定权利。

(1)审裁范围

相比英国、新加坡和澳大利亚新南威尔士州的付款保障与审裁立法,我国香港地区采用的审裁制度介乎英国、新加坡与澳大利亚新南威尔士州之间。根据《2015年付款保障条例建议》的规定,合同双方均有权就相关争议提交审裁,可提交至审裁解决的争议包含进度款争议和工期延长争议。对于审裁提起的时限,《2015年付款保障条例建议》明确为28个自然日。适用审裁情形有以下4种:①一方不支付已在付款回应中承认为到期应付的款项;②一方送达付款回应,对付款申请的全部金额或部分金额提出争议及/或指明在付款申请的到期应付款中应作出抵销或扣减的款项;③付款一方没有在规定期限内就付款申请作出付款回应;④出现工期延长的争议。

(2)审裁程序

①审裁程序的启动

在提起审裁的规定期限内,申请方须在启动审裁程序时向被申请方发送审裁通知书,通知须载明主体信息、争议内容和赔偿金额。在审裁员选定之日前,申请方还须向被申请方提供一份审裁申请书及其所援引的支持性证据。

②审裁员的产生与退出

根据《2015年付款保障条例建议》的规定,双方可以在提起审裁的5个工作日内就审裁员的人选进行协商,也可以就审裁员指定机构进行协商,如未能协定成果,则由港仲提名审裁员。申请方也须在审裁员选定之日或之后的1个工作日

① See Hong Kong Development Bureau, *Proposed Security of Payment Legislation for the Construction Industry Consultation Document*, 2015, p. 32.

内向审裁员提交前述审裁申请书及其所援引的支持性证据。

审裁员如果认为不可能在审裁期限内作出审裁决定，其有权辞职。

③审裁答辩

在收到申请方的审裁申请书之日起的 20 个工作日内，被申请方可以就审裁申请作出答辩，并附支持性证据作为回应。审裁员有权更改被申请方作出答辩的期限，包括缩短或延长。

④审裁审理

审裁员可以以其认为最合适的方式进行审理，包括要求任何一方提交进一步的陈述和证据材料、要求会见有关各方、核查有关事项并定下相关期限、发出审裁程序令。审裁决定作出的期限为审裁员收到被申请人答辩书后的 20 个工作日内，这一期限可以由审裁员进行延长，至多延长至审裁员获委任之日起的 55 个工作日。如果双方同意，这一期限还可以进一步延长。

⑤审裁突袭问题

审裁员有权就以下事项在审裁程序中不予理会：申请方提交的任何申请书或证据材料是被申请方在收到审裁通知书时所不知悉的；理应和付款申请一起送达或理应在申请方发出审裁通知书之前送达给被申请方，但未送达的；被申请方不能在审裁过程中公平地考虑及回应的。

⑥审裁费用

各方因审裁产生的相关费用由各方自行承担，审裁员的费用和开支，由审裁员裁定由哪一方进行支付，或由各方共同支付，比例由审裁员决定。

⑦审裁决定的执行

审裁员作出的审裁决定可按照法庭判决的方式执行。如被申请方就执行有关事项提出反对，应尽快提出，由法庭按照执行程序予以处理。关于审裁决定的具体执行程序，《2015 年付款保障条例建议》并未给出明确规定，而是提出“于咨询香港法院后才制定”。

（二）香港发展局《2021 年付款保障框架》

1. 适用范围

根据香港发展局《2021 年付款保障框架》第一部分“适用范围”的规定，《2021 年付款保障框架》应适用香港特别行政区政府、特定的法定及/或公共机构就采购建筑工程或相关货物及服务而签订的所有建筑合约。在私营领域,私营主体就特定新建筑物签订的金额超过500万元港元的总承包合同,或50万元港元以上的专业服务及物料供应合同也适用《2021年付款保障框架》。另外,同一供应链内所有层级的分包合同亦适用《2021年付款保障框架》。

2. 付款保障

与《2015年付款保障条例建议》类似,《2021年付款保障框架》也规定了相应的进度款付款保障制度,包括进度款的付款申请、"背靠背"支付条款无效及因不获付款而暂时停工的权利,但在具体内容方面略有不同。

(1)进度款付款

《2021年付款保障框架》仍然赋予承包方主张进度款的权利。合同各方可就进度款付款进行约定,但在此文件中,并未强制规定中期款和终期款的付款期限。如果合同未约定进度款付款进程相关内容,则直接适用法定的进度款安排,即:承包方应当按月提出付款申请;付款方可以在收到付款申请后的30个自然日内作出付款回应;付款方应当在收到付款申请后的60个自然日内支付款项。

如果付款方未在30个自然日内作出付款回应,则视为付款方对付款申请中的全部款项存在异议,且在后续审裁程序过程中,付款方将不能再主张任何部分的扣除或抵销。

(2)"先收款后付款"条款("背靠背"支付条款)

同样,《2021年付款保障框架》也否定了"背靠背"支付条款的有效性,且进一步规定,在上游企业破产的情况下,不影响供应链下游各级分包方主张进度款。

(3)因不获付款而暂时停工的权利

承包方采取停工或减缓工程进度的行动,需要以书面方式通知未付款一方,并且还应尽合理努力将其诉求告知付款方。对于行使停工权利所导致的成本,承包方有权向付款方进一步主张。

3. 审裁

(1)审裁范围

《2021年付款保障框架》规定,合同任何一方均有权就付款争议提起审裁,提起审裁的期限仍然为争议发生后的28个自然日内。较《2015年付款保障条例建议》不同的是,《2021年付款保障框架》规定只有付款争议才可以提交审裁,单纯的工期延长争议被排除在适用范围之外,只有当争议涉及延期造成的损失时,审裁员才有权管辖合同一方是否可以延长工期的事项。

值得注意的是,《2021 年付款保障框架》还提到,审裁员在就工期相关费用进行审理时,有权就工期延长的正当性作出决定。一方面,就工期延长相关损失作出的审裁决定,具有临时约束力和可执行力,但由审裁员决定的工期延长时间却对双方无拘束力。另一方面,一方无须因为审裁员裁定工程逾期完工而向相对方支付违约赔偿金。

(2)审裁程序

①审裁程序的启动

审裁程序启动的时间期限是争议发生后的 28 天。申请方须在启动审裁程序前向被申请方发送审裁通知书,通知须载明主体简要信息、争议内容和赔偿事项。

②审裁员的产生

根据《2021 年付款保障框架》的规定,审裁员可依双方约定产生,也可经双方同意的指定机构指定。在审裁通知送达至指定机构后的 5 个工作日内,审裁员应获任命。在审裁员获任命后的 1 个工作日内,申请方应向审裁员和被申请方发送审裁申请书,但《2021 年付款保障框架》中未明确规定是否应当附相关证据。

对于审裁员指定机构的产生方式,《2021 年付款保障框架》的规定有所变化。在《2015 年付款保障条例建议》中,港仲为担任指定机构的唯一选项。但根据《2021 年付款保障框架》规定,经香港发展局登记并管理的有相应资质的机构可作为指定机构的备选,其名单公布于香港发展局官方网页。根据《2021 年付款保障框架》的规定,在审裁通知书发送以后,双方可以就指定机构进行协商。在确保这一程序权利的同时,为加速程序进展、增加备选指定机构的可预见性,由香港发展局建立备选指定机构名单。

③审裁答辩

在收到申请方的审裁申请书之日起 20 个工作日内,被申请方应当就审裁申请作出答辩。

④审裁决定的作出

审裁员应当在获任命之日起 55 个工作日内作出审裁决定。这一期限经双方当事人同意后可进一步延长。

⑤审裁费用

审裁产生的费用,由审裁员在审裁决定中按比例分配给各方当事人承担。

⑥审裁决定的执行

《2021 年付款保障框架》就执行流程作了比较详细的规定，即申请执行一方应向法院申请一份执行审裁决定的许可，待法院出具许可后，审裁决定方可如同法院判决一样得到执行。

⑦审裁决定的撤销

《2021 年付款保障框架》赋予审裁申请方、被申请方撤销审裁决定的权利。各方均可向法院提出撤销审裁决定，该权利的行使期限为收到审裁决定之日起 14 日。

三、香港付款保障与审裁制度的实践探索

除前后两次发布的《2015 年付款保障条例建议》和《2021 年付款保障框架》外，香港发展局于 2021 年颁布的《第 6 号技术通告》附件 B 至附件 H 还通过行政层面推动付款保障与审裁制度的适用。亦即，香港发展局要求所有公共工程招标文件合同附加条款（ACC）或合同专用条款（SCC）必须添加付款保障制度的相关要求及条款，通过行政主管机关的管理权限和要求修改合同条款的手段，实现付款保障与审裁制度的适用与推广。

（一）2021 年《第 6 号技术通告》的性质与使用

香港发展局 2021 年《第 6 号技术通告》并不是立法性文件，其更接近于一种管理要求。根据香港发展局官方网页对技术通告的定义，技术通告是政府部门为实际推进政策决定而发布的程序性指令。《第 6 号技术通告》要求在公共工程合同中执行付款保障与审裁制度的相关条款，但是这种执行必须依赖于当事人之间的合同约定。如果当事人并未按照此技术通告之要求在合同中添加付款保障制度的相关约定，则即使所涉及工程在《第 6 号技术通告》的适用范围内，付款保障与审裁制度的相关规定也不发生效力。

2021 年《第 6 号技术通告》是通过如下方式发挥作用的：首先，该技术通告要求在所有的公共工程招标文件中加入付款保障制度的相关条款。投标人根据此招标文件进行投标，实质性响应招标文件的要求，从而确保在政府与承包商签订的正式合同中，付款保障制度的相关条款得以适用。其次，2021 年《第 6 号技术通告》要求所有建设工程类公共工程合同的各级分包合同，也要加入付款保障制度

的相关条款,从而确保各级分包商均能得到付款保障制度的保护。最后,为确保相关付款保障制度在分包合同中的应用,相关政府部门将会就付款保障制度的实际适用情况,对承包商进行监督和检查,一旦发现问题,将会影响该承包商的评分报告。

(二)2021 年《第 6 号技术通告》附件的主要内容

2021 年《第 6 号技术通告》附件 A 为"付款保障框架",附件 B 至附件 H 为要求写入公共工程合同的一系列特定条款以及通知格式文本。附件 B、附件 C 主要规定了公共工程合同中主合同必须加入的付款保障条款及附录条款,并且根据合同所采用的示范文本规定了不同版本的文字内容,诸如 NEC3 ECC 合同、NEC3 TSC 合同、香港特别行政区政府 GCC 合同等;附件 D 是针对必须加入分包合同的付款保障条款的规定;附件 E 明确了合同中关于争议解决条款的要求;附件 F 主要针对分包商管理计划的范围和内容给出建议条款;附件 G 是业主在分包商根据审裁决定要求其直接付款的情况下,要求分包商提交的标准信函模板,用以证明分包商所持有的审裁决定不存在特定不予履行的情形;附件 H 是分包商用以向业主提出停工或暂缓工程进度要求的格式文本。

值得关注的是,2021 年《第 6 号技术通告》附件通过加入合同文本的方式,在一些方面对付款保障制度的规定更为细化,甚至超出付款保障框架范围。

例如,附件 D 中规定了必须加入分包合同的付款保障条款。在具体履行过程中,建设工程类公共工程合同的承包商,有义务确保其下游各级分包合同中具备付款保障制度的相关约定条款,并且需要向合同管理员全面披露各级分包商的基本情况以及相关付款保障制度在分包合同中的应用情况。在合同管理员的要求下,承包商还应提供合同文本等实质性证据,以说明某一份分包合同是与主合同相关的分包合同。

又如,香港目前尚未就付款保障进行立法,在现有机制下,审裁决定仍被视为双方之间的合同性义务。因此,当审裁申请人向法院申请执行审裁决定时,法院仍然应当作出简易判决进而启动执行程序。在 2021 年《第 6 号技术通告》附件的付款保障条款中,分包合同项下的申请人被赋予凭审裁决定直接向业主请求付款的权利,并应当向业主提交以下材料:(1)经审裁指定机构或审裁员证明的审裁决定副本;(2)证明审裁结果所涉工程量已完成的相关证据;(3)关于审裁结果所涉金额部分或全部未履行的书面说明。业主在收到分包商提交的付款请求及上述附件材料后,应当向承包商发送2021年《第6号技术通告》附件G的格式文书,要求其在28天内提交关于分包商是否已受偿,或审裁结果是否仍然对审裁被申请人有约束力,或者审裁结果是否已被其他争议解决程序替代的书面证明。承包商则有义务在28天内确认分包商的任何上游单位是否具备已经破产、已收到破产接管令、已申请破产等情形,若具备上述情形,则业主有权不直接付款。承包商如果提供了分包商的任何上游单位不具备履行其应向分包商支付的款项条件时,承包商应当建议业主直接支付相应款项。

再如,作为确保承包商将付款保障条款加入所有分包合同的执行监督者,项目办公室负责对承包商的合规表现进行打分评价。当分包商因为付款主体不付款而停工时,项目办公室还应确保分包商的停工通知能够张贴在工程现场的显眼位置,以敦促具有付款义务的相关主体尽快付款。

总而言之,与已经具备付款保障与审裁立法的英国、新加坡、新西兰等国家和地区不同,我国香港地区的付款保障与审裁制度尚未推进到立法步骤,其在实践中主要通过政府发布通告的形式予以贯彻施行。虽然尚处于推行初期,但作为正式立法前的过渡,2021年《第6号技术通告》的出台代表了香港特别行政区政府在公共工程合同中推行付款保障与审裁制度的一种独特路径。即便2021年《第6号技术通告》附件条款暂时未要求非公共工程合同予以适用,但也对相应制度的建立起到了一定的示范作用。

下篇　实践调研篇

第一章 《建设工程争议审裁示范规则》

第一节 《建设工程争议审裁示范规则》起草说明

常设论坛是于2017年6月14日设立的旨在促进中国建设工程法律完善与发展的专业交流平台。常设论坛组织工作组完成高质量的调研成果，并通过成员和观察员对调研成果的宣传和推广，促使建设工程法律界就特定问题达成共识，进而提高该领域争议解决的效率和可预期性。常设论坛与建设工程行业协会不同，其独立于建筑企业、律师事务所、相关争议解决机构，是通过一系列建设工程领域的研究成果为该领域提供专业且具有可操作性的纠纷解决指引。自成立至今，常设论坛发布《建设工程质量纠纷裁判指引》《建设工程勘察设计合同纠纷裁判指引》《建设工程总承包合同纠纷裁判指引》《建设工程施工企业及从业人员刑事法律责任及风险防范》《中国建设工程施工合同法律全书》《中国工程承包企业海外经营风险与实务应对》等一系列成果，从用户角度、律师角度、仲裁员或者法官角度对建设工程相关风险防范与争议解决进行了深入研究，为企业、律师及仲裁员和法官提供了技术和智力支持。

随着"一带一路"倡议的不断深化，越来越多的中国企业"走出去"，其中建筑企业走向海外承揽工程项目越来越多。由于建设工程项目具有投资大、周期长、协作关系复杂等特点，使得建设工程纠纷频发。在我国，建设工程相关争议大多通过诉讼和仲裁解决，但随着纠纷数量增加、付款矛盾凸显，用户对争议解决方式也提出了更高的要求。建筑业审裁制度是一种快速处理特定问题的中期争议解决措施，即当事人将争议提交给一个独立和中立的第三方，该第三方需要在严格限定的时间内、在了解双方意见的基础上作出决定，该决定有初步约束力，但不具有终局性，可以被之后的仲裁或诉讼结果推翻。目前，我国尚未建立统一的审裁制度，但实践中“走出去”企业在国际建设工程争议中常常被动或者主动选择审裁作为中期争议解决方式，我国仲裁机构和相关行业协会也在通过不同方式探索审裁制度在中国落地。

基于此，工作组通过对国际建设工程审裁制度的广泛研究，结合对国内及国际相关用户、专家的调研，围绕国内用户的需求与实际情况，起草了《示范规则》。工作组希望这一套全面的审裁示范规则，有助于提升建设工程领域乃至其他领域纠纷解决的快捷性。无论交易双方来自哪个国家，争议事项是否全部或者部分源于建设工程活动，当事人都可以选择某仲裁机构或者其他机构作为案件管理机构，并选择适用《示范规则》进行审裁。此外，当事人也可以选择适用《示范规则》作为程序管理依据，通过临时审裁、专家评议等其他方式解决争议。

本说明将围绕《示范规则》的起草背景、起草过程、起草思路及规则的主要内容对其进行说明。

一、《示范规则》的起草背景

在我国，建设工程活动中因合同管理不到位、业主变更、参与方能力不足、估价错误、承包商选择不当等引起的工程款支付争议一直是企业面临的重要问题。为了维护建筑业纠纷中现金流的稳定性，英国、新加坡、澳大利亚、新西兰、加拿大等国家规定审裁（Adjudication）作为法定的处理相关工程争议的解决程序。正是这一纠纷解决方式的探索与实践，使得国际建设工程活动中因付款发生的争议得以快速解决，而审裁也因其严格的审理期限、审裁决定的临时约束力等特点，受到越来越多市场主体的青睐。但是，我国虽然有相关实践和探索，如贸仲、北仲起草并发布的建设工程争议评审规则，但多受限于审裁立法缺失、用户了解度不高、与诉讼和仲裁无法衔接等问题未得到快速发展。

（一）国内关于审裁相关实践情况

在我国，审裁制度多被表述为争议评审制度。2009 年 1 月 20 日北仲率先发布《北仲规则》后，贸仲、武仲、常仲相继发布建设工程争议评审规则。此外，泰州市住房和城乡建设局、泰州市人民政府法制办公室、马鞍山建设工程争议评审中心、广东省建设工程标准定额站等也发布了相关争议评审规则。但是，上述规则的发布与用户的实际适用仍存在较大差距，适用审裁解决建设工程合同纠纷的案例少之又少。

(二)域外关于审裁相关实践情况

在建设工程领域,审裁这一纠纷解决方式因其专业、简便、快捷、成本低等优势被广泛适用。英国、新加坡、澳大利亚以及新西兰均对审裁制度进行了明确立法,如新加坡2004年《建筑业付款保障法》和英国1996年《房屋补助金、建设和重建法案》。此外,FIDIC在《设计—建造与交钥匙工程合同条件》中提出了审裁且相继在其他类型合同条件中引入审裁制度。2022年10月,伦敦国王学院(King's College London)与争议评审协会(the Adjudication Society)合作发布了《2022年英国工程争议审裁报告》(2022 Construction Adjudication in the United Kingdom: Tracing Trends and Guiding Reform),该报告针对2020年5月至2022年5月的争议进行了调研,其中25%的受访者参与过超过100项审裁活动,76%的受访者至少参加过11次以上的审裁活动。该报告显示,越来越多的域外用户已经将审裁作为其纠纷解决的优选方式。

(三)市场主体的需求

2023年3~4月,工作组以国内建设工程类企业(包括国企和大型民企、中小型民企)、仲裁机构、专家(包括法官、科研人员、律师、鉴定人等)作为调研对象,针对审裁在中国的适用空间、审裁的适用范围、审裁的程序设计、审裁决定的内容及效力、审裁与诉讼和仲裁的衔接、审裁决定的执行力等方面进行了问卷调查,其中在国企和大型民企的调查问卷中,83.67%的用户从未采用过审裁方式解决商事纠纷,但是85.71%的用户认为建设工程争议审裁能够部分实现企业关于商事争议解决的需求。从仲裁机构、专家组的调研来看,在国内引入审裁制度将受到高度关注且对建设工程争议解决起到积极的推动作用。

二、《示范规则》的起草过程

2023年年初,工作组对域外国家和地区关于审裁立法进行了梳理,收集并整理英国、新加坡、澳大利亚等地的相关立法文件,并在上述立法文件的基础上进行讨论和分析,梳理了不同国家和地区有关审裁立法的特点;此外,工作组对域内外审裁规则也进行了收集和整理,研究了域内外审裁规则的区别。2023年3~4月,工作组对建筑业企业、仲裁机构、法官、科研人员、律师、鉴定人等机构及专家进行了审裁制度在我国的适用及实践的问卷调查，并在调查问卷的基础上进行一对一访谈，充分了解用户、仲裁机构、法官及专家等各方对于审裁立法、审裁规则起草的相关建议。2023 年 5 月，工作组在充分研究、分析域内外审裁立法、审裁规则、审裁实践以及调查问卷和专家访谈的基础上，确定了《示范规则》的撰写方向与大纲，并于 2023 年 6 月完成初稿。工作组通过对《示范规则》逐条讨论和充分沟通，广泛收集相关意见，并根据修订意见进行反复修改，最终于 2023 年 8 月形成《示范规则》。

三、《示范规则》起草的基本思路

为促进审裁制度在建设工程领域的应用和推广，及时化解纠纷，保障工程建设顺利进行，工作组借鉴国内外审裁立法及相关规则的规定，调研国内市场实际需求，开展了规则起草工作。这一规则旨在通过对审裁程序的全面规定，为我国相关机构制定审裁规则起到示范效应，为用户适用审裁方式解决纠纷提供规则支撑。《示范规则》的推出，为当事人提供了审裁这一快捷高效且具有临时约束力的纠纷解决方式，使当事人在解决相关争议中可选择示范规则作为程序推进的依据，从而提高纠纷的解决效率。

《示范规则》的起草，一方面充分学习和借鉴域内外审裁立法和审裁规则的先进经验，充分体现当事人的意思自治和纠纷解决的高效性。另一方面围绕我国实际，尤其是我国在建设工程领域相关纠纷的特点，结合其他领域的实际需求进行起草。因此，《示范规则》兼顾了国内用户的需求与国际审裁的优秀经验。

（一）坚持当事人意思自治与高效性相统一

审裁作为当事人共同选择的纠纷解决方式，意思自治原则贯穿审裁的程序全过程，从订立审裁协议至审裁决定的作出，均充分尊重当事人的意思自治，赋予当事人极大的选择权。因此，意思自治原则是审裁的生命力所在。例如，《示范规则》中明确规定当事人可以对审裁员、审裁语言、通讯方式、信息技术应用、审裁庭的职权、审理方式等方面进行明确约定。

高效性是审裁优于诉讼、仲裁与调解等纠纷解决方式的关键因素，由此带来的便捷性、经济性优势受到境外用户的高度认可。对此，《示范规则》在起草过程中,不仅要充分体现当事人意思自治,还需重点实现审裁的高效性目标。例如,《示范规则》考虑到高效性的要求,将审裁决定的作出期限限定在审裁庭组成之日起 30 日内,而审裁庭即使在经得当事人同意后进行延期的,也应当在延期后 20 日内作出审裁决定。又如,在《示范规则》逐条讨论过程中,工作组曾对"审裁决定的解释"这一条款是否应当保留进行了激烈的争论,该条的规定为"任何一方当事人均可以自收到审裁决定之日起 5 个工作日内,请求审裁庭就决定书的内容进行解释。审裁庭认为请求理由正当,可以在收到请求之日起 5 个工作日内针对审裁决定内容作出书面或者口头解释",一种观点认为审裁决定的解释有必要保留,因为审裁决定相较于诉讼与仲裁而言不具有终局力,审裁决定是专业领域的审裁员针对特定纠纷进行的快速处理,鉴于审裁的高效性,审裁员可能无法在短期内对案件进行充分研究,在审裁决定的起草中对审裁决定的依据等方面可能存在表述不清、理由不正当等情形,应当给予当事人请求审裁庭对审裁决定作出解释的权利,有利于当事人对审裁决定的接受度和对审裁这一纠纷解决方式的信任度。另一种观点认为审裁作为解决建设工程相关纠纷的中期程序,其高效性是受到当事人青睐的重要因素,如过度地保障保护"实体正义"而忽略审裁应有的特点与要求,将会拖延审裁程序的推进。同时,相关用户对于该条款也持否定态度,认为该条款的规定并无必要且可能引发更多的问题。因此,最终定稿的《示范规则》未保留该条款。

(二)坚持现实性与前瞻性相统一

《示范规则》的起草,始终坚持问题导向并兼顾发展。目前,在我国审裁立法缺失、审裁实践不足等问题的影响下,审裁制度的引进应当首先解决实践中的突出问题,如因付款纠纷未得到及时处理而引起的工程停滞等问题。但从长远发展来看,我们应当推动审裁向其他领域延伸,解决更多因周期较长、付款问题突出、高效性要求较高等相关行业商事争议。

根据域内外审裁规定,审裁适用的范围一般为建设工程合同下产生的相关付款争议。从国际立法来看,审裁适用的纠纷类型分为两种模式:第一种模式适用于所有建设工程相关纠纷,如付款纠纷、质量纠纷、工期纠纷等,这种模式最为典型的代表是英国。第二种模式仅适用于付款纠纷,该模式在全球范围内更为普遍,如新加坡审裁立法规定新加坡域内的建设工程项目适用新加坡 2004 年《建筑业付款保障法》,且将审裁程序限定在与支付/金钱有关的纠纷。

工作组在讨论参考《示范规则》项下审裁程序的适用范围,特别是是否应在《示范规则》中对纠纷适用作出限制性规定时,存在两种意见:一种意见认为,根据主流观点,审裁仅应解决建设工程项目中与付款或金钱有关的商事争议,如果涉及其他纠纷,则无法发挥审裁的高效性优势。另一种意见认为,不仅应将审裁的适用范围扩大到因建设工程活动产生的一切商事争议,更应尊重当事人意思自治,重点考虑审裁在其他领域的发展与延伸。因为在我国相关实践中,企业在建设工程活动中遇到的纠纷类型多种多样,包括工期、质量、定损等,企业更期望通过一种更为包容的争议解决方式满足其实际需求。此外,金融领域相关纠纷的解决目前也存在付款迟延、金额较大但付款周期较长等问题,如果当事人约定将此类纠纷提交审裁,应当准许其通过审裁解决。

对此,工作组经过讨论后,删除了第3条适用范围规定的"负面清单",确定了《示范规则》下审裁适用的范围为自然人、法人和非法人组织之间因建设工程活动产生的合同纠纷及其他财产权益纠纷,但是当事人约定因其他商事活动产生的合同纠纷及其他财产权益纠纷通过审裁解决的,从其约定。

(三)坚持立足中国与国际接轨相统一

发挥审裁制度优势,不断满足域内外用户纠纷解决的多元需求,是本次《示范规则》的实践目标。因此,在引入境外审裁相关立法及规则过程中,工作组始终坚持中国实际与国际接轨相统一的指导思想,审裁程序的规定既符合中国用户对快速解决纠纷的需求,同时又充分借鉴境内外审裁立法与规则规定,加强《示范规则》在制定过程中的国际化要求。

例如,《示范规则》借鉴临时仲裁的先进经验,参考《港仲规则》等域内外审裁规则的相关规定,当事人较少地依赖某个特定机构的管理,而是凭借更为灵活、自由的方式进行约定,将争议提交给当事人约定或指定机构指定的审裁庭进行审理。在审裁过程中,推进程序的主导者是当事人和审裁庭,而非指定机构。因此,在《示范规则》中,指定机构与我国的常设仲裁机构的定位与角色并不相同,审裁程序中,如果指定机构不能积极且全面履行《示范规则》规定的相关义务,当事人可以共同申请常设论坛秘书长会议更换指定机构,重新确定指定机构辅助审裁程序。在审裁程序中,指定机构的角色与临时仲裁中仲裁机构或者提供仲裁辅助服务的机构角色较为类似,审裁庭有着较大权力,如《示范规则》第25条第3款规定的审裁庭的自裁管辖权"审裁员有权就其自身的管辖权作出决定"。

四、《示范规则》的主要内容

《示范规则》共7章,43条。其中包括总则、审裁程序的启动、审裁庭、审裁的进行、审裁决定、费用及费用的交存、附则。需要说明的是,本规则为《示范规则》,其他仲裁机构或行业协会、行业管理机构等适用《示范规则》时,可根据实际需求对《示范规则》进行修改。《示范规则》的主要内容如下。

(一)总则

该部分主要针对《示范规则》的制定目的、规则术语的含义、本规则的适用范围、规则的适用以及语言、期限、通讯和信息技术应用进行规定。其中需要说明的是:

1.《示范规则》项下的审裁,主要解决的是建筑行业相关商事争议。但是,当事人约定因其他商事活动产生的合同纠纷及其他财产权益纠纷通过审裁解决的,从其约定。《示范规则》下的审裁,以解决建筑行业相关商事争议为原则,以当事人特别约定其他领域的商事争议为例外。

2. 当事人可以在纠纷发生前约定《示范规则》作为其审裁程序的适用规则,也可以在纠纷发生后达成一致意见。但是,为快速推进审裁程序,如果在当事人对审裁适用的规则没有约定或者约定不明的情况下,指定机构则有权决定适用《示范规则》。此外,当事人对《示范规则》的有关内容可以在达成一致意见的基础上进行变更。这一规定,既充分尊重当事人意思自治,同时又能够兼顾效率。

3.《示范规则》中对通讯的规定,不同于我国《民事诉讼法》及国内仲裁机构关于送达的相关规定,而是在尊重当事人意思自治的基础上充分体现审裁程序的高效性,即当事人对通讯方式可以进行约定,但是当事人对通讯方式没有约定或者约定不明的,审裁文件将优先采用电子方式这一更为快捷的形式进行通知。

除此之外,为了保障审裁程序的快速推进,《示范规则》同时规定审裁庭可以决定借助信息技术辅助审裁程序。

(二)审裁程序的启动

由于审裁程序的答辩、审理期限较短,申请人有较为充足的时间来准备提起审裁所依据的事实和理由，但被申请人只有知悉申请人启动审裁程序及具体依据后，才可能针对申请人的主张进行证据准备和答辩。对此，为了实现审裁快速、高效解决纠纷的制度意旨，《示范规则》规定申请人在提请审裁申请之前，应当完成审裁通知的义务，即申请人应当根据《示范规则》的规定，在纠纷发生后应当向被申请人发出审裁通知，被申请人可以在收到审裁通知后针对申请人的主张进行证据准备与应对。只有在审裁通知与回复程序结束后，当事人之间仍未对纠纷达成一致意见，才可以启动审裁程序。

此外，应当注意的是，由于《示范规则》在审裁申请前设定了审裁通知与答复的前置程序，因此如果被申请人提出反请求，也应当给予申请人充分的时间进行准备。基于此，《示范规则》明确规定，被申请人提出反请求的，应当在审裁通知的答复中提出，如果未在此期限内提出，将不再允许其提出反请求。但是，被申请人可以另行提请独立的审裁解决纠纷。

基于意思自治原则，当事人可以在事前或者事后对指定机构达成一致意见，在当事人无法就指定机构达成合意的，考虑到建设工程案件的特殊性，结合常设论坛在建设工程领域以及纠纷解决机制方面的研究及成果进行综合考虑，经过充分讨论后，最终由常设论坛秘书长会议对指定机构进行确定。

如果将仲裁机构引入审裁活动中，仲裁机构在制定各自审裁规则时，应当充分考量指定机构的选定规则。

（三）审裁庭

关于审裁庭人数的设定的考虑，工作组认为，审裁庭承担着审裁纠纷的实体处理工作，其组成人数的设定直接影响到案件程序推进和实体处理的效力和效率。在最初的讨论中存在两种意见：一种意见是参照《港仲规则》的规定，审裁庭由 1 名审裁员组成，更加体现审裁的高效性与便捷性。另一种意见是基于建设工程案件的特殊性与复杂性，1 名审裁员无法在短时间内全面消化案件争议并快速作出公正决定，极易引发当事人尤其是被申请人对审裁决定结果的不满。同时，审裁庭人数的限制，在一定程度上剥夺了当事人合意约定审裁员人数的权利。故而在该条款设计上，工作组最终采纳了第二种意见，即“一名为原则，三名为例外”的思路，通过限定审裁庭由 1 名或者 3 名审裁员组成，很好地兼顾了效率与公平。

此外，由建设工程领域及其他领域公道正派的专业人员进行居中决定，是审裁制度设计的原意。因此,《示范规则》项下的审裁庭组成,可以由当事人根据意思自治产生。而保障审裁员的公正性、独立性,是《示范规则》规定中需要重点考虑的内容。对此,《示范规则》对审裁员的信息披露与回避进行了明确规定,虽然审裁程序设定的期限较短,但审裁员的披露义务仍然是一项持续性义务,即在审裁过程中,如审裁员发现新的需要披露的情形,应当继续履行披露义务。但是,《示范规则》对于当事人提出回避的具体情形并未作出列举性规定,当事人依据审裁员披露的信息或者基于自身发现的可能对审裁员公正性或独立性产生合理怀疑的情形,均有权提出回避申请。

需要注意的是,当事人对于审裁庭的职权可以进行约定,如果当事人对审裁庭职权未进行约定或者约定不明,审裁庭有权按照其认为适当的方式推进审裁程序。

(四)审裁的进行

基于审裁程序推进的主导者为当事人和审裁庭的本意,审裁程序的进行、审裁审理的方式等内容当事人均可进行约定,当事人对上述内容没有约定或者约定不明的,审裁庭可以根据案件实际情况并按照其认为适当的方式进行审理。

需要注意的是,审裁程序的进行以不公开审理为原则,公开为例外。但是,审裁不同于商事仲裁,审裁程序虽以不公开审理为原则,但由于审裁案件审理时间较短、专业性较强,因此在审裁案件审理中,为了在短时间内明晰案件情况,应当允许建工企业相关工作人员作为案件知情人参与案件审理活动。

(五)审裁决定

《示范规则》第五章对审裁决定的期限、形式和效力以及审裁决定的补正和补充进行了明确规定。为了快速解决《示范规则》项下的相关争议,体现审裁制度的效率原则,审裁决定应当自审裁庭组成之日起 30 日内作出决定。与我国诉讼及仲裁制度不同的是,审裁决定的期限并未对普通程序、快速程序或简易程序、是否有涉外因素进行区分,而是基于效率原则,统一了审理时限,不仅能够督促审裁庭快速推动审裁程序,同时满足了当事人对审理周期的合理预期。在《示范规则》中,审理期限可以有条件地延长,但延长后也应当在 20 日内作出决定。如果审裁庭未能在审理期限内作出审裁决定,那么该次审裁程序应当终止,当事人可以重新发起一个新的审裁。需要注意的是，如果审裁庭并未按照示范规则的规定，在审理期限内作出审裁决定，其报酬将受到一定影响。

审裁决定的效力是界定审裁庭的决定是否对当事人产生约束力以及产生什么样的约束力。《示范规则》第 33 条对此进行了规定，其中包括三个层次：其一，审裁决定自作出之日至争议通过其他纠纷解决机制，即诉讼、仲裁或者协议得到最终解决之前，审裁决定对各方具有法律约束力。其二，审裁决定的这一法律约束力，具体指的是任何一方当事人不履行审裁决定的，则构成了基础合同项下与款项支付有关的故意且重大的违约行为，这一违约行为产生的后果具体由当事人之间的基础合同和适用的实体法确定。其三，即使审裁决定被后续诉讼或者仲裁判决、裁决替代，当事人仍应当承担自审裁决定作出之日至生效判决、裁决作出之日的上述违约责任。《示范规则》对审裁决定效力的界定，在实践中对当事人履行审裁决定提供了强有力的支撑和依据，对于市场主体选择审裁解决中期纠纷有着较强的吸引。

此外，考虑到审裁制度在中国的实践现状，审裁庭对审裁决定的形式并无相关可借鉴经验。因此，《示范规则》中明确了审裁决定的内容，有助于规范审裁实践。

（六）费用及费用的交存

基于《示范规则》对审裁庭和指定机构关系的梳理，审裁相关费用则分为两大类：一是指定机构的登记管理费，该类费用是申请人提交审裁申请时应当向指定机构交纳的登记管理费，用于支付指定机构在审裁程序中提供审裁员的指定或回避，以及审裁程序中其他辅助工作的费用。二是审裁过程中发生的人员费用，具体包括审裁员的报酬和实际开支，以及当事人约定或选定、审裁庭指定的专家、速录、翻译等其他辅助人员的费用。该类费用中，审裁员报酬应当在申请人提交审裁申请的时候预交，作为审裁员报酬的暂付款项。审裁程序推进中，审裁员报酬存在需要补充交纳等情形的，当事人应当根据审裁庭的指示补充交纳审裁员费用或者其他合理费用。

为了保障审裁程序的快速有效推进，《示范规则》也规定了指定机构或者审裁庭未能积极履行《示范规则》规定义务的相关后果。例如，《示范规则》第 36 条第 3 款规定“指定机构收取的登记管理费不予退还，除非指定机构在规定的期限内未履行或者怠于履行指定审裁员、决定审裁员是否回避及其他当事人认为重要的程序辅助工作，指派机构重新确定指定机构的，原指定机构应当全额退还登记管理费”，以及第 37 条第 5 款、第 6 款对审裁员未能全面积极地履行义务的规定“（五）如因审裁员辞职或者审裁员未能在规定时间内作出决定，仅在审裁员采取了合理行为推进审裁程序的，方可向审裁机构支取审裁员的费用和开支。（六）如审裁员的任命被撤销或者在审裁程序中该审裁员被指定机构除名，除非该撤销或者除名是因为审裁员的过失或者不当行为导致的，否则审裁员有权获得费用和开支。”此外，考虑到当事人可能存在未全额交纳审裁相关费用的情形，《示范规则》同时规定，审裁庭有权留置审裁庭作出的决定，以确保当事人交纳尚欠的审裁费用，直至当事人共同或者由任何一方缴清所有费用。

《示范规则》还对签章的形式、免责以及规则的语言等内容进行了规定。

第二节　《建设工程争议审裁示范规则》条文

第一章　总　　则

第一条　规则的制定

为及时地通过审裁解决建筑行业相关商事争议，保障建筑行业各方主体的合法权益，维护建筑市场秩序，促进建筑业健康发展，制定本规则。

第二条　规则术语的含义

（一）本规则中的“审裁”是指审裁庭就建筑行业相关争议作出的对双方当事人具有非终局性约束力决定的争端解决制度。

（二）本规则中的“指定机构”是指提供审裁员指定及其他审裁辅助服务的机构，指定机构不参与审裁案件的审理活动。

（三）本规则中的“审裁庭”由一名或者三名审裁员组成。

（四）本规则中的“审裁决定”是指审裁庭对当事人之间的实体争议及因审裁程序产生的相关费用承担等问题作出的决定，但不包括审裁庭作出的任何程序指令或者决定。

（五）本规则包括在申请审裁时有效的附录。

第三条　适用范围

自然人、法人和非法人组织之间因建设工程活动产生的合同纠纷及其他财产权益纠纷,可以约定通过审裁解决。当事人约定因其他商事活动产生的合同纠纷及其他财产权益纠纷通过审裁解决的,从其约定,但与审裁适用法律的强制性规定相抵触的除外。

第四条　本规则的适用

(一)当事人书面约定适用本规则的;

(二)当事人没有约定或者约定不明的,指定机构有权决定适用本规则;

(三)当事人约定对本规则有关内容进行变更的,从其约定。但其约定无法实施或者与审裁适用法律的强制性规定相抵触的除外。

第五条　语言

(一)当事人对审裁语言有约定的,从其约定。

(二)当事人对审裁语言没有约定或者约定不明的,审裁庭应当在被选定或者指定后及时确定审裁程序适用的语言。

(三)当事人提交的相关文件,审裁庭有权决定是否要求当事人提供审裁程序适用的语言的译本或者节译本,但应当听取各方当事人意见。

第六条　期限

(一)本规则规定的期限或者根据本规则确定的期限,应当自期限开始之次日起计算。期限开始之日,不计算在期限之内。

(二)如果期限开始之次日为通知的公共假日或者非工作日,则从其后的第一个工作日开始计算。期限内的公共假日和非工作日应当计算在期限内。期限届满日是公共假日或者非工作日的,以其后的第一个工作日为期限届满日。

(三)当事人因不可抗力或者其他正当理由耽误期限的,在障碍消除后5日内,可以申请顺延。是否准许,由审裁庭决定。

第七条　通讯

(一)当事人对通讯方式有约定的,从其约定。

(二)当事人对通讯方式没有约定或者约定不明的,优先采用电子方式通知。采用电子方式通知的,以信息到达被通知人特定系统的日期为通知到达日期。

(三)无法采用电子方式通知或者采用电子方式通知无法到达被通知人的,当事人、指定机构或者审裁庭可以采用挂号信、特快专递、当面递交等其他方式通知。审裁文件到达被通知人营业地、注册地、居住地、对外使用的任何有效地址中的任何一个地址的，即视为通知已到达被通知人。

（四）采用两种或者两种以上通讯方式的，通知时间以最先通知到被通知人的时间为准。

（五）因当事人隐瞒通讯地址、提供的地址不正确、拒不提供地址、地址变更未及时告知指定机构、审裁庭及其他当事人的，由此产生的被通知人未能实际接收的法律后果由该当事人承担。

第八条　信息技术的应用

（一）除非当事人另有约定，审裁庭可以决定全部或者部分审裁程序借助信息技术进行。

（二）信息技术的使用，应当遵守技术中立、高效便捷、权利平等、安全可靠等原则。

（三）信息技术的使用应当遵守审裁适用法律的相关规定，包括但不限于网络安全、个人信息保护和数据安全的相关规定。

第二章　审裁程序的启动

第九条　审裁通知

申请人在向指定机构提交并向被申请人发送审裁申请书前，应当向被申请人发送审裁通知。审裁通知应当载明下列事项：

（一）当事人的名称、通讯地址与联系方式；

（二）将争议提交审裁的意向；

（三）审裁请求和所根据的事实与理由；

（四）对指定机构、审裁员的约定或者建议。

第十条　审裁通知的答复

被申请人应当自收到审裁通知后10日内向申请人发送书面答复。对审裁通知的答复应当包含以下内容：

（一）被申请人的名称、通讯地址与联系方式；

（二）对审裁请求的答复和所根据的事实与理由；

（三）对指定机构、审裁员的约定或者对申请人建议的回复。

第十一条　审裁申请

被申请人未在本规则第十条规定的期限内向申请人发送书面回复,或者虽已发送书面回复但在上述期限内双方仍未解决纠纷的,申请人可以向指定机构提交并向被申请人发送审裁申请书。审裁申请书应当载明下列事项:

(一)当事人的姓名、住所、联系人、联系方式和通讯地址,法人或者其他组织的名称、住所、联系人、联系方式和通讯地址以及法定代表人或者主要负责人的姓名、职务;

(二)申请人已向被申请人发送的审裁通知以及发送审裁通知的证明文件;

(三)审裁请求和所根据的事实、理由以及证据。

第十二条　审裁申请的答辩

被申请人应当在收到审裁申请书之日起10日内提交答辩书、相关证据以及对申请人的答复。审裁庭对被申请人未在审裁通知的回复及答辩书中提出的抗辩事由不予审查。

第十三条　反请求

针对申请人提出的审裁请求,被申请人需提出反请求的,应当在审裁通知的答复中附送书面反请求申请书并说明所根据的事实与理由。被申请人未在答复中提出反请求的,不得在后续程序中提出,但不影响其另行提出独立的审裁申请。

第十四条　变更审裁请求

申请人不得在审裁申请书中对审裁通知载明的审裁请求或者请求金额进行增加,或者对审裁请求所根据的事实与理由进行实质性变更。

第十五条　指定机构的确定

(一)当事人对指定机构有约定的,从其约定。

(二)当事人未约定指定机构或者约定的指定机构不存在的,任何一方均可请求常设中国建设工程法律论坛秘书长会议确定指定机构。

(三)指定机构未在规则规定期限内指定审裁员,或者在收到一方当事人要求审裁员回避申请后的合理期限内未及时就该申请作出决定的,任何一方当事人均可请求常设中国建设工程法律论坛秘书长会议重新确定指定机构。

(四)常设中国建设工程法律论坛秘书长会议和指定机构行使本规则规定职责的,可以要求任何一方当事人和审裁员提供其认为必需的信息。当事人与指定机构和常设中国建设工程法律论坛秘书长会议的所有往来文件均应发送给其他各方当事人。

第十六条　代理

(一)当事人可以委托代理人。

(二)当事人委托代理人进行审裁活动的,应当提交载明具体委托事项和权限的授权委托书及代理人的通讯地址。

第三章　审　裁　庭

第十七条　审裁员推荐名册

指定机构可以按照不同专业设审裁员推荐名册。审裁员应当符合以下条件:

(一)具有教育行政主管部门认可的国内外大学工程类、工程经济类、法学类或者相近专业大学本科以上学历或者取得其他同等专业资格;

(二)从事建设工程行业相关工作满 10 年。

第十八条　审裁员的人数

(一)审裁庭由一名或者三名审裁员组成。

(二)当事人未约定审裁庭人数或者约定不明的,审裁庭由一名审裁员组成。

(三)审裁庭由三名审裁员组成的,设首席审裁员。

第十九条　审裁员的指定

(一)当事人约定由一名审裁员组成审裁庭的,应当由当事人共同选定审裁员。当事人在向指定机构提交并向被申请人发送审裁申请书前未共同选定审裁员的,由指定机构指定。

(二)当事人约定由三名审裁员组成审裁庭的,应当向指定机构提交协商一致的审裁员名单,并确定首席审裁员。当事人未协商一致的,审裁庭由一名审裁员组成,该名审裁员由指定机构指定。

(三)指定机构也可以在审裁员推荐名册外指定审裁员,但应当给予双方当事人发表意见的机会。

(四)申请人应当依照本规则规定交纳相关费用。指定机构应当在收到审裁申请书且申请人交纳完毕相关费用后的 5 日内指定审裁员。

第二十条　审裁庭组成通知

审裁庭组成后,指定机构应当以适当的方式及时通知审裁员和各方当事人,并及时将审裁相关文件移交给审裁庭。

第二十一条　审裁员的披露

（一）审裁员接受选定或者指定后应当披露可能引起对其公正性和独立性产生合理怀疑的任何事实或者情况。

（二）在审裁程序中，审裁员知悉新的可能引起对其公正性或者独立性产生合理怀疑的情形时，应当立即披露。

（三）任何一方当事人或者其代理人均不得在审裁员指定或者选定后就审裁事宜与任何审裁员或者拟推荐审裁员人选进行单方联系，但讨论审裁员人选的资格、是否有时间处理案件的事宜除外。

（四）当事人应当自收到审裁员披露之日起5日内就是否申请回避提出书面意见。逾期未申请回避的，不得以审裁员曾经披露的事项为由申请该审裁员回避。

第二十二条　审裁员的回避

（一）当事人对审裁员的公正性或者独立性产生合理怀疑的，可以书面申请该审裁员回避，但应当说明回避申请所依据的具体事实和理由，并提供相应证据。

（二）当事人申请审裁员回避的，应当在知晓审裁庭组成之日起5日内提出。回避事由在其后得知的，应当在得知回避事由后5日内提出。回避申请应当发送给审裁庭、指定机构和其他各方当事人。

第二十三条　审裁员回避的决定

除非审裁员主动辞任，指定机构应当在当事人提出回避申请的5日内书面决定该审裁员是否应予回避。

第二十四条　审裁员的替换

（一）审裁员在法律上或者事实上不能履行其职责，或者没有按照本规则的要求履行职责，或者被决定回避的，或者主动辞任的，应当由指定机构重新指定审裁员。

（二）重新指定审裁员的，指定机构应当根据本规则第二十条的规定及时通知审裁庭及各方当事人。审裁审理期限应当自重新组成审裁庭之日起重新起算。

（三）审裁员替换后，任何一方当事人可以请求对已经进行的审裁程序全部或者部分重新进行，是否准许，由审裁庭决定；审裁庭也可以自行决定已进行的审裁程序是否全部或者部分重新进行以及重新进行的范围。

第二十五条　审裁庭的职权

（一）当事人对审裁庭的职权有约定的，从其约定。

（二）当事人对审裁庭的职权未约定或者约定不明的，审裁庭有权以其认为适当的方式推进审裁程序。包括但不限于委任专家、要求当事人提交材料或者披露相关文件、发出程序指令、制作问题清单、召开庭前会议等方式。

（三）审裁庭有权就其自身的管辖权作出决定。

第二十六条　多数审裁员继续审裁程序

最后一次审理结束并经过实体合议后，三人审裁庭中的一名审裁员因死亡或者其他情形不能继续参加审裁程序，指定机构可以按照本规则第二十四条的规定更换该审裁员；但在征得各方当事人同意后，其他两名仲裁员也可以继续进行审裁程序，作出决定。

第四章　审裁的进行

第二十七条　受理后的通知

指定机构受理审裁申请后，应当在 5 日内将审裁规则、审裁员推荐名册等规则规定的材料发送给双方当事人。

第二十八条　审理方式

当事人对审理方式有约定的，从其约定。当事人对审理方式没有约定或者约定不明的，审裁庭可以征询双方当事人意见并根据案件实际情况，按照其认为适当的方式审理案件。

第二十九条　不公开审裁

审裁不公开进行。当事人协议公开的，审裁应当公开进行，但涉及国家秘密或者可能损害第三人利益的除外。

第三十条　保密

除非对于满足以下条件的文件或者信息，审裁的各参与方不得将审裁决定或者审裁过程中涉及的任何其他文件或者信息披露给任何第三方：

（一）所有当事人一致同意披露的，且不涉及国家秘密、不损害第三人利益的文件或者信息；

（二）能够通过合法方式获取的文件或者信息；

（三）法院或者仲裁程序要求必须披露的文件或者信息；

（四）审裁适用的法律规定必须披露的文件或者信息。

第三十一条　审裁和解

当事人申请审裁后，可以自行和解。达成和解协议的，当事人可以请求审裁庭根据和解协议作出审裁决定，也可以撤回审裁申请。

第五章　审 裁 决 定

第三十二条　审裁决定的期限

（一）审裁庭应当自审裁庭组成之日起30日内作出决定。

（二）有特殊事由需要延长期限的，审裁庭提出延期建议并经双方当事人同意的，可以延期，但审裁决定应当在本条第一款规定的期限届满后20日内作出。

（三）审裁庭未能在本条第一款、第二款规定的期限内作出审裁决定，审裁程序终止，但当事人可以另行提起审裁。

第三十三条　审裁决定的形式和效力

（一）审裁庭应当基于事实，依据可适用的法律及公认的法律原则，参考商业惯例，公正独立地作出决定。

（二）由三名审裁员组成审裁庭审理的案件，审裁决定应当依全体审裁员或者多数审裁员的意见作出。审裁庭不能形成多数意见的，决定依首席审裁员的意见作出。不同意见应当记入审裁决定。

（三）审裁庭在决定中应当写明审裁请求、决定及依据的理由、审裁费用的承担及决定日期。当事人另有约定或者按照当事人和解协议作出决定的，可以不写明争议事实和决定理由。

（四）一方或者双方当事人申请并经审裁庭同意，或者审裁庭认为有必要的，可以就当事人的部分请求事项作出部分审裁决定。

（五）审裁决定书应当由审裁员签名。持有不同意见的审裁员可以在决定书上签名，也可以不签名。

（六）审裁决定自作出之日起至争议通过诉讼、仲裁或者协议最终得以解决为止，对各方具有法律约束力。

（七）当事人应当全面履行审裁决定。任何一方当事人不履行审裁决定的，构成基础合同项下与款项支付有关的故意且重大的违约行为，其后果由当事人之间基础合同和适用的实体法确定。审裁决定被后续诉讼或者仲裁的判决、裁决所替代的,有关当事人仍应承担自审裁决定作出之日至生效判决、裁决作出之日止的违约责任。

第三十四条　审裁决定的补正和补充

(一)任何一方当事人均可以在收到审裁决定之日起15日内就决定书中的书写、打印或者计算错误,或者其他类似性质的错误,书面申请审裁庭作出补正。如确有错误的,审裁庭应当在收到该请求之日起20日内作出书面补正决定。

(二)任何一方当事人均可以在收到审裁决定之日起15日内就决定书中遗漏的审裁请求事项,书面申请审裁庭作出补充决定。如确有遗漏的,审裁庭应当在收到该请求之日起20日内作出书面补充决定。

(三)审裁庭可以在决定书作出后15日内自行以书面形式对决定书进行补正或者补充。

(四)上述书面补正或者补充决定构成审裁决定的一部分。

第六章　费用及费用的交存

第三十五条　费用

本规则所指审裁费用包括:

(一)审裁员的报酬及其他实际开支;

(二)专家费用或者因其他协助产生的合理费用,包括但不限于审裁庭秘书的收费和开支;

(三)速录、翻译等其他辅助人员的费用;

(四)指定机构的登记管理费、指定审裁员费用;

(五)其他合理费用。

第三十六条　指定机构登记管理费

(一)申请人提交审裁申请的同时,应当根据指定机构审裁费用标准向指定机构交纳登记管理费,并预交审裁员报酬等费用作为暂付款项。

(二)当事人未按照本条第一款规定交纳费用的,视为未提请审裁申请。

(三)指定机构收取的登记管理费不予退还,除非指定机构在规定的期限内未履行或者怠于履行指定审裁员、决定审裁员是否回避及其他当事人认为重要的程序辅助工作,指派机构重新确定指定机构的,原指定机构应当全额退还登记管理费。

（四）除非审裁庭另有指示，审裁相关费用应以人民币支付。

第三十七条　审裁员的报酬和开支

（一）审裁员报酬的确定应当充分考虑案件争议金额、复杂程度、审裁员花费的时间及案件其他情况。

（二）指定机构另行制定审裁员报酬参考费用表的，审裁庭及当事人均同意适用的，应当根据该费用表确定审裁员报酬和开支。

（三）审裁员可根据案件情况要求当事人在规定期限内向指定机构补充交纳审裁员费用或者其他合理费用。当事人在审裁庭指定的期限内未予交纳的，审裁庭应当及时向各方当事人告知延期或者拒绝交纳审裁员费用的风险，并要求当事人在重新确定的交费期限内及时交纳上述费用。各方当事人在审裁庭重新指定的期限内仍未交纳的，审裁庭有权决定审裁程序中止或者终止，并及时通知各方当事人。审裁庭决定中止审裁程序的，审裁审理期间停止计算。

（四）审裁程序终结的，审裁员应当从审裁机构支取审裁员费用和开支，除非审裁员另有指示，剩余的审裁员费用应由指定机构返还给预交审裁费的当事人。

（五）如因审裁员辞职或者审裁员未能在规定时间内作出决定，仅在审裁员采取了合理行为推进审裁程序的，方可向审裁机构支取审裁员的费用和开支。

（六）如审裁员的任命被撤销或者在审裁程序中该审裁员被指定机构除名，除非该撤销或者除名是因为审裁员的过失或者不当行为导致的，否则审裁员有权获得费用和开支。

（七）审裁庭有权留置审裁庭作出的决定，以确保当事人交纳尚欠的审裁费用，直至当事人共同或者由任何一方交清了所有费用。

第三十八条　费用的分担

审裁庭有权决定当事人应当承担的审裁费用和其他费用。

第七章　附　　则

第三十九条　签章的形式

审裁文件中审裁员的签名，可以采用直接书写或者电子签名形式。

第四十条　免责

审裁员、审裁员指定的人员（包括但不限于专家、鉴定人）及指定机构工作人员对根据本规则进行的行为不承担法律责任，上述人员无义务就审裁在任何法律程序中作证。审裁适用的法律另有规定的除外。

第四十一条　规则的解释

（一）本规则条文标题不用于解释条文含义。

（二）本规则由常设中国建设工程法律论坛秘书长会议负责解释。

（三）除非另有声明，常设中国建设工程法律论坛秘书长会议发布的其他文件不构成本规则的组成部分。

第四十二条　规则的语言

本规则原文为中文。如其他任何语言的文本与中文文本有不同或者不一致之处，以中文文本为准。

第四十三条　规则的施行

本规则自2023年××月××日起施行。

第二章　《建设工程争议审裁示范规则》的理解与适用

第一章　总　　则

第一条　规则的制定

为及时地通过审裁解决建筑行业相关商事争议，保障建筑行业各方主体的合法权益，维护建筑市场秩序，促进建筑业健康发展，制定本规则。

【条文主旨】

本条明确了《示范规则》制定的目的，为规则具体条款解读和适用指明了总体方向。

【条文理解与适用】

本条明确了制定示范规则、设立审裁制度的三重目的。

其一，及时解决建筑业相关商事争议。此处有3个关键词："及时解决""建筑业""商事争议"。"及时解决"强调审裁制度的高效特点，这既回应了在已有诉讼、仲裁乃至造价站调解机制的情况下仍需发展审裁制度的原因，又明确了审裁制度设计中的价值取向。审裁制度通常被认为是追求"大致正义"（rough justice），要求当事人"先付款再争辩"（pay now，argue later），因此在争议解决制度的公平和效率价值天平中，审裁制度向效率倾斜，弥补了诉讼、仲裁和其他现行争议解决制度无法满足建筑业争议对高效要求的不足。"建筑业"是审裁制度发源行业，也是适用最为广泛的领域。例如，英国审裁制度即是在20世纪90年代英国建筑业进入衰退期时，为解决建筑业资金流动问题和已有争议解决机制失灵问题而创设的制度。新加坡、澳大利亚、新西兰、马来西亚等国家均在建设工程领域进行审裁立法。"商事争议"则是本规则与工作组起草的"建筑业付款保障与审裁法”的重要区别。“建筑业付款保障与审裁法”设立的是法定审裁制度，为保证效率仅处理价款争议。本规则的适用以当事人意思自治为前提，因而将建设工程领域其他商事争议纳入审裁制度适用范畴，给当事人更大的自主权和选择空间。

其二，保障建筑业各方主体的合法权益。国务院办公厅《关于促进建筑业持续健康发展的意见》（国办发〔2017〕19 号）指出，建筑业是国民经济的支柱产业，改革开放以来，我国建筑业快速发展，对经济社会发展、城乡建设和民生改善做出了重要贡献。建筑业的健康发展，离不开发包方、承包商、分包商、供应商等建筑行业各方主体。尽管新加坡等域外立法与实践出于付款保障目的，仅规定收款方可以发起付款请求，并在满足条件的情况下发起后续审裁程序，出于尽最大可能满足当事人适用审裁制度解决争议的需求，最大限度地确保当事人意思自治，本规则并未对审裁发起主体进行限制，而是保障建筑业各方主体的合法权益。如此，审裁制度提供了一种灵活高效的争议解决方式，全方位服务保障建筑业各方主体的多种需求。

其三，维护促进建筑业市场秩序及其健康发展。这是设立审裁制度的最终目的，即通过及时解决建筑业相关商事争议，保障行业各方主体的合法权益，最终实现建筑业市场秩序平稳有序，行业发展健康可持续。

【要点提示】

作为原则性规定，本条的理解与适用需要结合后续具体条文进行。例如，审裁制度的具体定义在第 2 条中进行规定，第 3 条“适用范围”对于准确理解“建筑业相关商事争议”进行了补充指引。

第二条　规则术语的含义

（一）本规则中的“审裁”是指审裁庭就建筑行业相关争议作出的对双方当事人具有非终局性约束力决定的争端解决制度。

（二）本规则中的“指定机构”是指提供审裁员指定及其他审裁辅助服务的机构，指定机构不参与审裁案件的审理活动。

（三）本规则中的“审裁庭”由一名或者三名审裁员组成。

（四）本规则中的“审裁决定”是指审裁庭对当事人之间的实体争议及因审裁程序产生的相关费用承担等问题作出的决定，但不包括审裁庭作出的任何程序指令或者决定。

（五）本规则包括在申请审裁时有效的附录。

【条文主旨】

本条集中对审裁、指定机构、审裁庭、审裁决定等审裁制度核心概念进行了定义，界定了“本规则”内容包括申请审裁时有效的附录，为后续条款详细规定审裁程序奠定基础。

【条文理解与适用】

本条第1款定义了审裁。第1款定义明确审裁适用的争议是建筑业相关争议，争议解决结果是以决定的形式作出，审裁庭是审裁决定的作出主体。尤其是本条定义指出了审裁决定的关键属性，即具有“非终局性约束力”。毫无疑问，对于审裁这项致力于高效解决争议的解纷机制而言，审裁庭作出的决定对当事人具有约束力，从而保障当事人可以在较短时间内获得大致正义的确定结果。然而，与诉讼判决、仲裁裁决不同，审裁决定是在合同履行过程中由审裁庭在短时间之内针对某一具体事项作出的，为了弥补时间限制等因素制约审裁对争议事实的全面深入审理而带来的制度不足，确保审裁作为替代性争议解决机制与诉讼、仲裁等妥善衔接，审裁决定可以被之后的仲裁、诉讼等作出的终局性决定推翻。

第2~4款在此框架下进一步定义了审裁决定、作出决定的主体和为审裁程序提供辅助服务的机构。

第2款定义了指定机构，明确了指定机构在审裁解决争议程序中的辅助性功能。在理解审裁指定机构时，可以参考《联合国国际贸易法委员会仲裁规则》关于指定机构的规定：根据相关规定，指定机构的产生方式是各方当事人合意约定，如未能在规定期限内达成一致则任何一方当事人均可请求海牙常设仲裁法院秘书长指派指定机构。指定机构根据当事人请求，可以承担尽速指定仲裁员、就仲裁员回避申请作出决定、指定替代仲裁员或在庭审终结后授权其他仲裁员继续进行仲裁并作出决定或裁定等职责。由此可见，指定机构并不承担实质性审理案件的职能，其存在是为了促进程序推进，为当事人和案件审理提供必要的协助和服务。本着坚持中国实际与国际接轨相统一的原则，考虑到规则的实际适用，本规则借鉴联合国贸法会关于指定机构的规定，将实质性审理案件的职能赋予审裁庭，并将提供审裁员的指定、审裁员回避的决定及其他配套服务的职能赋予指定机构。

第3款定义了审裁庭，明确了本规则项下审裁员人数为1名或3名。经对域外立法和规则进行梳理，工作组发现我国香港特别行政区、马来西亚等法域默认由1名审裁员审理，新加坡、德国等法域则允许3名审裁员审理。1名审裁员审理案件的好处是满足审裁程序的高效要求,但考虑到有些建设工程案件标的额较大,案情较为复杂,为确保当事人意思自治与合法权益,本规则将审裁庭人数定义为1名或3名。

第4款定义了审裁决定,明确了审裁决定由审裁庭作出。此款进一步区分了审裁决定和审裁庭作出的指令或程序性决定,虽然二者皆为审裁庭作出,甚至都有可能被称为"决定",但审裁决定需满足"非终局性约束力决定"的条件。

第5款明确本规则包括规则正文条款和申请审裁时有效的附录。

【要点提示】

在区分审裁决定和审裁庭程序指令或决定时,要注意区别决定内容。如定义所述,审裁决定针对当事人间的实体争议及因审裁程序产生的相关费用承担等问题,而指令或程序决定则是针对程序性事项。

第三条　适用范围

自然人、法人和非法人组织之间因建设工程活动产生的合同纠纷及其他财产权益纠纷,可以约定通过审裁解决。当事人约定因其他商事活动产生的合同纠纷及其他财产权益纠纷通过审裁解决的,从其约定,但与审裁适用法律的强制性规定相抵触的除外。

【条文主旨】

本条针对审裁制度的适用范围,明确了可审裁事项,不同于第4条"本规则的适用"。鉴于审裁制度尚未在国内普遍适用,在审裁立法没有出台的情况下,本条对审裁适用范围的规定尤其重要。

【条文理解与适用】

本规则规定的可审裁事项以建设工程活动引起的商事争议为原则,当事人特别约定为例外。本条首先规定了本规则项下当事人约定审裁主要适用的情形,即自然人、法人和非法人组织这3类《民法典》规定的民商事主体之间因建设工程活动产生的合同纠纷及其他财产权益纠纷可以约定适用审裁。这一款进一步解释了本规则第1条所称"建筑行业相关商事争议",在纠纷类型的理解上与《仲裁法》对可仲裁性的规定保持一致。

随后,秉承本规则坚持现实性与前瞻性相统一的原则,为了使当事人能够在其他领域中适用审裁制度,本条明确当事人可特别约定其他商事纠纷适用审裁,既给了当事人意思自治的空间,又赋予了审裁制度更广泛的应用场景。域外审裁规则中,《港仲规则》即在说明(introductory notes)里明确,本规则应同样适用于建设工程合同以外的其他合同争议。扩大审裁制度适用范围的主要原因是审裁制度在解决合同链中产生的阶段性争议方面具有独特优势,既可以快速高效完成解纷任务,又不会影响通过诉讼、仲裁得到终局决定的权利。虽然审裁制度发源于建设工程领域,也通过在这一领域的适用在世界多个法域获得推广,但可以想象,在现在极度活跃的商业社会,审裁制度有潜力适用于其他商事领域的相关争议,尤其是同样可能出现合同链的金融等专业领域,保障资金链条持续不断,维持市场秩序和平稳发展。因此,本规则在设计审裁制度适用范围时,将审裁这一灵活制度的具体应用领域交给市场判断,由当事人自由约定适用。

以上规定回应了审裁适用的争议类型和适用方式的问题。在审裁制度适用的地域范围上,本条规定不作限制,即允许当事人将境内外发生的争议约定适用本规则通过审裁解决。但是,考虑到英国、新加坡、新西兰、马来西亚、澳大利亚等法域已有审裁立法,且在审裁立法中对于审裁制度的适用范围有所规定,为协调可能产生的规定冲突,当事人选择境外审裁相关法律作为程序适用法,且适用本规则进行审裁的,如果该境外审裁相关法律规定了不可审裁事项,适用本规则进行审裁时应当根据该法律规定对可审裁事项进行审查。

【要点提示】

当事人在选择适用审裁制度解决争议时,不仅应当关注本条所规定的适用范围,更要从审裁制度的优势出发衡量审裁制度的适用性。作为示范规则,本规则秉持最大限度的包容开放态度。各有关机构在参照制定审裁规则时可以进一步考虑有针对性地细化审裁适用范围。

第四条　本规则的适用

(一)当事人书面约定适用本规则的;

(二)当事人没有约定或者约定不明的,指定机构有权决定适用本规则;

(三)当事人约定对本规则有关内容进行变更的,从其约定。但其约定无法实施或者与审裁适用法律的强制性规定相抵触的除外。

【条文主旨】

本条是关于本规则适用条件及适用内容的规定。

【条文理解与适用】

本着充分尊重当事人意思自治的原则，本条明确了当事人在适用审裁解决纠纷时，可在争议发生前或者发生后以书面形式约定适用的规则。在实践中，当事人可在争议条款中对审裁及审裁适用的规则进行书面约定，如当事人可约定“凡与本合同有关的任何付款争议均应提交审裁解决，审裁适用的规则为《建设工程争议审裁示范规则》”。如果当事人对审裁适用的规则约定不明或者并未约定适用规则，该种情况下，指定机构有权决定适用本规则进行审裁。但需要注意的是，如果当事人既未约定审裁适用的规则，也未约定指定机构，但仍希望通过审裁解决纠纷的，则可根据《示范规则》第 15 条的相关规定确定指定机构后，由指定机构决定审裁适用的规则。

此外，当事人还可在约定适用本规则的基础上，合意对本规则的相关内容进行变更，这一规定充分体现了当事人意思自治原则，给予了当事人根据具体情况对适用规则进行具体调整的权利。但需要提示的是，如果当事人对适用规定的特别约定无法实施，审裁庭有权决定不适用这一特别约定。同时，如果在当事人对审裁适用规则进行的内容变更、特别约定与审裁适用法律的强制性规定相抵触的情况下，这一特别约定亦无法得到支持和实施。

第五条　语言

（一）当事人对审裁语言有约定的，从其约定。

（二）当事人对审裁语言没有约定或者约定不明的，审裁庭应当在被选定或者指定后及时确定审裁程序适用的语言。

（三）当事人提交的相关文件，审裁庭有权决定是否要求当事人提供审裁程序适用的语言的译本或者节译本，但应当听取各方当事人意见。

【条文主旨】

本条是有关审裁语言的规定。

【条文理解与适用】

审裁语言的选择和决定，往往对审裁过程甚至审裁结果产生重要影响。

当事人意思自治原则在本条中得到充分体现，本规则根据当事人相关约定的不同情形对审裁语言进行了相应规定。此外明确了在当事人没有约定的情况下指定机构和审裁庭对于审裁语言的决定权，避免产生“语言适用僵局”。

本条第1款规定了确定审裁语言的基本原则,即当事人约定优先。当事人只约定审裁语言的,从其约定。

本条第2款规定了在当事人没有约定审裁语言或者约定的审裁语言不明确的情况下,如何确定审裁语言。在审裁程序的不同阶段,有权确定审裁语言的主体有所不同。本款明确在审裁庭组成之前指定机构可以决定审裁程序初步适用的语言。指定机构决定的审裁语言,很可能是争议合同所适用的语言,也有可能是当事人交易中使用的语言或者指定机构认为适当的语言。为协助指定机构确定初步适用的审裁语言,申请人在提交审裁申请时,可以提出确定审裁语言的请求和相应的理由。指定机构在决定了初步适用的语言后,审裁程序中相关文件应以该种语言发出,除非审裁庭之后另有决定。指定机构及早决定审裁程序初步适用的语言,对审裁程序的推进具有重要意义。审裁庭组成后,由审裁庭决定审裁程序最终适用的审裁语言。该决定可能会与指定机构作出的初步决定不同。自审裁庭作出有关审裁语言的最终决定后,审裁庭、各方当事人均应适用该种语言进行后续的审裁程序。在决定最终适用的审裁语言时,审裁庭考虑的因素可能包含当事人的国籍、当事人签订的主合同语言、当事人之间往来沟通使用的语言以及当事人实际争议的性质等。

本条第3款明确了对于书面材料的翻译问题。如果书面材料的书写语言与审裁庭或指定机构确定的审裁语言不一致,当审裁庭认为必要时,可以要求当事人提供译本或者节译本,但应当听取各方当事人意见。是否要求当事人仅对部分书面材料提供译本或者节译本,通常要考虑相关审裁文件和材料对于案情的相关性和重要性,以及提高审裁程序效率、节约当事人审裁成本等因素。

第六条　期限

(一)本规则规定的期限或者根据本规则确定的期限,应当自期限开始之次日起计算。期限开始之日,不计算在期限之内。

(二)如果期限开始之次日为通知的公共假日或者非工作日,则从其后的第一个工作日开始计算。期限内的公共假日和非工作日应当计算在期限内。期限届满日是公共假日或者非工作日的,以其后的第一个工作日为期限届满日。

(三)当事人因不可抗力或者其他正当理由耽误期限的,在障碍消除后5日内,可以申请顺延。是否准许,由审裁庭决定。

【条文主旨】

本条是对审裁程序期限的计算方式的规定。

【条文理解与适用】

为了保证审裁程序有序高效地进行，当事人提交审裁文件、指定审裁员、审裁庭作出决定等都需要在规定的期限内进行。当事人应当注意本规则中规定的各类期限的起止计算方式，以免影响其行使正当的程序权利。

本条明确了期限计算的一般规则、涉及法定休假日的情况下期限的计算以及期限的耽误和顺延。本条第 1 款明确了期限起算的一般原则，即从期限开始的次日起算，期限开始当日不计算在期限之内。

本条第 2 款规定了遇到法定休假日情况下期限的计算方式。该规定可以概括为 3 点：第一，如果期限开始之次日是送达地的法定休假日，则从该法定休假日之后的第一个工作日开始计算。第二，如果法定休假日在确定的期限之内，则该日也属于期限的组成部分，不存在从次日继续计算或顺延的情况。第三，如果期限届满当日为法定休假日，则期限届满日为该法定休假日之后的第一个工作日。

本条第 3 款是关于如何处理期限耽误的规定。如果该期限耽误是由于非当事人的原因所致，则在上述障碍消除后 5 日内，当事人可以提出顺延期限的申请，并说明理由。是否准许期限顺延，由审裁庭决定。

第七条　通讯

（一）当事人对通讯方式有约定的，从其约定。

（二）当事人对通讯方式没有约定或者约定不明的，优先采用电子方式通知。采用电子方式通知的，以信息到达被通知人特定系统的日期为通知到达日期。

（三）无法采用电子方式通知或者采用电子方式通知无法到达被通知人的，当事人、指定机构或者审裁庭可以采用挂号信、特快专递、当面递交等其他方式通知。审裁文件到达被通知人营业地、注册地、居住地、对外使用的任何有效地址中的任何一个地址的，即视为通知已到达被通知人。

（四）采用两种或者两种以上通讯方式的，通知时间以最先通知到被通知人的时间为准。

（五）因当事人隐瞒通讯地址、提供的地址不正确、拒不提供地址、地址变更未及时告知指定机构、审裁庭及其他当事人的，由此产生的被通知人未能实际接收的法律后果由该当事人承担。

【条文主旨】

本条是关于审裁相关文件通讯方式的规定。当事人之间就审裁文件通讯有约定时,遵从当事人约定;未对通讯方式进行约定时,基于审裁快速解决争议的价值追求,首选采用电子方式传递,通知以到达特定系统的时间为准。如果无法采用电子方式通知,或者采用电子方式但通知无法到达被通知人,还可采用特快专递、当面递交、挂号信等方式发送通知。如果当事人提供通讯地址不正确等,导致材料无法送达,相关风险由过错方自担。

【条文理解与适用】

根据审裁规则的规定,审裁通知与答复阶段,申请人应当向被申请人发送审裁通知,被申请人应当向申请人发送书面答复;在审裁申请与答辩阶段,申请人可以向指定机构书面提交并向被申请人发送审裁申请书;审裁庭组成后,指定机构应当通知各方当事人审裁庭组成;审裁申请受理后,指定机构应当将相关材料发送给双方当事人等。与民事诉讼、仲裁程序不同的是,审裁程序中,审裁当事人负有向对方发送审裁相关材料的义务,即审裁全过程中,相关材料需要在审裁当事人、指定机构、审裁庭等各方主休间流转,所以有必要对材料传递的方式、时间、未约定通讯方式时的处理规则及未(无法)提供正确通讯地址等情况进行规定。

首先,根据意思自治原则,当事人对通讯方式有约定的,从其约定。根据第1款的规定,当事人既可以约定通讯方式,又可以对通知的效力进行约定。例如,当事人可以约定审裁文件应当通过电子方式送达,一方当事人按照对方在合同中预留的电子邮箱进行通知,一旦发出即视为通知已到达被通知人。

其次,出于审裁程序快速解决纠纷的目的和要求,当事人对通讯方式没有约定或者约定不明的,审裁文件均优先采用电子方式通知。当今电子通讯较为发达,电子方式既可以缩短传输时间,又可以较为轻松地证实发送痕迹。同时,电子通讯可以采用传真、电子邮件、移动通信等即时收悉的特定系统作为媒介,形式多样、更为便捷。参照我国《民事诉讼法》关于电子送达方式的规定,采用电子方式通知的,以信息到达被通知人特定系统的日期为通知日期。

再次,鉴于实践中可能出现当事人在合同中没有约定通讯方式且未显示电子通讯信息、约定电子通讯方式但未附随电子通讯信息,且提起审裁前依然没有正式电子通讯信息,或者约定了电子通讯方式,但是采用电子方式仍然无法使通知到达被通知人等情况。我们认为应当恢复采用传统通讯方式,即有电子通讯方式的首选电子通讯方式，在提起审裁前确实无法以电子通讯方式通知的，采用传统通讯方式发送相关材料。传统通讯方式可以是挂号信、特快专递、当面递交等，以便利高效为原则。且因双方未明确传统通讯的收件地址时，为高效处理纠纷，只要审裁相关文件到达被通知人营业地、注册地、居住地、对外使用的任何有效地址中的任一地址的，即视为通知已到达被通知人，只要当事人能够证明对方的上述地址确为能够联系到对方的地址即可。

又次，当采用两种及以上电子通讯方式的，通知时间以最先通知到被通知人的时间为准，该规定设计仍以审裁程序注重快捷高效为出发点。

最后，若当事人隐瞒通讯地址、提供的地址不正确、拒不提供地址、地址变更未及时告知指定机构、审裁庭及其他当事人等原因导致审裁资料无法发送的情况，则相应未实际送到的风险由该当事人承担，符合公平、诚信基本原则。

【要点提示】

本条对于材料传递方式的表述，并未采用民事诉讼法中“送达”的表述，主要考虑民事诉讼程序中，相关材料的送达并非由当事人主导和发送，而是通过司法机关进行发送。同时，“送达”内含“到达”的意思，考虑到审裁程序中部分材料由当事人负责发送，若对方故意提供无法送达的地址，或变更了通讯地址，并且当事人送达无法做到诉讼程序中公告送达方式，没有公告送达这一兜底方式，会有无法到达的风险，该风险显然不能由发送人承担。本条借鉴多家机构仲裁规则中“通讯”的表述，“通讯”不要求当事人必须将材料送到对方处，只要求当事人按照合同约定或规则规定的正确信息和手段发送文件即可，既实现当事人正确发送文件的义务，又保证审裁程序高效运行。

第八条　信息技术的应用

（一）除非当事人另有约定，审裁庭可以决定全部或者部分审裁程序借助信息技术进行。

（二）信息技术的使用，应当遵守技术中立、高效便捷、权利平等、安全可靠等原则。

（三）信息技术的使用应当遵守审裁适用法律的相关规定，包括但不限于网络安全、个人信息保护和数据安全的相关规定。

【条文主旨】

本条是关于信息技术在审裁程序中的应用。信息技术的方便性、快捷性，恰好满足审裁对效率的追求，但也应当注意，技术在高速发展中存在很多不成熟的地方，可能影响技术的中立性和安全性，并且各项技术还在发展中，存在各种不稳定因素，可能影响技术的快捷性，甚至安全性。以上各种不利因素都可能影响当事人权利的实现，甚至可能影响审裁制度的健康发展。

【条文理解与适用】

首先，当事人在审裁程序中可以对信息技术的应用进行约定，在没有约定的情况下，审裁庭可以决定全部或者部分审裁程序借助信息技术进行。如采用电子方式发送材料、采用电子介质储存审裁资料、采用网上开庭并认可当事人的电子签名、电子印章，信息技术的选择由审裁庭根据实际需要决定，以实现审裁程序的公正、快速进行。

其次，信息技术的使用，应当遵守技术中立、高效便捷、权利平等、安全可靠原则，这是信息技术使用的基本前提。审裁程序主要追求效率价值，而信息技术的适当采用，恰恰可以满足该要求。但需要注意的是，信息技术在使用过程中，要确保不会泄露当事人的信息，即技术的安全可靠性。信息技术的使用还需要确保双方当事人均能够使用该技术，充分保障双方当事人权利的行使，即技术的中立、平等性。例如采用网上开庭形式，应以双方当事人网络顺畅、当事人都能够使用网络开庭软件为前提，在信息技术使用中平等对待各方当事人。

最后，信息技术的使用必须遵守审裁适用法律的相关规定，目前我国并未出台“建筑业付款保障与审裁法”，在我国适用审裁制度时，信息技术的应用可参照我国《民事诉讼法》的相关规定。但当事人约定适用域外法律的，仍应当按照域外法律的相关规定进行具体分析。需要强调的是，审裁程序中使用信息技术不得损害国家安全、国家秘密、商业秘密和个人隐私。如在军工项目中，工程欠款举证应当适度，不得随意扩大举证范围，泄露项目设计图纸、特殊设备仪器等涉及国家安全和秘密的信息。

【要点提示】

本条涉及的信息技术的概念甚广，范围涵盖以电子介质制造、修改、存储、传输和显示信息的所有方式。审裁程序中可能使用信息技术的范围很广，一般包括：当事人、指定机构、审裁庭之间采用电子通讯方式发送审裁相关资料；审裁庭组织网上开庭；通过便携式或固定储存介质（如移动硬盘、U 盘、DVD 等）储存信息以便当事人和审裁庭访问、使用信息；当事人用于陈述各自主张的软件和媒体；电子签名、电子印章的使用和承认等。

第二章　审裁程序的启动

第九条　审裁通知

申请人在向指定机构提交并向被申请人发送审裁申请书前，应当向被申请人发送审裁通知。审裁通知应当载明下列事项：

（一）当事人的名称、通讯地址与联系方式；

（二）将争议提交审裁的意向；

（三）审裁请求和所根据的事实与理由；

（四）对指定机构、审裁员的约定或者建议。

【条文主旨】

本条是对审裁程序启动前申请人程序性要求的规定。基于审裁快速解决纠纷的要求，审裁规则要求申请人在审裁程序正式启动之前就向被申请人发送相关文件表明其主张，给予对方准备的时间。

【条文理解与适用】

审裁制度的本质是一种快速的、临时性的纠纷解决程序，因此，审裁程序的设置较多考虑审裁的高效性要求。与诉讼或仲裁程序不同的是，审裁规则更加强调审裁的快捷性，因此在审裁程序启动前，合理设置审裁通知与回复程序就显得尤为重要。

本条规定申请人在正式启动审裁程序前应向被申请人发送审裁通知，表明其拟启动审裁的意向和具体请求，在一定程度上为双方当事人另行创造了较为正式的谈判机会，有助于双方厘清并解决无争议事项或在审裁程序正式启动前解决纠纷。如能在审裁程序正式启动前将纠纷部分或全部化解，不仅能够实现审裁制度的目的，亦可避免审裁资源的浪费。

申请人发送的审裁通知的内容包括：

1. 申请人应当在发送审裁通知时，明确己方的名称、通讯地址和联系方式，有利于避免审裁程序进行中的通讯障碍。

2. 申请人应当在审裁通知中明确将争议提交审裁的意向,有利于敦促双方对争议事项进行沟通和解决。

3. 申请人应当写明审裁请求和所依据的事实与理由,以便被申请人有针对性地进行证据准备及应对,保障程序正义目标的实现。

4. 确定指定机构、审裁员均系与审裁程序密切相关的重要程序性事项。如当事人事先已约定指定机构、审裁员,则可在审裁通知中列明上述事项。若当事人事先未约定指定机构、审裁员的,申请人还应提交对上述事项的建议。

此外,由于审裁程序的答辩、审理期限均较短,本条规定申请人在审裁通知中应明确审裁请求及所依据的事实与理由,本规则第 10 条也要求被申请人应当对申请人的主张进行回复并说明所根据的事实与理由,有助于审裁庭在后续的审理过程中能够更加高效地总结双方争议焦点,使当事人围绕争议焦点展开辩论,从而推动审裁程序高效进行。

【要点提示】

关于审裁通知的内容,本条虽然进行了列举,但并非所有的内容都是必需的。其中当事人名称、审裁的意向、审裁请求和所根据的事实与理由属于必备的内容,如果缺失则审裁程序无法进行。而其他关于审裁员、审裁规则等内容,如果缺失,可以按照双方选定的指定机构的规则进行确定。指定机构没有约定或约定不明的,则按本规则第 15 条确定。

第十条　审裁通知的答复

被申请人应当自收到审裁通知后 10 日内向申请人发送书面答复。对审裁通知的答复应当包含以下内容:

(一)被申请人的名称、通讯地址与联系方式;

(二)对审裁请求的答复和所根据的事实与理由;

(三)对指定机构、审裁员的约定或者对申请人建议的回复。

【条文主旨】

本条是对审裁程序启动前,针对申请人向被申请人发送的审裁通知,被申请人的回复的规定。基于审裁快速解决纠纷的要求,审裁规则要求被申请人在审裁程序正式启动之前向申请人发送文件表明相应的主张。

【条文理解与适用】

在审裁程序正式启动前，申请人向被申请人发送审裁通知不仅符合程序正义的要求，同时也为当事人解决纠纷提供了可能性，避免资源的浪费。在申请人向被申请人发送审裁通知后，被申请人也应当对申请人的主张进行回复并说明所根据的事实与理由，这种程序设计有助于审裁庭在后续的审理过程中能够更加高效地总结双方争议焦点，使当事人围绕争议焦点展开辩论，从而推动审裁程序高效进行。

被申请人发送的书面答复的内容包括：

1. 被申请人的名称、通讯地址与联系方式。被申请人应当在回复中明确被申请人的名称、通讯地址和联系方式，有利于避免在审裁程序过程中存在的文件通讯障碍。此外，被申请人如果有多个地址的，可以写明文件通知的首选地址。

2. 对申请人审裁请求的答复及所根据的事实与理由。申请人应对申请人提出的审裁请求逐项进行回复，并说明所依据的事实、理由，以便双方当事人尽早确定争议事项与争议焦点，提高纠纷解决的效率。

3. 对指定机构、审裁员、审裁语言、审裁适用规则等的约定或者对申请人建议的回复。一方面，当事人在争议发生前或者发生后对指定机构、审裁员、审裁语言和审裁适用的规则有约定的，被申请人应当在回复中对该约定进行明确。另一方面，当事人对上述内容并未约定的，被申请人应针对申请人在审裁通知中对上述内容提出的建议进行回复，明确是否同意上述建议。如果被申请人不同意申请人的建议，应当在回复中提出已方建议，以快速推进审裁程序。

【要点提示】

基于审裁程序的高效性要求，本条规定被申请人应当在10日内对申请人的通知进行答复。因此，被申请人应当充分注意审裁回复的期限，避免延期发送。

第十一条　审裁申请

被申请人未在本规则第十条规定的期限内向申请人发送书面回复，或者虽已发送书面回复但在上述期限内双方仍未解决纠纷的，申请人可以向指定机构提交并向被申请人发送审裁申请书。审裁申请书应当载明下列事项：

（一）当事人的姓名、住所、联系人、联系方式和通讯地址，法人或者其他组织的名称、住所、联系人、联系方式和通讯地址以及法定代表人或者主要负责人的姓名、职务；

（二）申请人已向被申请人发送的审裁通知以及发送审裁通知的证明文件；

（三）审裁请求和所根据的事实、理由以及证据。

【条文主旨】

本条是关于发送审裁申请书以启动审裁程序的规定。

【条文理解与适用】

为避免审裁程序的拖延，本规则第9条、第10条对审裁通知和答复进行了明确规定。如被申请人在收到审裁通知之日起10日内未向申请人发送书面回复，或者虽已发送书面回复但在上述期限内双方仍未解决纠纷（如被申请人虽然同意付款但未在上述期限内完成支付），为了避免审裁程序受到被申请人一方不当拖延的影响从而导致申请人合法权益受损，本条规定，在上述情况下，申请人可以向指定机构提交并向被申请人发送审裁申请书以正式启动审裁程序。

申请人提出审裁申请，必须具备相应的要件：

1. 审裁申请书首先应当写明双方当事人的基本情况，如当事人的姓名、住所、联系人、联系方式和联系地址，法人或者其他组织的名称、住所、联系人、联系方式和联系地址，以及法定代表人或者主要负责人的姓名、职务。

2. 申请人已向被申请人发送审裁通知以及相关证据。审裁程序正式启动后，审裁庭应当对申请人是否向被申请人发送审裁通知进行形式审查，以免审裁通知及回复这一前置程序被架空。

3. 要有明确具体的审裁请求和所根据的事实、理由以及证据。审裁请求是申请人提出的实体权利主张，申请人在申请审裁时必须提出明确具体的审裁请求，才能使对方当事人和审裁庭明晰审裁的对象和范围。在提出审裁时，还应当提供审裁请求所依据的事实和理由。

【要点提示】

考虑到设置审裁通知作为前置程序的目的在于赋予被申请人在一定期间内对申请人的审裁请求进行证据准备与回应，如若允许申请人在审裁申请书中对审裁通知载明的审裁请求或者请求金额进行增加，或者对所根据的事实与理由进行实质性变更，则会剥夺被申请人依据本规则享有的进行证据准备与回应的权利，导致审裁通知这一前置程序的要求流于形式。因此，本条对申请人变更审裁请求等权利作出一定的合理限制。

第十二条　审裁申请的答辩

被申请人应当在收到审裁申请书之日起 10 日内提交答辩书、相关证据以及对申请人的答复。审裁庭对被申请人未在审裁通知的回复及答辩书中提出的抗辩事由不予审查。

【条文主旨】

本条是被申请人答辩的程序规定。

【条文理解与适用】

本条规定被申请人应当在收到审裁申请书之日起 10 日内向指定机构提交并向申请人发送答辩书，对申请人的审裁请求进行答辩。

答辩书的内容应当包括：

1. 被申请人的基本情况。审裁答辩书中应当写明被申请人的基本情况，如被申请人的姓名、住所、联系人、联系方式和联系地址，法人或者其他组织的名称、住所、联系人、联系方式和联系地址，以及法定代表人或者主要负责人的姓名、职务。

2. 对审裁请求的抗辩和所依据的事实、理由以及证据。对于申请人提出的审裁请求，被申请人应在答辩书中进行抗辩，并提供所依据的事实、理由以及证据，以使审裁庭厘清案件争议焦点，实现“兼听则明”。

此外，被申请人未在期限内提交答辩书，不影响审裁程序的继续进行。但是，为了防止被申请人消极答辩、避免审裁程序受到不当拖延，对于被申请人未在审裁通知的回复或者答辩书中提出的抗辩事由，审裁庭对该抗辩事由不予审查。

第十三条　反请求

针对申请人提出的审裁请求，被申请人需提出反请求的，应当在审裁通知的答复中附送书面反请求申请书并说明所根据的事实与理由。被申请人未在答复中提出反请求的，不得在后续程序中提出，但不影响其另行提出独立的审裁申请。

【条文主旨】

本条是对审裁程序中对于被申请人反请求的限制性规定。反请求是个单独的请求，如果允许被申请人在审裁程序中提出反请求，则该反请求会缺少前置的审裁通知及答复环节，因此，反请求必须在审裁通知的答复中提出，如果未提出，则不能在审裁程序中提出。

【条文理解与适用】

根据本规则第9条及第10条的规定，在审裁程序正式开始之前，当事人应当向对方发送审裁通知和对审裁通知的答复，这是审裁启动的前提条件。如果未经发送审裁通知这一程序，申请人无法启动审裁。因此，如果被申请人提出反请求，因为该反请求是独立的请求，其理应履行和本请求一样的程序，即向对方发出审裁通知，如果没有履行这个前置程序，则反请求是不能在审裁的本请求程序之中提出的。

那么，如果被申请人在关于审裁通知的答复中提出反请求，即关于反请求的审裁通知，申请人是否必须对该反请求的审裁通知进行答复？我们认为，审裁通知的答复内容包括当事人名称、对审裁请求的答复及所根据的事实和理由、对指定机构、审裁员的约定等内容，基于本请求与反请求应当合并审理的一般原则，关于当事人名称、指定机构、审裁员等约定，这些对于本请求和反请求是一致的，申请人在收到反请求的通知后，可以不再进行回复。而对于反请求所提出的请求内容和事实理由，应当同样的给予申请人10日的答复期限，申请人应当在10日内对反请求提出书面答复。

【要点提示】

基于审裁程序中存在申请人发送审裁通知及被申请人发送书面回复的前置性程序要求，本条规定不允许被申请人在审裁程序中提出反请求，而只能在审裁程序进行之前，在书面答复的程序中提出其反请求。当然，被申请人也可以单独提出一个独立的请求。

第十四条　变更审裁请求

申请人不得在审裁申请书中对审裁通知载明的审裁请求或者请求金额进行增加，或者对审裁请求所根据的事实与理由进行实质性变更。

【条文主旨】

本条是对审裁程序中申请人变更请求的限制性规定。

【条文理解与适用】

出于审裁制度的高效性特点，当事人必须尽快表明其全部的观点并提交相应文件。审裁庭只对当事人明确表示的观点和提交的文件进行审查。如果允许当事人在审裁程序中变更其请求或依据的事实及理由，将会导致程序的严重拖延，从而使得审裁制度失去其程序价值。

本条规定不允许对请求标的及金额进行变更。当事人不得对审裁请求或者请求的金额进行增加，这是对于请求标的变更的限制。基于本规则第 9 条、第 10 条要求在启动审裁程序之前需要当事人发送审裁通知及书面答复，因此，如果申请人在审裁程序中对请求进行变更，则变更后的请求是个新的请求，且该请求未经过前置的通知程序，因而不满足在审裁程序中提出和审议的前置要求。

同时，本条对申请人关于请求金额的增加也进行了限制性规定。这是基于标的的增加构成新的请求，如果允许增加金额，则意味着审裁程序中有可能纳入不应进入审裁程序的争议。即便是基于同样的事实，不构成新的请求，也会因为金额的增加，而导致审裁费用的补缴、审裁员工作量的增加、被申请人可能产生新的意见等，这与审裁程序要求快速解决争议的初衷是背道而驰的。因此，本规则既不允许当事人对审裁请求进行变更，也不允许对审裁请求的金额进行增加。

此外，本条还对审裁申请书中的事实理由变更进行了限制性规定。审裁程序基于其对效率的追求，要求当事人在审裁程序开始之前，就完成对案件事实的文件交换，因为查明案件基本事实需要耗费审裁员大量的时间，如果允许在审裁程序中变更案件基本事实，则审裁程序势必难以在规定期限之内完成。因此在审裁程序中，应当不允许当事人变更基本事实。

而关于审裁理由的变更，则意味着请求权的变化，这也构成了诉求变更。如最高人民法院《关于民事诉讼证据的若干规定》第 53 条规定："诉讼过程中，当事人主张的法律关系性质或者民事行为效力与人民法院根据案件事实作出的认定不一致的，人民法院应当将法律关系性质或者民事行为效力作为焦点问题进行审理。但法律关系性质对裁判理由及结果没有影响，或者有关问题已经当事人充分辩论的除外。存在前款情形，当事人根据法庭审理情况变更诉讼请求的，人民法院应当准许并可以根据案件的具体情况重新指定举证期限。"基于前述审裁程序中对于请求变更的限制，在审裁程序中是不允许当事人变更其请求权基础的。

【要点提示】

虽然本规则不允许增加请求的金额，但请求金额的减少则是被允许的，因为一来请求金额的减少不构成诉求变更，二来也不会对审裁程序构成拖延。

对于审裁的事实和理由变更的限制，应限制于对基本事实和请求权基础进行实质性的变更,如果仅仅是较小的事实误差,不受本条规定的限制。至于是否构成实质性变更,应当由审裁员根据案件具体情况确定。

第十五条　指定机构的确定

(一)当事人对指定机构有约定的,从其约定。

(二)当事人未约定指定机构或者约定的指定机构不存在的,任何一方均可请求常设中国建设工程法律论坛秘书长会议确定指定机构。

(三)指定机构未在规则规定期限内指定审裁员,或者在收到一方当事人要求审裁员回避申请后的合理期限内未及时就该申请作出决定的,任何一方当事人均可请求常设中国建设工程法律论坛秘书长会议重新确定指定机构。

(四)常设中国建设工程法律论坛秘书长会议和指定机构行使本规则规定职责的,可以要求任何一方当事人和审裁员提供其认为必需的信息。当事人与指定机构和常设中国建设工程法律论坛秘书长会议的所有往来文件均应发送给其他各方当事人。

【条文主旨】

本条是关于指定机构如何确定的规定,如果当事人约定以审裁方式解决争议,但未对指定机构达成一致意见,应当尊重双方意思自治,并通过制度保障指定机构的产生。如果指定机构不能完成审裁工作,应当保障当事人要求变更指定机构的权利。

【条文理解与适用】

基于当事人意思自治的要求,当事人对指定机构有约定的,应当由该指定机构配合推进审裁程序。

本条第 2 款规定如果当事人没有约定指定机构,或者约定的指定机构不存在,任何一方都可以请求常设论坛秘书长会议确定。如本规则起草说明中提到的,常设论坛独立和中立的第三方属性与其在建设工程领域取得的成就、对建设工程行业专家的集聚,使其成为确定指定机构的最好选择。

如果当事人选择或者常设论坛秘书长会议确定的指定机构并未在规则规定期限内指定审裁员,或者在收到一方当事人要求审裁员回避申请后的合理期限内未及时就该申请作出决定,为了保障审裁程序的快速推进,则需要重新更换指定机构。因此,本条第 3 款明确规定,如产生上述情形,任何一方当事人均可请求常设论坛秘书长会议重新确定指定机构。需要注意的是，指定机构应当在收到一方当事人要求审裁员回避申请后的合理期限内就该申请作出决定，对此，当事人可以在向指定机构提交该申请时明确“期待处理的期限”，有利于对“合理期限”的计算。

常设论坛秘书长会议确定指定机构时，应当获得当事人的必要信息，以合理确定指定机构。基于促成双方用审裁方式解决争议这一基本原则，如果被确定的指定机构无法完成工作时，常设论坛秘书长会议也应当依据当事人的意愿，在合理的期限内及时确定新的指定机构。

【要点提示】

本条的目的是确定审裁的指定机构，难点在于如果当事人仅达成审裁的合意，但没有约定指定机构或指定机构约定不明，应当基于何种原则去处理。基于对当事人意思自治的最大保障，我们认为应当尽可能地以合理方式确定适宜的指定机构来促进争议的解决。

当然需要说明的是，这种促进仍然必须以当事人意思自治原则为基础，因此本条第2款、第3款、第4款适用的前提是，双方同意适用本规则解决双方的争议。如果双方没有在合同中约定指定机构，申请人可以在审裁通知中建议具体的指定机构，而被申请人在其书面答复中对申请人的建议应当予以明确回复。

第十六条　代理

（一）当事人可以委托代理人。

（二）当事人委托代理人进行审裁活动的，应当提交载明具体委托事项和权限的授权委托书及代理人的通讯地址。

【条文主旨】

本条明确了审裁程序中，当事人委托代理人的权利，并对授权委托书的内容提出了具体的要求。

【条文理解与适用】

审裁程序中的代理人是指根据法律规定或者当事人委托，以当事人的名义在代理权限范围内代理一方当事人进行审裁活动的人。实践中，审裁代理人可以分为法定代理人和委托代理人。

如果审裁适用法律是我国的相关法律，对于无民事行为能力人、限制民事行为能力人在审裁程序的代理人时可以参照《民事诉讼法》的规定,其监护人即法定代理人可以根据法律的规定,无须被代理人授权,全权代理被代理人实施所有审裁行为。至于监护人的范围,可依据《民法典》有关监护的规定进行确定。需要注意的是,审裁程序进行中,如当一方当事人丧失审裁行为能力丧失或有瑕疵时,尚未确定法定代理人,审裁程序则需中止。

对于审裁程序中的委托代理人,与诉讼程序、仲裁程序相似,审裁程序中当事人有权委托律师和其他代理人进行审裁活动。对于审裁程序代理人的资格,在审裁程序中一般不作任何限制的要求,审裁程序应该充分尊重当事人的意思自治,允许当事人有权根据自己的意愿委托任何具有完全民事行为能力的人来代理其进行审裁活动。需要提示的是,根据审裁适用的法律,审裁程序中外国律师是否可以以代理人的身份参与的问题,应当根据该适用法律的相关规定来确定。审裁适用的法律是中国法的,实践中则应当遵守我国《外国律师事务所驻华代表机构管理条例》、司法部《关于执行〈外国律师事务所驻华代表机构管理条例〉的规定》等相关规定。

当事人委托代理人后,需要向审裁庭提交授权委托书。授权委托书中除应载明代理人的具体信息和联系方式、通讯地址,还应当特别写明委托事项和当事人授予代理人的权限。需要注意的是,委托代理权限根据当事人的委托授权,分为一般代理和特别代理。特别代理为处分实体权利,故特别授权的每一项均需具体、明确授权,如代为承认、放弃、变更请求,代为提出反请求、代为提交证据材料、代为出庭参加庭审、进行和解、调解等。特别授权不应以"全权代理"表述进行简单的概括。如授权委托书仅写"全权代理"而无具体授权,视为一般授权。

第三章 审 裁 庭

第十七条 审裁员推荐名册

指定机构可以按照不同专业设审裁员推荐名册。审裁员应当符合以下条件:

(一)具有教育行政主管部门认可的国内外大学工程类、工程经济类、法学类或者相近专业大学本科以上学历或者取得其他同等专业资格;

(二)从事建设工程行业相关工作满10年。

【条文主旨】

本条明确了指定机构可以提供审裁员的推荐名册以及规定了审裁员的任职资格。

【条文理解与适用】

本条规定，指定机构对审裁员设立推荐名册制度，这是指定机构保证审裁的水准和公正性的重要举措。指定机构对审裁员资格规定的要求，从品德高尚、专业精通、经验丰富的专业人士中遴选考核，建名立册，以方便当事人的选择。同时，为方便当事人使用审裁员推荐名册，审裁员的推荐名册要列出审裁员的姓名、性别、年龄、专长领域、专业背景、职业经历、国籍、现工作单位、居住地等信息。提供专长领域信息是为了方便当事人根据案件争议的类型选择审裁员。提供审裁员的居住地信息是为了提醒当事人考虑审裁员赴异地审裁的费用问题。如果当事人选择的审裁员的居住地与审裁地点在不同的城市，将导致该审裁员为参加审裁等事宜产生差旅费用。

对于本条第 1 项需要提及的是，赋予当事人选定审裁员的权利，当事人不仅可以从指定机构的推荐名册中选择审裁员，也可以在该名册之外提出审裁员人选。因此，当事人在审裁员的选定范围上，享有更大的自主权。需要注意的是，当事人提出前述名册之外的审裁员候选人时，应提供候选人的简历和具体联系方式。当事人提出的指定机构审裁员推荐名册之外的人选，需要经过指定机构的确认，以确保该被推荐人选符合审裁员资格条件。

本条第 2 项规定了审裁员的任职资格。在专业技术要求较高的行业实行专业资格条件现已成为国际惯例。例如，我国《仲裁法》第 13 条对仲裁员资格进行了明确规定。世界各国立法对审裁员资格的规定不尽一致，总体来说，多数立法对审裁员的资格条件提出了基本要求。审裁作为建设工程领域处理相关价款争议的一种较为方便快捷的纠纷解决机制，让具备一定从事工程相关专业资格的专家或行内人士来做审裁员是保障审裁制度能够顺利实施的优势所在。审裁员的基本资格条件主要包括专业背景、行业经验两个方面。审裁员应当接受过工程类、工程经济类或法学类相关专业教育，同时应当具有较为丰富的行业从业经验。如此，审裁员不仅熟悉中国境内建设工程法律法规和行业实践，还有利于审裁制度的实施，解决纠纷。

第十八条　审裁员的人数

（一）审裁庭由一名或者三名审裁员组成。

（二）当事人未约定审裁庭人数或者约定不明的，审裁庭由一名审裁员组成。

（三）审裁庭由三名审裁员组成的，设首席审裁员。

【条文主旨】

本条是关于审裁庭的人数和组成方式的基本规定。

【条文理解与适用】

本条第1款规定当事人可以自主约定审裁庭人数，或者为1人，或者为3人。《仲裁法》第30条规定："仲裁庭可以由三名仲裁员或者一名仲裁员组成……"仲裁庭的组成人数一般为奇数，这是为了避免偶数仲裁员容易造成意见平局而无法作出裁决的情形。对于审裁程序而言，参照了仲裁庭的组成人数，当事人也可以约定1人或者3人的审裁庭人数。

本条第2款明确了若无特殊约定或者约定不明的，审裁庭的组成人数为1名的基本原则。该约定体现了审裁程序的高效性特点，由1名（独任）审裁员对案件进行审理。

本条第3款明确了在审裁庭的组成程序中设立首席审裁员。审裁庭由3人组成，涉及当事人有选择边裁审裁员的权利。参照《仲裁法》第30条、第31条的规定，仲裁庭由3名仲裁员或者1名仲裁员组成，仲裁庭的组成人员由当事人双方在仲裁机构聘任的仲裁员名册中选定或者委托仲裁委员会主任指定。因此，选择仲裁员是法律赋予仲裁当事人的权利和义务，同时也直接关系到仲裁案件能否公正、及时地进行的保障。对于审裁庭的组成人员亦是如此，选择审裁员关系到审裁程序的效率、费用以及能否对当事人之间的争议顺利作出审裁。

需要注意的是，当事人在选择审裁员时必须注意以下几点：

1. 选择自己信任的审裁员。指定机构所指定的审裁员，一般均具有较高的政治素质和业务素质。因此，当事人可以从中选择自己认为最值得依赖的审裁员。

2. 选择对案涉纠纷具有建设工程领域相关专业知识、丰富经验的审裁员。对案涉纠纷具备建设工程领域专业知识及经验的审裁员组成的审裁庭能够更好地处理相关专业的经济纠纷，准确地抓住争议的焦点，分清责任，提出解决争议的最佳方案，保证审裁的效率和质量。

3. 避免选择符合法定回避条件的审裁员。当事人享有对符合法律规定回避事由的审裁员申请回避的权利，若由于对方当事人申请回避而使整个审裁程序中止，将会导致审裁程序的延长。

第十九条　审裁员的指定

（一）当事人约定由一名审裁员组成审裁庭的，应当由当事人共同选定审裁员。当事人在向指定机构提交并向被申请人发送审裁申请书前未共同选定审裁员的，由指定机构指定。

（二）当事人约定由三名审裁员组成审裁庭的，应当向指定机构提交协商一致的审裁员名单，并确定首席审裁员。当事人未协商一致的，审裁庭由一名审裁员组成，该名审裁员由指定机构指定。

（三）指定机构也可以在审裁员推荐名册外指定审裁员，但应当给予双方当事人发表意见的机会。

（四）申请人应当依照本规则规定交纳相关费用。指定机构应当在收到审裁申请书且申请人交纳完毕相关费用后的5日内指定审裁员。

【条文主旨】

本条规定了审裁庭的组成以及相应期限，明确了审裁庭由1名审裁员和3名审裁员组成的两种情况下（以下分别称“一人审裁庭”和“三人审裁庭”）如何确定审裁员。

【条文理解与适用】

关于一人审裁庭的组成。按照本条规定，双方当事人除了就审裁庭人数达成一致之外，还可以在审裁通知的发出及回复阶段即协商确定具体人选；如双方在启动审裁程序时未向指定机构提交确定的审裁员人选，则由指定机构代为指定审裁员。

需要注意的是，如双方当事人希望组成三人审裁庭，应当在启动审裁程序时即协商确定3名审裁员以及首席审裁员的具体人选；如仅约定由3名审裁员组成审裁庭，未能确定具体人选，审裁庭将由指定机构指定的1名审裁员组成。第3款立足审裁快速解决纠纷的实践理念，在尊重当事人意思自治的情况下进一步严格了三人审裁庭的组成条件。

本条第4款规定，在申请人交纳审裁相关费用后5日内，指定机构应与由双方当事人选定或指定机构指定的审裁员取得联系并由审裁员进行利益冲突检索，以确定审裁员人选。需要注意的是，申请人应当根据指定机构审裁费用标准及时交纳登记管理费并预交审裁员报酬。如申请人未交纳前述费用，根据本规则第36条第2款视为未提请审裁申请，同理亦不能启动审裁员指定程序。

第二十条　审裁庭组成通知

审裁庭组成后，指定机构应当以适当的方式及时通知审裁员和各方当事人，并及时将审裁相关文件移交给审裁庭。

【条文主旨】

本条是关于审裁庭组成后有关通知的规定。

【条文理解与适用】

结合前款规定，审裁员接受选定或指定后即成立审裁庭，指定机构应当及时将审裁庭组成情况通知审裁员和各方当事人，包括可能存在的审裁员披露事项。指定机构负责将审裁相关文件移交审裁庭，此类审裁相关文件包括但不限于审裁申请书、被申请人答辩书以及双方提交的证据材料。

关于审裁庭组成通知以及文件移交，可参照本规则第7条有关通讯方式的规定进行。

【要点提示】

相较于仲裁程序，指定机构在审裁程序中的角色更倾向于“通知”而非“送达”。审裁程序在审裁员的主导以及双方当事人的驱动配合下进行，指定机构的作用在于辅助快速及时推进有关程序。

第二十一条　审裁员的披露

（一）审裁员接受选定或者指定后应当披露可能引起对其公正性和独立性产生合理怀疑的任何事实或者情况。

（二）在审裁程序中，审裁员知悉新的可能引起对其公正性或者独立性产生合理怀疑的情形时，应当立即披露。

（三）任何一方当事人或者其代理人均不得在审裁员指定或者选定后就审裁事宜与任何审裁员或者拟推荐审裁员人选进行单方联系，但讨论审裁员人选的资格、是否有时间处理案件的事宜除外。

（四）当事人应当自收到审裁员披露之日起5日内就是否申请回避提出书面意见。逾期未申请回避的，不得以审裁员曾经披露的事项为由申请该审裁员回避。

【条文主旨】

本条是关于审裁员主动披露义务与当事人就披露事项申请回避的规定，该规定是审裁员独立性与公正性的规则保障。

【条文理解与适用】

保持独立、公正是审裁员的基本义务。为保证审裁员的独立性和公正性，审裁员必须在审裁过程中对其已经知悉的可能导致利益冲突的情形向双方当事人进行披露，披露的内容和程度由审裁员按照“是否可能引起当事人的合理怀疑”的标准自行判断和把握。关于考量是否会引起当事人“合理怀疑”的标准，可参照审裁规则有关规定、指定机构制定的审裁员行为规范以及国际组织作出的有关利益冲突指引（如IBA《利冲指南》）。以IBA《利冲指南》为例，引起合理怀疑的标准采用的是“第三人合理怀疑标准”，即拟制一个知情合理第三方在知悉相关事实后是否认为仲裁员会发生偏私为判断标准。

需要注意的是，根据本条第2款的规定，审裁员的披露义务是持续性贯穿于审裁程序全过程的。即使审裁员在接受选定或指定时已进行利益冲突检索并披露相关信息，在后续程序中履行审裁员职责时，亦应当持续审慎关注独立性及公正性问题。如果审裁员发现新的需要披露的情形，应当立即披露。结合第4款的规定，当事人在收到披露事项通知后有权在规定时间内决定是否提出书面回避申请。如果认为审裁员披露事项足以使其对审裁员的独立性、公正性产生合理怀疑，当事人应当在5日内提交书面回避申请；对于审裁员已作出披露的事项，如果未在5日内申请审裁员回避，则视为当事人认为该披露事项不构成申请回避的理由，逾期不得以该披露事项为由要求审裁员回避。申请审裁员回避是当事人的一项重要的程序性权利，鉴于审裁程序时限短、节奏快，当事人也应当在规则规定的时限内行使申请回避的权利。

本条第3款从当事人角度对其参与审裁程序时与审裁员的接触进行规制，禁止一方当事人在确定审裁员之后就审裁事宜与审裁员进行对方当事人不在场的单方联系，目的在于保证审裁员独立、公正处理纠纷；如一方当事人掌握对方当事人私下单方联系审裁员的情形，认为构成回避情形，足以使其产生对审裁员独立性、公正性的合理怀疑，当事人有权以此申请审裁员回避。例外情况是，当事人在共同选定审裁员阶段为确定审裁员人选而与审裁员候选人进行前期接触，讨论有关审裁员人选资格以及是否有时间处理案件的相关事宜，此种为确定审裁员而进行的接触和沟通不属于应当披露或回避的情形。该规定既保证当事人能在充分的信息了解基础上确定审裁员，又与审裁员披露义务、审裁员独立公正审理案件等规定相衔接。

第二十二条　审裁员的回避

（一）当事人对审裁员的公正性或者独立性产生合理怀疑的，可以书面申请该审裁员回避，但应当说明回避申请所依据的具体事实和理由，并提供相应证据。

（二）当事人申请审裁员回避的，应当在知晓审裁庭组成之日起 5 日内提出。回避事由在其后得知的，应当在得知回避事由后 5 日内提出。回避申请应当发送给审裁庭、指定机构和其他各方当事人。

【条文主旨】

本条是关于审裁员回避的规定，明确了当事人提出回避申请的方式、提出期限等具体内容。

【条文理解与适用】

申请审裁员回避是当事人一项重要的程序性权利。本条第 1 款明确了一般情况下当事人提出回避申请的权利和具体程序。如果当事人对被指定或选定的审裁员的公正性和独立性产生合理怀疑，可以提出回避申请。该回避申请不仅需要以书面形式提出，还需要具体说明理由，并提供相应证据。本规则中，虽未对审裁员应当回避的事由进行列举，但当事人可参照审裁规则有关规定、指定机构制定的审裁员行为规范以及国际组织作出的有关利益冲突指引来进行判断。

本条第 2 款明确了当事人提出回避申请的具体时限。对于时限的规定，本条第 2 款列明了两种情形：一是“在知晓审裁庭组成之日起 5 日内提出”；二是“得知回避事由之日后 5 日内提出”，即如果当事人得知审裁员应当回避的事由在审裁庭组成之日起 5 日之后，则应在知晓该事由后 5 日内提出回避申请。结合本条和第 21 条的规定可知，当事人在同一案件中可能会因不同理由和合理怀疑，提出多次回避申请。

本条第 2 款还明确了当事人的回避申请应当及时转交审裁庭、指定机构和其他各方当事人。通常情况下,在指定机构作出是否回避的决定前,对于当事人的书面回避申请,应当给予审裁庭全体成员和各方当事人发表意见的机会。

【要点提示】

当事人提出回避申请时,如果不是基于审裁员主动披露而获知的信息,则需要当事人提供相应的证据证明确实有可能影响审裁员的独立性和公正性的客观事实存在。

第二十三条　审裁员回避的决定

除非审裁员主动辞任,指定机构应当在当事人提出回避申请的 5 日内书面决定该审裁员是否应予回避。

【条文主旨】

本条是关于审裁员回避决定作出的规定,明确了当事人提出回避申请的决定主体,以及其他关于审裁员退出的具体内容。

【条文理解与适用】

虽然申请审裁员回避是当事人重要的程序性权利,但当事人的怀疑是否应当得到支持,需要从中立第三方的角度进行审查并决定,因此本条规定审裁员是否应当回避由指定机构结合案件的实际情况进行判断并作出决定。另外,审裁员除以指定机构作出回避决定方式退出审裁程序外,亦可以主动辞任退出。

本条规定了审裁员回避作出的形式,即由指定机构作为决定主体作出回避决定。虽然该条并未明确规定在决定作出前该审裁员是否应当继续履行职责,但从实践角度而言,除非特殊情况,对此应给予肯定性操作,以保持审裁程序的连续性。在当事人提出回避申请后,审裁程序并不因此中止,在是否回避的决定最终作出前,被提出回避申请的审裁员应当继续履行其职责。实践中,指定机构应及时地处理当事人提出的回避申请,并应尽可能在审裁程序实质性的继续推进之前作出决定。在该决定中,可以说明理由,也可以不说明理由。

除了由指定机构作出审裁员是否应予回避决定的情况之外,本条文也明确了审裁员主动退出的情形。此处需要说明的是,审裁员主动退出并不限于以其被提出回避申请为前提,其亦可根据自身实际情况作出判断。前述情形下,该审裁员将不再继续参加审裁活动。回避申请实质上是对审裁员中立性和公正性的质疑，在没有进行查证的情况下，不能因为审裁员主动退出，就当然得出当事人主张的事由真实存在并且确实能够构成回避理由的结论。

【要点提示】

第 19 条第 2 款规定："当事人约定由三名审裁员组成审裁庭的，应当向指定机构提交协商一致的审裁员名单，并确定首席审裁员。当事人未协商一致的，审裁庭由一名审裁员组成，该名审裁员由指定机构指定。"三人审裁庭组成的前提虽然是基于双方前期协商一致的人选意见，但由于当事人在就审裁员选定事宜达成一致意见时无法知悉审裁员的全部情况，特别是在审裁程序启动后，审裁员"知悉新的可能引起对其公正性或者独立性产生合理怀疑的情形"，在此情形下限制或者剥夺当事人申请审裁员回避的权利，是有违公平正义原则的。因此，即便当事人协商产生了三人审裁庭，但当事人依然有权利根据第 21 条和第 22 条的规定申请审裁员回避。

第二十四条　审裁员的替换

（一）审裁员在法律上或者事实上不能履行其职责，或者没有按照本规则的要求履行职责，或者被决定回避的，或者主动辞任的，应当由指定机构重新指定审裁员。

（二）重新指定审裁员的，指定机构应当根据本规则第二十条的规定及时通知审裁庭及各方当事人。审裁审理期限应当自重新组成审裁庭之日起重新起算。

（三）审裁员替换后，任何一方当事人可以请求对已经进行的审裁程序全部或者部分重新进行，是否准许，由审裁庭决定；审裁庭也可以自行决定已进行的审裁程序是否全部或者部分重新进行以及重新进行的范围。

【条文主旨】

本条是关于审裁员替换以及审裁员被替换后审裁程序如何进行的规定。审裁员在法律上或者事实上不能履行其职责，或者没有按照本规则的要求履行职责，或者被决定回避的，或者主动辞任的，都会产生审裁员替换的问题。本条对于审裁员的替换程序作出规定，保证了审裁程序能够顺利进行，不会由于审裁员个人因素而被搁置。

【条文理解与适用】

本条第1款赋予了指定机构在一定条件下主动作出替换审裁员的决定同时重新指定审裁员的权力,列举了替换审裁员的若干情形,审裁员在法律上或者事实上不能履行其职责,或者没有按照本规则的要求履行职责,或者被决定回避的,或者主动辞任的,应当被替换。

实践中,“在法律上或者事实上不能履行其职责”可能包括:审裁员由于身体健康问题无法继续参与审裁程序;审裁员死亡或重病,事实上不能继续履行其职责的;出现审裁员成为无民事行为能力人、限制民事行为能力人等事由,导致审裁员在法律上或者事实上无法再履行其职责的。“没有按照本规则的要求履行职责”可能包括:未尽到勤勉审慎义务的;未按照审裁规则有关要求审理案件的情况等。对于审裁员是否按照要求履行职责的判断,应当依据本规则其他相关条款进行分析,如借故拖延办案时间的;无正当理由不到庭审理案件的;无正当理由不参加合议、调查或者开庭迟到的;办案过程中表现出偏袒倾向等情况。而对于指定机构重新指定审裁员的情形,虽然规则中没有明确具体的时限要求。但基于审裁高效性的要求,应参考本规则第23条设置的5日,指定机构应在此期限内尽快完成审裁员的重新指定程序。

本条第2款规定了重新指定审裁员的相关事项,即审裁员被替换后,指定机构的告知程序以及审裁期限的起算问题。为了保证审裁程序尽可能不受审裁员替换的影响,指定机构被赋予了在特定条件下直接重新指定审裁员的权力,也即指定机构有责任尽快确定替换审裁员并将替换事项及时通知当事人和审裁庭其他成员。同时,基于审裁期限的高效性要求和原则,为保证替换的审裁员有合理的期限审理案件,审裁审理期限也将自重新组成审裁庭之日起重新起算。

本条第3款规定了有关审裁员被替换后审裁程序是否重新进行的问题。审裁庭成员替换后,重新指定的审裁员并没有参与之前的审理,可能会影响其对整个审裁程序、案件的理解和审裁员职责的履行。在此情况下,新组成的审裁庭将有权决定是否重新进行之前已经进行过的全部或部分审理程序。当然,当事人亦可以请求对已经进行的审裁程序全部或者部分重新进行,但决定主体仍为审裁庭。需要注意的是,通常情况下,虽然新审裁庭有权决定审理程序是否重新进行,但是原审裁庭已经作出的相关决定仍然有效,除非重新组成的审裁庭撤销或修改了原指令。

【要点提示】

关于对第24条第1款中审裁员因“在法律上或者事实上”不能履行职责的规定，主要争议点在于当事人约定的审裁员条件是否约束审裁程序的始终，抑或该审裁员条件只需要在指定审裁员时满足即可。如果在审裁程序进行过程中，被指定的审裁员不再符合当事人约定的相关条件，该审裁庭作出的决定是否会因以审裁庭组成不符合当事人约定而影响其效力？这些不确定问题都构成法律上的风险，而这些风险都值得审裁参与人注意。比较妥善的解决方法是，遇有此等情况时，审裁庭应及时提请当事人注意和适当发表意见，必要时作出相应的决定。

关于重新指定审裁员后审裁期限重新起算及审裁程序是否重新进行的考量，对比国内仲裁机构的不同规定，如贸仲就此问题未作重新起算的规定，深圳国际仲裁院、北仲则是在仲裁庭决定审理程序全部重新进行的前提下裁决期限重新起算。根据本规则第18条的规定，除非当事人明确约定，审裁庭原则上由1名审裁员组成。也就是说，一旦出现审裁员替换情况，必然导致替换的审裁员需对审裁案件的全部程序进行重新审理，在此情形下，特别是替换审裁员决定与原审裁庭组成时间差距较大的情况下，仍要求替换的审裁员在原审裁期限内完成本应自其确定担任审裁员后30日内作出审裁决定的工作，明显不利于审裁员充分审理案件。即便是3名审裁员组成审裁庭的案件，考虑到多名审裁员之间的沟通合议，是否重新进行全部或者部分审裁程序尚且未知，而如果在此种情况下仍继续计算审裁期限，也不利于替换审裁员充分审裁，对案件发表意见。

第二十五条　审裁庭的职权

（一）当事人对审裁庭的职权有约定的，从其约定。

（二）当事人对审裁庭的职权未约定或者约定不明的，审裁庭有权以其认为适当的方式推进审裁程序。包括但不限于委任专家、要求当事人提交材料或者披露相关文件、发出程序指令、制作问题清单、召开庭前会议等方式。

（三）审裁庭有权就其自身的管辖权作出决定。

【条文主旨】

本条是关于审裁庭职权及相关内容的规定。

【条文理解与适用】

本条第1款首先明确了当事人有权对审裁庭职权进行约定。当事人约定审裁庭的职权体现了审裁尊重当事人意思自治的原则。审裁程序设立的目标是解决当事人之间快速付款问题,允许当事人自由约定审裁庭职权内容能够给当事人提供更加契合其需求的审裁服务,以实现高效解决争议的目标。

本条第 2 款明确了在当事人对审裁庭职权未约定或者约定不明的情况下,审裁庭有权以其认为适当的方式推进审裁程序,即拥有审裁程序推进权。

赋予审裁庭审裁程序推进权存在以下必要性:第一,本规则并未对审理方式作出强制的规定,如当事人未约定或约定不明,将推进程序的权利赋予审裁庭可以弥补规则设置的空白。第二,审裁程序的核心是高效。虽然本条第 1 款赋予了当事人对审裁庭职权特别约定的权利,但这种自由实现的前提是双方达成一致意见。作为争议解决机制,审裁程序中当事人的关系可能已经恶化,争议发生前或者争议发生后当事人已就审裁庭职权达成一致意见的则应当按照其一致意见进行审裁,但当事人对此未作约定或约定不明,且当事人在审裁程序启动后迟迟无法就审裁庭职权内容达成一致意见的,则应当由审裁庭决定以其认为适当的方式推进审裁程序。

关于审裁庭的职权,本条第 3 款明确了审裁庭有权决定自身的管辖权。赋予审裁庭决定自身管辖权是为了实现审裁程序尊重当事人意思自治原则与高效原则的平衡。如果允许当事人约定由其他司法机构决定审裁庭的管辖权,将增加前述问题审查的复杂程度,造成审裁程序进展缓慢,无法实现程序高效这一审裁的核心目标。

【要点提示】

关于当事人对其约定的仲裁庭职权存在异议时的处置方案,如果双方当事人已明确约定了审裁庭的职权,但一方当事人对于该约定提出异议的,原则上应当从其原有约定。当事人对审裁庭职权的约定属于双方合意后形成的合法契约,对双方均具有约束力,除非表示异议的当事人一方能够证明该约定并非其真实意思表示,否则审裁庭应当在当事人原本约定的职权范围内进行审裁。但是,如果一方当事人提出异议,审裁庭审查后认为按原约定进行审裁将延缓审裁进程,审裁庭可以提出适当优化方案,经当事人双方同意后,审裁庭的职权内容可按照优化方案进行变更。

此外,关于审裁庭决定自身管辖权时的审查要点,审裁庭在决定自身管辖权时应当从以下几个方面进行判断:第一,当事人之间是否约定适用审裁;第二,当事人提交审裁庭审裁的争议事项是否属于本规则第3条规定的可审裁范围;第三,当事人提交审裁庭审裁的争议事项是否属于不宜通过审裁解决的事项,如争议事项过于复杂不宜适用审裁程序等。同时,审裁员在决定自身管辖权时还可考虑个人经验、能力等是否足以处理被委任的案件,如认为不足以处理,可选择向双方当事人和指定机构说明。

第二十六条　多数审裁员继续审裁程序

最后一次审理结束并经过实体合议后,三人审裁庭中的一名审裁员因死亡或者其他情形不能继续参加审裁程序,指定机构可以按照本规则第二十四条的规定更换该审裁员;但在征得各方当事人同意后,其他两名仲裁员也可以继续进行审裁程序,作出决定。

【条文主旨】

本条是关于在三人审裁庭模式下,在最后一次审理结束并经过实体合议阶段,遇到1名审裁员因特殊情况无法继续参加审裁程序时的处置方式:(1)指定机构可以按照本规则第24条的规定更换该审裁员;(2)征得各方当事人同意后,其他2名仲裁员继续进行仲裁程序,作出决定。

【条文理解与适用】

本规则第24条第1款规定了审裁员在法律上或者事实上不能履行其职责,或者没有按照本规则的要求履行职责,或者被决定回避,或者主动辞任而导致的审裁员替换问题。与之相较,本条讨论的是三人审裁庭中1名审裁员在最后一次审理结束并经过实体合议的情形下,其他2名审裁员是否可以继续推进后续审裁程序。对于这一问题,目前存在两种不同的观点。

一种观点认为,程序正义是实现实体正义的重要前提与条件,故应当严格执行三人审裁庭模式,尤其是当首席审裁员无法继续参加审裁程序时,为保证审裁的公平公正,即使审裁程序已经进入最后阶段,也有必要重新补充一位审裁员进入审裁庭,方能继续后续的审裁程序,作出审裁决定。

另一种观点认为,虽然程序正义非常重要,但是如果不考虑审裁程序推进情况以及各方当事人意见,一味地重新补充新的审裁员进入审裁庭,也会与审裁高效解决当事人付款保障问题等财产权益纠纷的规则设计目的相违背,最终导致审裁制度失去价值。

因此本规则在参考仲裁机构相关规则并充分考虑审裁制度自身特色的情况下，认为在既不影响审裁程序的公平公正，又能保证审裁规则高效的前提下，当审裁庭出现1名审裁员死亡或其他情形不能继续参加审裁程序时，原则上指定机构可以按照本规则第24条的规定更换该审裁员，但是各方当事人均同意的，其他2名仲裁员也可以继续进行仲裁程序，作出决定。虽然更换审裁员更符合审裁程序规范，但在案件已经过实体审理并合议的前提下，经过当事人同意由两位审裁员作出决定可避免出现审裁程序重复、结案时间拖延、审裁成本增加的结果，同时也不影响审裁程序的公平公正。

由其他2名审裁员基于本条规定作出审裁决定的，如当事人以程序不当为由再向审裁庭就同一事项重新要求进行审裁的，审裁庭可以直接予以驳回，并维持原审裁决定结果。

【要点提示】

适用多数审裁员继续审裁程序的规定，应当注意：

其一，本条仅适用于由3名审裁员组成的审裁庭，仅1名审裁员组成的审裁庭因审裁员死亡或者其他情形不能继续参加审裁程序的，审裁程序无法继续推进，则需要更换审裁员。

其二，在3名审裁员组成的审裁庭，仅能发生其中1名审裁庭审裁员由于死亡、重大疾病等不能继续参与审裁程序的情形，如有2名以上审裁员由于客观原因不能继续参与审裁程序的情形，也不能适用本条继续推进审裁程序。

其三，剩余2名审裁员在听取当事人意见后，均认为有必要继续进行审裁程序的，多数审裁员继续审裁程序才可适用。

其四，审裁程序最后一次审理已结束并经过实体合议，争议案件已经在实体内容上审理完毕或几近审理完毕的，才可适用本条规定的程序。

第四章　审裁的进行

第二十七条　受理后的通知

指定机构受理审裁申请后，应当在5日内将审裁规则、审裁员推荐名册等规则规定的材料发送给双方当事人。

【条文主旨】

本条是关于指定机构受理审裁申请后通知的规定。

【条文理解与适用】

指定机构受理审裁申请后的通知程序，与仲裁机构的送达程序存在较大区别。在仲裁程序中，申请人向仲裁机构申请仲裁后，相关仲裁申请书、案件受理通知等材料，由仲裁机构向各方当事人送达。而在审裁程序中，指定机构并非案件管理机构，指定机构提供的是审裁辅助服务，审裁案件的审理和程序安排、推进由审裁庭负责。根据本规则的规定，申请人在向指定机构提交并向被申请人发送审裁申请书前，应当向被申请人发送审裁通知，被申请人收到审裁通知后 10 日内应当向申请人发送书面答复。针对申请人提出的审裁请求，被申请人如需提出反请求的，应当在审裁通知的答复中附送书面反请求申请书并说明所根据的事实与理由。指定机构在本规则中，只负责将审裁规则、审裁员推荐名册等规则规定的材料发送给双方当事人。具体审裁通知与答复可参看本规则第 9 条至第 10 条。

指定机构根据当事人对通讯方式的约定进行通知，若双方当事人对通讯方式没有约定或者约定不明的，审裁文件优先采用电子方式通知，以信息到达被通知人特定系统的日期为通知日期。若因当事人隐瞒通讯地址、提供的地址不正确、拒不提供地址、地址变更未及时告知指定机构、审裁庭及其他当事人的，由此产生的被通知人未能实际接收的法律后果由该当事人承担。具体通知方式可参见本规则第 7 条。

本规则中仅规定了审裁规则、审裁员推荐名册为指定机构应当向各方当事人发送的材料，而各指定机构可在制定各自规则时进行调整。审裁规则可理解为指定机构向申请人和被申请人发送的本机构所颁布的审裁规则或者当事人约定适用的审裁规则，是指定机构受理审裁后，向各方当事人发送的正式书面文件。如双方明确约定适用其他指定机构的审裁规则来处理审裁争议，作为受理审裁申请的指定机构仍有义务向双方当事人发送该约定的审裁规则。审裁有别于现行的诉讼或仲裁制度，其优势应在于提高解决工程进度款等争议的效率。在指定机构正式受理审裁后，为使双方当事人熟悉审裁流程，向当事人发送审裁规则。

本规则规定，指定机构可以按照不同专业设审裁员推荐名册，指定机构也可在推荐名册中标明审裁员擅长的专业领域，以方便当事人选择。双方当事人需在具体审裁人选上达成一致。当事人在发送审裁申请书前未共同选定审裁员的，由指定机构指定。当事人约定由3名审裁员组成审裁庭的,应当向指定机构提交协商一致的3名审裁员人选,并确定首席审裁员。当事人未能协商一致的,审裁庭由1名审裁员组成,该名审裁员由指定机构指定。同时,双方可以在审裁员推荐名册外选定审裁员,指定机构也可以在审裁员推荐名册外指定审裁员,但应当给予双方当事人发表意见的机会。具体审裁员指定规则参见本规则第19条。

【要点提示】

本条明确审裁规则、审裁员推荐名册的通知对象为双方当事人。指定机构通常会按照审裁规则的规定向当事人发送材料,并告知各方当事人有关程序性事项。当事人可约定适用本规则,也可约定适用指定机构制定的审裁规则。除审裁规则外,指定机构还会向各方当事人发送审裁员推荐名册,双方当事人应当根据审裁规则的规定,在推荐名册内或推荐名册外选择合适的审裁员。此外,当事人应当重视审裁规则规定的相关程序性期限,以免影响在规定期限内其正当程序权利的行使。

指定机构受理审裁申请后的通知与当事人发出的审裁通知在内容上存在较大区别。本规则第9条对于当事人发出的审裁通知内容有明确的规定,而本条规定的指定机构受理审裁申请后发出的通知,其主要目的是告知双方受理状态,并告知下一步程序安排。

第二十八条　审理方式

当事人对审理方式有约定的,从其约定。当事人对审理方式没有约定或者约定不明的,审裁庭可以征询双方当事人意见并根据案件实际情况,按照其认为适当的方式审理案件。

【条文主旨】

审裁作为新型争端解决机制,其制度活力与适用空间决定了审裁在审理方式上应当具备程序高效、灵活便捷、尊重当事人意思自治等特点。故本规则规定,当事人有权对审裁审理方式作出约定,只要切实可行、不与审裁适用法律的强制性规定冲突即可。当事人对审理方式没有约定或者约定不明时,审裁庭有权决定采取适当方式审理,但在决定前审裁庭需要充分关注案件实际情况,并听取当事人意见和保障当事人参与审裁的权利和机会。尤其是本条有关审裁庭采取“适当的方式审理案件”的规定需要特别关注。

【条文理解与适用】

本条是关于审裁审理方式基本原则的规定。与仲裁程序相似，当事人也可以对审裁的审理方式作出约定。当事人既可以对审裁程序中各种答复期限、形式作出约定，也可以对审裁庭的审理地点和方式、审理措施等作出约定。当然，当事人对审理方式进行约定也要遵循一定的原则，要做到切实可行，同时不能违背审裁适用法律的强制性规定。在约定的审理方式符合以上原则时，审裁庭应当予以尊重并执行。

在当事人对审理方式没有约定或者约定不明的情形下，虽然审裁规则赋予审裁庭的决定权，但是审裁庭应当采取“适当的方式”审理案件。在采取“适当的方式”审理案件之前，审裁庭可以征询当事人意见，包括听取当事人对开庭审理还是不开庭审理、现场审理还是在线审理、往来文件和信息通讯等有关方面的意见。在采取“适当的方式”审理案件过程中，审裁庭需要公平、不偏不倚地让所有当事人得到发表意见的机会，并使审裁程序高效进行，即公平和效率并重。审理过程中采取“适当的方式”包括发布程序指令、发出问题清单、要求当事人披露相关文件、设定审理范围等多种方式。但无论采取何种“适当的方式”，审裁庭都应当避免不必要的拖延或资源的浪费，最大限度地推进审裁程序，以实现审裁制度价值。

【要点提示】

一般情况下，审裁庭应当尊重当事人对审理方式的约定，但当事人应尽量作出具体、明确、可操作的约定，且符合审裁适用法律的强制性规定。这一点和仲裁尤为相似。例如，当事人约定必须公开审裁但审裁事项涉及国家秘密时，因不符合法律规定，这种约定就无法实施。

在当事人对审理方式没有约定或者约定不明，审裁庭自行决定审理方式亦不可恣意而为，否则当事人可能对审裁员的公正性或者独立性产生合理怀疑，进而申请审裁员回避。本条与本规则第 25 条第 2 款中有关“当事人对审裁庭职权未约定或者约定不明的，审裁庭有权以其认为适当的方式推进审裁程序”的规定一脉相承，这也决定了审裁庭职权并非无源之水。本规则项下的审裁属于约定审裁，审裁庭如果经常采取“不适当的方式”推进审裁，审裁效能无法发挥，审裁的制度价值就会被当事人以及社会公众怀疑，审裁也终将被抛弃。因此，审裁庭应妥善行使职权，从而最大程度地发挥审裁效用。

第二十九条　不公开审裁

审裁不公开进行。当事人协议公开的，审裁应当公开进行，但涉及国家秘密或者可能损害第三人利益的除外。

【条文主旨】

本条规定了审裁审理的基本原则，即不公开审理为原则，公开审理为例外。审裁不公开进行是为了保障双方当事人的商业信息和其他商业秘密等不因审裁程序的进行而被外界获悉。审裁不公开进行，有利于双方当事人能够无后顾之忧地参与审裁程序，发挥审裁保密性优势。然而，审裁不公开进行是原则性规定，也存在公开进行的可能。为了保障审裁不公开进行能够得到遵守和执行，需要对审裁保密的责任主体以及保密的范围进行规定。

【条文理解与适用】

审裁不公开进行与仲裁不公开进行存在相似之处，即程序的进行均应保密。审裁不公开进行，不仅体现在审裁申请与答辩、提交证据与质证、发表书面意见应当不公开进行，还体现在开庭审理、书面审理、调解、作出审裁决定都应当不公开进行。可以说，审裁不公开进行贯穿于审裁程序的始终，伴随审裁程序开始，一直到审裁程序终止。

本条还规定了审裁不公开进行的例外情形。首先，当事人协议公开的，审裁可以公开进行。当事人既可以事先约定部分审裁程序的公开，又可以约定全部审裁程序的公开，对此审裁庭原则上应予以尊重。在非当事人或非代理人参与审裁庭审旁听时，一旦双方当事人均同意旁听的，审裁就视为对外公开，这是当事人协议公开的一种形式。其次，虽然当事人可以协议公开，但审裁涉及国家秘密时，也不得公开。我国《保守国家秘密法》规定，国家秘密是关系国家安全和利益，依照法定程序确定，在一定时间内只限一定范围的人员知悉的事项。国家秘密关系到国家安全和公共利益。涉及国家安全和利益的事项，泄露后可能损害国家在政治、经济、国防、外交等领域的安全和利益的，应当确定为国家秘密。例如，在审理军工案件时，即使当事人有公开的需求，因保密法律规定，当事人不得主动公开，审裁庭也不应公开审理。最后，虽然当事人可以协议公开，但在可能损害第三人利益的情形下，审裁同样不得公开。在审裁公开可能损害第三人持有的不为公众所知悉的、能够为第三人带来商业价值的技术信息、经营信息等商业信息的情形下，当事人不可以协议公开，即使当事人协议公开，审裁庭也应保持审慎审查的态度并拒绝协议公开的要求。

【要点提示】

依据本规则第8条第1款的规定，除非当事人另有约定，审裁庭可以决定全部或者部分审裁程序借助信息技术进行。网络的开放性与审裁的不公开进行存在一定的冲突。审裁庭在运用网络技术进行审裁程序时，应当努力实现以安全可靠方式进行在线审理、信息传输，并应当要求当事人做好保密，避免因网络导致的泄密。当然，有条件的审裁指定机构可以提供安全的审裁网络系统，帮助审裁庭、当事人能够便捷、高效地进行审裁程序。

审裁不公开进行需要双方当事人等审裁参与主体严守保密义务。如果一方当事人未能履行保密义务给另一方当事人利益造成损害，特别是当泄露或者不当利用另一方当事人核心商业秘密或者重大知识产权进而获取不法利益时，该方当事人应当依法承担相应的赔偿责任。

第三十条　保密

除非对于满足以下条件的文件或者信息，审裁的各参与方不得将审裁决定或者审裁过程中涉及的任何其他文件或者信息披露给任何第三方：

（一）所有当事人一致同意披露的，且不涉及国家秘密、不损害第三人利益的文件或者信息；

（二）能够通过合法方式获取的文件或者信息；

（三）法院或者仲裁程序要求必须披露的文件或者信息；

（四）审裁适用的法律规定必须披露的文件或者信息。

【条文主旨】

本条是关于保密原则的规定，明确了审裁保密原则及其例外情况。

审裁的保密性有助于避免当事人的商业秘密和其他商业信息因争议解决程序而被外界获知，这也是审裁的重要优势之一。

【条文理解与适用】

本条规定审裁过程中坚持保密原则，负有保密义务的主体为当事人、证人、翻译、审裁员、指定机构工作人员等与审裁程序相关的全体人员，保密的范围为审裁决定或者审裁过程中涉及的任何其他文件或者信息，具体包括审裁决定、相关证据、案件事实、案件进展情况、案件审理过程、审裁收费等。

本条列举了4种保密原则的例外情形：

一是所有当事人一致同意披露的，披露的内容应不涉及国家秘密、不损害第三人利益。此种情形体现了尊重当事人意思自治原则，同时兼顾了个人利益不得损害国家利益、其他第三人利益的原则。

二是能够通过合法方式获取的文件或者信息，此种情形下，相应文件或信息能够通过合法公开方式获得，则该文件、信息并无保密的必要，可以在审裁中予以披露。

三是法院或者仲裁程序要求必须披露的文件或者信息。由于审裁决定具有临时约束力，因此当事人可就同一争议事项再次提起诉讼或仲裁。在诉讼或仲裁审理程序中，法官或仲裁员可能会需要了解审裁程序的审理过程、相应证据及审裁决定等文件或信息。为促使法官或仲裁员查明案件事实，审裁决定或者审裁过程中涉及的文件或者信息不受保密原则限制，应当在法院或者仲裁程序的要求下予以披露。

四是审裁适用的法律规定必须披露的文件或者信息。本项约定为兜底性条款，即法律规定必须披露的文件或者信息应当予以披露。

第三十一条　审裁和解

当事人申请审裁后，可以自行和解。达成和解协议的，当事人可以请求审裁庭根据和解协议作出审裁决定，也可以撤回审裁申请。

【条文主旨】

作为替代性争议解决方式，审裁程序本身具有促进双方当事人自行协商、和解以及定分止争的功能。双方当事人达成和解协议时，当事人可以直接撤回审裁申请，也可以请求审裁庭根据和解协议作出审裁决定。原则上，审裁庭应当对当事人自愿达成的和解协议予以尊重，并以审裁决定的形式对和解协议的内容进行确认。

【条文理解与适用】

本条明确了在审裁开始后，双方当事人仍可就审裁争议自行协商、和解，充分体现了审裁制度设计的初衷，即尊重当事人意思自治。当事人自行和解在诉讼、仲裁程序中也有涉及，一般情况下裁判者都是尊重并且支持的。

此外，本条还规定了自行和解与审裁程序的关系。一方面，在双方当事人较为信任且能够自愿、自觉履行和解协议时，当事人可以撤回审裁申请，这种方式修复了交易主体的信任关系，也在一定程度上节省了审裁费用。另一方面，在双方当事人缺乏足够的信任，可能存在和解协议的履行风险，需要审裁庭对和解协议进行确认时，当事人可以请求审裁庭根据和解协议作出审裁决定，这种方式有利于监督和督促负有履行义务的一方当事人全面、及时地履行和解协议约定的义务。

关于“当事人可以请求审裁庭根据和解协议作出审裁决定”这一规定，需要结合本规则第 33 条第 3 款使用，即在此种情形下，审裁庭在审裁决定中可以不写明争议事实和决定理由。

【要点提示】

虽然审裁程序中的协商、和解属于双方当事人的权利，但为了防止双方长期和解不决、严重拖沓审裁程序，建议审裁庭坚持审裁效率原则，对自行和解的期限进行明确要求，特别是在一方当事人愿意和解、另一方当事人的和解意愿不足的情况下。

当事人在审裁程序中达成和解进而撤回审裁申请的，对审裁庭来说风险较小，无须审查和解协议的内容。当事人请求审裁庭根据和解协议作出审裁决定时，审裁庭需要对双方达成的和解协议持审慎态度，此种审裁决定并非仅仅涉及双方当事人，还可能涉及审裁庭的职权、第三人利益或者社会公共利益。因此，审裁庭需要关注当事人达成和解协议时是否自愿，是否符合其真实意思表示，和解协议内容是否合法、是否超出可审裁范围等因素。在双方当事人明显存在恶意损害第三人合法利益，甚至存在“虚假审裁”时，审裁庭可以对当事人的这一请求予以拒绝。

需要说明的是，实践中还存在“当事人经调解达成和解”的情形，即审裁庭在双方当事人的请求下组织调解，甚至提出调解建议。如果双方当事人在调解建议的框架下达成自行和解，当事人仍可按照本条款规定撤回审裁申请或者请求审裁庭根据和解协议作出审裁决定。

第五章　审 裁 决 定

第三十二条　审裁决定的期限

（一）审裁庭应当自审裁庭组成之日起 30 日内作出决定。

（二）有特殊事由需要延长期限的，审裁庭提出延期建议并经双方当事人同意的，可以延期，但审裁决定应当在本条第一款规定的期限届满后 20 日内作出。

（三）审裁庭未能在本条第一款、第二款规定的期限内作出审裁决定，审裁程序终止，但当事人可以另行提起审裁。

【条文主旨】

本条是关于审裁决定作出期限的规定。审裁决定作出的期限是对审裁庭审理完结一个审裁案件所用时间的要求。审裁规则对审裁决定作出期限作出明确规定，一方面可以督促审裁庭秉持效率原则，尽快完成审裁工作以实现审裁快速、及时解决纠纷的功能；另一方面也可以让当事人了解和预知审裁案件的审理周期，提升程序的透明度。本条对于作出审裁决定期限的起算、期限、延长的条件和程序以及未能在期限内作出审裁决定的后果进行了明确。

【条文理解与适用】

本条第 1 款对审裁决定作出的期限进行了明确。为了快速解决建筑行业的商事纠纷，体现审裁制度的效率原则，审裁决定应自审裁庭组成之日起 30 日内作出，该起算时间以指定机构发出的审裁庭组成通知上记载的审裁庭组成时间为准。

在现有国内外建设工程审裁或评审规则中，基本都对审裁或评审决定作出期限进行了规定，但在期限起算点和期限长度方面存在一定的差异。《贸仲规则》第 32 条规定："除非当事人另有约定，评审组应当在评审程序开始之日起 84 日内出具评审意见。评审组在征得各方当事人同意的前提下，可以适当延长作出评审意见的期限。"《北仲规则》第 19 条规定："评审组应当在调查会结束后 14 日内，作出书面评审意见，并说明理由。当事人对评审意见作出的期限另有约定的从约定。"《国际商会争端委员会规则》（ICC Dispute Board Rules）第 22 条规定："争端委员会应迅速作出结论，无论如何应在第 19（2）条（争端委员会收到案件材料）规定的开始日期后 90 日内作出结论。但是经双方同意，争端委员会可延长时限。在未达成上述协议的情况下，争端委员会可在与双方协商后，在其认为必要的最短时间内延长作出决定的期限，但任何此类延长的总期限不得超过 20 天。在决定是否延长期限时，争端委员会和双方应考虑争议的性质和复杂性以及其他相关情况。"《港仲规则》第 58 条规定:"审裁员应在收到当事人提交的材料后 56 日内作出审裁决定。争议材料提交给审裁员后,双方可同意审裁员在任何更长的期限内做出审裁决定。"《亚仲规则》(AIAC Adjudication Rules)第 10 条规定:"审裁员应在以下时间内裁定争议并作出审裁决定:a)自送达审裁通知答复或对审裁通知答复的回复(以较迟者为准)起 45 个工作日内;b)如未收到审裁通知答复,则自规定的审裁通知答复期限届满起 45 个工作日内;或 c)各方同意的其他时间。"《德仲规则》第 17.6 条规定:"审裁员应尽快作出审裁决定,通常在口头听证后或收到最后一份法律意见后 4 周内作出(视情况而定),最迟在审裁开始后 5 个月内作出,除非双方同意延期。"《尼日利亚拉各斯商会国际仲裁中心审裁规则》(Lagos Chamber of Commerce International Arbitration Centre Adjudication Rules)第 4 条规定:"审裁员应在收到当事人提交的材料后 28 天内作出审裁决定。争议材料提交给审裁员后,双方可同意审裁员在任何更长的期限内作出审裁决定。"

从上述规定来看,审裁决定作出期限的起始点有审裁程序开始之日、审裁庭收到案件材料之日和审裁审理程序完结之日 3 种方式。由于审裁决定作出的主体是审裁庭,相较于审裁程序开始之日,从审裁庭组成后的时间点起算审裁决定作出时限更为合理。同时,考虑到审裁过程中可能会发生的复杂情况,相较于审裁审理程序终结这一时间节点,审裁庭组成这一时间节点更明确和具体,对当事人而言更有可预期性,对审裁庭组织审理和作出审裁决定的统筹管理提出了更高的要求。按照本规则第 20 条的规定,审裁庭组成后,指定机构应当以适当的方式及时通知审裁员和各方当事人,并同时将审裁相关文件移交给审裁庭。因此,基于审裁庭组成即开始起算审裁的审限,故指定机构应当在审裁庭组成后立即将审裁文件移交给审裁庭,以便审裁庭尽快了解案件情况。对于审裁决定作出的期限,本规则也综合比较了相关审裁或评审规则的规定,最终确定为审裁庭组成之日起 30 日内。

本条第 2 款规定了延长审裁决定作出期限的条件和程序。实践中,由于案件本身或审裁员、当事人的原因使得审裁庭无法在审裁决定作出期限内作出审裁决定的,审裁决定作出期限可以经过相应的程序得到延长。在这种情况下,结合相关审裁或评审规则,国内外实践普遍采取的做法是由审裁庭提出延期建议,经双方当事人同意的,方可以延长期限。本规则同样采用该做法,规定对于有特殊事由需要延长期限的,审裁庭提出延期建议并经双方当事人同意的,可以延期;如果任何一方当事人不同意延期,则作出审裁决定的期限仍应当为审裁庭组成之日起30日内。

相比其他规则未对延期后审裁决定的作出期限作出进一步规定,本条第2款特别规定了在原审裁决定作出期限延长的情况下,审裁决定应当在原审裁决定作出期限届满之日起,即审裁庭组成之日起30日后的20日内作出。虽然本规则没有明确规定审裁决定期限延长次数的限制,但该规定明确设置了审裁决定作出期限延长后的期限限制,这对审裁庭在提出延长期限申请时必须充分考虑适当性和合理性提出了更高的要求。

本条第3款规定了审裁庭未能在期限内作出审裁决定的后果。根据该款的规定,如果审裁庭未能在审裁决定作出期限内审结案件,那么该次审裁程序应当终止。审裁制度的特点决定了审裁员在期限内作出审裁决定的重要性,与此同时,由于审裁制度下审裁庭的决定本身可以被事后的诉讼或仲裁推翻,因此即使审裁庭在规定的时限内未能作出决定,也不会实质影响当事人的实体权益。在这种情况下,对当事人利益最大保护的制度设计,即规定如果审裁庭在规定时间内未作出决定,审裁程序当即终结,这样当事人基于对实际情况的充分考量,选择重新发起一个新的审裁程序,或者直接通过诉讼或仲裁的方式寻求救济,从而有效避免因单独审裁中出现的问题导致获得权利救济的时间被拖延。需要注意的是,审裁庭应当时刻关注审裁期限,若确实无法在审裁期限内作出决定,应当及时以书面形式通知当事人并宣布审裁程序终结。

需要说明的是,在出现本条第3款规定的审裁程序终结情况时,应当如何处理相关审裁费用。就指定机构的登记管理费而言,除非出现本规则第36条第3款规定的情况,当事人预交的指定机构登记管理费不予退还当事人。就审裁庭的报酬和其他费用而言,审裁庭应当向指定机构说明为本次审裁所开展的具体工作,列明与其实际开展工作有关的费用清单,指定机构经审核后可以根据审裁庭的实际工作情况,决定是否从当事人预交的费用中向审裁庭支付费用和开支,以及相应费用和开支的金额,剩余的审裁员费用应当由指定机构返还给预交审裁费的当事人。就当事人已经为审裁所支付的专家费用或者速录、翻译及其他辅助人员的费用,当事人可以作为费用主张在后续的诉讼或仲裁程序中提出,要求相对方进行承担。

【要点提示】

审裁员作出审裁决定后，应当使用合理可用的最快速的方式将审裁决定发送至当事人。由于审裁决定的重要性，建议审裁庭与当事人在本规则第 7 条的基础上，就接收审裁决定书的方式达成特别约定。审裁庭和当事人在对接收审裁决定书的方式进行约定时，应当考虑任何可能导致当事人延迟收到审裁决定的情况和风险。

此外，申请延期的事由应当具有特殊性、客观性和合理性。审裁员在收到案件材料后，就应当充分考虑争议的性质和复杂性以及其他相关情况，根据本条第 1 款的规定妥善安排相关审理工作，只有在出现特殊的事由时，审裁庭方能考虑提出延长审裁决定作出的期限，该事由应当具有客观性和合理性。同时，需要注意的是，虽然本条第 2 款规定延期申请应当由审裁庭提出并经双方当事人同意，但若因一方或双方当事人在审裁程序中的不当行为，诸如故意多次更换代理人、不配合提交材料和参与庭审等导致审裁程序被拖延，进而导致审裁庭无法在组庭之日起 30 日内作出决定，审裁庭无须向当事人提出延期作出决定的建议。

第三十三条　审裁决定的形式和效力

（一）审裁庭应当基于事实，依据可适用的法律及公认的法律原则，参考商业惯例，公正独立地作出决定。

（二）由三名审裁员组成审裁庭审理的案件，审裁决定应当依全体审裁员或者多数审裁员的意见作出。审裁庭不能形成多数意见的，决定依首席审裁员的意见作出。不同意见应当记入审裁决定。

（三）审裁庭在决定中应当写明审裁请求、决定及依据的理由、审裁费用的承担及决定日期。当事人另有约定或者按照当事人和解协议作出决定的，可以不写明争议事实和决定理由。

（四）一方或者双方当事人申请并经审裁庭同意，或者审裁庭认为有必要的，可以就当事人的部分请求事项作出部分审裁决定。

（五）审裁决定书应当由审裁员签名。持有不同意见的审裁员可以在决定书上签名，也可以不签名。

（六）审裁决定自作出之日起至争议通过诉讼、仲裁或者协议最终得以解决为止，对各方具有法律约束力。

（七）当事人应当全面履行审裁决定。任何一方当事人不履行审裁决定的，构成基础合同项下与款项支付有关的故意且重大的违约行为，其后果由当事人之间基础合同和适用的实体法确定。审裁决定被后续诉讼或者仲裁的判决、裁决所替代的，有关当事人仍应承担自审裁决定作出之日至生效判决、裁决作出之日止的违约责任。

【条文主旨】

本条是关于审裁决定作出的有关规定。审裁决定是审裁庭对当事人之间的提交审裁的实体争议及因审裁程序产生的相关费用承担等问题作出的最终决定。对于作出审裁决定的程序和所应遵循的原则、审裁决定应当包含的基本内容和形式要件、审裁决定的效力，有必要在审裁规则中予以规范。这样一方面可以约束审裁庭依据规则行使职权，另一方面也可以明确基于正当程序作出审裁决定所具有的效力，促进当事人自觉履行审裁决定。本条从审裁决定作出的依据、审裁决定的基本内容和形式要件、审裁庭意见的决策机制、审裁决定的效力及履行等多个方面进行了规范。

【条文理解与适用】

本条第 1 款规定了审裁庭作出审裁决定的基本原则，即应当基于事实，依据可适用的法律规则及法律原则，参考商业惯例，公正独立地作出决定。审裁庭作出审裁决定应当依据可适用的法律及公认的法律原则。需要注意的是，在涉外案件中，审裁庭需要考虑作出审裁决定所应当适用的法律。《德仲规则》第 19 条规定："审裁员应根据各方选定的适用于争议的法律规则审裁争议。如果当事方未作此指定，审裁员应适用其认为适当的国家的法律。"因此，本规则规定审裁员有权根据当事人的约定确定审裁适用法律，或者在当事人约定不明或未约定的情况下，审裁庭自行决定审裁适用的法律。此外，考虑到审裁员行业专家的特性，行业惯例可以成为审裁庭作出决定的参考依据，审裁员应有能力在事实和法律的基础上，参考争议相关领域的行业惯例，考虑交易习惯和惯常做法，作出公平合理的判断。同时，公平合理、独立公正地作出审裁决定是对于审裁员自身专业素养和职业操守的基本要求。

本条第 2 款规定了审裁决定作出的决策机制。如果当事人约定审裁庭由 3 名审裁员组成，此时当审裁庭不能形成一致意见时，按照民主原则，审裁决定应依据多数意见作出。多数意见可能由首席审裁员与一位边裁形成,另一位边裁持少数意见。同样地,首席审裁员也可以持有少数意见,多数意见由两位边裁形成。在以上两种情况下,只要能形成多数意见,那么审裁决定就应该依据多数意见作出。存在极端情形,审裁庭内部无法形成多数意见,3 名审裁员各持各自的意见,那么为了便于纠纷的快速解决,避免因审裁庭决策的僵局拖延审裁程序,审裁决定应按照首席审裁员的意见作出。需要注意的是,审裁决定无法以一致意见作出的,不同意见应该记入审裁决定书并向当事人发送。《德仲规则》第 17.4 条规定:"审裁员可以书面形式记录其反对意见,该反对意见应与多数意见一并送交各方当事人。"这可以体现审裁制度对于少数意见的尊重,维护少数意见审裁员同等的审理权利,也增加了审裁程序的透明度与公信力。少数意见可以记载于审裁决定书,也可以作为审裁决定书的附件。需要说明的是,虽然少数意见记入审裁决定书,但是该少数意见不构成审裁决定的内容,不对当事人产生约束力。

本条第 3 款规定了审裁决定书的内容。无论审裁决定书采取什么样的格式,一般都应包含审裁请求、争议事实、作出的决定结果和理由、审裁费用的承担、审裁决定作出的日期等必要信息。在审裁决定中写明审裁请求,便于对照确保审裁决定的内容涵盖所有审裁请求,且未超出审裁请求范畴;写明争议事实,一方面作为审裁员作出审裁决定的基础和依据,另一方面可判断后续相关审裁请求与本请求是否重合,是否属于"一事不再理"的范畴。在实践中,当事人为保守商业秘密或因其他原因,可以协议不写明争议事实和审裁理由。对此,审裁庭应尊重当事人意思自治,保护当事人合法权益。

本条第 4 款规定了部分审裁的情形。部分审裁决定的对象必须是当事人已经提出的请求事项,是审裁庭在听取当事人意见并充分考虑后,认为有条件且有必要提前作出的部分审裁决定。审裁庭在作出决定时需要考虑几方面因素,即部分审裁请求事项所需的事实是否已经查清、是否还需要较长的时间才可以对全部审裁请求作出决定、若不先行作出部分决定是否对当事人造成损害或者明显不公。部分审裁决定的效力等同于全部审裁决定,对当事人具有约束力,也可以申请执行。部分审裁决定机制可以解决迫在眉睫或事实清楚的争议,在纠纷较为复杂特别是双方同意审裁程序延期的情况下能够快速判责,保障工程款支付。部分审裁决定作出后,对应的请求事项在后续的最终审裁决定中不必再次涉及。

本条第 5 款规定了审裁决定的签名机制。虽然大多数国家在立法中未写明需要审裁员签字,但审裁员在审裁决定书上签字本身已经是一项国际惯例。《港仲规则》第 61 条规定:“审裁员应在审裁决定书上签名并注明日期。”审裁员签字是表明审裁员应对审裁决定负责,签字确认的要求有助于敦促审裁员谨慎公平对待审裁。考虑到存在 3 名审裁员组成审裁庭的情形,对审裁决定持不同意见的审裁员,由于审裁决定并未代表其意见,故可以赋予其是否在决定上签字的决定权。

本条第 6 款是对审裁决定约束力的规定,第 7 款是对不遵守审裁决定法律后果的规定,该两款共同组成了本规则下审裁决定效力机制的规定。审裁程序的时效性是该项制度的核心价值取向,因此以作出审裁决定书之日为发生法律效力的时点,有助于避免审裁制度因送达事项而产生时间上的拖延。审裁决定对当事人双方具有约束力,这也是审裁制度的核心价值。在具有审裁立法的国家,立法会对审裁决定的约束力进行明确规定。比如英国 1996 年《房屋补助金、建设和重建法案》第Ⅱ部分规定,在通过法律诉讼、仲裁或当事人之间的协议最终解决争议之前,审裁员的决定具有约束力;新加坡 2004 年《建筑业付款保障法》和马来西亚 2012 年《建筑业付款及审裁法》均规定,除非法院司法审查或双方当事人合意解决,根据审裁庭作出的审裁决定对当事人具有约束力。在没有审裁立法的国家,则一般将审裁决定的约束力视为一种基于契约所产生的合同约束力。比如在德国,如果一方不遵守审裁裁决,一般视为构成故意的重大违约行为,而对此类违约的后果由合同(如有)或适用的实体法确定。考虑到审裁规则的性质不同于审裁立法,故本条第 6 款规定的审裁决定约束力更类似于基于当事人合意所产生的法律约束力。与此同时,审裁决定仅具有临时约束力,是非终局性的。一旦审裁决定事项被后续人民法院在生效判决或仲裁庭在裁决中推翻,审裁决定中的审裁事项将由后续生效法律文书而取代,不再具有法律约束力。

在基于当事人合意所产生的法律约束力机制下,对于不遵守审裁决定的一方,自然构成违约法律责任。根据《德仲规则》第 22.1 条的规定,即使后来法院或仲裁庭推翻了审裁庭的决定,不遵守审裁庭的决定也是一种故意的重大违约行为。但对于没有执行审裁决定特别程序的法域而言,在一方当事人未遵守审裁决定的情况下,另一方直接申请法院执行审裁决定仍然困难重重。因此,有些审裁规则直接将不遵守审裁决定的违约法律后果进行了规定,由此可以达到的效果是当事人一旦约定了该规则,就会受到该违约规则的约束。进而,在审裁决定作出后,一方可以直接以对方不遵守审裁决定构成违约行为直接向法院提起诉讼或申请仲裁。按照本条第7款的规定,任何一方当事人不履行审裁决定的,构成基础合同项下与款项支付有关的故意且重大的违约行为,即使审裁决定被后续诉讼或仲裁的判决、审裁决定替代,有关当事人仍应承担自审裁决定作出之日至生效判决、审裁决定作出之日止的违约责任。该规定是在没有审裁立法的情况下,通过合同机制建立审裁决定的法律约束力,从而最大化保障审裁胜诉方的权益。

【要点提示】

关于审裁决定的基本要求,审裁员在作出审裁决定时,可以从以下几个基本要点出发,对审裁决定的形式和实质进行审查:其一,审裁决定必须是可以被理解的,以便各方能够客观地了解审裁庭作出审裁决定及其原因。其二,审裁决定的理由可以通过简单的方式进行表达,但审裁庭应当避免作出理由不连贯或者让当事人无法理解、完全不合理的审裁决定。其三,即使审裁决定中的理由在事实或法律上存在错误,也不影响其在争议通过诉讼、仲裁或者协议最终得以解决为止之前对各方具有法律约束力。其四,即使审裁决定没有对每一个事实或法律争点进行回应,但并不表示相关的审裁决定必然不合理。

关于审裁决定的效力范围。首先,审裁决定不具有既判力。审裁决定对于后续仲裁程序或诉讼程序等争议解决程序均不发生约束力。对于事实认定而言,审裁决定对于事实的认定,不对后续争议解决程序发生效力。审裁决定不作为后续争议解决程序中的证据,当事人依然需要对基本事实重新举证。对于审裁事项而言,审裁决定仅对本次审裁事项具有约束力。如果当事人双方在后续争议解决程序中再次涉及本次审裁事项的裁决内容,后续争议解决程序应当重新审查审裁事项。其次,审裁决定仅对当事人双方发生法律约束力效力,不对任何第三人发生效力。

第三十四条　审裁决定的补正和补充

(一)任何一方当事人均可以在收到审裁决定之日起15日内就决定书中的书写、打印或者计算错误,或者其他类似性质的错误,书面申请审裁庭作出补正。如确有错误的,审裁庭应当在收到该请求之日起20日内作出书面补正决定。

(二)任何一方当事人均可以在收到审裁决定之日起15日内就决定书中遗漏的审裁请求事项,书面申请审裁庭作出补充决定。如确有遗漏的,审裁庭应当在收到该请求之日起20日内作出书面补充决定。

（三）审裁庭可以在决定书作出后15日内自行以书面形式对决定书进行补正或者补充。

（四）上述书面补正或者补充决定构成审裁决定的一部分。

【条文主旨】

本条是关于审裁决定补正和补充的规定。审裁决定一般包括案件背景情况、审裁庭意见、审裁决定事项等若干部分。如果在审裁决定的任何部分出现了书写、打印、计算错误或者其他类似性质的错误，可以通过补正的方式解决；如果在审裁决定事项部分遗漏了当事人已经提出的请求事项，则可以通过补充决定的方式解决。

【条文理解与适用】

考虑到审裁追求高效这一程序目标，如果审裁员在作出审裁决定书时出现了可以通过补正的计算或者书写等错误，不宜视为违反正当程序。在国内外实践中，对于审裁决定中出现的书写、打印、计算错误或者其他类似性质的错误，国内外审裁或评审规则中一般都有关于对审裁决定进行更正或补充的规定。《贸仲规则》第38条规定："任何一方当事人可以在收到评审意见之日起7天内，就评审意见中的任何书写、打印、计算错误或者其他类似性质的错误书面申请评审组作出更正；确有错误的，评审组应当在收到书面申请之日起7天内作出书面更正。评审组也可以在评审意见作出之日起7天内，自行对上述错误作出书面更正。评审组因遗漏未对某项评审请求出具评审意见，任何一方当事人可以在收到评审意见之日起7天内，书面申请评审组就该项评审请求作出补充评审意见；确有此种情形的，评审组应当在收到书面申请之日起7天内作出补充评审意见。评审组也可以在评审意见作出之日起7天内，自行对上述评审请求作出补充评审意见。书面更正和补充评审意见构成原评审意见的一部分……"《国际商会争端委员会规则》第26条规定："争端委员会可主动更正决定中的笔误、计算错误或排印错误或任何类似性质的错误，但须在该决定作出之日起30天内向双方提交更正后的决定。"《港仲规则》第69条规定："审裁员可主动或应任何一方的要求更正审裁决定，以消除因意外疏忽或遗漏而出现的任何文书错误，但必须在审裁决定作出当日起计7天内主动作出或应任何一方的要求作出。"《亚仲规则》第10条规定："审裁员可主动或应一方当事人的申请更正其决定，以消除任何计算或排印错误和/

或错误。对决定的任何更正均应自审裁员收到申请之日起在切实可行的情况下尽快作出，如更正由审裁员主动作出，则须在他知悉有需要作出更正后尽快作出。”《德仲规则》第18.1条、第18.2条、第18.3条规定：“任何一方均可请求争端委员会主席纠正决定中的计算错误、文书错误或印刷错误或任何类似性质的错误，或对决定作出解释。此类请求应在收到决定后一个月内向主席提出，否则争端委员会不予受理。争端委员会成员也可主动更正决定。”

本条第1款是当事人申请对于审裁决定进行书面补正的规定。有权提出补正申请的主体为审裁案件的任何一方当事人，申请补正的期限为收到审裁决定书之日起15日内。因此，当事人在收到审裁决定书后应当及时阅读，一旦发现符合本款要求且确实有必要补正的内容，就可及时向审裁庭提出申请。可以进行补正的内容包括审裁决定中的书写、打印、计算错误，或者其他类似性质的错误，无论该类错误是出现在审裁决定的封面还是正文中，也无论该类错误是出现在审裁决定中的案情部分、审裁庭意见部分还是审裁决定部分。审裁庭具有决定是否进行书面补正的权力。如果审裁庭认为审裁决定确有上述类型的错误且有必要进行补正，应在收到书面申请之日起20日内作出书面补正。

本条第2款是有关当事人申请审裁庭作出补充审裁决定的规定。本款规定的作出补充审裁决定的情况，原则上是指对于当事人的某一审裁请求事项，审裁庭未进行分析判断和决定，或者已经进行审理并作出了判断和决定，但没有将判断和决定的内容体现在审裁决定书的审裁庭意见部分和审裁决定主文部分，或者审裁庭意见部分已经进行了论述，但在审裁决定主文部分遗漏了对该事项的决定。在这种情况下，当事人可以向审裁庭提出补充审裁决定的申请，申请的期限是在收到审裁决定书后的15日内。审裁庭同样具有决定是否作出补充决定的权力。如果审裁庭认为决定中确实遗漏了应当作出审裁决定的事项且确有必要作出补充决定，应在收到书面申请之日起20日内作出。

本条第3款规定了审裁庭主动作出更正或补充审裁决定的情形。如果审裁决定中确实存在需要更正或作出补充决定的内容，但当事人并未提出更正或补充审裁决定的请求，审裁庭可以在审裁决定作出后15日内直接对审裁决定作出更正或补充决定。

本条第4款规定了书面更正与补充审裁决定的效力。审裁庭对于审裁决定的书面更正或补充决定一经作出即生效，且构成审裁决定的一部分，具有与审裁决定同等的法律效力，但内容有不一致的地方，应以书面更正或补充审裁决定为准。被更正或补充的审裁决定仍然具有法律效力，且其生效日期仍然为其自身作出之日，已经在审裁决定中作出认定的履行期限等内容，除非在书面更正或补充审裁决定中得到更正或补充，否则不受影响，其对应的起止时间原则上均不改变。

【要点提示】

关于实践中对审裁决定补正的适用。当事人在收到审裁决定之后，应当着重阅读审裁决定主文，且应当核对审裁决定封面及正文首页中对于当事人主体信息和争议所涉及核心文件的誊写情况，如发现确有需要更正或补充的内容，应当及时向审裁庭提出相应申请，以免对审裁决定的执行造成拖延等不利影响。

关于审裁庭自行更正和补充的时间限制，虽然根据审裁的特性，审裁决定中出现书写、打印、计算错误或者其他类似性质的错误并非被认为是审裁庭的重大疏漏，但同样基于审裁的特性，审裁员在所有情况下都应当在合理的时间内对该等错误进行快速修正。因此，虽然本条第3款规定审裁庭可以在审裁决定作出后15日内自行决定对审裁决定作出补正或补充决定，但实践中审裁庭作出审裁决定前应当审慎核对审裁决定的内容，尽可能避免出现需要更正或补充的情形；在审裁决定作出后，审裁员也应当仔细关注审裁决定的内容，一旦发现有需要更正或补充的情形，应当及时作出更正或补充决定，而不是等到15日期限届满。

第六章　费用及费用的交存

第三十五条　费用

本规则所指审裁费用包括：

（一）审裁员的报酬及其他实际开支；

（二）专家费用或者因其他协助产生的合理费用，包括但不限于审裁庭秘书的收费和开支；

（三）速录、翻译等其他辅助人员的费用；

（四）指定机构的登记管理费、指定审裁员费用；

（五）其他合理费用。

【条文主旨】

本条是关于审裁费用的规定。作为一种有偿的法律服务,审裁费用是当事人将争议提交审裁解决的必要支出。审裁费用包含指定机构管理费、审裁员报酬及其他因第三方服务产生的合理费用。

【条文理解与适用】

本条第1项明确规定了审裁费用组成部分中的审裁员报酬及其他实际开支。当事人应当按照约定,预先缴纳审裁员报酬的费用及其他实际开支。例如,选定外地或外籍审裁员导致的异地开庭费用、审裁员因审理案件而产生的必要的差旅费等其他实际开支。

本条第2项及第3项规定了审裁费用组成部分中因专家、速录、翻译等协助或辅助服务产生的合理费用的具体内容。案件审理过程中,由于举证质证、专家鉴定或因审裁程序适用语言与当事人母语不同等情况,可能会产生这两项所规定的审裁费用。

本条第4项规定明确规定了审裁费用组成部分中指定机构登记管理费、指定审裁员费用。审裁指定机构为审裁程序顺利推进提供管理服务,可能会因此产生指定仲裁员费用和文件打印费、快递费等相关必要支出。具体费用可由指定机构在指定审裁规则时结合本机构情况进一步考虑。特别提醒当事人注意前述条款中已明确在部分程序推进的节点需要缴纳的费用,如不按期缴纳,可能会影响审裁程序推进。

本条第5项进行了兜底规定。

【要点提示】

需要注意的是,本规则项下的收费主要包括指定机构收取的登记管理费、审裁员报酬、其他合理费用。指定机构在设置收费标准时,应充分考虑吸引优秀的审裁员及税收等问题,可考虑将审裁员报酬与指定机构登记管理费分类收取,审裁员报酬可采用按标的额收费和小时计费两种方式,以便当事人根据案件具体情况选择合适的交费方式。

第三十六条　指定机构登记管理费

(一)申请人提交审裁申请的同时,应当根据指定机构审裁费用标准向指定机构交纳登记管理费,并预交审裁员报酬等费用作为暂付款项。

(二)当事人未按照本条第一款规定交纳费用的,视为未提请审裁申请。

（三）指定机构收取的登记管理费不予退还，除非指定机构在规定的期限内未履行或者怠于履行指定审裁员、决定审裁员是否回避及其他当事人认为重要的程序辅助工作，指派机构重新确定指定机构的，原指定机构应当全额退还登记管理费。

（四）除非审裁庭另有指示，审裁相关费用应以人民币支付。

【条文主旨】

本条是对第 35 条第 4 项规定的审裁费用中指定机构登记管理费作出的进一步规定。指定机构登记管理费是由于审裁活动产生的费用，该费用如何承担，关系到当事人实体权利义务的划分，有必要在审裁决定中予以解决。

本条是关于指定机构登记管理费何时预交、预交的标准、预交的内容、预交的方式；未预交、预交后指定机构未按规定履行职责的相关费用承担方式以及费用支付形式；告知了当事人未按照规定预交费用的审裁后果；赋予指定机构收取登记管理费用不予退还的原则，列举了例外情况以及重新确定指定机构的登记管理费处理方式。

【条文理解与适用】

本条第 1 款规定了当事人提交审裁申请时，应当按照指定机构制定的审裁费用标准交纳登记管理费用，并预交审裁员报酬等费用。也就是说，当事人除了应当向指定机构交纳通常意义上的登记管理费以外，还需预先交纳审裁员报酬、其他合理开支费用给指定机构，由指定机构作为该款项的保管人。

本条第 2 款规定了当事人未按规定交纳费用的，视为未提请审裁申请，即审裁程序自始至终未开始。此处当事人未按规定交纳的费用既包括指定机构登记管理费，也包括第 1 款规定的预交的审裁员报酬等其他合理费用。

本条第 3 款规定了指定机构收取的登记管理费原则上不予退还，但也列明了登记管理费应予退还的情形，即指定机构在规定期限内未履行或者怠于履行指定审裁员、决定审裁员是否回避及其他当事人认为重要的程序辅助工作，常设论坛秘书长会议重新确定指定机构的，原指定机构应当全额退还登记管理费。对此，指定机构经当事人选定或常设论坛秘书长会议确定后，应当积极履行审裁规则赋予指定机构的相关义务，推进审裁程序，否则可能因本条第 3 款的规定无法获得相关费用。

本条第4款规定了审裁相关费用原则上以人民币为支付的币种要求，也规定了例外情况，即如果审裁庭认为有必要，可以指示当事人采取其他币种方式进行支付审裁的相关费用。这一规定有利于解决涉外案件中的交费问题，当事人选择合适的币种交纳审裁费用，避免因费用问题导致程序拖延等情形。

【要点提示】

关于实际操作中当事人预交各项审裁费用涉外，应当注意的是：其一，审裁员报酬及其他实际开支、指定机构的登记管理费、指定审裁员费用可由各指定机构根据实际情况进一步明确预交标准。其二，选定外籍审裁员以及案件需要聘请的专家、速录、翻译等产生额外开支的情形，在当事人没有约定的情况下，可由审裁庭或指定机构决定当事人的预交比例。其三，审裁庭或指定机构在作出以上决定时，通常会要求提出请求的一方进行预交。例如，如果是一方当事人选择外地或外籍审裁员，则实践中通常做法是，该审裁员因办理案件而发生的特殊报酬、差旅费、食宿费等应由选定该审裁员的当事人预交。如果该审裁员是当事人共同选定的或由指定机构根据当事人既有约定条件所指定的首席审裁员或独任审裁员，通常由双方当事人各半预交。

第三十七条　审裁员的报酬和开支

（一）审裁员报酬的确定应当充分考虑案件争议金额、复杂程度、审裁员花费的时间及案件其他情况。

（二）指定机构另行制定审裁员报酬参考费用表的，审裁庭及当事人均同意适用的，应当根据该费用表确定审裁员报酬和开支。

（三）审裁员可根据案件情况要求当事人在规定期限内向指定机构补充交纳审裁员费用或者其他合理费用。当事人在审裁庭指定的期限内未予交纳的，审裁庭应当及时向各方当事人告知延期或者拒绝交纳审裁员费用的风险，并要求当事人在重新确定的交费期限内及时交纳上述费用。各方当事人在审裁庭重新指定的期限内仍未交纳的，审裁庭有权决定审裁程序中止或者终止，并及时通知各方当事人。审裁庭决定中止审裁程序的，审裁审理期间停止计算。

（四）审裁程序终结的，审裁员应当从审裁机构支取审裁员费用和开支，除非审裁员另有指示，剩余的审裁员费用应由指定机构返还给预交审裁费的当事人。

（五）如因审裁员辞职或者审裁员未能在规定时间内作出决定，仅在审裁员采取了合理行为推进审裁程序的，方可向审裁机构支取审裁员的费用和开支。

（六）如审裁员的任命被撤销或者在审裁程序中该审裁员被指定机构除名，除非该撤销或者除名是因为审裁员的过失或者不当行为导致的，否则审裁员有权获得费用和开支。

（七）审裁庭有权留置审裁庭作出的决定，以确保当事人交纳尚欠的审裁费用，直至当事人共同或者由任何一方交清了所有费用。

【条文主旨】

该条明确了审裁员报酬给付的相关标准和条件，进一步使当事人了解审裁费用的相关用途，提高了审裁费用的透明度，能够激发审裁员的积极性，体现对审裁员专家价值和专业付出的尊重，切实保障审裁员和当事人的合法权益。

【条文理解与适用】

本条第 1 款以列举方式原则性规定了审裁员的报酬给付标准，即包含了所审裁案件的争议金额、复杂程度、花费时间及审裁员的勤勉、效率等其他情况。在实践中，审裁员的报酬可以通过审裁员与当事人协商的方式确定，也可以由指定机构制定审裁员相关收费标准来确定。但应当注意的是，审裁员的报酬应当充分考虑案件的具体情况和审裁员花费的时间等因素。在我国，大多仲裁机构的收费标准多以案件标的额确定，而仲裁员报酬则在案件收费项下按照不同机构规定的比例进行计付，实际上这一计费方式并不科学，如案件标的额较小的案件，花费仲裁员时间较长且案情较为复杂，仲裁员勤勉履责，但仲裁员报酬与其付出的劳动并不匹配。因此，在实践操作中，指定机构可设置两种审裁员报酬收费方式，一种按小时计费，另一种按标的额计费，当事人和审裁员可充分考虑自身情况选择较为适合的方式进行交费和收费。

本条第 2 款规定指定机构可制定审裁员报酬参考费用表供审裁庭和当事人选择，如果审裁庭及当事人同意适用，则审裁员报酬和开支由指定机构制定的费用表最终确定。

本条第 3 款规定了审裁员可以要求当事人进一步补充交纳审裁员费用或者其他合理费用，以及当事人未在限期内交纳的相关法律后果。在审裁案件中，如根据具体案件需当事人补充交纳审裁员费用或者其他合理费用，如案件标的额较小且初次交费较少的案件,在审裁庭审理中发现案情较为复杂,需指定专家或进行实地勘察的,审裁庭可要求当事人补交费用,以便审裁程序继续推进。但是,当事人在审裁庭指定的期限内未予补交的,本条第3款对该情形的处理措施进行了明确规定,即由审裁庭指定补交期限,当事人在这一补交期限内仍未补交的,审裁庭应当告知其延期或者拒绝补交费用的风险,并重新确定补交期限。如当事人在重新确定的补交期限内仍未补交,审裁庭有权决定审裁程序中止或者终止。由此可知,对当事人补交审裁费用这一规定来说,审裁庭充分给予了当事人补交费用的机会,其主要目的在于尽可能推进审裁程序的推进,避免因费用问题导致审裁程序被决定中止或者终止。

本条第4款规定了审裁员从审裁机构支取审裁员费用和开支的权利,并对可能剩余的审裁员费用的返还进行了明确,指定机构可以根据该条款进一步明确具体的审裁员费用支取的操作细则。审裁是基于当事人意思自治而启动的快速解纷程序,审裁员的费用及开支应当基于按劳取酬的原则,因此,如果审裁程序终结,审裁员费用仍有剩余,则应当返还给预交审裁费用的当事人。

本条第5款及第6款规定了因审裁员自身或其他原因,导致审裁程序未能有效进行的,仍然在一定前提下,可以给予其一定的支取审裁员费用和开支的权利,前提是该审裁员确实为审裁程序的推进作出了相应的工作,该规定充分体现了尊重和保障审裁员审裁工作。

本条第7款规定了审裁庭对决定的留置权,以确保当事人支付未偿费用和开支,即当决定准备发放至当事人手中时,审裁庭可以要求当事人以支付未交清的审裁费用作为获取审裁决定的前置条件,是行使留置权的方式之一。如一方当事人因未全部支付或拒绝支付审裁费用,而被审裁庭留置决定时,其可以质疑审裁庭的留置行为。认为自己已经支付足额或超额费用的当事人可申请审裁庭在作出决定后马上发给双方当事人。如审裁庭已经得到足够的"暂付款项"存放在指定机构账户上,审裁庭就不必再对决定进行留置,否则就有过度收费之嫌。

【要点提示】

需要提示的是,在当事人拒绝交纳审裁费的情况下,其他当事人可代为交纳。为进一步推进审裁程序,另一方当事人代为交纳的,一般情况下也被指定机构允许和认可。

第三十八条 费用的分担

审裁庭有权决定当事人应当承担的审裁费用和其他费用。

【条文主旨】

本条是关于审裁费用分担的规定,明确了对审裁费用和其他费用具有最终决定权的主体是审裁庭。

【条文理解与适用】

审裁中,审裁庭有权决定当事人应当承担的审裁费用和其他费用。审裁费用和其他费用的相关规定,可以参见本规则第 35 条至第 37 条。各指定机构亦可以制定审裁费用明细表或其他相关费用规定,以增加审裁费用的透明度,为当事人提供明确指引。

就诉讼或仲裁费用而言,原则上应当由败诉方承担,部分胜诉、部分败诉的案件当事人应当按照比例分担相应费用,在审裁制度中,审裁庭对审裁费用及其他费用的承担具有决定权。一般地,审裁费用由败诉方承担或按照比例承担,但是如因一方当事人恶意拖延程序,或在审裁过程中存在相关不诚信的行为导致审裁程序拖延,从而给对方当事人造成其他费用,包括但不限于差旅费、律师费、专家费等,审裁庭也可对该部分费用的承担作出决定。

第七章 附 则

第三十九条 签章的形式

审裁文件中审裁员的签名,可以采用直接书写或者电子签名形式。

【条文主旨】

本条是对于审裁文件中审裁员的签章形式的规定,明确了审裁员可以通过直接书写(手写签名)或者电子签名的方式在审裁文件中签名。

【条文理解与适用】

审裁文件优先通过电子方式发送,因此,相关审裁文件需由审裁员签名的,审裁员可通过电子签名的形式完成。而对于当事人约定以邮寄等方式发送审裁文件,或者根据本规则的规定,无法采用电子方式通知或者采用电子方式通知无法到达被通知人的,也可采用特快专递、挂号信、当面递交等方式,通过上述方式发送的审裁文件需由审裁员签名的,审裁员可采用直接签名或者电子签名的形式完成。

【要点提示】

《电子签名法》对电子签名在我国的法律效力进行了规定。审裁员可以根据实际情况和自身习惯,灵活采取手写签名或电子签名的方式完成其在审裁文件上的签章。

关于审裁决定是否盖章问题,如果当事人约定或者指定机构选择适用本示范规则,指定机构可以自行决定是否盖章或出具相关证明文件,但是,当事人共同约定且指定机构同意在审裁决定上盖章的,则从其约定。

第四十条　免责

审裁员、审裁员指定的人员(包括但不限于专家、鉴定人)及指定机构工作人员对根据本规则进行的行为不承担法律责任,上述人员无义务就审裁在任何法律程序中作证。审裁适用的法律另有规定的除外。

【条文主旨】

本条是对于审裁员、审裁员指定的人员免责事由以及作证义务的免除规定。

【条文理解与适用】

本条之所以规定审裁员、审裁员指定的人员(包括但不限于专家、鉴定人)及指定机构工作人员对根据本规则进行的行为不承担法律责任,是因为审裁本身的性质决定的。审裁追求的是“大致正义”,不同于诉讼等司法活动,要求审裁员在短时间之内作出审裁决定,对审裁员提出了非常高的要求。由于时间限制,审裁员可能仅针对审裁事项进行审理,不会像在诉讼、仲裁中对争议情况进行全面审查,因而本条所作免责规定对于确保审裁制度高效、有效运转十分必要。此外,审裁结果不具有终局性,审裁决定可被诉讼、仲裁等程序推翻的,因此,就结果而言,审裁程序不会对当事人利益造成终局性的严重损害,所以不宜对审裁员等过于苛责,要求其承担法律责任。

例如,《深圳国际仲裁院仲裁规则》第70条责任的限制规定,仲裁员、仲裁院及其相关人员均不就依本规则进行的仲裁中的任何作为或不作为承担任何民事责任,除非不诚实的作为或不作为。即便仲裁员有过失,除非达到法定条件,否则法律或仲裁规则都规定其是被免责的。国际商会(ICC)仲裁院、斯德哥尔摩商会仲裁院(SCC)、瑞士商会仲裁院(SCAI)、新加坡国际仲裁中心(SIAC)、港仲

(HKIAC)、美国仲裁协会(AAA)等仲裁机构的仲裁规则都有关于仲裁员或仲裁机构、仲裁机构工作人员免责的规定。当然对仲裁员的豁免要排除那些由刑法规范的行为,如行贿受贿、徇私舞弊、带有恶意性的行为、严重违法等。

此外,如当事人选择适用其他国家法律,应当适用当地法律关于此条的相关规定,也就是说免责的相关规定在不同国家法域下而言,此类规定可能有所不同。

第四十一条　规则的解释

(一)本规则条文标题不用于解释条文含义。

(二)本规则由常设中国建设工程法律论坛秘书长会议负责解释。

(三)除非另有声明,常设中国建设工程法律论坛秘书长会议发布的其他文件不构成本规则的组成部分。

【条文主旨】

本条是关于规则解释的规定。

【条文理解与适用】

根据本条第 1 款的规定,本规则条文的标题仅对相关条文的内容起提示性或总结性作用,由于体例所限,标题不一定能完整准确地表达相应条款的含义。因此,标题本身不构成对相关条文的解释。

本条第 2 款对本规则的解释权进行了明确规定,即对于本规则,只有常设论坛秘书长会议有权进行解释。审裁庭在审理具体案件时,有可能会遇到对规则条文的理解和适用问题,但审裁庭的解释属于个案解释,仅对其审理的案件有效,不具有普遍约束力。

本条第 3 款对规则的组成文件作了进一步明确,常设论坛秘书长会议为进一步完善审裁规则的相关内容,可能发布与本规则相关的文件,如程序操作指引或指南,除非常设论坛秘书长会议明确声明,上述文件均不构成本规则的组成部分,对适用本规则进行审理的审裁案件不具有约束力。

第四十二条　规则的语言

本规则原文为中文。如其他任何语言的文本与中文文本有不同或者不一致之处,以中文文本为准。

【条文主旨】

本条是关于规则语言的原则性规定。

【条文理解与适用】

审裁规则是受理和审理当事人纠纷的程序性规定,是审裁程序各参与方要遵守的基本规范。其作用主要为:一是公示性或宣示性。告知社会和审裁当事人相关审裁的定义、审裁范围、程序设计、审裁流程等内容。二是指引性和指导性。帮助审裁当事人及其代理人,包括审裁庭,掌握审裁程序的推进节点,促进审裁程序的顺利进行。三是规范性和约束性。明确指定机构管理边界和服务内容,对审裁当事人、参与人、指定机构和审裁庭的职权等进行规定。四是判断性和界定性。对于当事人程序性权利的取得和行使(如指定审裁员、提出管辖权异议)以及权利丧失和消灭(如指定审裁员超期等),需要根据审裁规则来加以判断和界定。但随着审裁在我国的发展,为了满足境内外当事人的需求,审裁规则将被翻译成各种语言文本,当出现其他任何语言的文本与中文文本有不同或者不一致之处,以中文文本为准。这对于确定审裁规则的作准文本,实现高效审裁,具有积极意义。

第四十三条　规则的施行

本规则自2023年××月××日起施行。

【条文主旨】

本条是关于本规则施行时间的规定。

【条文理解与适用】

本规则于2023年××月××日经常设论坛秘书长会议审议通过,自2023年××月××日起施行。自本规则施行之日起,如当事人约定适用本规则或指定机构决定适用本规则的案件,应适用本审裁规则。

第三章　中国建筑业适用审裁制度的调研报告

前　言

审裁制度是一种快速处理特定问题的中期争议解决措施。按照联合国贸法会的观察，审裁是指当事人将争议提交给一个独立和中立的第三方，该第三方需要在严格限定的时间内、在了解双方意见的基础上作出决定，该决定有初步约束力，但不具有终局性，可以被之后的仲裁、诉讼结果或当事人达成的和解协议推翻。

目前我国尚未建立统一的审裁制度，但实践之中不乏类似审裁制度的探索。例如，贸仲、北仲等仲裁机构已纷纷推出争议评审规则，由专家组出具评审意见；各地造价站或者造价协会也建立了造价纠纷解决程序，为当事人之间的造价纠纷提供专家意见。这两种制度虽与严格意义上的审裁制度并不相同，但不失为我国探索建立审裁制度的基础，目前争议评审的实践、造价纠纷的解决规则、相关案例和实证分析也无疑对构建符合中国国情和市场需求的审裁制度具有重要意义。

为推动设立符合中国国情的建筑业审裁制度，丰富多元化解矛盾纠纷的制度供给，妥善解决建设工程款项拖欠问题，工作组通过调查问卷、专家访谈、资料分析等方式，对我国法域内（以下统称“域内”）建设工程纠纷解决实践现状及审裁制度的适用性、推行难点、构建基础以及我国法域以外（以下统称“域外”）审裁规则等进行了调研分析。

第一节　调研背景与内容

在研究域外“Adjudication”制度并考虑其在中国适用时，工作组将其译为“审裁”制度，主要出于以下考虑：

第一，“Adjudication”目前国内没有官方译文。由于贸仲、北仲等机构已有类似“Adjudication”制度的探索，而其将这种制度定义为“争议评审”，故域内最常用的术语为“争议评审”。然而，域内目前的“争议评审”是在没有法律规定的基础上，强调依据当事人意思自治而确定评审决定是否对双方具有约束力的一种纠纷解决制度，这与比较法上的“Adjudication”制度背景不完全一致。例如《北仲规则》第 21 条第 1 款规定：“当事人对评审意见有异议的，应当自收到评审意见之日起 14 日内向评审组或者对方当事人书面提出。当事人在上述期限内提出异议的，评审意见即不具约束力；未提出异议的，则评审意见在上述期限届满之日起对各方当事人有约束力。当事人应当按照评审意见执行。”据此，为避免因现有概念内涵影响对“Adjudication”制度的探索和理解，工作组并未采用“争议评审”译法。

第二，“Adjudication”的域外理解也尚未统一。例如，“Adjudication”在英国是指 1996 年《房屋补助金、建设和重建法案》确立的一项法定制度，该制度产生的决定可以获得执行；而在德国，法定的“Adjudication”并不存在，虽然德仲有 Adjudication 程序，但由此产生的决定无法获得法院执行。值得注意的是，联合国贸法会高度关注“Adjudication”相关工作，专门成立工作组对此进行跨法域研究，而联合国贸法会的官方译文为“审裁”，这为工作组确定“Adjudication”在国内译名提供了重要参考。

第三，“Adjudication”的翻译还需综合考虑这一制度的性质和特点。工作组对于这一制度的调研初衷，本质上是立足于将这一制度引入国内，以为长期或连续合同当事人提供法律上的付款保障。即便在中国相关立法完成之前，工作组认为，这一制度的约束力也并非完全依据当事人意思自治，即双方如果在合同中约定采用这一制度解决争议的，说明双方对于适用制度已经达成合意，无论“Adjudication”决定最终是否被诉讼或仲裁采纳，双方仍然应当予以执行。也就是说，只要选择了这一制度解决争议，双方的合意就已经达成，其决定自然具有法律约束力，而无须在“Adjudication”程序中或决定作出后再选择是否受该决定的约束。《民法典》第 119 条规定：“依法成立的合同，对当事人具有法律约束力。”双方对于采用“Adjudication”解决纠纷这一合意，使得“Adjudication”的决定本身就是双方合意的一种延续，因此具有合意同样的效果，故其决定如双方之间的合同一样具有法律约束力。例如,双方在合同中对付款进度已有约定,虽然按约定付款最终有可能发生超付,但诉讼或仲裁中最终认定超付并不会影响付款义务人在没有依法行使抗辩权的前提下未按约定进度付款而将承担违约责任。因此,虽然“Adjudication”决定有可能不被最终的诉讼和仲裁采纳,但对于这一决定的违反,仍然会产生违约责任。鉴于此,“Adjudication”译为“审裁”能够体现该制度的两个特点:其一,“审”字表明该制度为专家评审,即双方当事人将争议交由中立且满足相应资格条件的专家进行审议;其二,“裁”字表明该制度最终会产生确定性的裁判结果,而该裁判结果具有一定的效力和约束力,这也是与域内现有的“争议评审”“专家评审”等制度的一项重要区别。

综上,工作组经过比较和讨论,将 Adjudication 程序翻译为“审裁”,是与我国以往的“争议评审”既有联系又有区别的两个概念。基于我国尚没有此类程序的法律保障,因此在我国以往的争议评审规则中,对于争议评审决定的基本设置大多认为需要在争议评审程序中或争议评审决定作出后由当事人选择是否受其约束;而工作组认为在审裁制度下,只要当事人选择了审裁程序,则审裁决定自然地具有如合同一般的法律约束力,如果未来我国审裁立法可以实现,则审裁决定可以依法具有法律效力。在此前提下,工作组的研究是希望建立系统规范、具有可操作性的审裁制度,为当事人提供一种具有相应法律约束力的快速纠纷解决程序。

需要说明的是,基于域内目前多将类似审裁的各类程序翻译定义为“争议评审”,因此,在本报告中,涉及域内以往的实践和研究的部分,仍然会沿用“争议评审”的措辞,而对于域内以往的争议评审制度,我们将之定义为一种类似审裁制度的纠纷解决程序。

一、课题背景

(一)工程款拖欠难题亟待解决

工程款久拖不结一直是我国建筑业的顽疾。自 2016 年起至 2019 年,全国建筑企业的应收工程款(拖欠工程款)由 4 万亿元逐年递增至 6 万亿元。[①] 2020 年,全国 103,805 家建筑业企业应收工程款共计 60,013 亿元,其中属于中小型企业的

① 参见国家统计局数据统计,载国家统计局网站 2022 年 12 月 27 日,http://www.stats.gov.cn。

共 101,000 家,占比约 97%。[①] 实际上,不仅中小型建筑业企业普遍面临着工程款拖欠难题,许多大型建筑业企业亦因难以及时收回工程款等原因而导致资金链断裂,被迫走向破产重整或清算。2022 年 2 月 13 日,江苏南通六建建设集团有限公司被法院裁定受理破产重整。2021 年 12 月 22 日,苏中建设集团股份有限公司申请进行破产清算。2022 年 4 月 1 日,江苏南通三建集团股份有限公司组建金融机构债权委员会,拟进行债务重组。

建筑业是国民经济的支柱产业,对国民经济的发展具有重要的推动作用。从 2017 年至 2021 年,建筑业总产值已从 21 万亿元逐年增长至 29 万亿元,占国内生产总值的比例始终保持在 6.85% 以上。[②] 并且中小企业亦是国民经济发展的主力军,不仅对国内生产总值的贡献率高达 60% 以上,在稳增长、促改革、调结构、惠民生、防风险等方面也发挥着重要作用。[③] 因此,如若对工程款欠付问题放任不管,必将损及建筑业以及中小企业在国民经济中的地位与作用,不利于国民经济与建筑业市场的良性发展。

近年来,虽然从中央到地方政府层面均力图推行建设工程过程结算并出台多项保障中小企业的付款措施,试图缓解实践中广泛存在的应收工程款拖欠问题,但其成效仍显不足。

(二)传统解纷方式作用有限

面对建设工程领域的欠款纠纷,传统的争议解决方式亦显得捉襟见肘。具体而言,建设工程诉讼、仲裁案件的审理期限较长,成本较高,当事人通过提起诉讼、仲裁难以及时获得经济救济,极易引发资金链断裂的风险,延误工程建设的开展。况且,旷日持久且对抗性较强的诉讼、仲裁程序本身也不利于维系业主与承包商(或承包商与分包商)之间的长期合作关系。此外,在建设工程合同法律关系中,业主往往占据着优势的谈判地位,而承包商话语权较弱,双方亦难以通过和解或调解的方式协商一致解决纠纷,和解或调解活动也可能因双方陷入谈判僵局而久

---

① 参见国家统计局固定资产投资统计司编:《中国建筑业统计年鉴:2020》,中国统计出版社 2020 年版,第 8、29 页。

② 参见国家统计局数据统计,载国家统计局网站 2022 年 12 月 27 日,http://www.stats.gov.cn/。

③ 参见陈凌:《充分激发中小企业发展活力》,载中华人民共和国中央人民政府网站,http://www.gov.cn/zhengce/2019-04/17/content_5383624.htm。

拖不决。

(三)争议评审程序的已有探索

实际上,建设工程领域内频发的欠款问题以及传统争议解决方式对该问题的"失灵",并非中国所面临的特殊难题。在交易结构为长期合作、分期付款的建设工程合同关系中,付款迟延是建筑企业所面临的一项固有风险,亦是各国都需要解决的一个具有普遍性的问题。在这方面,许多域外立法都已进行了有针对性的创新和实践,其中最为突出的是域内以往定义为"争议评审"的争议解决程序。

事实上,争议评审程序于 1975 年美国科罗拉多州艾森豪威尔隧道工程中采用,取得了巨大成功。由于该程序具有专业、简便、快捷、低成本等优势逐步得到推广。1995 年 1 月,世界银行开始在其招标文件中强制要求由其贷款进行的项目必须采用争议评审程序。同年,FIDIC 在《设计—建造与交钥匙工程合同条件》中提出了"争议评审"的概念并相继在其他类型合同条件中引入"争议评审"程序。2004 年 9 月 1 日,ICC 推出《争议小组规则》。我国世界银行贷款项目如小浪底、二滩水电站、万家寨水利工程等大型工程亦采用了争议评审方式,效果良好。①

域内关于建筑业争议评审的规定最早体现于 2007 年九部委颁布的《标准施工招标文件》中"通用合同条款"争议解决条款,其中引入了争议评审程序,此后,我国部分仲裁机构等开始了争议评审的试点工作。

2009 年 1 月 20 日,北仲发布了《北仲规则》,共计 26 条,对该规则的效力,评审意见效力,适用范围,评审组的组成,评审专家的披露、退出及保密问题,评审意见的作出,评审费用以及其他程序事项进行了规定,并于同年 3 月 1 日施行。

2010 年 1 月 27 日,贸仲制定并由中国国际贸易促进委员会/中国国际商会通过了《建设工程争议评审规则(试行)》,规定了共 6 章 52 条,包括总则、评审组、评审程序、临时评审组的特别规定、报酬和费用、附则,并于 2010 年 5 月 1 日起试行。

2010 年 12 月 24 日,武仲发布的《武汉规则》正式施行,规定了总则、评审组、评审程序、评审效力、报酬与费用、附则,共计 26 条。

2011 年 7 月 5 日,泰州市住房和城乡建设局、泰州市人民政府法制办公室联

---

① 参见王红松:《〈北京仲裁委员会建设工程争议评审规则〉起草说明》,载北京仲裁委员会网站,https://www.bjac.org.cn/page/zyps/gzsm.html。

合发布了《泰州规则》，该规则规定了总则、争议评审组、争议评审程序、争议的解决、地点与费用、附则共6章48条，并于2011年8月1日起施行。

2018年12月，常仲正式发布了《常州规则》，该规则规定了总则、评审组、评审程序、临时评审组的特别规定、附则，后于2019年又制定了评审协议范本、评审组成员协议范本、评审专家守则、评审专家声明书等配套文件。

此外，广东省建设工程标准定额站发布了《广东省建设工程造价纠纷处理系统管理办法》和《广东省建设工程造价纠纷处理系统专家考评办法》；山东省工程建设标准造价协会发布了地方团标《山东省造价协会的争议评审的规程》；台州市也发布了《台州市建设工程造价管理协会建设工程争议评审委员会评审规则（试行）》。

山东省高级人民法院于2020年8月21日发布了《建设工程领域纠纷“评调裁一体化”工作办法》；2020年9月18日，中国建设工程造价管理协会正式发布了《中国建设工程造价管理协会工程造价纠纷调解中心调解规则（试行）》，规定了总则、调解程序、调解费、调解员组成、调解方式、调解终止与效力、诉调对接的特别规定和附则，该规则第56条规定：“当事人向调解中心申请通过专家评审的方式解决争议的，参照本规则适用。”江苏省高级人民法院、江苏省工程造价管理协会于2022年6月23日发布了《关于建立建设工程价款纠纷联动解纷机制的意见》。

同时，住建等部门发布的示范文本中，也引入了争议评审条款：

2013年版的《建设工程施工合同（示范文本）》（GF-2013-0201）对争议评审进行了明确规定，2017年版《建设工程施工合同（示范文本）》（GF-2017-0201）沿用了2013年版争议评审条款的规定。

2020年《建设项目工程总承包合同（示范文本）》（GF-2020-0216）规定了争议评审条款，对2013年版的《建设工程施工合同（示范文本）》（GF-2013-0201）和2017年版《建设工程施工合同（示范文本）》（GF-2017-0201）争议评审条款进行了完善和细化。

2021年4月，首例适用《贸仲规则》的案件成功解决，合同双方当事人采用合同约定的争议评审方式解决纠纷，并协商适用《贸仲规则》，双方从贸仲推荐性的《建设工程争议评审专家名册》中指定评审专家，组成评审组，28天内解决了纠纷。然而，争议评审这一与审裁相类似的纠纷解决程序目前在我国建筑业仍未获广泛接受，从该程序落地至今，适用争议评审解决建设工程合同纠纷的实例仍屈指可数。究其原因，一方面源于争议评审制度缺乏国家立法层面的支持，根据《北仲规则》与《贸仲规则》，评审意见无法在现行法下申请法院强制执行，评审意见的效力亦可能因当事人一方的异议而对当事人无约束力，该制度快速解决纠纷的预设优势也因此消弭殆尽。另一方面争议评审在解决建筑业纠纷等方面并未被市场主体熟知。

在此背景下，工作组立足域内争议评审实际，参照域外争议评审和审裁相关实践，对相关机构、企业用户等进行了充分调研，并将在调研基础上起草相关审裁立法及示范规则，以期推进中国审裁制度的立法及实践工作。

二、调研内容

根据工作组安排，调研内容分为两大部分，包括供给侧——审裁推行的制度基础和需求侧——市场需要的解纷制度，可以概括为以下 12 个问题：

1. 域内外审裁及相近相似制度或程序的实践状况，即域内、域外审裁、争议评审制度或程序的相关立法、具体实践等；

2. 域内对审裁及相近相似制度或程序的需求，即针对审裁指定机构、审裁员资格、审裁程序、审裁决定的效力等审裁制度或程序的具体设计需求；

3. 域内企业用户、仲裁机构、专家对审裁及相近相似制度关注哪些问题；

4. 我国是否需要进行审裁立法；

5. 今后我国审裁立法的内容和体例；

6. 今后我国审裁立法和审裁规则的适用主体和范围；

7. 今后我国审裁指定机构的性质与产生办法；

8. 今后我国审裁员的产生办法和职权范围；

9. 今后我国审裁程序设计的原则、理念及与仲裁、诉讼制度的区别与联系；

10. 今后我国审裁决定的效力；

11. 今后我国审裁决定的执行；

12. 今后我国审裁立法与审裁规则之间的关系。

为了对上述问题进行有针对性的调研，工作组对专家组、机构组和用户组分别进行了调研，具体内容详见第二节“调研对象与方法”。

第二节 调研对象与方法

一、调研对象

(一)调研对象的选取

目前,我国建筑业类似审裁程序的实践,往往是通过小范围的非典型审裁方式加以实现,由于尚未建立一套完整的标准流程以及实践操作指南,加之涉及争议的主体、类型等各种差别,导致用户体验优劣各异。反观目前域内对于审裁程序需求的不断提升,建立一套能够被用户采用且有预期的、更加行之有效的规范流程和规则标准,不仅能够从实践操作角度为建筑业付款保障提供指引,同时能够进一步规范建筑业健康发展。为此,本次调研对象的选择是以本次调研的目的和成果为方向,有针对性地选取了目前我国类似审裁实践和参与主体,同时也考虑到了未来审裁制度以及规则建立后的潜在用户群体。

(二)调研对象的范围和分类

就国内建筑业类似审裁程序的实践而言,从制度供给角度,目前已有实践经验分为两大类:一是比较典型的争议评审规则,主要由仲裁机构主导。二是造价纠纷解决程序,主要包括各地造价站、造价协会的调解或专家咨询(比较典型的是广东省建设工程标准定额站的造价纠纷处理系统),司法机关与造价部门联动机制,以及部分其他调解机制。另外,从用户需求角度,本次调研也充分考虑了希望采用审裁程序的潜在用户群体,包括作为业主及承包商的国内大中小型建筑企业。结合我国目前的实务操作,本次调研相对侧重地关注了仲裁机构对于具体规则的适用、其他造价主管部门或协会的实务操作,以及审裁程序未来实践适用对象的期待,探寻了当前域内类似审裁程序实践面临的困难和障碍。具体调研对象包括以下 3 类:

1. 专家组调研对象:主要针对律师、法官、科研人员、鉴定机构工作人员、工程造价人员和工程合同专家等。此类调研对象大多是来自深耕建筑工程领域的资深法律专业人士,有着多年处理建筑工程领域纠纷的实践经验,能够从裁判者、当事人、代理人不同角度提供不同的见解和意见。此外，还包括多年从事建筑业科研和工程造价、质量及工期鉴定的技术专家，能够具体把握问题的处理方式和规则的设定方向。

2. 机构组调研对象：包括贸仲、北仲、上仲、上国仲、石仲、南仲、西仲、甬仲、常仲等十多家仲裁机构以及江苏、广东、安徽等部分省市的住建部门、造价站、造价协会。作为此类调研对象的仲裁及其他机构，一部分是已经适用了类似程序积累了相应争议评审的实践经验，能够结合实践中遇到的具体问题，从参与主体的角度提出切实的建议和意见；另一部分则是对于审裁程序表示出很大期待和需求的主体，并希望通过审裁程序的实际适用为更多建筑业主体的市场需求提供更加对口的服务。

3. 用户组调研对象：包括国内建筑工程类的国有企业、民营企业等。在本组分类下调研的企业，除了大中型国有企业和民营企业之外，工作组也针对性地调研了建筑工程领域的中小型企业。

二、调研方法

工作组通过对新加坡、澳大利亚、英国、新西兰和我国香港地区等域外审裁的立法、审裁规则进行全面研究，对国内各个机构或部门的争议评审规则和实践进行了分析讨论，并对行业领域内企业的需求认知和专家的意见评价等方面进行了调研。以全面系统数据收集为前提，工作组运用了不同的方式和方法尽可能地搜集更多的基础资料和信息。包括但不限于资料分析法、问卷调查法、专家访谈法和比较研究法。

（一）资料分析法

工作组重点借鉴了域外审裁立法和规则，对重点条款梳理归纳，总结异同点，并与域内争议评审进行比较。结合对专家、企业等对象的调研反馈，工作组梳理并对比了新加坡、澳大利亚、英国、新西兰和我国香港地区等域外审裁立法的核心要素，检索有关信息并研讨、思考其中差异化规定的原因，为制度规则打下基础。

此外，通过搜集、整理、分析当前国内外建筑业对于争议评审的应用和实践，特别是通过对争议评审相关规则条款的梳理引出对域内争议评审实践新发展的分析与思考，为打造和完善适应我国建筑业发展和需求的审裁制度做好理论和实践铺垫。

（二）问卷调查法

对于国内各个机构或部门的案例实践以及行业领域内企业的需求认知，考虑到各个主体的差异性，工作组主要通过问卷调查的形式进行调研。针对3类不同的调研对象，在调查问卷问题设置上也各有侧重，希望通过不同视角广泛而全面地了解争议评审制度在我国目前推行的现状及引入审裁制度的适用程度。

企业组的调查问卷设计及发放分为3个阶段，共30个问题，分两次进行发放。第一期调研对象为大中国有企业和民营企业，第二期调研对象为中小企业。问题中包括了企业在纠纷处理中的角色、对争议解决方式的选择、对审裁程序的选择或熟悉程度、审裁的主导机构、审裁员的产生、审裁庭的权力、审裁决定的内容和效力、审裁的期限、审裁与诉讼或仲裁的衔接等方面。

针对仲裁机构的调查问卷共梳理了46个问题，涵盖企业对目前争议评审制度的知悉程度、审裁制度推广适用意愿、适用范围、实践中存在的问题、核阅及复核制度、审裁专家名册、审裁庭设置及权力来源、审裁员资格、审裁决定的性质以及作出的依据、费用及开票在内各个方面的细节。

专家组的调查问卷着重搜集了专家对工程争议解决机制的认识和对审裁制度的评价，并在此基础上听取专家对我国建立审裁制度的相关建议。

结合已反馈的信息，企业用户对审裁的适用范围、审裁庭的权力、审裁决定的效力、审裁与诉讼或仲裁的衔接机制等方面较为关注，通过调查问卷，企业用户也在审裁在中国适用方面提出了相关需求和建议。

共计14个仲裁机构对调查问卷进行了反馈，此外，还有10个左右的仲裁机构和省市两级造价管理部门接受了不同程度的匿名访谈。就目前域内已有实践的仲裁机构而言，争议评审制度作为一种较为灵活的争议解决方式，仍限于建设工程领域，由当事人选择独立的评审专家，就当事人之间发生的争议及时提出解决建议或者作出决定。而对于仲裁机构来说，争议评审制度下的评审决定，最终以何种方式、何种角色、何种性质与后续的仲裁程序对接，存在多种可能。就造价管理部门而言，更多的是将造价纠纷处理当作一种行政职能，但侧重点却并不相同，有些省市的造价部门倾向于工程中形成的造价纠纷的解决，而有些省市的造价部门则倾向于仅限定额适用的解答。

专家组的反馈信息中,对于在中国引进审裁制度以及审裁的适用范围、审裁在适用中存在的问题,多数专家提供了具有针对性和实操性的建议。

(三)专家访谈法

在问卷调查基础上,工作组还通过线上会议以及线下座谈会的形式来搜集资料,组织讨论、分析和研究目前域内争议评审制度的问题。例如,在“建设工程争议审裁制度适用的调查问卷”(企业用户)中,最后一题为“您是否愿意就建设工程争议审裁制度接受线上或线下的访谈或参与闭门座谈会”,如此,针对重点问题,工作组另行对专家进行走访、访谈,在问卷信息基础上深入了解具体意见和建议。

通过不同形式的访谈,工作组能够及时了解审裁最新的实践成果,对于相关问题进行集中研讨,随时补充相关调研内容,发现前期调研中存在的问题或漏洞,使调研更加全面和完整。

(四)比较研究法

由于审裁或争议评审制度在域内和域外的理解和实践均存在一定差异,通过资料分析、问卷调查、专家访谈等方式积累和梳理相关情况后,工作组采取比较研究法,以域外已有立法为参照,充分结合中国目前工程争议评审的实践,通过调研对象对审裁制度的运行、经营、组织架构以及对收费开票等细节性问题的建议,详细探讨如何构建一个更加适配解决中国工程争议的审裁制度,为审裁立法和规则制定打下了基础。

第三节　中国域内建筑业审裁实践现状与分析

一、域内审裁实践现状及推行难点分析

(一)域内审裁实践现状

如前所述,工作组将调研对象分为3组,分别为用户组、机构组和专家组。从

调研的结果来看，目前域内审裁实践主要可见于贸仲、北仲等仲裁机构，造价协会和部分法院的相关实践中。北仲、贸仲相继于2009年、2010年发布建设工程争议评审规则，但实践中适用争议评审解决建设工程纠纷的案例至今仍屈指可数。

1. 贸仲、北仲等机构相关实践

国内首例适用《贸仲规则》的案件涉及政府和社会资本合作（PPP）项目，业主和承包商就施工过程中工程进度款支付比例相关条款的有效履行发生争议，如不及时解决，将会严重制约工程项目整体建设的正常推进。双方经协商一致，采取合同约定的争议评审方式解决，并协商适用《贸仲规则》。双方从贸仲推荐性的《建设工程争议评审专家名册》中指定评审专家，组成评审组。因涉案工程所在地位于江苏南京，应双方当事人的申请，贸仲授权其江苏仲裁中心为当事人及评审组之间的评审调查会提供场所，同时提供程序上的辅助性秘书服务。该案从当事方申请贸仲提供协助服务到评审组最终出具评审意见，仅用时28天。双方当事人对争议评审的高效一致肯定，并表示会按照评审意见执行。

在适用《北仲规则》的案件中，当事人双方就某工程的钢材采购订立合同并约定固定单价。自2020年11月开始，国内钢材价格一直呈上涨趋势，2021年处于高位。评审申请方认为钢材涨价幅度远远超出了商业风险，双方就能否在合同原价款的基础上上调价差产生争议。双方就该争议签订了《仲裁争议评审协议书》，约定将合同项下的钢材价格调差争议按照《北仲规则》中关于临时评审的规定提交评审组评审。双方从北仲提供的《建设工程评审员名册》中各自选定了评审专家，并共同选定了第三位评审专家担任本案首席评审专家，评审专家在与当事人签订《评审专家协议》后组成评审组。在阅卷的基础上，首席评审专家与另两位评审专家为评审调查会拟定了提纲，为评审调查会的召开做了充分的准备。评审调查会中，评审专家与当事人就双方价格调差争议做了细致的调查和意见归纳，并使双方能够就解决争议的方案达成共识。评审组亦按照《北仲规则》的规定，在调查会后的14天内作出评审意见。

除贸仲、北仲外，常仲亦成功处理了该市首例建设工程争议评审案件。常州某大型国有企业在与对方工程造价结算期间，就材料发票税率调整后税率差额部分是否需要扣除发生争议，导致整个结算无法达成一致。双方选择运用争议评审程序解决争议，从双方订立争议评审协议，组成评审组、开展评审会到最终出具评审意见，用时40余天。

广东惠州仲裁委员会联合惠州市住建局、市交通运输局等单位在惠州仲裁委员会挂牌成立惠州建设工程争议评审中心，专门负责建设工程项目争议的中立评估、调解、和解、斡旋，为惠州市建设工程纠纷的解决提供了平台。由于建设工程争议具有专业性、复杂性，首批遴选进入惠州建设工程争议评审中心专家库的52人，主要来自高校和惠州市仲裁、建设、交通、园林等领域的专家。

2. 造价机构的相关实践

(1)四川造价总站的实践

四川造价总站结合争议问题的专业情况，在业主、承包商协商一致并共同委托的情况下，从四川省住房和城乡建设厅专家库中随机抽取7位行业专家形成专家组进行争议评审。

专家组在听取业主和承包商的情况介绍及各自的诉求、意见后，进行客观、公正、独立的评审。专家组在评审过程中，查阅招标文件、投标文件、施工合同、材料认质认价资料、现行相关规定和要求，针对部分问题及不清楚事宜还听取了业主或承包商的解释和说明，并将初步想法分别征求了双方的意见。最后，专家组会商一致，形成评审意见。

(2)江苏省工程造价管理协会的实践

江苏省工程造价管理协会在中亿丰EPC项目中，也采用了类似四川造价总站的争议评审程序。同时，江苏省工程造价管理协会还与江苏省高级人民法院共同出台了《关于建立建设工程价款纠纷联动解纷机制的意见》。

(3)中价协调解委员会的实践

2020年8月，中价协调解委员会就申请人北京某公司负责的施工项目之措施项目费结算争议案开展了线上评审，向申请人出具了专家评审意见书。该案件从受理到办结历时仅16个工作日。

3. 法院相关司法实践

(1)山东省高级人民法院

在山东省高级人民法院审理的某工程案件过程中，因双方对鉴定报告结果争议较大，经双方共同申请由法院委托某造价协会对争议事项组织专家进行评审，2020年12月31日，造价协会出具《争议调解意见书》，对原告提出的17项造价异议、被告提出的5项造价异议出具专家意见。双方对争议评审意见书均无异议。第三方机构的评审意见，有效地化解了双方关于造价的20多项争议，使诉讼程序化繁为简，节省了诉讼成本。

(2)山东省淄博市张店区人民法院

淄博市张店区人民法院在审理王某诉某园林公司工程款纠纷一案中，因双方未进行结算，王某申请了诉前鉴定。因鉴定结论中对双方争议较大的几个问题，鉴定机构只是算出数据，是否采纳需要法官自由裁量。法院委托淄博市建设工程招标投标和标准造价协会工程造价纠纷调解委员会进行工程造价争议评审。经过评审，对争议问题作出决定书，给出了明确结论。法院根据鉴定和评审结论，最终作出判决，双方均接受了判决结果，没有上诉。

4. 国内现有的工程示范文本中约定的争议评审程序的实际开展效果

从实践情况来看，《标准施工招标文件》、《建设工程施工合同(示范文本)》(GF－2017－0201)、《建设项目工程总承包合同(示范文本)》(GF－2020－0216)等示范文本中约定的争议评审程序实际效果并不理想，主要原因在于各方对这项程序的运作方式和作用理解不足，甚至存在理解偏差。例如，业主方认为自己在发承包关系中处于优势地位，不愿通过争议评审让渡部分权利优势，并对于评审组能否公正、专业处理争议存有疑虑。

(二)我国推行审裁难点分析

1. 法定审裁推行难点

目前，我国域内尚没有任何关于审裁的法律法规或部门规章，类似于审裁的争议评审和造价纠纷处理散见于部分仲裁机构的规则、示范文本和造价部门的一些调解规则中。

2014 年，中国共产党第十八届中央委员会第四次全体会议审议通过的《中共中央关于全面推进依法治国若干重大问题的决定》载明："健全社会矛盾纠纷预防化解机制，完善调解、仲裁、行政裁决、行政复议、诉讼等有机衔接、相互协调的多元化纠纷解决机制。加强行业性、专业性人民调解组织建设，完善人民调解、行政调解、司法调解联动工作体系。完善仲裁制度，提高仲裁公信力。健全行政裁决制度，强化行政机关解决同行政管理活动密切相关的民事纠纷功能。"2015 年中共中央办公厅、国务院办公厅《关于完善矛盾纠纷多元化解机制的意见》(中办发〔2015〕60 号)对多元化纠纷解决机制进行了细化，指出："完善矛盾纠纷多元化解机制，是党的十八届四中、五中全会作出的重大决策部署，是保障群众合法权益、促进社会公平正义的必然要求，是创新社会治理、深化平安建设的重要内容，是畅通群众诉求表达渠道、有效化解矛盾纠纷的有力抓手。”并提出：“强化社会参与，拓宽矛盾纠纷化解途径。发挥信访部门、群团组织、行业协会等社会力量在矛盾纠纷多元化解体系中的补充作用，利用各方资源和独特优势，积极主动参与矛盾纠纷多元化解工作。”

2016 年，最高人民法院出台了《关于人民法院进一步深化多元化纠纷解决机制改革的意见》，指出：“根据‘国家制定发展战略、司法发挥引领作用、推动国家立法进程’的工作思路，建设功能完备、形式多样、运行规范的诉调对接平台，畅通纠纷解决渠道，引导当事人选择适当的纠纷解决方式；合理配置纠纷解决的社会资源，完善和解、调解、仲裁、公证、行政裁决、行政复议与诉讼有机衔接、相互协调的多元化纠纷解决机制；充分发挥司法在多元化纠纷解决机制建设中的引领、推动和保障作用，为促进经济社会持续健康发展、全面建成小康社会提供有力的司法保障。”在住房城乡建设部《关于加强和改善工程造价监管的意见》（建标〔2017〕209 号）中，住房城乡建设部明确要求：建立工程造价纠纷调解机制。制定工程造价鉴定标准，规范工程造价咨询企业、造价工程师参与工程造价经济纠纷鉴定和仲裁咨询行为，重点加强工程价款结算纠纷和合同纠纷的调解。积极搭建工程造价纠纷调解平台，充分发挥经验丰富的造价工程师调解纠纷的专业优势，提高纠纷解决效率，维护建设市场稳定。在《住房和城乡建设部 2022 年度法治政府建设工作情况》中提出：“配合最高人民法院积极推进建立‘总对总’在线多元解纷机制，化解行业矛盾纠纷。”

由此可以看出，发挥多元化纠纷解决机制的社会治理功能，是目前我国在风险防控和纠纷解决等方面的重要探索与实践。但是，纠纷产生于各个领域，且产生的原因多种多样，纠纷解决既需要法院或商事仲裁的方式，也需要审裁等中期纠纷解决制度。但是，法定审裁制度的建立，面临多重困境。审裁作为一种付款保障制度，其核心价值在于对建设工程付款纠纷的快速解决，为保障付款，审裁决定的效力如何界定，以及如何使审裁决定具有强制执行力就成为至关重要的问题。

最高人民法院《关于人民法院执行工作若干问题的规定（试行）》第 2 条规定：“执行机构负责执行下列生效法律文书：（1）人民法院民事、行政判决、裁定、调解书，民事制裁决定、支付令，以及刑事附带民事判决、裁定、调解书，刑事裁判涉财产部分;(2)依法应由人民法院执行的行政处罚决定、行政处理决定;(3)我国仲裁机构作出的仲裁裁决和调解书,人民法院依据《中华人民共和国仲裁法》有关规定作出的财产保全和证据保全裁定;(4)公证机关依法赋予强制执行效力的债权文书;(5)经人民法院裁定承认其效力的外国法院作出的判决、裁定,以及国外仲裁机构作出的仲裁裁决;(6)法律规定由人民法院执行的其他法律文书。"此外,根据《行政强制法》的规定,行政机关可以通过强制执行、代履行、申请人民法院强制执行等方式,对拒不履行行政决定的当事人进行行政强制执行。

除上述渠道外,现有的法律体系下难有对当事人发生强制执行力的纠纷解决种类。因此,目前的多元化纠纷解决机制,也主要是围绕上述法律规定的这些方面展开,较为典型的就是对人民调解专门出台了最高人民法院《关于人民调解协议司法确认程序的若干规定》予以程序保障。

审裁制度作为一种区别于现有法律规定下的纠纷解决制度,其目的在于保障建设工程项目进度过程中的快速付款,需要强制执行力作为保障,在现有法律体系下,将审裁决定纳入可强制执行的文书范围,是法定审裁制度设计重点。对此,制度设计可以考虑4种路径:一是推动《审裁法》出台并相应修改现行民事诉讼法体系下关于执行依据的部分;二是将审裁决定归于人民调解机构出具的调解书范畴,使审裁决定具有《人民调解法》项下的效力;三是将审裁与仲裁相衔接,将审裁决定转化为仲裁裁决;四是在部分地区通过地方立法纳入多元化纠纷解决机制先行先试,在有了成熟经验后谋求进一步的立法解决。

随着当代多元化纠纷解决机制的发展,世界各国为了保证非诉程序的正常运行和健康发展,均致力于推动替代性纠纷解决机制(ADR)的法制化和规范化。美国1998年颁布了世界上第一部《ADR法》、日本2007年颁布了《ADR促进法》、德国2012年颁布了《法庭外争议解决促进法》、波兰2016年颁布了《促进友好型纠纷解决法》等。中国多元化纠纷解决机制历史悠久,但是直到21世纪才正式形成非诉程序法的概念和体系。2001年3月,李鹏在第九届全国人民代表大会第四次会议《全国人大常委会工作报告》中首次提出非诉讼程序法的概念。"多元化纠纷解决机制"于2004年首次在《最高人民法院第二个五年改革纲要》中出现,作为国家司法改革的部署曾有"三步走"的战略安排,"推动国家立法"作为改革成功的最后一步。如果能够在各地的地方性多元化纠纷解决机制中加入审裁的内容并取得成功经验,就有很大的可能在最终的多元化纠纷解决机制立法工作中纳入审裁制度。

2015 年,中共中央办公厅、国务院办公厅发布《关于完善矛盾纠纷多元化解机制的意见》,明确提出要“完善矛盾纠纷多元化解法律制度。推动相关法律法规立改废释的制定完善工作。及时总结各地成功经验,鼓励各地因地制宜出台相关地方性法规、地方政府规章,促进从法律层面推进矛盾纠纷多元化解机制建设,保障矛盾纠纷多元化解在法治轨道上健康发展”。2015 年 4 月 1 日,《厦门经济特区多元化纠纷解决机制促进条例》作为中国第一部促进多元化纠纷解决机制建设的地方性法规,开创了我国多元化纠纷解决机制立法的先例,成为我国多元化纠纷解决机制发展历程的坐标。2016 年 7 月 22 日,国内第一部省级多元化解机制地方性法规《山东省多元化解纠纷促进条例》出台。2017 年 10 月、11 月,黑龙江省、福建省的多元化解纠纷条例相继出台。2021 年 5 月,《上海市促进多元化解矛盾纠纷条例》正式施行。上述几个条例的出台,对于多元化解纠纷解决机制的地方立法起到了良好的借鉴作用。

目前各地的多元化解纠纷的地方立法,对调解组织的设立规定较为宽松,独立的审裁指定机构作为多元纠纷解决机制的组织具备可行性。如《厦门经济特区多元化纠纷解决机制促进条例》第 48 条规定:“调解组织包括社会调解组织、行政调解组织、法院附设调解组织以及其他具有调解职能的组织。”《山东省多元化解纠纷促进条例》第 44 条第 2 款规定:“鼓励有条件的商会、行业协会、民办非企业单位、民事商事仲裁机构等设立商事调解组织。”

2. 约定审裁推行难点

(1)域内约定审裁制度实践现状

我国现行的施工合同示范文本中,《标准施工招标文件》通用条款的第 24.3 条和《建设工程施工合同(示范文本)》(GF－2017－0201)通用条款第 20.3 条约定了“争议评审”。以“争议评审”为关键词,案由为“建设工程合同纠纷”项下,截至 2023 年 4 月 19 日,裁判文书网上共计有文书 147 篇。经对上述 147 份文书进行人工核对,发现其中绝大多数的争议是管辖问题或被告提出调解前置,只有 5 份文书显示存在争议评审程序,分别为最高人民法院(2020)最高法民申 403 号、山东省青岛市中级人民法院(2022)鲁 02 民终 1720 号、山东省青岛市中级人民法院(2021)鲁 02 民终 13573 号、山东省淄博市张店区人民法院(2021)鲁 0303 民初 7281 号、山东省滨州市中级人民法院(2020)鲁 16 民初 101 号,但这 5 份文书显示的争议评审程序无一例外，均不是示范文本意义上的争议评审程序，而是山东省市两级造价协会受当事人或法院委托出具的。如最高人民法院(2020)最高法民申403号载明：本院再审审查期间，恒磊公司提交山东省工程建设标准造价协会于2020年3月17日出具的《争议评审决定书》，拟证明案涉《工程造价鉴定报告》存在错误。本院认为，该证据系按照恒磊公司单方提供的材料作出，真实性无法核实，本院不予采信。山东省青岛市中级人民法院(2021)鲁02民终13573号载明："根据双方申请，山东省高级人民法院委托山东省工程建设标准造价协会对双方造价争议事项组织专家进行评审。2020年12月31日，山东省工程建设标准造价协会出具《争议评审决定书》，对茂盛公司提出的17项造价异议、新业公司提出的5项造价异议出具专家意见。双方对《争议评审决定书》均无异议。"山东省淄博市张店区人民法院(2021)鲁0303民初7281号载明："被告对鉴定意见书有异议，申请对鉴定意见书中存在较大争议的技术性问题进行争议评审。经本院依法委托，淄博市建设工程招标投标和标准造价协会作出争议评审决定书。"上述裁判文书查询结果反映出进入争议评审程序中的案件数量并不多。

经工作组向机构、用户、专家等进行问卷调研以及向部分仲裁机构和造价部门进行的访谈，也印证了裁判文书网显示的结果。对于"是否制定过争议评审相关配套制度"，机构组中仅有2家机构表示制定过相关制度。由于调研针对的对象本身就倾向于可能有争议评审实践的仲裁机构，若以全国仲裁机构作为分母，这个比例可说是微乎其微。对于在"何时开展的争议评审工作"，机构组也只有2家表示10年前开展过相关工作。

在企业组中，关于"采用建设工程争议审裁方式解决商事争议的频率"，8.57%的企业选择了一次，21.9%的企业选择了1次以上5次以下，8.57%的企业选择了5次以上，60.95%的企业选择了从未进行过争议评审。

在专家组关于"是否了解、接触、参与或使用过的工程争议评审制度"，1人答复参与过海外工程评审(秘鲁)；1人答复参与过临时性争议评审程序；1人答复了解英国的Adjudication制度；1人答复了解法院工程案件前置调解程序。

对比机构、企业和专家的数据，辅以裁判文书网的显示，可以看出，各方对于争议评审的理解差异较大。仲裁机构所认为的争议评审基本上是示范文本意义上的争议评审，专家理解的争议评审则比较复杂且倾向于域外项目，这两组显示的数据和裁判文书网相吻合，表明域内争议评审实践相当少。而企业组有近40%

的企业认为其参与过争议评审，因此，企业组理解的争议评审，显然不限于示范文本意义上的争议评审，有可能包括了造价部门的造价纠纷解决程序等。

工作组向部分造价部门调研发现，目前国内山东、广东、四川三省对于当事人或者法院委托的相关专业问题大多会作出解答，而其他各省均开展得不多。造价部门、机构的造价纠纷解决程序主要有以下 3 种形式：一是合同双方当事人共同到造价部门，造价部门出具调解意见；二是造价咨询企业或合同一方当事人向造价部门咨询定额等相关专业问题；三是法院或仲裁机构向造价部门进行咨询。各地造价部门对于咨询解答的范围也不一致，如广东省造价部门的纠纷解答包括了很多对于合同中计价的约定应当如何理解；而江苏省造价部门其出具意见的范围，仅限于对定额的解释，如果双方纠纷超出定额范畴，则其不作解答，只进行调解。

（2）调研结果分析及实践建议

对比域内仲裁机构的争议评审制度和造价部门的造价纠纷解决可以看出，仲裁机构的争议评审更多着眼于程序问题以及双方争议的解决，而造价部门的造价纠纷处理更多着眼于专业意见的出具。在审裁立法和规则制定过程中，需要充分关注审裁用户关心的重点。

在相关的调研中，部分企业对于争议评审制度表现出了浓厚的兴趣，也有相关的实际需求，但在沟通过程中，企业更多的是提出是否有相应的规则、收费制度、成熟的可参考的案例等。

综上，我国审裁制度推进的方向，首先是打破现有所谓争议评审制度的约束，把包括争议评审、造价纠纷处理等均纳入审裁制度的体系，在制度设计上，应当充分关注市场的真正需求，避免陷入单纯的程序设计，充分吸收各种制度的优点，重点考量审裁指定机构的设立、审裁员的构成、审裁决定的效力等一系列问题。其次，相关机构应当尽快拟定审裁规则和收费标准，并努力进行试点推动，在实践中发现问题、解决问题。

值得注意的是，在争议评审制度在国内沉寂多年后，部分机构重启了相关研究和实践，如上仲在 2023 年 5 月 30 日试行了《上海仲裁委员会绿色争议专家评审示范规则》。相信在未来的一段时间，审裁制度必将会出现崭新的发展。

二、审裁指定机构

（一）审裁指定机构设立的前提

工作组面向国内数十家仲裁机构以及相关造价管理部门进行的涉及46个问题的调查问卷以及与其中部分机构进行的访谈，结合14家仲裁机构的问卷反馈，以及十几个仲裁机构和省市两级造价管理部门的访谈情况（见表2），目前国内尚未建构完整的体系性审裁制度，虽然现有仲裁机构和其他造价部门已通过不同的规则或标准进行了一些探索与实践，具体做法上各有差异，但是并没有如仲裁机构一般常设且专门从事排他性争议评审实践的主体单位设置。

表2　14家仲裁机构的调查问卷（部分）反馈情况

<table>
<tr><th>序号</th><th>问题</th><th>反馈</th></tr>
<tr><td>1</td><td>是否了解争议评审制度？</td><td rowspan="3">3家机构反馈没听说过，6家机构反馈“听说过不了解”，5家机构了解，仅2家机构制定了争议评审规则/配套制度</td></tr>
<tr><td>2</td><td>是否制定过争议评审制度，如争议评审规则？</td></tr>
<tr><td>3</td><td>是否制定过争议评审相关配套制度（如评审中心设立管理办法、评审专家选任办法等）？是否制定或参与过类似争议评审的纠纷解决制度，如专家评审、造价纠纷调解、评调裁一体化等？</td></tr>
<tr><td>4</td><td>是否有意向开展争议评审工作？</td><td>5家机构有一定意向，5家机构有较强意向</td></tr>
<tr><td>5</td><td>何时开展的争议评审工作？</td><td>共3家机构均在10年前开始</td></tr>
<tr><td>6</td><td>是否有专门的争议评审机构或有专人负责争议评审相关实施和推广工作？</td><td>2家机构有，还有1家机构以前有过，现在没有</td></tr>
<tr><td>7</td><td>认为建设工程评审制度应由哪类机构设立或主导？</td><td>认为仲裁机构、住建部门和造价部门的占绝大多数，还有个别提到各部门联合设立、民间组织等</td></tr>
<tr><td>8</td><td>在争议评审机构的设立或运行中，主要遇到了哪些困难？</td><td>突出反馈的困难为当事人不了解、缺少专业人员、缺乏政府支付，另外还有没有案源及经费、支付不完善、没有上位文件支持等</td></tr>
<tr><td>9</td><td>开展/希望开展争议评审的目的是？</td><td>绝大多数机构希望以此给当事人提供一种仲裁前快速解决纠纷的阶段性方法</td></tr>
</table>

续表

序号	问题	反馈
10	已经作出的争议评审案例的效果是?	共4家机构已有审议评审案例,其中1家的争议评审案例尚未形成诉讼,另1家双方已主动履行
11	已经作出的争议评审案例涉及的建设工程纠纷类型包括?	主要为工程款纠纷,另外还涉及工程相关设备及材料、工期、工程质量纠纷
12	已经作出的争议评审案例中当事人反映的主要问题包括?	当事人不了解,需要解释,另外还有盖章问题
13	认为争议评审案例中存在的主要问题包括?	突出问题是解决纠纷效果不明显
14	争议评审机构是不是应当在评审决定上盖章?	3家具有争议评审案例的机构认为不应当,8家机构认为应当

（二）审裁指定机构设立的方式

参照目前域内现有的争议评审机构设置,审裁指定机构的设置可以有以下3种模式:一是在各地的仲裁机构设立审裁指定机构,成为仲裁机构的一个部门(或者部分),典型的就是北仲设立建设工程争议评审机构,处理建设工程争议案件;二是在各地建筑管理处或造价部门下设置审裁指定机构或者直接由造价站或造价协会承担审裁职能;三是在各地设立专门的建设工程审裁中心。

1. 仲裁机构下的审裁

分析贸仲和北仲的争议评审规则和实践可以发现,整体模式仍然是以仲裁流程为基础,以仲裁机构为主导,需要有双方当事人的约定,解决规则适用范围内的相关工程争议。

2. 建筑管理处或造价部门下的审裁

通过对江苏、广东、安徽等部分省市的住建部门、造价站、造价协会的调解或专家咨询等多方调研,发现除了为双方当事人提供仅限于造价纠纷争议的平台外,个别造价站还会针对双方或一方当事人就定额解释的问题进行答复,但权威性或法律效力仍值得商榷。

3. 专业性独立审裁指定机构

结合14家机构的调研反馈情况,并通过比较前述两种争议评审的实践模式可以发现，不论是仲裁机构基于双方合意按照规则主导推进的争议评审流程，还是住建部门、造价站或造价协会为当事人提供的争议评审服务，这种非独立专业机构所进行的争议评审实践都会面临专业人员、收费以及效力性的问题。而由此引出的问题是，是否有必要单独设立常设审裁指定机构，结合我国工程类争议纠纷的体量需求、当事人对于审裁制度的接纳程度以及对争议解决效率性和专业性的期待等诸多因素，单独设立常设审裁机构较为妥当。

虽然目前审裁指定机构的设立仍具有一定前瞻性，但从未来推动并实现的角度而言，设立审裁指定机构的条件如何、审裁指定机构如何进行组织和管理、审裁机构的性质和行政地位等，这些都是实践层面需要考量的因素。参考《仲裁法》《证券法》等域内法律，一是审裁指定机构设立问题，审裁指定机构可以在直辖市和省、自治区人民政府所在地的市设立，也可以根据需要在其他设区的市设立，不按行政区划层层设立。由前款规定的市的人民政府组织有关部门（如住房和城乡建设部）统一组建。设立审裁指定机构，应当经省、自治区、直辖市的司法行政部门登记。二是审裁指定机构组织和管理问题，审裁指定机构应当具备下列条件：（1）有自己的名称、住所和章程；（2）有必要的财产；（3）有该机构的组成人员；（4）有聘任的专家。审裁机构的章程应当依照相关法律制定。审裁指定机构独立于行政机关，与行政机关没有隶属关系。审裁指定机构之间也没有隶属关系。参考上述法律可见，审裁指定机构的设立仍需通过立法进行规定予以支持。

（三）审裁指定机构的职能

域内现有争议评审规则中，各机构的作用各不相同，如北仲在争议评审中的作用主要是“按照当事人的申请指定评审专家、对评审专家的退出作出决定”①，《贸仲规则》第 48 条则规定其在争议评审中的作用是“提供辅助性秘书服务，以及为评审组和当事人之间的会晤和评审调查会提供场所、设备及必要的支持与协助”。山东省工程建设标准造价协会在《建设工程造价争议评审规范(2.0)（征求意见稿）》第 2.0.3 条中将评审机构定义为“受理工程造价争议评审工作的社会组织”。

---

① 王红松：《〈北京仲裁委员会建设工程争议评审规则〉起草说明》，载北京仲裁委员会网站，https://www.bjac.org.cn/page/zyps/gzsm.html。

域外立法对于赋予审裁指定机构的职能也存在多样性。如根据新西兰2002年《建设工程合同法》以及2003年《建设工程合同条例》的规定，指定机构的作用是在当事人就审裁员的指定无法一致的情况下，经当事人指定授权某一机构。澳大利亚存在西岸和东岸两种立法模式。在澳大利亚的司法体系下，各州均有独立立法权。根据新南威尔士州1999年《建筑施工行业付款保障法案》的规定，指定机构的主要作用为授权审裁员并提供审裁程序性服务。

由于案件的实体审理及审裁结果一般情况下均由当事人选定的审裁员组成的审裁庭作出，但又由于审裁庭是临时组织，人数较少，无法承担接收审裁申请、送达、收取审裁费等诸多具有日常性且需要人力支持的工作，因此，需要一个专门组织——审裁指定机构为审裁程序的开展提供辅助性服务工作。

三、审裁员

（一）审裁员的选定

鉴于目前域内实践中多将“审裁员”称为“争议评审员”或“争议评审专家”，因此下文部分内容称谓将遵循域内惯例。

域内对于争议评审员或争议评审专家选定方式主要有两种：(1)当事人直接通过合同约定；(2)当事人通过机构推荐选定。

在当事人约定形式下，当事人一般直接通过合同约定该建设工程合同项下如发生争议可采用争议评审方式解决，并于争议发生前/后通过约定直接确定评审专家。如苏州新建未来建筑研发中心项目设计—采购—施工—运营一体化(EPC+O)工程(以下简称苏州新建未来工程)中，业主与承包商就该工程共同制定了争议评审管理办法，约定：本项目争议评审组由3名具有建设领域争议解决丰富经验的专家组成。发包人选择工程管理专家、东南大学李启明教授为评审专家，总承包人选择江苏省工程造价资深专家王如三为评审专家，由承发包双方选定的两位专家共同选定上海市建纬律师事务所朱树英律师为首席评审专家，并获承发包双方确认，本项目争议评审组由朱树英、李启明、王如三共同组成，由朱树英担任评审专家组组长。

除当事人自行约定特定人员为具体争议评审专家的情况，我国实践中更常见的争议评审专家选定方式为当事人从机构推荐性争议评审专家名册中进行选择。一般机构会制定相应规则，规定机构形成推荐性评审专家名册供当事人选择，但是亦规定当事人也可以在评审专家名册之外选择评审组成员。如《贸仲规则》第7条规定:“仲裁委员会设立推荐性的《建设工程争议评审专家名册》(以下简称《评审专家名册》),供当事人选定评审组成员时参考。当事人也可以在《评审专家名册》之外选择评审组成员。”《北仲规则》第4条规定:“评审组由三名有合同管理和工程实践经验的专家组成。当事人对评审组的组成人数另有约定的从约定。本会提供推荐性的评审专家名册,供当事人选择评审专家。当事人也可以在该名册外选择评审专家。”

因此,目前域内争议评审专家选定方式的原则是最大程度尊重当事人意见,机构仅提供推荐性评审专家名册供当事人参考。

通过调研发现,主流观点认可“最大程度尊重当事人意见”的选定原则,但是仍有部分调研对象认为应当限制当事人自由选定审裁员。这部分调研对象主要集中在企业法务人员,他们认为实践中对仅凭自身难以对专家能力进行合理准确评估,以及可能存在难以达成一致致使审裁员选定迟延、自行选定审裁员的舞弊风险等。因此,他们更倾向于认为审裁指定机构必须设置审裁员名册,由审裁指定机构直接从名册中指定审裁员,或者认为当事人可从名册中选定审裁员,除非审裁指定机构同意,否则当事人不得在名册之外选定审裁员。

(二)审裁员选定标准

通过调研发现,当事人会采用以下标准选择审裁员:(1)熟悉建设工程专业知识;(2)熟悉法律;(3)熟悉工程造价、合同管理等内容。如上文所述,在苏州新建未来工程中当事人即选择了一名工程管理专家、一名工程造价资深专家、一名律师作为评审专家。

当事人通过机构推荐选定情形下也会根据需求进行选择,但是由于仲裁机构、行业协会在制作推荐性评审专家名册时有各自不同的标准,因此此种选定方式下当事人选择评审专家的范围事实上存在一定限制。如《贸仲规则》第6条规定:“评审专家应当具有合同管理、合同解释和建设工程行业的专业知识和实践经验。当事人对评审组成员的资格有其他特殊约定的,从其约定。”《北仲规则》第4条规定:“评审组由三名有合同管理和工程实践经验的专家组成。”因此,目前域内实践中当事人选定争议评审员几乎无任何强制性标准,仅有的争议评审员标准也是因为推荐性评审专家名册本身对评审专家身份选择而带来的,但由于当事人可选择不使用推荐性评审专家名册,因而前述标准对当事人选定目标人选作为评审专家不构成任何限制。

在调研过程中,针对工作组提出的“您认为什么样的人可以担任审裁员？审裁员的职责为何？对审裁员是否需要设定特定的专业资格？若要设置专业资格,应由谁来设置、具体标准为何？审裁员的专业资格与仲裁员、鉴定人、专家辅助人有何差异?”的问题,有专家认为,具备造价工程师和建造师职业资格的人可以担任评审专家,评审专家的主要职责为就双方争议事项出具中立意见。审裁员与仲裁员、鉴定人、专家辅助人的差异主要为,评审专家应具备上述三类人所有职业技能。有专家认为,具有建设工程专业知识的人,包括工程师、律师等,国际上是采用当事人指定方式,范围很宽。在中国,也没有必要限制范围,只要双方当事人同意,均可作为审裁员。有专家认为,审裁员需要组织审裁程序、组织各方提交审裁资料、作出审裁决定、阐明审裁决定的事实和理由。有专家认为,审裁员应该具备的条件包括专业技术方面的能力、法律知识方面的能力、合同管理方面的能力等。审裁员的职责就是帮助当事人对合同争议问题的解释、分析、判断,提供处理意见,审裁员的意见应该是对当事人处理合同争议最合适的、最经济的意见。对审裁员不需要设置专业资格,可以要求一些特殊专业能力的技术专家。如果要设置专业资格,现在可能也就是制定争议评审规则的机构,当然包括仲裁机构或者一些权威的行业协会。审裁员的专业资格和其他人员应该没有本质的区别,但是如果是能够熟悉相关专业技术、对行业惯例更加熟悉的专业人员更好。有专家认为,审裁员应当懂技术、懂专业、懂法律,应当具有合同管理、合同解释和建设工程行业的专业知识和实践经验。审裁员的职责主要是在具体争议事项中按照评审程序履职,依据合同约定、工程项目实际情况、适用法律以及专业知识,本着客观、公正、中立的原则独立作出评审意见。需要对审裁员是否需要设定特定的专业资格,一是审裁员本身应具有某项专业的资格证书,如法律人士应具有法律职业资格,工程造价专家应具有造价咨询师资格;二是担任审裁员应经争议评审培训方面的上岗资格。审裁员的专业资格主要还是限于参与建设工程评审机制的需要,不必扩大对审裁员的专业要求。有专家认为,审裁员与仲裁员相似,是工程技术和法律合约技能综合人员,实际上争议评审是法律和工程实体融合性非常强的事项,绝大部分国际上的审裁员也和仲裁员差不多,并且国际上这些人的专业背景更强一些,因为在国际上,审裁员在处理实体问题的功能更多一些。审裁员的职责有避免纠纷和裁决纠纷的功能。如果是裁决，那么还要保证公平公正。专业资格方面，要有行业划分，要有经验要求，国际上大多数也有专业的认证，有的是一些行业协会的会员认证，当然也可以没有专门机构的资格认证。有专家认为，审裁员的素质主要是懂专业、懂合同、有类似工作经验。懂专业，便可快速、直接作出裁决，所以专业背景肯定重要。行业协会可以设置专业资格。如审裁员偏向施工专业能力，自己即可裁决。而如果仲裁员偏向法律能力，对于实体问题还得向工程专家咨询。

针对工作组提出的“您认为审裁员应当具备哪些素质？审裁员的利益冲突标准为何？审裁员应当拥有哪些权力、哪些履行义务？”的问题，有专家认为，审裁员应当具备以下素质：(1)专业知识和技能。审裁员应具有相关领域的专业知识和技能，能够理解工程合同的相关条款和技术细节，能够在纠纷中对事实和证据进行分析和判断。(2)独立和中立。审裁员应当是独立和中立的第三方，不能有与当事人有利益关系或其他利益冲突的情况。(3)公正和诚信。审裁员应当秉持公正和诚信原则，不偏袒任何一方，不接受贿赂或其他不当利益。(4)专业精神和职业道德。审裁员应当具有专业精神和职业道德，尊重法律和合同的约定，尊重当事人的权利和利益，恪守保密义务。审裁员的利益冲突标准应该是严格的，审裁员不能与任何一方有利益关系或其他利益冲突的情况，包括直接或间接的财务利益或其他关系，审裁员必须保持独立和中立。审裁员应当拥有下列权力和履行义务：(1)审裁员有权要求当事人提供相关证据和资料，对证据和资料进行审查和鉴定。(2)审裁员有权主持评审程序，制定评审规则和程序，听取双方意见并进行调解或裁决。(3)审裁员有义务遵守评审规则和程序，不得越权或滥用职权，确保评审程序公正、公平和透明。(4)审裁员有义务尽快作出评审决定，并在评审决定中说明理由和依据。(5)审裁员有义务保守评审程序和评审决定的保密性，不得泄露评审程序和评审决定的内容。

针对工作组提出的“您认为审裁员的身份应当如何确定？是由行业协会认定、由争议解决机构认定、由行政机关认定、由法院认定还是仅以当事人意思自治为准即可？”的问题，有专家认为，审裁员的身份可以由不同的机构或组织认定，具体要根据实际情况来确定。行业协会、争议解决机构、行政机关、法院都可以认定审裁员身份。同时，当事人也可以自主选择审裁员，这也是常见的做法。不同的认定机构有其各自的优势和限制，需要综合考虑。如果由行业协会认定，则可以根据相关标准和资格要求对审裁员进行认定;如果由争议解决机构认定,则可以根据其业务范围和实际需要进行认定;如果由行政机关或法院认定,则可以依据相关法律法规和规定对审裁员进行认定。当然,在确定审裁员身份时,需要保证其独立、中立和公正,避免利益冲突等问题的出现。

四、审裁庭

从概念上看,审裁庭是由审裁员根据特定的法律和规则组成的裁判组织。审裁庭依据法律和规则开展审裁工作,对工程争议作出对当事人具有法律约束力的决定。由于我国尚未建立审裁制度,我国工程法律界对于英国、新加坡、澳大利亚等国的法定工程审裁制度亦不熟悉,从本次调研情况来看,目前我国工程法律界接触较多的还是工程争议评审制度下的专家评审组和 FIDIC 合同条件下的争端委员会。鉴于目前域内实践中多将"审裁庭"称为"专家评审组"或"争端委员会",因此下文部分内容称谓将遵循域内惯例。

(一)专家评审组

根据争议评审制度,在工程开始之前,由相关领域的专家成员组成专家组,通过关注工程进度、勘查现场等措施,及时作出建议或决定,以及时发现、避免或解决争议。在实践中,评审组可以进一步分为常设评审组和临时评审组。当事人可以在签订合同时或者在约定的期限内确定评审组成员,成立常设评审组,以跟踪了解合同履行的情况,协助预防争议;常设评审组可以根据当事人的申请,评审有关争议。当事人也可以在争议发生后,成立临时评审组,评审特定争议。

目前域内现有的争议评审规则的制定主体主要有仲裁机构、造价部门和造价协会,这些规则中对评审组基本都有规定,内容包括评审组的人数、资格、组成、职责、行为准则和工作内容等。

1. 专家评审组的人数

从域内现有的评审规则来看,普遍认为评审组的人数应当为一人或三人,除非当事人另有约定。《贸仲规则》第 5 条规定:"除非当事人另有约定,评审组由一名或三名评审专家组成。当事人没有约定评审组组成人数的,评审组由三名评审专家组成。"《北仲规则》第 3 条规定:"评审组按照当事人约定组成。当事人未对评审组的组成作出约定的,按照本规则的规定组成评审组。"第 4 条规定:"评审组由三名有合同管理和工程实践经验的专家组成。当事人对评审组的组成人数另有约定的从约定。”《常州规则》第6条规定：“评审组由评审专家组成，通常为三人。当事人对评审组的组成人数另有约定的，从其约定。”《泰州规则》第8条规定：“争议评审组由一名或三名争议评审专家组成。争议标的额在100万元（含）以上的，一般由三名争议评审专家组成；100万元以下的，一般由一名争议评审专家组成。”

2. 专家评审组的资格

从调研结果来看，被调研对象普遍认为审裁制度的价值在于选择合适的审裁员，特别需要从专业技术和专业经验上加以考量。一是这些成员在技术方面有较好的能力，也就是说选择成员的关键是考虑成员的专业素养，较高的专业素养会提高成员作出的建议的可信度。二是成员要熟悉工程，成员除了在建设工程方面是专家以外，还要有能力审阅有关的评审工作文件、参加进度会议、现场勘查等。三是成员要具备一定的法律知识，因为在审裁过程中同样会遇到很多的索赔问题，涉及合同的解释和法律适用的问题。

3. 专家评审组的组成方式

目前，域内大部分争议评审规则对评审组的组成方式进行了规定。首先，评审机构按照对评审专家的要求选定出一定的专家资源，然后评审机构会制定一份评审专家的名册或者推荐名册，供当事人从中选定评审专家，当然当事人也可以在名册之外选定评审专家。《贸仲规则》第7条规定：“仲裁委员会设立推荐性的《建设工程争议评审专家名册》（以下简称《评审专家名册》），供当事人选定评审组成员时参考。当事人也可以在《评审专家名册》之外选择评审组成员。”《北仲规则》第4条第2款规定：“本会提供推荐性的评审专家名册，供当事人选择评审专家。当事人也可以在该名册外选择评审专家。”《常州规则》第8条规定：“本协会设立推荐性的《建设工程争议评审专家名册》（以下简称《评审专家名册》），供当事人选定评审组成员时参考。《评审专家名册》另行设立。”

其次，从评审组的组成方式来看，绝大部分争议评审规则中对评审组的组成方式进行了规定。对于三人的评审组，双方当事人应当在约定的期限内，或者在没有约定期限的情况下，在合同签订后的一定期限内或合同开始履行后的一定期限内（以较早的时间为准），各自选定一名评审专家，并书面通知对方和评审专家；当事人未能在上述期限内选定评审专家的，任何一方当事人可以请求评审机构代为指定上述评审专家;两名评审专家应在第二名评审专家确定之日起一定天数内共同选定第三名评审专家,并书面通知双方当事人;两名评审专家未能在上述期限内共同选定第三名评审专家的,任何一方当事人可以请求评审机构代为指定第三名评审专家;第三名评审专家应当担任评审组的首席评审专家。对于一人的评审组,双方当事人应当在约定的期限内,或者在合同没有约定期限的情况下,在合同签订后的一定期限内或合同开始履行后的一定期限内(以较早的时间为准),共同选定独任评审专家;当事人在上述期限内未能就独任评审专家的人选达成一致的,任何一方当事人可以请求评审机构代为指定独任评审专家。评审机构在指定评审专家时,应当考虑相关建设工程合同或者争议的性质、所需评审专家的专业特长、行业经验、语言能力以及当事人的特殊要求等相关情况。

4. 专家评审组的职责

从调研的情况来看,域内现有的争议评审规则对于评审组履行职责都有原则性的规定,即评审专家应当独立、公正、勤勉审慎地履行职责,同时通过评审专家与当事人之间签订的评审组成员协议的方式对评审组的工作内容予以确定。《贸仲规则》第 11 条规定:“评审组的每一位成员应当分别与全体当事人签订《评审组成员协议》,对必要的事项作出约定,包括但不限于评审组解决争议的范围、评审组的工作内容、评审组成员与当事人的一般义务、评审组成员的报酬和费用、协议的生效和终止等。”《北仲规则》第 7 条规定:“评审专家确定后,全体当事人应分别与每一位评审专家签订《评审专家协议》,对必要的事项作出约定,包括但不限于提交评审解决的争议范围、评审组的工作内容、评审意见的效力、评审专家的报酬计算方式和标准等。除非当事人及评审组另有约定,如评审组由多人组成时,每一份《评审专家协议》应当与其他《评审专家协议》含有同样的实质性条款。”《泰州规则》第 12 条规定:“当事人应当与争议评审专家签订《争议评审组成员协议》,争议评审的范围、争议评审组的工作内容、争议评审组的权利和义务、争议评审组成员的报酬和费用、协议的生效和终止等作出约定。”《常州规则》第 14 条规定:“评审组成员协议的履行《评审组成员协议》生效后,全体当事人应当按照协议约定按期足额向评审机构缴纳评审费用,充分配合评审组的工作,及时向评审组提供必要的信息和有关资料,遵从评审组的安排和决定,并为评审组的工作提供必要的条件。评审组成员应当按照协议约定,独立、公正、勤勉、高效地履行职责;按照协议约定对评审工作中的相关事项和信息负有保密义务,但当事人另有约定或者法律、本规则另有规定的除外。"

5. 专家评审组的行为规范

就行为准则而言,评审专家的独立和公正的角色使得评审专家必须以高度道德的方式行事。每个专家不仅必须独立于合同方,而且应该在任何时候都以中立和公正的方式行事,为使评审组有效运作,评审专家成员必须在信任和诚信的基础上建立并保持良好的工作关系,包括在评审专家成员之间以及与合同各方的关系。从调研的情况来看,评审专家的行为准则包括以下几个方面。

(1)利益冲突及其披露

评审专家在评审专家任期内必须避免任何实际或潜在的利益冲突。《贸仲规则》第13条第1款、第2款规定:"评审专家应当独立、公正地履行职责。评审专家知悉存在可能引起当事人对其公正性或者独立性产生合理怀疑的任何事实或情况的,应当立即向所有当事人书面披露,并将该披露事宜及时通知评审组的其他成员。"《北仲规则》第8条规定:"评审组组成后,评审专家应当签署保证独立、公正评审争议的声明书,并转交各方当事人。评审专家知悉其与当事人存在可能导致当事人对其独立性、公正性产生怀疑的情形的,应当书面披露……"

评审专家必须在任命前披露可能被合同方合理地认为会影响其独立性或公正性的任何利益、过去或当前的关系或联系。如果在评审专家任期内,某一评审专家意识到任何事实或情况可能被合同一方合理地认为可能影响该评审专家的独立性或公正性,其必须通知其他评审专家并向合同各方披露此事。为了保护评审专家的信誉和职业操守,评审专家必须披露任何可能影响其独立性或公正性的利益或关系,或造成不公正或偏见的表象。作为一般原则,如果对评审专家是否应该披露某些事实或情况存在任何疑问,应该以支持披露的原则解决这一问题。

就评审专家如何获得足够的案件信息以便其进行信息披露,目前国内的评审规则并未进行明确规定。根据专家调研提供的国际实践,一般候选专家在正式成为评审组成员之前,有权从评审机构处获得一份详细的案件材料以便其进行利益冲突检索和信息披露。候选专家需要被告知拟定合同各方的名称、项目关键利益相关者的姓名,如有可能,还应包括业主和承包商的顾问和主要高级管理人员的姓名。候选专家还应知道项目的详细信息以及他们将与各方签订的被提议的评审组协议的条款。在此基础上,候选专家应当向当事人作出关于利益冲突信息披露的声明。在接受评审组成员任命后,该专家还要履行其"持续披露"的义务,也就是说如果评审专家的情况发生变化，或者如果在合同或项目中引入了新的一方，则评审专家将需要就变化的情况进行进一步的披露。然后，合同双方在充分知情的情况下须作出该评审专家是否能够继续其职责的决定。评审专家可能存在的利益冲突包括：

在合同或项目中拥有经济利益，或在直接参与项目的一方中拥有经济利益；在被任命为评审组成员之前，未向合同方披露其与直接参与项目的任何一方的所有当前和以前的雇佣情况，或与该方的财务关系；在被任命为评审组成员之前，未向合同方披露其与直接参与项目的任何一方的董事、办公人员或雇员当前或以前紧密的专业、社会或个人关系；没有披露其与合同所涉任何一方的单独信托关系（如作为雇员或顾问）；未向合同方披露任何出现的、可被合同方合理地认为可能影响评审组成员持续独立性或公正性的事实或情况；被某一个合同方过去或当前多次任命为评审组成员。

如果存在利益冲突，候选专家应拒绝其作为评审专家成员的任命；如果在任命后出现冲突（如由于合同一方收购或合并），评审专家成员应尽早进行适当的书面披露。在此情况下，当事人可以要求该评审专家回避，或由其本人自愿退出评审组。如果任何一方当事人在收到评审专家的书面披露之日起的合理期限内对该专家提出书面异议，则该名评审专家不再担任评审组成员；当事人未在上述期限内提出书面异议的，视为同意其继续担任评审组成员；此后不得以该名评审专家曾经披露的事项为由再提出异议或者申请其回避。如果一方当事人申请评审专家回避，或者被申请回避的评审专家主动提出不担任评审组成员，则该名评审专家不再担任评审组成员，当然上述情形并不表示当事人提出回避的理由成立。

（2）保密原则

评审专家必须确保在评审专家任期内获得的信息是保密的且不得对外披露，除非这种信息已经进入公共领域，或者任何此类机密信息已经得到合同各方的同意或按照法律强制要求公开时，评审组才能披露。《贸仲规则》第 16 条第 2 款规定："评审专家对评审组工作中的相关事项和所涉信息负有保密义务，当事人另有约定或者本规则另有规定的除外。"《北仲规则》第 18 条第 1 款规定："评审专家对于评审过程中的任何事项均负有保密义务。"

评审专家不得将此类保密信息用于评审专家活动以外的任何目的。与合同各方建立信任和信心在争端解决过程中是最重要的。评审专家协议书一般会约定保密义务,每位评审专家成员都必须遵守。在开展争端避免和预防相关活动时,评审专家应提供一个保密的环境,鼓励合同各方在问题变成争端之前进行讨论和解决。同时,披露给评审专家的信息应保持机密,而评审专家成员也必须尊重这种保密性,并将合同和项目的任何其他细节以及他们自己的活动作为评审专家程序中的机密。在没有各方事先书面许可的情况下,评审专家成员不得对这些信息进行任何口头或书面的披露。评审专家在评审专家程序中获得的信息不得用于个人利益或其他目的或传递给他人。

(3)独立高效开展工作

评审专家必须以高效、勤勉、有序和公正的方式进行所有评审活动。评审专家必须诚实、正直和不偏不倚地行事。评审专家与合同各方之间不得有任何单方面的沟通,除非在评审专家运作程序允许的情况下或在各方商定的情况下。合同各方有权期望评审专家的程序将以高效、勤勉、有序和公正的方式进行。首席评审专家或独任评审专家必须确保评审组会议在高效的基础上进行,并遵守适用的合同要求、评审组协议书和所约定的操作程序。评审专家应遵循"最佳实践"的会议程序,如发布议程和会议摘要、现场考察报告、行动清单等。听证会程序也应高效、公正地进行,同时仍要确保程序对所有各方公平无偏。此外,所有与评审专家的沟通都应发送给评审专家全体成员。评审专家成员必须避免与合同一方进行任何单边(单方面)沟通。在与合同方的口头和书面沟通中,评审组成员必须避免出现任何偏袒或偏见。评审专家必须对尖锐的问题或负面的评论保持敏感,如果考虑不周,可能会被一方误解为该评审专家存在不公或偏见。

评审专家的不正当和不道德行为的例子包括但不限于以下情形:仅与合同各方中的一方进行私人会晤或其他交流;对项目、合同条款或合同方的行为/行动进行无端或贬低性评论;公开批评或贬低任何个人或评审专家;在没有给每一方机会陈述己方情况并对另一方立场给予回复的情况下,对某一问题的是非曲直作出判断;超出评审专家成员的角色或专业知识提供法律或技术方面的建议;无视或试图改写各方的合同安排条款;不尊重个人的文化背景、语言、教育或专业经验;接受合同方的邀请、礼物或引诱,即使是无意和善意的提供;以不同于评审专家协议书约定的方式(或金额)为合同方开具发票。

(4)正当程序原则

评审组的所有会议和听证会都必须按照适用的合同约定和操作程序进行,并为合同方提供程序上的公正性。评审专家的建议和决定必须在合同约定、适用法律和合同各方提交的信息、事实和情况的基础上迅速作出。及时和公正的建议或决定对评审程序非常重要。在针对所提交争端进行审议时，评审专家应确保公平的实施程序，及时且物有所值。程序公平要求合同各方有适当的机会准备并向评审专家提交他们的材料和所有相关信息。一方也必须有机会对另一方提交给评审专家的材料和信息进行回应。就此而言，评审专家在任何时候都应该公正行事，不偏袒任何一方。评审专家必须确保采用的任何争端解决程序符合这些基本要求，并遵守评审专家协议书和适用的操作程序。同时，评审专家的建议或决定必须基于合同文件的具体约定、相关国家或地区的适用法律，以及合同方提交的信息、事实和情况。虽然评审专家应该运用他们自己的专业知识和经验来解决任何争端，但其必须客观地解释合同，而不是因为认为不公平或不适合而试图“改写”条款。此外，评审专家不得忽视适用法律或法规的要求。此外，在评审专家的意见、建议或决定中，不应含有对合同方（或个人）的行为、管理风格或合同管理方法的批评。这种评论只会导致被评论的对象认为评审专家对其存有偏见。最后，评审专家的建议或决定必须且看起来是客观的、非个人化的，并拥有清晰和逻辑性推理支持的，这些支持源自评审专家所掌握的信息、合同条款和适用法律。

6. 专家评审组的工作内容和方式

就评审组的工作内容而言，评审组的工作一般包括如下内容：制定评审组的工作程序；决定自己的管辖权和争议的范围；在认为合适的情况下按照程序规则举行当事人会议和听证会；进行现场勘查；委托鉴定；决定相关财务安排；作出临时性决定和措施；作出评审意见或决定等。《北仲规则》第 15 条规定：“评审组可以在充分考虑案情、当事人意愿以及快速解决争议需要的情况下，采取其认为适当的程序和方式进行调查，包括但不限于：（一）询问当事人；（二）要求当事人补充提交材料和书面意见；（三）进行现场勘查；（四）采取其他措施保证正常履行评审组的职责。”

就评审组的工作方式而言，一般是按照当事人的约定、评审规则、评审专家协议等内容综合进行。一个典型的评审组工作程序包含以下几方面内容：第一，评审组可以要求对方（被诉方）在一定的期限内提交一份立场文件进行答辩，立场文件应解释争议事实的性质，以及支持索赔和抗辩的各自的合同性和法律性论点，评审组还应当要求当事人提交的这些文件应当附有所依据事实的证明文件，如果涉及延迟事项并应附有进度分析，立场文件还应列明合同双方对争议评估的立场。第二，在收到评审材料后的短时间内，评审组应当就是否希望举行听证会而征求各方当事人的意见。如果当事人同意，这一步骤必须纳入程序日程，听证会的程序也应加以讨论。评审组可以在其认为合适的情况下进行听证会，并可以采用询问式程序。评审组也可以拒绝参加除合同双方和工程师以外的任何人的听证会。如有必要，评审组可单方面进行（只有一方出席的）听证会，前提是缺席的一方已被告知会议的日期、时间和地点，并拥有所有出席听证会的合理机会；根据程序规则，评审组在听证会期间不得就案件的是非曲直发表任何意见。第三，定期召开评审组会议，评审组可以积极地鼓励合同双方的人员提出他们所关心的潜在的问题并进行坦率开放的讨论，要求双方还应就项目状态、现场当前工作、未来工作计划、所遭遇的延误、新出现的商业问题等（经常是合同双方共同准备）向评审组定期提交报告，或者要求合同一方或双方就下次评审组会议会讨论的某一特定问题提交一份专门的报告或进行一个介绍。第四，实地考察，评审组认为有必要的，可以依职权要求当事人组织现场勘察或者实地考察。

（二）FIDIC 合同条件下的争端委员会

除了争议评审机制外，域内工程法律界接触较多的还有 FIDIC 合同条件下的争端委员会（Dispute Board）。FIDIC 合同条件常见于许多由多边开发银行资助的国际工程合作项目中，涉及我国的项目有小浪底、溪洛渡水电站、锦屏一级水电站、锦屏二级水电站、小湾水电站、广东清远抽水蓄能电站、北京大兴国际机场等。FIDIC 合同条件在中国工程承包市场中也有着广泛的应用。2020 年，中国国际承包商协会发布的《中国工程承包领域发展报告（2020）》指出，FIDIC 合同条件是我国工程承包中应用最为广泛的一种合同模式，其占比高达 25% 左右。

目前 FIDIC 范本有 1999 年版的彩虹系列和 2017 年出版的新版彩虹系列。此外，FIDIC 出版了一个定制版的红皮书，并在 2006 年和 2010 年推出了后续版本，称为粉皮书。还有另一个范本是于 2008 年出版的“设计、建造和运营项目的合同条件”，其被称为金皮书。

自 1992 年以来，由于 FIDIC 的所有标准范本中都包含了争端委员会条款。在多边开发银行的认可和支持下，这些合同已经成为在国际上使用争端委员会的支柱。FIDIC 过去一直在使用“争端裁决委员会”（Dispute Adjudication Board）来描述争端委员会程序。自2017年开始,FIDIC合同使用了“争端避免/裁决委员会”(Dispute Avoidance/Adjudication Board,DAAB)。1999年版的彩虹系列区分了设计—建造合同(黄皮书和银皮书)和由雇主承担设计的合同(红皮书)。后者采用的是常设争端委员会,而前者则采用的是临时争端委员会。然而,在2017年彩虹系列中,3种标准合同范本均采纳了常设争端委员会。

1. 争端委员会的任命

根据FIDIC合同条件,投标书附录中(Appendix to Tender)对于争端委员会由1名或3名成员组成会加以约定。如果投标书附录没有相关约定,则争端委员会将由3名成员组成。对于1999年红皮书规定的常设争端委员会,其应在业主向承包商发出中标通知书后28天内被任命。根据黄皮书和银皮书所规定的临时争端委员会,其只会在出现争议后才被任命。

如果是三人争端委员会,根据具体的程序规定,合同每一方应提名一位争端委员会成员供另一方批准。合同的一方可自行决定拒绝另一方的提名,而无须解释其拒绝的理由。一旦争端委员会的2名共同成员由合同双方达成一致意见,合同双方和委员会的2名共同成员将通过协商选择争议争端委员会主席成员。如果是单一成员争端委员会,则由合同双方通过协商和协议选定。

FIDIC合同第20.2条提供了一项选择,可以将潜在的委员会成员名单作为合同附件,并在投标阶段确定下来。在2017年的彩虹系列中,FIDIC已约定将潜在的争端委员会成员在合同中列示作为默认程序,而不仅仅是一个选择项。

如果双方无法就争端委员会成员的任命达成一致,FIDIC合同第20.3条规定了可以向指定机构(appointing entity)进行求助的程序。指定机构应在投标书附录中载明。最常见的指定机构是FIDIC主席和ICC。FIDIC维持并对外发布的有一份通过考试认证的裁决员(争端委员会成员)名单。

如果合同双方无法就因死亡、疾病、辞职或终止而无法行事的争端委员会成员的替换达成一致,则第20.3条规定的程序也可以被适用。在这两种情况下,指定机构应努力与合同双方协商一致,随后的任命将被视为“最终和决定性的”。FIDIC和ICC对此类任命收取一定的费用由合同双方平摊。

2. 争端委员会的职责

根据FIDIC的争端委员会程序,争端委员会需要制定一个程序时间表,并在收到所递交材料(referral)后的84天内作出决定。只有在合同双方一致同意的情况下,才可以对该 84 天的期限给予延长。因此,争端委员会应尽一切努力加快程序。根据红皮书的程序规则,争端委员会可采用各种程序,以适应争议的需要,并应公平公正地行事,确保正当的法律程序得到尊重。

所有 FIDIC 合同均包括一份争端委员会的协议范本(包含一套通用条款)和一套争端委员会的程序规则。争端委员会成员和合同各方应注意的主要条款是通用条款第 4 条(General Condition, Clause 4)规定的关于争端委员会的通用义务,以及程序规则 8(Procedural Rule 8)所规定关于争端委员会的权力。

争端委员会成员在通用条款第 4 条中的义务包括:与合同双方或工程师没有经济联系;除在任命前披露过的情况外,与任何一方没有先前的雇佣或提供咨询的历史;与一方或工程师的任何雇员没有任何专业或个人关系,或在以前未参与过整个项目任何部分;不得受雇于任何一方当事人或工程师来担任顾问或其他工作;遵守程序规则(Procedural Rules)和工程合同;未与任何一方当事人或工程师讨论未来的雇佣问题,预留时间参加(remain available)现场考察和听证会;熟悉工程合同(works contract)并掌握工程进度;对所有争端委员会活动保密,任何信息公开必须得到合同双方和其他争端委员会成员的书面同意;在双方一致要求时提供建议和意见。

根据程序规则 8,争端委员会的权力包括:制定争端裁决(deciding a dispute)的程序;决定争端委员会自己的管辖权和争议的范围;在争端委员会认为合适的情况下按照程序规则举行听证会;主动探查作出决定所需的事实;利用争端委员会自身的专业知识;决定财务费用的支付;决定任何临时或保全(conservatory)措施;公开、审查和修改工程师的任何证书、决定、确定(determination)、指示、意见或估价。

除了定期召开争端委员会会议和实地考察,促进就如何在有关问题和索赔成为正式争议之前解决这些问题的讨论之外,争端委员会还可以根据具体情况和条件发布书面咨询意见和建议。在许多国家,合同双方发现利用争端委员会来提供不具约束力的建议和意见非常有用。但是,在允许争端委员会进行该项动作之前,合同双方都必须向争端委员会提出书面请求。2017 年版的彩虹系列并未改变争端委员会的实际角色,但明确并强调了这些纠纷避免技术的重要性。第 21.3 条(争端的避免)和程序规则 2 对争端委员会在争端避免方面的权力作了扩展说明。在许多国家,咨询意见的使用已被证明是有效的。当争议解决由争端委员会推动并得到广泛实施时,解决的成功率很高,并且显著提高了项目的时间和成本效益。争端委员会成员报告认为,咨询意见程序之所以相对成功,可能是由于合同双方同意将该事项提交争端委员会征求建议或意见,这表明双方有着共同的意愿能够友好地解决争议。如果争议继续存在,且一方认为有必要提交正式转介(referral),争端委员会保留其签发决定的权力,这同样也是一种"后撤"效应。虽然争端委员会有权在其必须作出一项具有约束力的决定时改变其意见,但许多当事人仍然会将争端委员会的意见视为评估其各自立场强弱以及如果将该争议事项推进到下一个层次,主张获得支持可能性的适当考量。

3. 存在的问题

从开展调研的情况来看,域内工程法律界对于工程争议评审制度下的评审组专家和 FIDIC 合同下的争端委会成员有初步的认识,目前在施行的由仲裁机构、造价机构推出的评审规则中也基本涵盖了评审组的人数、资格、组成、职责、行为准则、利益冲突披露、工作内容、收费等内容,这些都可以为在评审基础上推动工程争议审裁庭制度构建提供有益的参考。但是,由于域内现在实际开展的建设工程争议评审案件仍然较少,真正有从事工程争议评审经验的专业人员较为有限,现有规则中关于评审组的上述规定鲜有获得充分实践的机会,对于评审专家的资格、管理、利益冲突和行为准则等尚未形成完全统一的认识。

五、审裁程序

(一)审裁程序的启动

鉴于目前域内实践中,"审裁程序"一般被称为"争议评审程序",因此下文部分内容称谓将遵循域内惯例。

关于争议评审程序的启动时间。域内现有实践中,各机构规则对此规定不一致,大致分为以下几种:一是自评审组收到评审申请之日开始,如《贸仲规则》《常州规则》的规定;二是工程开工之日起 28 日内、争议发生时及当事人约定时并存,如《北仲规则》第 5 条规定:"当事人应当自工程开工之日起 28 日内或者争议发生后一方当事人收到对方发出的要求评审解决争议的通知之日起 14 日内各自选定一名评审专家。当事人逾期未能选定评审专家的,本会主任可以根据一方或者各方当事人的请求指定。当事人另有约定的除外……"第 6 条规定:"当事人约定评审组由一名评审专家组成的,应当自开工之日起 28 日内或者争议发生后一方当事人收到对方发出的要求评审解决争议的通知之日起 14 日内共同选定评审专家，当事人另有约定的除外。”《泰州规则》亦有类似规定，第 7 条规定：“当事人可在签订合同时或者在约定的期限内，成立争议评审组，跟踪了解合同履行情况，及时评审有关争议；当事人也可在争议发生后，成立争议评审组，开展争议评审。”

审裁程序在哪个时间点启动，关系到当事人启动、参加审裁程序所需要付出的成本与相关准备工作，前述不同的启动时间节点各有优劣，在审裁立法出台前，审裁程序的启动应当尊重当事人的意思自治。

关于审裁程序的启动主体。域内实践对此规定较为统一，从现有资料查询来看，域内各争议评审规则均规定任何一方当事人均可申请评审，较为典型的如《贸仲规则》第 22 条第 1 款规定：“任何一方当事人作为申请人，申请评审组通过评审程序解决争议时，应当向评审组提交书面的评审申请，并同时将评审申请转交被申请人。”

然而，实践情况远比规则规定更为复杂，评审过程中付款方（建设单位）通常提出未届付款期、工程质量不符合约定、收款方未交付发票等答辩，那么这些问题是否可以提起反申请？是否应纳入审裁范围？也即付款方是否也可以作为启动主体？常仲曾处理一起工程结算类型的争议评审纠纷案件，评审申请人为收款方，评审被申请人为付款方。付款方在评审过程中要求收款方交付发票、对工程质量进行维修。评审专家在召开评审会后一致认为如工程质量维修金额达成一致的，可在工程款中予以扣除，否则应当另行处理；并认为收款方应向付款方交付发票。随后评审专家再次召集双方开会，最终确定了工程质量维修金额，并就开票问题由双方达成“先付款、后开票”的一致意见。在评审专家出具评审意见后的一周内，评审双方当事人按照评审意见顺利履行完毕。

关于争议评审程序的启动审查。目前域内的争议评审规则对程序启动条件并未有过多限制，如《贸仲规则》第 22 条第 2 款规定：“评审申请应当包括：（一）当事人关于将争议提交评审解决的约定；（二）争议的相关情况和争议要点；（三）申请人提交评审解决的争议事项和具体的评审请求；（四）申请人对争议的处理意见及所依据的文件、图纸及其他证明材料。”《北仲规则》第 11 条规定：“当事人申请评审组解决争议时，应当向评审组提交评审申请报告，并转交其他当事人和监理。评审申请报告包括但不限于下列内容：1. 争议的事实及相关情况；2. 提交评审组作出决定的争议事项；3. 申请方对争议处理的建议和意见等。申请报告应当附有与争议相关的必要文件、图纸以及其他证明材料。”结合实践，对于今后审裁程序启动的审查内容应考量以下几方面因素：审查提请和被提请审裁程序的主体是否适格，如是否属于案涉当事人，如是否有明确的被申请人；审查案涉的争议是否有合同约定或法定的属于审裁程序主管的争议，如是否有约定其他争议解决方式如诉讼、仲裁等；审查申请报告是否有具体请求及初步的证据，如申请人是否在案涉合同中事先约定的审裁程序启动期限或前置程序内提起申请，如实践中有当事人在合同中明确约定“双方争议发生后的28天内协商不能达成一致时才可提起仲裁、诉讼，否则不得提起仲裁、诉讼”“双方争议发生后的28天内双方应会商并形成会议记录，否则不得提起审裁”等类似条款以及对申请报告形式的审查。

（二）有关通知

通知程序是审裁程序不可或缺的重要组成部分，无论是从制度规定还是用户体验来看，争议各方在有效通知后平等参与审裁程序、发表意见观点都是审裁制度设计初衷所在。

目前域内对于通知的规定，大致分为以下几类：一是明确规定尊重当事人意思自治，典型的为《贸仲规则》第20条的规定，“评审组与当事人之间的任何书面文件往来，都应当按照当事人与评审组约定的联系方式进行，同时发送给各方当事人和评审组的所有成员”。二是明确通知方式，如2016年版浙江省建筑业行业协会《建设工程争议专家评审规则》第11条规定：“为提高评审效率并节省费用，除非当事人另有约定，评审可以采用EMS邮寄或者电子邮件方式送达所有评审文件。”三是仅作框架性规定，多数争议评审规则仅简单约定“争议评审组与任何一方当事人之间的书面文件往来，都应当同时发送给其他当事人和争议评审组的所有成员”。但以何种方式送达，均语焉不详。

通过调研和研讨，工作组认为审裁通知方式应兼顾合法性及灵活性。一方面，电子送达可作为立法层面首选送达方式，但EMS邮寄送达、直接送达、委托送达和转交送达等均可作为次序的通知方式，在电子送达不可行的情况下适用；另一方面，当事人之间有约定的则应当尊重当事人之间意思自治；最后，对于在审裁程序中是否需要有公告通知程序，无论是被调研对象还是工作组成员，多数认为根据审裁制度设计的目的和特征，审裁中不应当有公告通知程序。

(三)审裁不公开和保密制度

审裁的不公开、保密与仲裁的不公开、保密在制度设计上较为类似,国际著名仲裁专家杨良宜先生在介绍英国保密性原则时曾描述,商业秘密如合作伙伴的名单、营运数据、营运手段、产品设计或技术等会因在法院诉讼而被公开,为竞争对手大开方便之门;即使争议未必涉及商业秘密,有关诉讼过程及结果被公开,也可能会对公司的声誉、生意、信贷构成影响。换句话说,国家实施仲裁保密制度是基于商业活动本身商业秘密所考虑的。对此,审裁制度与仲裁制度主要是为了解决商事交易主体从事商业活动产生的争议,审裁制度对程序保密有着迫切需求。通过调研发现,审裁是否公开是受访者颇为关注的一方面,过半企业受访者认为审裁决定不可以公开,多数机构受访者则认为应根据当事人约定进行,个别机构受访者则认为应当保密进行。

通过调研,可以看出需要加强对审裁不公开、保密制度的研究。首先,审裁不公开和保密制度应当明确写入审裁法律或者规则中。审裁法律或者规则应当规定,审裁不公开进行,当事人协议公开的可以公开进行,但涉及国家秘密或者可能损害第三人利益的除外。审裁属于各方为了快速解决争议,从而使得合同顺利履行的制度,明确程序的不公开进行和文件、信息的保密,可以让审裁参与方免于后顾之忧地选择和推进审裁程序,同时也保障审裁员、审裁庭可以无压力地、专注地解决审裁争议。

在具体操作上,可以要求审裁参与各方,在审裁程序中签署保密承诺书,并自愿接受泄密的后果。同时,对于违反保密承诺书的后果,可以予以规定:一是审裁费用的规制,审裁庭有权决定审裁费用全部或者大部分由泄密的一方承担;二是审裁程序的终止,违反保密承诺书导致一方当事人商业利益受损或者审裁程序无法继续进行的,受损害方有权申请审裁庭决定审裁程序是继续进行还是终止;三是违反保密承诺书的其他责任,受到损害的一方有权通过诉讼、仲裁等方式追究责任方,要求其承担相应的法律责任。

(四)审裁参与人员

传统意义上的审裁参与人员包括争议各方、审裁员/审裁庭,但是否应当包括类似诉讼中的第三人,在我国实践中并无相关经验可供参考。通过调查发现,绝大多数企业受访者认为应当引入第三人制度；接近2/3的企业受访者认为应征得对方当事人、审裁庭及第三人中的两类主体以上的同意，更有1/3的企业受访者认为应征得对方当事人、审裁庭及第三人的一致同意。除了审裁第三人，如鉴定人、专家辅助人能否作为审裁参与人员也有待考量。

关于鉴定人。鉴定人是否可以参与到审裁程序中，从调研结果发现，机构受访者中半数认为可以引入鉴定人，半数认为不可以引入鉴定人，可见机构受访者对此态度不明。另外，专家受访者认为审裁员有权对证据和资料进行鉴定，也就是说审裁员本身应当具备鉴定人的资格和条件。如果要在审裁中启动鉴定，鉴定也应当解决的是“定量”的问题。所谓“定量”，指的是争议各方乃至审裁庭无法确定工程量所对应款项，进而需要借助鉴定人“定量”，为审裁庭最终出具审裁决定提供前提条件。鉴定人不宜解决“定性”的问题，包括工程质量是否符合约定和法定条件、质不对价等，否则鉴定人的工作将与审裁庭的工作严重重叠。

关于专家辅助人（技术调查官）。基于审裁庭本身就应该是专业人士组成，如还需专家辅助人参与则审裁庭与仲裁庭并无二致，审裁制度也将失去存在的意义。审裁庭如同诉讼、仲裁程序中的“专家辅助人”，但这种专家辅助人不仅限于技术人士，还包括法律人士，并且通常是比仲裁员更具有专业知识的人士。

（五）审裁答辩

审裁被申请人提交答辩意见是审裁庭明确争议焦点问题的重要手段。域内争议评审规则对答辩均进行了规定，如《北仲规则》第12条规定：“对方当事人应当自收到评审申请报告之日起28日内，提交答辩报告，陈述对争议的处理意见并附证明材料。上述材料应当转交提出申请的当事人和监理。不提交答辩报告，不影响评审程序的进行。”《贸仲规则》第23条规定：“除非当事人另有约定或者评审组另有决定，被申请人应当在收到申请人的评审申请之日起28天内，向评审组提交书面答辩，并同时将答辩转交申请人。答辩应当包括被申请人对争议的处理意见及所依据的文件、图纸及其他证明材料。被申请人未提交书面答辩的，不影响评审程序的继续进行。”《泰州规则》《常州规则》亦有类似规定。

关于答辩期如何合理设计，从调研数据来看，近半数企业受访者认为应给予被申请人自收到审裁启动通知之日起15日内的答辩期，1/4企业受访者认为应给予被申请人自收到审裁启动通知之日起15～20日或者20～30日的答辩期，也有少数企业受访者应给予30日以上的答辩期。答辩期长短既要考虑当事人的意思自治，又要依据审裁制度设置的目的和理念来设定。

关于答辩形式，大多调研对象认为审裁程序应当保障被申请人的答辩权利，但答辩不必拘泥于形式。工作组经研究认为，为了保证审裁程序的高效推进，应当规定被申请人需要在规定的时间内提交书面答辩，并且对被申请人不提交书面答辩的后果予以规定，如规定审裁庭对被申请人未在答辩书中提出的抗辩事由不予审查。

（六）审裁措施

审裁措施是指审裁庭所能采取的审裁措施。域内争议评审实践中，对评审措施多有规定。《北仲规则》第13条第2款规定："申请评审的当事人无正当理由不到场的，评审组可以决定终结本次评审活动；另一方当事人无正当理由不到场的，评审组有权决定继续召开调查会。"第15条规定："评审组可以在充分考虑案情、当事人意愿以及快速解决争议需要的情况下，采取其认为适当的程序和方式进行调查，包括但不限于：（一）询问当事人；（二）要求当事人补充提交材料和书面意见；（三）进行现场勘查；（四）采取其他措施保证正常履行评审组的职责。"《贸仲规则》则用多个条款对评审措施进行了规定，其中第27条对评审专家的权力进行了集中规定："除非当事人另有约定，评审组的权力包括但不限于：（一）决定评审组对所涉争议的管辖权及评审争议的范围；（二）决定评审程序的安排；（三）召集会晤、进行现场考察和召开调查会，并决定与此有关的任何程序事宜；（四）询问当事人、当事人的代理人和证人；（五）要求当事人提交补充材料和书面意见；（六）根据评审争议的需要，决定进行鉴定或者聘请专家就某一具体的法律或技术问题出具意见；（七）在一方当事人缺席的情况下继续评审程序并出具评审意见；（八）采取其他必要措施保证评审程序顺利进行和评审组正常履行职责。"其他争议评审规则对评审措施亦有规定。由上可以看出，审裁庭应被赋予较大的职权，以保障审裁程序的正常进行。

从调研的结果来看，近2/3受访者认为审裁庭有权决定"所涉争议的管辖权及审裁争议的范围""审裁程序的安排""召集会晤、进行现场考察和召开调查会，并决定与此有关的任何程序事宜""询问当事人、当事人的代理人和证人""要求当事人提交补充材料和书面意见""根据审裁争议的需要，决定进行鉴定或者聘请专家就某一具体的法律或技术问题出具意见”；还有半数左右受访者认为审裁庭有权决定“在一方当事人缺席的情况下继续审裁程序并出具审裁意见”“在各方当事人均同意终止审裁程序的情况下终结审裁程序”“在申请人撤回申请的情况下终结审裁程序”“采取其他必要措施保证审裁程序顺利进行和审裁庭正常履行职责”。

（七）缺席审裁

缺席审裁是指在一方当事人缺席的情况下能否继续进行审裁程序并最终出具审裁决定。《贸仲规则》第 27 条第 7 项规定：“在一方当事人缺席的情况下继续评审程序并出具评审意见。”从调研结果来看，近半数企业受访者认为审裁庭有权“在一方当事人缺席的情况下继续审裁程序并出具审裁意见”。

审裁程序设计应兼顾效率与公平：一方面，程序正义要求程序的设计和实施要平等地赋予各方当事人攻辩和防御的权利及对应的义务，假如一方当事人无正当理由而拒绝参与已合法启动的审裁程序，而审裁庭不得缺席审判，便是对对方当事人获得及时审裁之权利的妨碍；另一方面，审裁庭既不能等待未出席的一方当事人而一直拖延审理，又不能拒绝对既已受理的争议作出审裁决定。

（八）审裁费用

审裁费用一般包括审裁员费用及其他实际开支、提供审裁服务的指定机构费用、其他合理费用等。《贸仲规则》第 44 条规定：“除非当事人另有约定或者评审组另有决定，评审专家担任评审组成员的所有报酬和因履行评审专家职责而发生的所有交通、食宿等实际费用，应当由各方当事人平均分担。评审专家应当避免不必要的费用支出。”第 46 条规定：“仲裁委员会按照《建设工程争议评审收费办法》的规定，就下列事项收取相应费用：（一）代为指定评审专家；（二）决定评审专家回避事宜；（三）为《评审组成成员协议》的达成提供辅助性秘书服务；（四）为评审组和当事人之间的会晤及评审调查会提供场所、设备以及必要的支持与协助；（五）核阅评审意见草案。”《北京仲裁委员会建设工程争议评审收费办法》第 2 条规定：“因申请建设工程争议评审解决争议产生的评审专家报酬、北京仲裁委员会（以下简称本会）行政费和其他所有费用，由当事人平均分担。当事人另有约定或本收费办法另有规定的除外。”常仲也将评审费用分为三部分，与贸仲、北仲有关争议评审费用的范围基本一致。从调研结果来看,机构、专家受访者认为审裁收费应当包括审裁指定机构服务费用和审裁员费用,而审裁员的费用应当由审裁员和当事人之间协议约定。

关于审裁费用的标准。贸仲《建设工程争议评审收费办法(试行)》中则规定,按照本办法收取《贸仲规则》第46条规定的相关费用。由仲裁委员会代为指定评审专家的,每人次收费人民币5000元。由仲裁委员会决定评审专家回避事宜的,每人次收费人民币8000元。该费用应当由提出回避申请的当事人承担,当事人另有约定的除外。由仲裁委员会对评审意见草案进行核阅的,根据案件的具体情况,每件收费人民币20,000~50,000元。仲裁委员会为《评审组成员协议》的达成提供辅助性秘书服务的,收费人民币2000元。根据具体情况,仲裁委员会在征得双方当事人同意后,可以对上述费用予以相应调整。北仲、常仲亦分别就评审收费制定了具体收费办法。

工作组向部分省市两级造价部门了解,造价部门对于定额问题的解答一般是不收取费用的,即便是收费的专家咨询,一般以每位专家个人报酬1000~3000元居多,造价部门本身则不会收取任何费用。

关于审裁费用的承担,域内目前存在以下几种方式:一是申请审裁一方承担;二是审裁庭决定费用承担;三是争议各方共同分担。《北仲规则》第24条第3款规定:"上述费用原则上由各方当事人平均分担,当事人另有约定或《北京仲裁委员会建设工程争议评审收费办法》另有规定的除外。"《贸仲规则》亦有类似规定。另外,为了尽快推进争议评审程序,应支付评审费用的一方未支付的,另一方可以代为垫付。然而,《常州规则》则规定评审费用一般由申请评审一方支付,并由承担主要责任的评审当事人最终承担,但当事人另有约定的除外。从调研结果来看,过半数企业受访者、过半数机构受访者都认为费用应由承担责任的一方承担。

在对机构的调研中,对于"贵司规定/或认为评审专家费用以多少为宜?"这一问题,一家机构认为应当由当事人和专家协商,一家机构认为应当按照工作时长收费,其余所有的机构均选择了按照标的收取费用。对于调研中给出的1万元以下、1万元到5万元、5万元到10万元3个选项,没有机构进行选择。而对于"贵司规定/或认为评审机构费用标准以多少为宜?"这一问题,一家机构认为应当按服务项目收费,一家机构认为应当按工作时长收费,其他所有机构也都选择按标的收费,但其中有两家机构选择了1万元以下。

专家组对该问题的反馈则存在不同意见,有专家认为应由专家与当事人协商,有专家认为按照标的收费,有专家认为应按照工作时长收费,有专家认为应按照次数收费,还有专家认为应该建立市场化的竞争机制。但基本比较一致的态度有两点:一是应当分为机构费用和专家费用两部分,二是评审费用应当要比诉讼、仲裁等的费用低。

根据调研情况可以发现,对于审裁的收费标准,应当综合考虑机构与专家以及客户的利益,寻求一个居中的尺度。目前,机构主导的评审因为实践较少,其收费标准的效果还难以看到清晰的反映。造价部门的收费标准非常低,在对造价部门的调研中可以发现,因为过低的费用,导致造价部门对开展造价纠纷处理工作没有兴趣,也难以聘请到高水平的专家。这也是多数造价部门每年会进行一定数量的造价纠纷处理,但数量一直不多的原因。

与收费相关的一个实践中的问题,就是发票开具。在对造价部门的调研中发现,之所以造价部门对造价纠纷处理工作没有积极性,一个重要原因是造价部门无法开具发票,导致造价部门无法收费。在对于仲裁机构的调研中,也发现了同样的问题,多数仲裁机构目前只能开具仲裁费的行政事业收据,无法开具审裁的发票,导致仲裁机构也无法收费进而无法开展工作。

从国际上看,影响审裁收费成本的要素有:审裁庭的规模(如三人或一人);审裁庭审理的频率和持续时间;提交给审裁庭征求意见/建议/决定的数量;支付给审裁庭的费用类型和水平(如小时费率、日费率和差旅费率);支付给审裁庭的可报销费用,包括伙食费和前往偏远地点、洲际或国际的差旅费等。根据工作的性质、合同各方的要求和项目所处的阶段,审裁庭定期会议的频率会因项目而异。大型土木和地下建筑项目的审裁庭通常每季度召开一次会议(在项目的初始阶段会更频繁),而垂直/建筑项目的审裁庭通常每月召开一次会议。针对所有的项目而言,如果需要召开听证会来处理合同双方提交给审裁庭的争议,那么审裁庭实际的会议次数则会相应增加。审裁庭费用水平通常反映当地类似专业服务的典型费率,但可能因国家和项目性质的差别而有所不同。

六、审裁决定

鉴于目前域内实践中,“审裁决定”一般被称为“评审意见”或“评审决定”,因此下文部分内容称谓将遵循域内惯例。

(一)关于审裁决定的内容

域内审裁实践中,对于审裁决定应当包含的内容以及审裁决定是否应当因其高效性而使其内容区别于法院判决及仲裁庭裁决,均无统一认识。虽然我国仲裁机构及其他部门对审裁决定应当包含的内容及其性质进行了探索,但其一方面未就审裁性质与审裁决定应当包含的内容进行统一,另一方面未能将审裁决定与法院判决及仲裁庭裁决进行性质区分。因此,工作组针对审裁决定应当包含的内容进行了调研,以期对审裁决定及其内容进行有效厘清。

调研主要围绕用户对审裁决定的内容应当包含哪些方面进行调研,同时对现有的建设工程争议评审规则中对审裁决定的内容如何规定进行了资料收集与梳理。

我国仲裁机构或其他部门对评审意见所含内容的规定主要分为两类:一是概括性规定,即仅规定应作出书面评审意见,但并未对评审意见的内容进行明确规定;二是列举式规定,即列出评审决定或评审意见应当包含的内容。

我国对评审意见内容的相关规定,具体规定摘录如下:

1.《北仲规则》第 19 条规定:“评审组应当在调查会结束后 14 日内,作出书面评审意见,并说明理由。”

2.《贸仲规则》第 34 条规定:“评审意见应当以书面形式作出。评审意见的内容应当包括但不限于:(一)申请人的评审请求、争议事项和双方当事人的意见;(二)评审组对争议的评审结果和所依据的事实及理由;(三)评审意见的效力;(四)评审意见作出的日期。”

3.《泰州规则》第 32 条规定:“争议评审意见应当以书面形式作出,内容包括但不限于:(一)申请人的争议评审请求、争议事项和当事人的意见;(二)争议评审组对争议的评审结果和所依据的事实及理由;(三)争议评审意见的效力;(四)争议评审意见作出的日期。”

我国某仲裁机构受理的一起适用建设工程争议评审规则处理的评审案件,经评审后,评审组对本案作出书面评审意见书。评审意见书包括以下几个方面:

1. 首部。其中包括当事人的基本信息及案号。

2. 程序历史。包括评审协议、受理情况、评审专家组成情况、评审调查情况等。

3. 基本案情。包括申请人评审请求、被申请人答辩意见、申请人及被申请人举证、质证情况。

4. 评审意见。其中包括审理查明及评审组意见。

5. 评审费用承担。

6. 评审意见的效力。

7. 尾部。其中包括评审专家签字与日期。

由于目前域内并未对审裁决定的内容进行统一,而审裁决定的内容则与审裁的性质、审裁决定的履行等内容有直接关联,对此,工作组对审裁决定所含内容进行了调研,其中用户组、机构组的调研情况如下。

1. 大中企业用户组

大中企业用户组对审裁决定所含内容的意见:(1)程序历史(35.56%);(2)基本案情(82.22%);(3)对事实的认定(93.33%);(4)法律分析(91.11%);(5)审裁意见(86.67%)。

2. 中小企业用户组

中小企业用户组对审裁决定所含内容的意见:(1)程序历史(52.38%);(2)基本案情(76.19%);(3)对事实的认定(80%);(4)法律分析(72.38%);(5)审裁意见(62.86%)。

3. 机构组

机构组调研对象对审裁决定所含内容的意见:(1)程序历史(78.5%);(2)基本案情(78.5%);(3)经审查认为(85.7%);(4)法律分析(78.5%);(5)审裁意见(85.7%)。

通过调研可以发现,针对审裁决定的内容这一问题,用户组对于程序历史部分在审裁决定中的重要性并不持肯定态度,仅有35.56%的大企业用户认为程序历史应当写入审裁决定,而中小企业用户仅有52.38%认为应当写入。但关于基本案情、对事实的认定、法律分析及评审意见,占据的比重都比较高。反观机构组调研对象的选择来看,机构对于审裁决定的内容要求较为全面,程序历史、基本案情、经审理查明、法律分析及评审意见的选择均较高。究其原因,可能多为对审裁的理解不同,用户组调研对象对审裁决定的理解多倾向于高效、快捷,机构组调研对象对审裁决定的理解更倾向于类仲裁,因而导致两类调研对象得出的结论出现较大偏差。

综合用户组、机构组的调研结果，工作组针对审裁决定内容设计提出两方面建议：

1. 充分尊重当事人意思为原则，立法层面对审裁决定进行概括性规定，审裁规则对其进行细化。建设工程争议审裁中，多涉及较多复杂且金额及周期较长的争议。当事人选择通过审裁方式解决争议，多注重高效及便捷性，同时体现当事人意思自治。审裁与商事仲裁的不同之处在于审裁程序的高效性，审裁庭在极短的时间内对各方争议作出决定，如果参照仲裁裁决或法院判决所含内容来设计审裁决定，将会对审裁庭的工作时间和工作要求提出较大挑战。

因此，借鉴域外审裁制度的规定，工作组建议：一方面充分尊重当事人意思自治，当事人在协议中约定或在审裁程序中对审裁决定应包含的内容达成一致意见，审裁庭应充分尊重当事人的意见，作出相应的审裁决定。另一方面审裁规则对审裁决定的内容进行概括性规定，体现审裁决定应当包含的内容，其他相关内容是否体现在审裁决定中，由审裁庭最终决定，这有利于提升审裁效率，尽快解决各方当事人争议。

2. 审裁决定应避免复杂化。在实践调研中，仲裁机构受理的建设工程争议评审案件，评审专家作出的评审意见较为全面，其中包括首部、程序历史、基本案情、评审组对事实的认定、评审组的法律分析及评审意见、评审费用的承担以及评审意见的效力。

英国对建设工程审裁法案并未规定合同应当明确审裁决定的形式或者其他问题，也没有规定合同应当要求审裁庭作出的审裁决定应包含相应理由。在实践中，英国审裁决定的形式类似于仲裁裁决，但一般只提供最低限度的理由。

（二）关于审裁决定的效力

审裁决定的效力是用户是否愿意采用审裁的程序解决纠纷的重要问题。目前，我国域内尚未建立统一的审裁制度，实践中用户及相关机构对审裁决定效力的认识也各不相同。但是，审裁制度的建立与推行其中较为关键的问题就在于审裁决定的效力。工作组针对这一问题，对现有审裁制度中对审裁决定效力的界定进行了资料分析，同时针对用户群体及相关机构对审裁决定效力的认识进行了问卷调查。

审裁决定的效力包含以下几方面内容：(1)审裁决定作出的主体；(2)审裁决

定生效的条件;(3)审裁决定的效力。针对此,我国域内目前对审裁决定效力的相关相似规定主要包括以下相关规则的规定。具体规定摘录如下。

1.《贸仲规则》

第2条第2款规定:"当事人可以对评审意见的效力做出约定,评审意见依约定对当事人产生约束力。当事人对评审意见的效力未作约定但同意适用本规则的,在满足本规则规定的条件后,评审意见即对当事人具有约束力。"

第35条规定:"由三人评审组评审争议的,评审意见依全体或者多数评审专家的意见作出;不能形成多数意见的,依首席评审专家的意见作出。评审意见应当由评审专家签署。持不同意见的评审专家可以在评审意见上署名,也可以不署名,但应当出具单独的书面意见,随评审意见转给各方当事人。该书面意见不构成评审意见的一部分。不附具不同意见的,不影响评审意见的作出和效力。"

第36条规定:"根据当事人的约定,仲裁委员会可以对评审意见草案进行核阅。当事人约定由仲裁委员会对评审意见草案进行核阅的,评审组应当在签署评审意见前将评审意见草案提交仲裁委员会。在不影响评审组独立评审的前提下,仲裁委员会可以就评审意见的有关问题提请评审组注意。仲裁委员会应当在收到评审意见草案和当事人缴纳的核阅费用后14天(以较晚的时间为准)内核阅完毕。特殊情况下需要延长核阅期限的,仲裁委员会应当提前书面通知评审组和各方当事人。由仲裁委员会核阅评审意见草案的,评审组可视具体情形,对评审意见作出的期限予以延长。"

第37条规定:"当事人对评审意见的结果有异议的,应当自收到评审意见之日起14天内向评审组和对方当事人书面提出,并说明理由。当事人在上述期限内未提出异议的,评审意见自上述期限届满之日起对各方当事人具有约束力,当事人应当遵照评审意见执行。当事人在上述期限内提出书面异议的,评审意见对当事人不产生约束力。评审意见的结果可以拆分成可独立执行的若干项而当事人只针对其中的一项或几项提出书面异议的,不影响其他各项评审结果的约束力。评审意见产生约束力的,在当事人通过将争议提交诉讼或者根据仲裁协议提交仲裁获得与评审意见不同的判决或裁决之前,或者在各方当事人就评审争议的解决另行作出不同于评审意见的约定之前,评审意见仍对当事人具有约束力。当事人对评审意见的效力另有约定的,从其约定。除非当事人另有约定,评审意见可以在当事人之间就相关争议进行的诉讼或者仲裁程序中作为证据使用。当事人可以根据已经产生约束力的评审意见签订和解协议，并依据和解协议中的仲裁条款，请求仲裁委员会组成仲裁庭根据和解协议的内容作出仲裁裁决。评审意见对当事人未产生约束力，或者评审组未在第三十二条规定的期限内作出评审意见，或者评审组已经终止工作或被解散的，当事人可以直接将有关争议提交诉讼或者根据仲裁协议提交仲裁，当事人另有约定的除外。”

2.《北仲规则》

第 20 条规定：“由三名评审专家组成评审组的，评审意见应当按照多数评审专家的意见作出；不能形成多数意见时，应当按照首席评审专家的意见作出。评审意见由评审专家签名。持不同意见的评审专家，可以不签名，但应当出具单独的个人意见，随评审意见送达当事人，但该意见不构成评审意见的一部分。不签名的评审专家不出具个人意见的，不影响评审意见的作出。”

第 21 条规定：“当事人对评审意见有异议的，应当自收到评审意见之日起 14 日内向评审组或者对方当事人书面提出。当事人在上述期限内提出异议的，评审意见即不具约束力；未提出异议的，则评审意见在上述期限届满之日起对各方当事人有约束力。当事人应当按照评审意见执行。如当事人约定评审意见自作出或者当事人收到之日起即对当事人有约束力，即使当事人在收到评审意见之日起 14 日内提出了书面异议，仍应按照评审意见执行。在当事人将该争议提交仲裁庭或者法院对该项争议作出不同的裁决或者判决前，评审意见仍对当事人有约束力。评审意见对当事人不具约束力，或者评审组未在本规则第十九条规定的期限内作出决定，或者评审组在评审意见作出之前依据本规则被解散，当事人均可就相关争议直接交付仲裁或诉讼。”

评审意见作出主体。从目前规定和实践来看，评审意见作出主体为评审专家或评审组。但根据《贸仲规则》来看，评审意见虽由评审组作出，但当事人约定由仲裁委员会对该评审意见进行核阅的，仲裁委员会对评审意见需进一步核阅。在实践中，当事人对评审意见存在两种态度：一是认为评审意见应当由评审组独立作出，评审意见对各方具有约束力。二是认为评审意见虽由评审组作出，但应当由仲裁委员会盖章，体现其公正性。

评审意见的生效条件。根据目前的规定，评审意见的生效条件主要为：第一，当事人对评审意见效力有约定，从其约定。第二，评审规则规定或当事人约定的异议期届满，当事人未提出书面异议的，评审意见对各方具有约束力。第三，评审规则规定或当事人约定的异议期内，当事人提出书面异议，评审意见对当事人不具有约束力。

评审意见的效力。评审意见对当事人具有约束力，当事人应当在收到评审意见后积极履行。此外，《贸仲规则》规定，评审意见可以在当事人之间就相关争议进行的诉讼或者仲裁程序中作为证据使用。

对审裁决定相关效力问题，用户组、机构组、专家组的调研情况如下。

1. 审裁决定是否应当由第三方进行核阅

(1) 大中企业用户组的意见为：42.86% 的用户认为审裁庭应当独立审裁，不应由仲裁机构或者其他组织进行核阅。30.61% 的用户认为审裁庭出具的审裁决定应当由仲裁机构或者其他组织进行核阅且应出具核阅意见。24.49% 的用户认为审裁庭出具的审裁决定应当由仲裁机构或者其他组织进行核阅，但不应出具核阅意见。

(2) 中小企业用户组的意见为：48.57% 的用户认为审裁庭出具的审裁决定应当由仲裁机构或者其他组织进行核阅且应出具核阅意见。25.71% 的用户认为审裁庭出具的审裁决定应当由仲裁机构或者其他组织进行核阅，但不应出具核阅意见。22.86% 的用户认为审裁庭应当独立审裁，不应由仲裁机构或者其他组织进行核阅。

2. 审裁决定是否应当由仲裁机构或其他组织盖章

(1) 大中企业用户组的意见为：61.22% 的用户认为不应进行盖章，仅有 38.78% 的用户认为应当进行盖章。

(2) 中小企业用户组的意见为：73.33% 的用户认为应当进行盖章，26.67% 的用户认为不应进行盖章。

3. 审裁决定的生效条件

(1) 大中企业用户组的意见为：57.14% 的用户认为审裁决定对各方具有约束力，当事人在规定的期限内提出异议的除外。32.65% 的用户认为该决定须经仲裁机构以裁决形式确认后方可对各方当事人产生约束力。仅有 6.12% 的用户认为审裁决定对当事人具有约束力，且当事人不得提出异议。

(2) 中小企业用户组的意见为：48.57% 的用户认为审裁决定对各方具有约束力，当事人在规定的期限内提出异议的除外。20.9% 的用户认为该决定须经仲裁机构以裁决形式确认后方可对各方当事人产生约束力。16.19% 的用户认为审裁决定对当事人具有约束力,且当事人不得提出异议。

(3)专家组多数认为,审裁决定可以参考 FIDIC 合同的设计,对审裁决定不满可在异议期内提出,并通过仲裁最终解决。也有专家认为,当事人可以通过约定赋予审裁决定强制承认的效力,但无法达成一致意见则可以通过仲裁或诉讼解决。其他专家认为应当通过当事人的约定赋予审裁决定约束力。

4. 审裁决定的作用

(1)大中企业用户组的意见为:83.67%的用户认为审裁决定应当作为专家意见。32.65%的用户认为审裁决定应当作为证据使用。

(2)中小企业用户组的意见为:65.71%的用户认为审裁决定应当作为专家意见。57.14%的用户认为审裁决定应当作为证据使用。40.95%的用户认为审裁决定应当作为对双方均有约束力的合同。

(3)机构组用户中,57.14%的用户认为审裁决定应当被看作专家意见,21.42%的用户认为审裁决定应当作为书证。

综合调研结果,工作组针对审裁决定相关效力提出两方面建议。

1. 充分尊重当事人意思为原则

关于审裁决定的效力,在贸仲和北仲关于建设工程争议评审制度的规则中均对当事人约定争议评审决定的效力进行了肯定,同时港仲有关审裁规则也明确当事人可以同意接受审裁决定作为对争议的最终决定。此外,我国目前并未明确审裁作为争议解决的方式之一,审裁的相关规定多来自仲裁委员会或其他组织的程序安排。对此,工作组认为,一方面应体现审裁的优势,对建设工程相关特殊纠纷进行快速处理,以期保障建设工程活动的顺利进行。对此,审裁决定应当对双方当事人具有临时约束力,体现审裁的快速及高效性。另一方面审裁决定并不具有终局性,审裁的优势在于快速解决纠纷,而当事人在审裁决定作出后仍可以通过诉讼和仲裁解决建设工程其他纠纷,从而既体现了纠纷解决的高效性,同时又保障了实体处理的公正性。

2. 审裁决定能否被撤销或者不予执行的立法建议

目前,从我国对审裁决定相关效力的规定以及实践中的案例可知,审裁决定一旦作出即发生法律效力,但审裁决定能否由当事人申请撤销或者不予执行,目前并无相关规定与实践经验。

在实际操作中,审裁决定可能因一方当事人欺诈而取得,或者审裁庭索贿受贿作出不利于一方的审裁决定,而这一问题在现有规定与实践中并未解决。因此,工作组建议,在审裁立法中应当明确审裁决定能否因当事人的申请而撤销或不予执行,人民法院是否应当受理该类申请。此外,应当明确审裁决定被撤销或者不予执行的事由,程序公开透明,从而有效保护审裁当事人的合法权利。

(三)审裁决定执行

目前,我国域内审裁的实践中,审裁多由仲裁机构或造价部门主导,域内没有法律法规对审裁制度以规范,并且未赋予审裁决定以强制执行力,所以审裁决定没有强制执行力。

规则制定方面,有关机构一般仅规定"审裁决定"具有约束力,但是没有强制执行力。例如《贸仲规则》第 37 条第 1 款、第 2 款规定:"当事人对评审意见的结果有异议的,应当自收到评审意见之日起 14 天内向评审组和对方当事人书面提出,并说明理由。当事人在上述期限内未提出异议的,评审意见自上述期限届满之日起对各方当事人具有约束力,当事人应当遵照评审意见执行。当事人在上述期限内提出书面异议的,评审意见对当事人不产生约束力。评审意见的结果可以拆分成可独立执行的若干项而当事人只针对其中的一项或几项提出书面异议的,不影响其他各项评审结果的约束力。评审意见产生约束力的,在当事人通过将争议提交诉讼或者根据仲裁协议提交仲裁获得与评审意见不同的判决或裁决之前,或者在各方当事人就评审争议的解决另行作出不同于评审意见的约定之前,评审意见仍对当事人具有约束力。"《北仲规则》第 21 条第 1 款、第 2 款规定:"当事人对评审意见有异议的,应当自收到评审意见之日起 14 日内向评审组或者对方当事人书面提出。当事人在上述期限内提出异议的,评审意见即不具约束力;未提出异议的,则评审意见在上述期限届满之日起对各方当事人有约束力。当事人应当按照评审意见执行。如当事人约定评审意见自作出或者当事人收到之日起即对当事人有约束力,即使当事人在收到评审意见之日起 14 日内提出了书面异议,仍应按照评审意见执行。在当事人将该争议提交仲裁庭或者法院对该项争议作出不同的裁决或者判决前,评审意见仍对当事人有约束力。"《港仲规则》第 67 条规定:"裁判员的裁决自作出之日起对各方具有约束力,直到争议通过法律程序、仲裁(如果合同规定了仲裁或各方另行同意仲裁)或协议最终确定。当事人可以同意接受裁决人的决定作为对争议的最终裁决。"第 68 条规定:"当事人应毫不拖延地执行裁决人的裁决。审裁员的裁决被视为香港法律第341章《仲裁条例》第2C条所指的和解协议。”2000年2月水利部、国家电力公司、国家工商行政管理局联合出台的《水利水电土建工程施工合同条件》(GF-2000-0208)中,第44.3条争议的评审规定:“(5)若发包方和承包方接受争议评审组的评审意见,则应由监理单位按争议评审组的评审意见拟定争议解决议定书,经争议双方签字后作为合同。”

实践案例中,因为没有法律法规等作为依据,争议评审都是以双方自动履行结案。如首例适用《贸仲规则》的案件,从当事方于2021年3月27日首次申请贸仲提供协助服务到评审组最终于2021年4月23日出具评审意见,仅用时28天,《建设工程争议评审意见书》中说明,当事人在上述期限内未提出异议的,评审意见自上述期限届满之日起对各方当事人具有约束力。当事人在上述期限内提出书面异议的,评审意见对当事人不产生拘束力。事后双方当事人对争议评审的高效一致肯定,并表示会按照评审意见执行。

因此,目前审裁决定没有强制执行力,只能在后期履行中凭借当事人的自觉,或者经诉讼(仲裁)确认后产生强制执行力。

对审裁决定执行力相关问题,用户组、机构组、专家组的调研情况如下。

1.关于审裁决定是否应具有强制执行力问题

大中型企业用户组调研和中小型企业用户组调研采用同一客观题,即询问是否认为审裁决定应具有强制执行力。49家大中型企业受访者中71.43%的受访者表示不应具有强制执行力,28.57%的受访者认为应当具有强制执行力。

105家中小型企业受访者中31.43%的受访者表示不应具有强制执行力,68.57%的受访者认为应当具有强制执行力。

专家组的调研采用主观开放题,即询问认为一个好的工程争议解决机制最重要的特点是什么?共有24位专家参与问答,其中3人认为审裁决定应当具有可执行性。

2.关于审裁决定在生效后至诉讼(仲裁)生效前,是否对当事人具有约束力问题

大中型企业用户组调研和中小型企业用户组调研采用同一客观题,即询问审裁员在审裁决定上签字后直至当事人将该争议提交仲裁庭或法院对该项争议作出不同的裁决或判决前,您认为该决定应产生何种效力?选项为:A.对各方当事

人有约束力，当事人在规定期限内提出异议的情况下除外；B. 对各方当事人有约束力，当事人不得对该决定提出异议；C. 该决定需经仲裁机构以裁决形式确认后方可对各方当事人产生约束力；D. 该决定须经法院以法令形式确认后方可对各方当事人产生约束力。

49 家大中企业受访者中有 57.14% 的用户认为审裁决定对各方具有约束力，当事人在规定的期限内提出异议的除外；有 32.65% 的用户认为审裁决定须经仲裁机构以裁决形式确认后方可对各方当事人产生约束力；有 6.12% 的用户认为审裁决定对当事人具有约束力，且当事人不得提出异议；有 4.08% 的用户认为审裁决定须经法院以法令形式确认后方可对各方当事人产生约束力。

105 家中小企业受访者中有 48.57% 的用户认为审裁决定对各方具有约束力，当事人在规定的期限内提出异议的除外；有 20.9% 的用户认为该决定须经仲裁机构以裁决形式确认后方可对各方当事人产生约束力；有 16.19% 的用户认为审裁决定对当事人具有约束力，且当事人不得提出异议。

专家组的意见。有专家认为，在审裁决定的效力和约束力方面，需要通过立法对其性质和效力以及执行方式进行规范，以增加该机制的可预期性和可执行性。在审裁决定和诉讼、仲裁程序的衔接方面，可以参考国际做法，在审裁决定送达各方后，为双方留一段时间的异议期，异议期内一方提出异议的，且该异议对争议的事实有实质性影响时，该决定视为无效，异议的一方或双方可以自行诉诸法院或仲裁机构。如果异议期经过，未有任何一方提出异议，那争议决定便取得约束力。

也有专家认为，如果要将审裁纳入立法，最重要的制度设计是要确保该机制能够保证公正、公平、有效地解决工程纠纷，保证审裁决定的约束力。审裁决定应该有一定的约束力，能够对当事人产生初步的法律效果。有必要在我国专门设立法定的审裁程序，以强化工程合同的合规性和约束力。

（四）无法出具审裁决定的处置方案

1.“无法出具审裁决定”的可能情况

针对这一问题，工作组向域内 13 家仲裁机构针对“贵司规定/或认为审裁决定是否必须是确定性意见？”的问题开展调研。除一家机构反馈意见是“审裁意见的结论包括是否可以出具确定性的意见，由审裁庭根据具体个案的情况决定，审裁规则并不强制性要求”外,多数机构认为可以出具不确定意见或者认为无法出具意见,少数机构认为必须出具确定性意见,少数机构认为无法出具确定性意见则需要撤案退费。

除无法出具确定性意见的情形之外,在现有域内争议评审规则之中,“无法出具评审意见”可能还有以下含义:其一,评审专家已出具评审意见,但评审意见对当事人没有约束力的;其二,评审组未在规定期限内作出评审意见;其三,评审组已经终止工作或被解散从而无法出具审裁意见。

在上述3种情形下,多数规则均通过仲裁、调解、诉讼等其他争议解决方式托底,保证争议确能解决。例如,《贸仲规则》第37条和《北仲规则》第22条规定,在上述3种情形下,当事人可将有关争议提交诉讼或者根据仲裁协议提交仲裁,贸仲规定当事人另有约定的除外。山东省高级人民法院《建设工程领域纠纷“评调裁一体化”工作办法》第5条将争议评审作为调解过程中当事人解决工程结算、鉴定意见、计价依据等专业性问题的程序。如果当事人在争议评审决定书的履行过程中不能达成一致意见,可申请继续调解;如果当事人对争议评审决定书的结论存在异议,原纠纷可依法转入诉讼程序。

《武汉规则》第23条列出了8项条件,符合其中之一,任何一方当事人均可就相关争议直接提交武仲进行仲裁,其中包括上述3种情形,还包括:评审组根据本规则规定作出评审意见后,当事人对评审意见有异议的;评审组根据本规则规定作出评审意见后,当事人对评审意见均无异议并一致同意将该评审意见提交本会予以确认的;评审组作出的评审意见对各方当事人产生约束力后,任何一方当事人不执行该评审意见的;评审组根据规则规定决定暂时中止或终止评审活动的;评审组根据本规则规定终止职责后、被解散后、自行中止或终止评审活动后产生的争议。此外,《武汉规则》第24条还规定,在包括并不限于上述列举的情况下,争议经当事人提交评审单未获最终解决的,任何一方当事人均可将争议提交武仲进行仲裁。

2. 分析与建议

在域内各机构争议评审规则语境下,争议评审是一种争议解决方式,目的是预防、减少、及时解决相关合同争议,而非出具可作为证据的意见。因此,域内争议评审规则基本将评审意见分为对当事人有约束力、无约束力两种情况。例如,《贸仲规则》第37条第1款规定:“当事人对评审意见的结果有异议的,应当自收到评审意见之日起14天内向评审组和对方当事人书面提出,并说明理由。当事人在上述期限内未提出异议的,评审意见自上述期限届满之日起对各方当事人具有约束力,当事人应当遵照评审意见执行。当事人在上述期限内提出书面异议的,评审意见对当事人不产生约束力。评审意见的结果可以拆分成可独立执行的若干项而当事人只针对其中的一项或几项提出书面异议的,不影响其他各项评审结果的约束力。”在这一语境下,虽然评审意见可被之后的仲裁裁决或诉讼判决推翻,但对于提交争议评审的事项而言,评审意见已是确定性的结果,不需再次进行判断,下一步的问题仅是对当事人是否有拘束力的问题。

根据域内争议评审规则,在审裁庭无法出具审裁意见的情况下,目前主要处置方案是当事人可根据仲裁协议和其他依据,提请仲裁、调解、诉讼,以彻底解决争议。在域外,《港仲规则》第60条提供了另一种处置方案,即如果审裁员出于任何原因无法在规定期限内作出决定,则审裁终止。从这两种处置方案亦可看出,审裁程序所追求的结果应当是定分止争、有所裁判、获得结果,而非出具参考性的专家意见。

就审裁制度本身而言,当事人选择审裁制度是希望在中期尽快获得确定性的结论,从而解决付款问题,推动工程项目进行。从这一目的导向出发,建议借鉴域外经验,采取审裁终止的做法,首先将审裁程序完成。在此基础上,当事人如有意愿和依据采取仲裁、调解、诉讼等其他争议解决方式,则可另外启动程序。

七、审裁与其他制度衔接问题

(一)审裁与调解、仲裁、诉讼等程序的衔接

目前域内建设工程争议解决方式以仲裁、诉讼为主。审裁作为一种纠纷解决制度,在减少诉累和对抗、高效经济地解决纠纷方面具有其独特优势,但在审裁如何与调解、诉讼、仲裁等程序衔接值得探讨。制度衔接问题的立法保障和规则设计,既要考虑确保审裁决定的有效性以发挥其制度优势,也要给予当事人通过后续程序获得司法救济的空间,并探寻审裁制度为后续程序提供价值的可能性及必要规制。

针对此,我国域内相关相似规定主要包括以下相关规则的规定。具体规定摘录如下。

1.《贸仲规则》规定:(1)除非当事人同意,评审专家不得在后续争议解决程

序中担任仲裁员、法官、证人或代理人。如仲裁庭或法庭认为有必要，审裁员可以担任证人参与仲裁或诉讼程序。(2)当事人在评审程序中可以自行和解或由评审组主持调解，如和解或调解成功，评审程序终止，双方可就此签订和解协议，或根据和解协议中的仲裁条款由仲裁机构按和解协议作出裁决。如和解或调解不成，评审组或当事人在评审程序中不受其在和解调解过程中的口头或书面意见的约束。(3)评审意见可在后续争议解决程序中作为证据使用，除非当事人另有约定。当事人也可以根据已产生约束力的评审意见签订和解协议，然后将和解协议交由仲裁机构作出和解裁决。

2.《港仲规则》规定：(1)审裁员不得在后续仲裁程序中担任仲裁员，除非得到双方当事人的书面同意。(2)审裁员可在后续仲裁或诉讼程序中作为证人。(3)当事人在审裁程序中提交或获取的证据以及审裁决定，均可在后续仲裁或诉讼程序中合理使用。(4)审裁决定不影响后续仲裁或诉讼程序对争议的重新审理。

3.《北仲规则》规定：(1)评审专家不得就相同或相关争议在后续仲裁或诉讼程序中作为仲裁员、证人或代理人。(2)当事人在收到评审意见 14 日内书面提出异议的，评审意见不具有约束力；评审意见对当事人不具约束力的，当事人可就相关争议进入仲裁或诉讼程序。

4. 山东省高级人民法院《建设工程领域纠纷"评调裁一体化"工作办法提出》明确，在调解过程中如双方对专业性问题无法达成一致意见，可依合同约定的争议评审条款或临时达成评审意向启动争议评审，如双方根据评审决定达成一致意见，调解员可引导即时履行或达成和解协议；如双方未能根据评审决定达成一致意见，可继续调解；如双方对评审决定有异议，纠纷可依法转入诉讼程序。

5.《建设项目工程总承包合同(示范文本)》(GF - 2020 - 0216)第 20.3.4 条约定："争议评审小组作出的书面决定经合同当事人签字确认后，对双方具有约束力，双方应遵照执行。任何一方当事人不接受争议评审小组决定或不履行争议评审小组决定的，双方可选择采用其他争议解决方式。任何一方当事人不接受争议评审小组的决定，并不影响暂时执行争议评审小组的决定，直到在后续的采用其他争议解决方式中对争议评审小组的决定进行了改变。"

由上可以看出，上述规则文本将争议评审作为诉前争议解决程序与诉讼、仲裁等程序并行，评审意见仅在双方认可的情况下产生约束力，如有一方提出异议，评审意见可被其后仲裁、诉讼等最终争议解决程序推翻。我国类似审裁规则对制度衔接问题的关注点集中在评审专家及评审意见在后续程序中的作用；多数认可评审专家在后续程序中作为证人、评审意见可在后续程序中使用，但对于评审专家在后续程序中担任裁判者或代理人多持否定态度。

（二）工作组对审裁制度衔接问题的调研结果

1. 关于审裁员是否可以担任其他程序中鉴定人、专家证人问题

用户组：53.33%认为可以担任鉴定人，46.67%认为不可以担任后续程序的鉴定人。54.29%认为可以担任专家证人，45.71%认为不可以担任专家证人。

2. 关于审裁决定在后续仲裁或诉讼的作用问题

用户组：65.71%认为审裁决定在后续仲裁或诉讼中可作为专家意见，57.14%认为可作为证据，40.95%认为可作为对双方有约束力的合同。

机构组：关于审裁决定在后续诉讼仲裁中作为何种证据、如何采信，多数调研对象认为属于专家咨询意见；采信标准方面，半数调研对象认为应该采信，半数调研对象认为应作为一般证据对待，个别调研对象认为，因不属于法定证据种类，不需要考虑采信。

3. 关于审裁员是否可担任当事人后续争议的仲裁员、调解员问题

用户组：41.9%认为可以担任仲裁员、调解员；29.52%认为不应担任双方就同一项目所产生的任何争议的仲裁员、调解员；25.71%认为不应担任双方同一项目、同一争议的仲裁员、调解员。

机构组：绝大多数调研对象认为审裁员不应当介入诉讼及仲裁程序，半数调研对象认为不能介入同一争议的诉讼及仲裁程序，半数以上调研对象认为可以要求其退出后续程序。

4. 关于审裁员是否可以就争议主持各方进行调解问题

用户组：41.9%认为可以且有利于尽快化解纠纷；34.29%认为可以，当事人对审裁决定的履行能力欠佳，通过调解双方在平和情况下更容易履行调解协议内容；15.25%认为不可以，提交审裁表明拒绝调解；8.25%认为不可以，审裁员调解容易在后期审裁中丧失公正性。

5. 审裁与仲裁的关系

用户组：34.29%认为仲裁机构可以引入审裁制度作为仲裁前置程序；21.9%

认为相互独立，但当事人可以在对方不履行审裁决定时向仲裁机构申请确认；20%认为相互独立，但当事人可以选择仲裁机构指派或决定回避审裁员；另有20%认为相互独立。

专家组调研结果显示多数调研对象认为，如双方当事人一致认可审裁决定且未在异议期内提出异议，则审裁决定产生约束力，当事人有权要求司法确认或强制执行；任何一方不认可审裁决定时应在异议期内发出书面异议后有权将相关争议提交仲裁或诉讼。未在异议期内对审裁决定提出书面异议的情况下，审裁决定即对双方当事人产生法律约束力和强制执行力。

另有专家观点认为，审裁决定的效力应由当事人约定，可以分为终局约束力（逾期未提出异议）和非终局约束力（在期限内提出异议的），对于有终局约束力的审裁决定，后续仲裁或诉讼不作实体审查；对于具有非终局约束力的审裁决定，仲裁或诉讼可以重启实体审查，但在程序中可以通过临时措施、中间判决等对非终局有约束力裁决先予执行。

综上，用户组和专家组认可审裁作为一种独立的诉前争议解决程序和替代性争议解决方式，在保证审裁的独立性和有效性的前提下，立法要考虑将审裁制度与仲裁、诉讼制度相衔接，赋予审裁决定以约束力的同时给予当事人获得司法救济的空间。

由于审裁制度目前在我国域内的实践尚不成熟，给予当事人司法救济途径确有必要，因此在考虑审裁决定的约束力以及审裁与仲裁、诉讼相衔接的制度设计方面，也要给予当事人在后续仲裁、诉讼等最终解决手段中就相关问题得到裁判者重新认定的机会，同时允许当事人提交审裁决定作为专家意见供裁判者予以参考，如仲裁庭或法庭认为有必要亦可由审裁员作为专家证人参与程序。在仲裁或者诉讼中，一方面尽可能地要采用审裁的有关意见或者决定，或者按照审裁决定的思路进行分析和判断；另一方面可以要求审裁员作为专家证人参与庭审，阐明审裁有关意见，帮助仲裁庭或者法庭进行裁决。从保证程序独立性、公正性角度而言，审裁员不应担任后续程序的裁判者。

八、域内现行的合同示范范本中争议评审条款约定的对比分析

工作组选取了我国域内已经公布并实施的部分建设工程有关合同示范文本中的争议评审条款进行对比分析，主要包括住房和城乡建设部、原工商总局2013

年发布的《建设工程施工合同(示范文本)》(GF－2013－0201)、2017年10月30日公布的《建设工程施工合同(示范文本)》(GF－2017－0201);国家发展和改革委员会、工业和信息化部、财政部、住房和城乡建设部、交通运输部、原铁道部、水利部、广电总局、中国民用航空局于2011年12月20日联合发布《标准设计施工总承包招标文件》(2012年版)、《简明标准施工招标文件》(2012年版);住房和城乡建设部、国家市场监督管理总局制定的《建设项目工程总承包合同(示范文本)》(GF－2020－0216)等示范文本中关于争议评审的条款。

域内争议评审条款经具体对比分析后,我们发现:

1.在争议评审小组成立问题上,《建设项目工程总承包合同(示范文本)》(GF－2020－0216)第20.3.1条第1款“合同当事人可以共同选择一名或三名争议评审员,组成争议评审小组……除专用合同条款另有约定外,合同当事人应当自合同签订后28天内,或者争议发生后14天内,选定争议评审员”,以及《建设工程施工合同(示范文本)》(GF－2017－0201)第20.3.1条第1款“合同当事人可以共同选择一名或三名争议评审员,组成争议评审小组。除专用合同条款另有约定外,合同当事人应当自合同签订后28天内,或者争议发生后14天内,选定争议评审员”均规定在合同签订后28天或争议发生后14天内组成。《标准设计施工总承包招标文件》(2012年版)第24.3.1条规定:“采用争议评审的,发包人和承包人应在开工日后的28天内或在争议发生后,协商成立争议评审组。争议评审组由有合同管理和工程实践经验的专家组成。”而《简明标准施工招标文件》(2012年版)第17.3.1条规定:“采用争议评审的,发包人和承包人应当在专用合同条款中约定争议评审的程序和规则,并在开工日后的28天内或在争议发生后,协商成立争议评审组。”

2.在争议评审专家报酬承担问题上,《建设项目工程总承包合同(示范文本)》(GF－2020－0216)第20.3.1条第3款规定:“除专用合同条件另有约定外,争议评审员报酬由发包人和承包人各承担一半。”

3.在争议评审程序问题上,《建设项目工程总承包合同(示范文本)》(GF－2020－0216)第20.3.3条规定:“合同当事人可在任何时间将与合同有关的任何争议共同提请争议评审小组进行评审。争议评审小组应秉持客观、公正原则,充分听取合同当事人的意见,依据相关法律、规范、标准、案例经验及商业惯例等,自收到争议评审申请报告后14天或争议评审小组建议并经双方同意的其他期限内作出书面决定,并说明理由。合同当事人可以在专用合同条件中对本项事项另行约定。”《建设工程施工合同(示范文本)》(GF－2017－0201)第20.3.2条规定:“合同当事人可在任何时间将与合同有关的任何争议共同提请争议评审小组进行评审。争议评审小组应秉持客观、公正原则,充分听取合同当事人的意见,依据相关法律、规范、标准、案例经验及商业惯例等,自收到争议评审申请报告后14天内作出书面决定,并说明理由。合同当事人可以在专用合同条款中对本项事项另行约定。”相较于《建设项目工程总承包合同(示范文本)》(GF－2020－0216)和《建设工程施工合同(示范文本)》(GF－2017－0201)中对于争议评审程序的概括规定,《标准设计施工总承包招标文件》(2012年版)第24.3条除对争议评审决定的期限作了规定外,还对争议评审的提出、答辩、调查等作了明确的规定,其中第24.3.2条规定:“合同双方的争议,应首先由申请人向争议评审组提交一份详细的评审申请报告,并附必要的文件、图纸和证明材料,申请人还应将上述报告的副本同时提交给被申请人和监理人。”第24.3.3条规定:“被申请人在收到申请人评审申请报告副本后的28天内,向争议评审组提交一份答辩报告,并附证明材料。被申请人应将答辩报告的副本同时提交给申请人和监理人。”第24.3.4条规定:“除专用合同条款另有约定外,争议评审组在收到合同双方报告后的14天内,邀请双方代表和有关人员举行调查会,向双方调查争议细节;必要时争议评审组可要求双方进一步提供补充材料。”第24.3.5条规定:“除专用合同条款另有约定外,在调查会结束后的14天内,争议评审组应在不受任何干扰的情况下进行独立、公正的评审,作出书面评审意见,并说明理由。在争议评审期间,争议双方暂按总监理工程师的确定执行。”

4. 在争议评审条款的效力问题上,不论是《建设项目工程总承包合同(示范文本)》(GF－2020－0216)还是《建设工程施工合同(示范文本)》(GF－2017－0201)都规定,合同有关争议解决的条款独立存在,合同的不生效、无效、被撤销或者终止的,不影响合同中有关争议解决条款的效力。该条款的主要依据为《民法典》第507条,该条规定“合同不生效、无效、被撤销或者终止的,不影响合同中有关解决争议方法的条款的效力。”正因为《民法典》已作了明确规定,《标准设计施工总承包招标文件》(2012年版)、《简明标准施工招标文件》(2012年版)虽未明确规定相关内容,但出现合同不生效、无效、被撤销或者终止的情况时,不影响争议评审条款的效力。

5. 在争议评审决定效力问题上,《建设项目工程总承包合同(示范文本)》

(GF-2020-0216)第20.3.4条规定:"争议评审小组作出的书面决定经合同当事人签字确认后,对双方具有约束力,双方应遵照执行。任何一方当事人不接受争议评审小组决定或不履行争议评审小组决定的,双方可选择采用其他争议解决方式。任何一方当事人不接受争议评审小组的决定,并不影响暂时执行争议评审小组的决定,直到在后续的采用其他争议解决方式中对争议评审小组的决定进行了改变。"《建设工程施工合同(示范文本)》(GF-2017-0201)第20.3.3条规定:"争议评审小组作出的书面决定经合同当事人签字确认后,对双方具有约束力,双方应遵照执行。任何一方当事人不接受争议评审小组决定或不履行争议评审小组决定的,双方可选择采用其他争议解决方式。"《标准设计施工总承包招标文件》(2012年版)第24.3.6条、第24.3.7条与《简明标准施工招标文件》(2012年版)第17.3.2条、第17.3.3条关于评审决定效力问题的条款一致。第24.3.6条规定:"发包人和承包人接受评审意见的,由监理人根据评审意见拟定执行协议,经争议双方签字后作为合同的补充文件,并遵照执行。"第24.3.7条规定:"发包人或承包人不接受评审意见,并要求提交仲裁或提起诉讼的,应在收到评审意见后的14天内将仲裁或起诉意向书面通知另一方,并抄送监理人,但在仲裁或诉讼结束前应暂按总监理工程师的确定执行。"

第四节　域内外实践与规则对比:对核心问题的回应

一、2022年英国建筑审裁调研报告

(一)总体介绍

2022年,英国伦敦国王学院和Dickson Poon法学院工程法律和争端解决中心联合英国的审裁协会(Adjudication Society)①发布了"2022英国建筑审裁:追踪趋

① 审裁协会是一个非营利性协会,旨在促进通过审裁方式解决建筑纠纷。它的成立是为了使建筑业能够从1996年《房屋补助金、建设和重建法案》的出台、专家审裁和争议委员会审裁的增长以及新工程合同的日益普及相关的经验和案例法中受益。该协会的目的是鼓励和发展审裁作为解决建筑纠纷的方法(不谴责其他程序,如审裁和调解),并提供一个定期和非正式的论坛,以讨论审裁的问题和做法。该协会是在非营利的基础上运行的,不向组织委员会的成员支付任何费用。会员年费为50英镑,但为2023年4月30日前加入的新会员提供半价会员资格。

势,引导改革”的调研报告。

英国皇家法院科尔逊(Coulson)法官为这份报告撰写了前言。科尔逊法官认为:

“虽然建筑审裁的普遍成功被认为是一个公认的事实,但这种观点的基础在很大程度上却是传闻轶事。据我所知,本报告是第一次从用户的角度对建筑审裁进行全面的调查,旨在找出用户对该过程喜欢什么和不喜欢什么。这份报告既全面又清楚。报告揭示了许多支持我所提到的普遍积极观点的态度和统计数据。在此过程中,它还确定了随着审裁的进展向当事人提供帮助的许多方式:例如,我认为报告中指出的审裁人员所采取的一些步骤富有想象力,并且真正有价值。任何了解这份报告的读者都会看到另外两件事。首先,用户认为潜在争议的根源很大程度在于‘合同管理不当’,并将几乎同样高的比例(41%)归因于‘项目参与者缺乏能力’。这些数字都很大,看来,建筑专业人员仍有很多东西需要了解来如何确保任何项目的顺利运行。第二个问题表明了建筑审裁的潜在问题,它已经潜伏了很长一段时间。对感知偏见的问题毫不留情。40%的用户怀疑,至少有一次,裁判偏向于一方,而绝大多数人的怀疑是基于审裁员与当事人或当事人代表的关系。这是一个真正令人吃惊的信息,我们希望,这份报告的全面性和权威性将意味着它能得到迅速而充分的对待。”

(二)调研对象

1. 向审裁员提名机构(ANB)发出问卷,有10家审裁员提名机构填写了问卷。

2. 针对参与法定审裁的个人的调查问卷,有257人作答(其中44人主要是作为审裁员)(见图7、图8)。

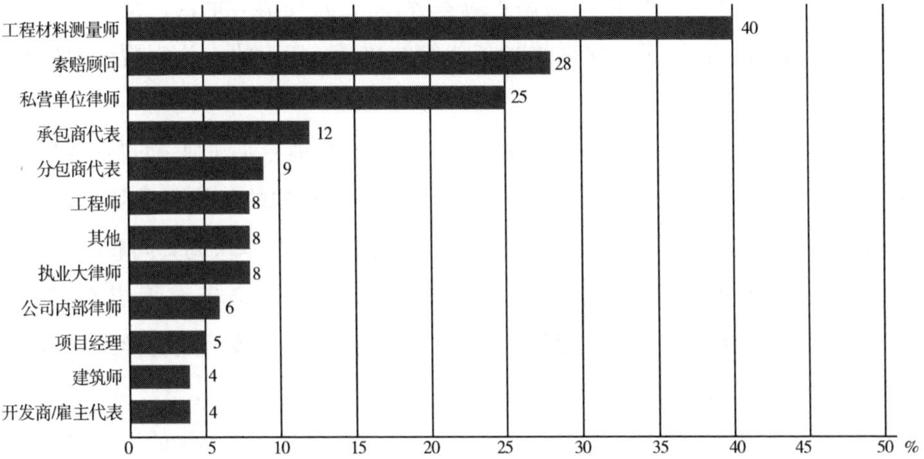

图 7　受访者的职业背景(基于收到的 252 份问卷,可多选)

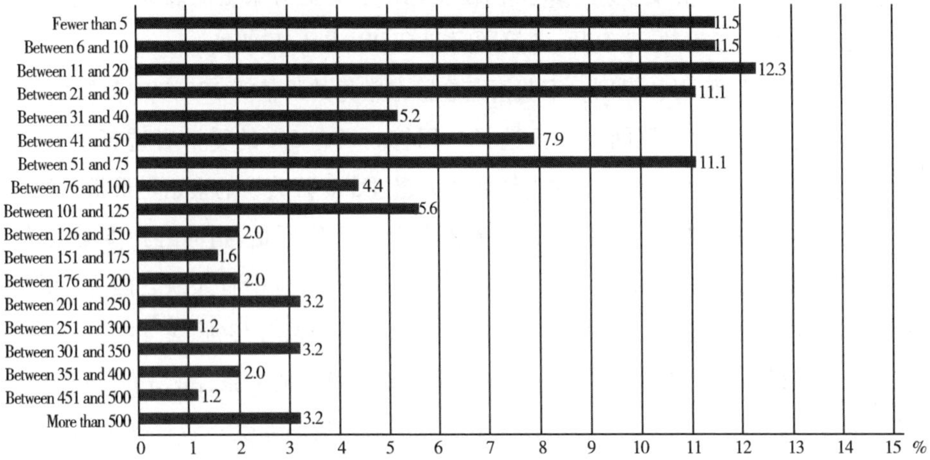

图 8　受访者在其职业生涯中参与的建筑业审裁案件的大致数量

(三)核心问题

英国脱欧和疫情的提交数量和影响。自 1998 年引入法定审裁以来,审裁员提名机构收到的裁定提交数量一直呈上升趋势。提交数在 2020 年 5 月至 2021 年 4 月达到历史最高水平,为 2171 人。2021 年 5 月至 2022 年 4 月,提交数下降至 1903 人,与 2018 年 5 月至 2019 年 4 月的水平相同(1905 人),几乎与 2019 年 5 月至 2020 年 4 月的水平相同(1945 人)。这表明英国脱欧和疫情并没有显著改变审裁案件提交的趋势。38%的问卷调查应答者还认为,疫情对审裁提交数没有影响。30%的人认为,这至少略微增加了纠纷的数量。10%的人认为情况恰恰相反,即疫情减少了提交数。

对审裁员提名机构指定审裁员的投诉。虽然有各种专业规则,通过这些规则来规范其成员的行为,包括其审裁员,但审裁员提名机构的纪律程序是很少的。在2020年5月至2021年4月,共有39宗投诉提交给参与本次调查问卷的10家审裁员提名机构,其中3宗维持原判。在2021年5月至2022年4月,共有47宗投诉,其中12宗被维持原判。然而,在这两年中,未有一宗投诉成功导致一名审裁员从审裁员提名机构名单上被删除。

审裁员的数量和背景。在过去的7年里,审裁员提名机构小组的注册审裁人员总数基本保持不变。2016年4月达到543人;2022年4月略有下降,达到541人,二者之间几乎没有变动。审裁员们还表现出了专业背景上的多元化,包括工料测量师、律师、工程师、建筑师、建筑顾问和CIOB成员/建筑商。

争议的价值、原因和类别。审裁索赔金额最常见的价值为125,001英镑到50万英镑,这是42%的回答问卷的人选择的回答。只有5%的受访者选择了低于2.5万英镑的选项,而只有16%的受访者认为超过500万英镑的索赔是最常见的。

造成纠纷的主要原因。49%的答案指向合同管理不足,指向客户变更的为46%,夸大索赔金额的为43%。紧随其后的是项目参与者中有人缺乏能力,占比41%。这4种原因基本上是最常见的,比其他原因至少多出13%。

最常见的主张。申请工期延长是最常见的提交审裁的主张,占73%。其次是51%的关于结算的主张,49%的中期付款主张。25%的问卷受访者选择了损害赔偿要求,20%的人选择了违约金。最不常见的类别是非货币索赔和量子索赔,分别为2%,职业责任为5%。12%的受访者补充说,还有其他更常见的主张类型,如终止费用和延长费用。

审裁的适用范围。数据显示,审裁已不再仅仅是一种保障项目执行期间的现金流的工具。它本身是一种纠纷解决程序,能够解决在施工合同项下可能出现的所有类型的纠纷。

审裁程序的持续时间。56%的问卷受访者表示,审裁通常在提交通知发出之日起29~42天内完成。16%的问卷调查者表示,默认的28天期限是审裁的典型长度。29%的问卷受访者认为典型的持续时间超过42天。

费用。37%的受访者认为,审裁员最常见的每小时收费在251英镑至300英镑。紧随其后的是301英镑至350英镑,占34%,然后是351英镑和400英镑,占24%。总共有95%的受访者认为每小时251英镑至400英镑的收费是最常见的。审裁员每小时的中位数也在251英镑至300英镑。审裁员的总费用各不相同。最常见的价值在8000英镑到3万英镑。审裁员收取的总费用中位数在12,001英镑至1.4万英镑。22%的受访者通常会遇到超过3万英镑的审裁费用。然而,只有9%的受访者通常会遇到超过5万英镑的费用。

审裁员对费用和开支的处理方法。39%的受访者表示,审裁员通常遵循"败诉方付费"的方法。紧随其后的是基于各方对索赔或单独问题的成功或失败程度的分摊,分摊比例为38%。最不常见的方法是根据先前提出的被拒绝的提议来分摊费用。

审裁裁决的公开。58%的问卷受访者回答说,审裁员的决定不应该被公开。然而,30%的人回答说他们应该公开,但应当遵循新加坡的模式进行脱敏处理。8%的人回答说,它们应该完全公开,就像在澳大利亚的昆士兰州一样。

裁决的执行和随后的诉讼或仲裁。审裁员的决定进入诉讼或仲裁的情况很少。42%的问卷调查者回答说,只有不到5%的案件进入诉讼或仲裁程序。25%的人说他们从未遇到过裁决纠纷进一步发展的情况。15%的受访者说,有6%至10%的案件被提交到诉讼或仲裁。

(四)核心结论

没有审裁员提名机构参与的审裁员任命较为罕见,近34%的受调查者从未经历过这样的任命。

10家审裁员提名机构填写了问卷。报告显示,在2020年5月至2021年4月,审裁员提名机构收到的移交审裁(Referral)的数量在2021年4月达到了历史最高纪录。然而,从2021年5月起,移交审裁的数量就回到了2018年和2019年的水平。这一高数字表明,审裁并没有在任何显著程度上受到英国脱欧或疫情等冲击事件的不利影响。

257名审裁从业者完成了个人问卷调查,其中包括44名审裁员。93%的审裁员回答说他们在一家或多家审裁员提名机构注册,最常见的情况是两家,有25%的审裁员在回答问卷时选择了这个答案。只有7%的人回答说他们没有在任何审裁员提名机构注册，这证明了审裁员提名机构对审裁员实践的重要性。

2022年4月，英国审裁员提名机构审裁员的人数为197人，是最高的，并且自2019年4月以后人数增量最大。RICS以117名审裁员位居第二。在所有被纳入分析的审裁员提名机构中，虽然提交人数有所增长，但注册的审裁员总数在过去7年中没有明显变化。

工程材料测量师是审裁员提名机构审裁员名单中最常见的审裁员职业，而审裁员中律师的数量也名列前茅。

不同审裁员提名机构收取的提名审裁员费用不同。UK Adjudicators 不收取提名费。大多数审裁员提名机构的收费在£ 25到£ 350（不包括增值税）。

审裁员提名机构要求他们的审裁员进行培训并保证一定的CPD记录。RICS和UK Adjudicators要求每年至少40 CPD小时。其他审裁员提名机构通常要求25小时。TECBAR没有设置最低CPD要求（尽管其成员也被他们的管理机构，也就是律师标准委员会要求参与CPD），但也要求他们的审裁员参加指定的培训。多数审裁员提名机构重新评估了他们审裁员组的组成，但是这样做的间隔从1年到4年不等。其他的审裁员提名机构会在没有设置间隔时间的情况下重新评估审裁员组的组成。

很多审裁员提名机构都设置了正式的投诉审裁员的程序。在过去两年收到的共86份投诉中，只有15份得到了支持，但从没有导致审裁员从审裁员提名机构中被开除。

在建筑审裁中，最常见的标的额在12.5万英镑到50万英镑。只有5%的被调查者表示，低于2.5万英镑标的索赔会被提交审裁。

在建筑审裁中出现争议的3个主要原因是：不适当的合同管理（49%）、客户的变更（46%）以及夸大索赔内容（43%）。最常见的主张是延期（73%）、决算（51%）以及中期付款（49%）。

被调查者表示，典型的审裁持续时间为29～42天，只有16%的受调查者表示审裁通常在建筑法规定的28天内结束。案件的复杂性是影响诉讼时间的最常见因素，其次是当事人行为。

大多数受调查者都表示疫情对于审裁提交数量没什么影响。30%的受调查者说疫情多少增加了争议的数量。10%的受调查者持相反的看法，认为疫情减少了提交数量。

为了保障成本效益，审裁员采用常见步骤在于基于 documents only 的原则来审裁案件、限制个人提交文件的时间（62%）、只使用电子文件包（47%）。

37% 的受调查者认为，审裁最常见的小时收费中位数在 251 英镑至 300 英镑。审裁员的总费用中位数在 12,001 英镑至 14,000 英镑。这些中位数的比较研究表明，审裁员在每项审裁中花费 40 ~ 50 小时。

审裁员对其费用和开支的最终分配最常见的方法是败诉方付费，紧随其后的分配方法是根据每一方在所诉事项或单独问题上的成功或失败程度进行分配。

只有 1% 的被调查者回答，审裁员在被任命前不应满足任何最低标准。几乎所有人都认同了解建筑法或审裁的知识是必要的，其次是要完成相关的预备课程或资格。

只有 7% 的受调查者表示，审裁员在大多数时候会披露在当事人眼中可能会产生偏见的信息、事实或情况。事实上，68% 的参与者表示，审裁员从未、很少或只是偶尔披露此类信息。这表明，人们对裁决者不披露此类信息的看法是存在的。

40% 的问卷受访者回答说，他们至少有一次怀疑，在他们参与的案件中，审裁员会偏向于一方。主要原因是审裁员与其中一方或当事人代表的关系。51% 的受访者还回答说，如果当事人基于利益冲突提出质疑时，审裁员从不或很少主动辞职。21% 的人回答说，他们总是或大多数时候这样做。

62% 的受访者表示，审裁员应确保双方在大部分情况下处于平等地位，另外 16% 的受访者表示审裁员总是这样做的。然而，59% 的问卷受访者回答说，当事人有时滥用审裁程序，只有 1% 回答说这从未发生过。22% 的人回答说，当事人在大多数时候滥用审裁程序。

虽然审裁员可以要求当事人提供文件，但这种权力很少被使用。33% 的人回答说，它发生在 1% 到 10% 的案例中。15% 的人回答说，他们从未见过这样的要求。

91% 的问卷调查者回答说，科技手段可以通过助力文件管理来协助审裁。89% 的人认为它可以通过远程开庭来简化审裁程序。

审裁可能涉及大量的敏感文件。审裁员采取的最常见的网络安全措施是：（i）仅在有密码保护的链接上共享文件（41%）；（ii）进行文件的常规备份（31%）；（iii）使用加密（26%）。然而，33% 的人回答说，审裁人员没有采取具体的网络安全措施。

只有15%的问卷受访者除了经历过影响决策结果的文书或排版错误外，从未经历过明显的错误。38%的问卷受访者认为这种错误发生在10%或更少的情况下。27%的人认为这个数字在11%到30%。15%的问卷受访者表示，31%至70%的审裁决定包含影响审裁结果的错误。

36%的问卷受访者表示，错漏规程(slip rules)的使用总是或几乎总是由一方触发。28%的受访者表示，在大多数情况下，是由一方提出申请使用错漏规程，但并不总是如此。只有15%的受访者回答说，错漏规程总是或在大多数情况下是由审裁员触发的。

45%的问卷受访者表示，在大多数情况下，审裁员同意在当事人提出申请后纠正审裁员作出的决定，但并不总是如此。27%的受访者回答说，审裁员总是或几乎总是纠正审裁决定。

58%的受访者认为，审裁决定不应该像其他普通法司法管辖区那样公开。30%的人表示，它们应该可公开访问，但只能是在作了修订后。8%的人表示，它们应该全部公开。

42%的问卷受访者表示，不超过5%的已被审裁的争议被提交仲裁或诉讼。25%的被调查者回答说，他们从未见过这样的提交。

对189项自2011年以来TCC法庭判决的实证调查发现，在61%的案件中，以审裁员的管辖权问题为由提出对审裁员决定进行简易执行异议。在30%的案件中提及了审裁程序违反自然正义。

在21%的案件中，TCC法庭拒绝简易执行审裁员的决定。9.5%的执行申请因管辖权异议被驳回，因自然正义的有4.8%。在另外2.1%的案件中，管辖权和自然公正的指控相结合导致执行失败。4.8%的案件中法院因其他理由，如申请人破产、欺诈或英国《民事诉讼规则》Part8申请，驳回了执行审裁决定的申请。

23%的问卷受访者参与了过去两年由破产方启动的审裁。在同一时间段内，12%的问卷受访者参加了由破产方启动的审裁。只有6%的受访者回答他们参与了由破产方提起的审裁决定执行程序。37%的受访者认为阻碍破产方执行裁决的主要障碍是该方未能在执行程序中提供足够的担保。正如John Doyle Construction Ltd(in liquidation) v. Erith Contractors Ltd案那样。30%的人补充说，还可能存在尚未最终确定的交叉索赔抵消的问题。

审裁员的多元化情况很差。女性和很可能具有其他受保护特征的人在审裁员群体中没有足够的代表。问卷调查的受访者发现，来自代表不足群体的人成为审裁员的最大障碍是无意识的偏见、糟糕或不透明的招聘或选择过程，以及名单人数限制之内职位空缺之数量有限。37%的问卷受访者认为审裁员提名机构在指派审裁员时不在意多元化。只有10%的受访者认为审裁员提名机构在意。

对于专业审裁员的多元化不佳，最常见的解决方案是公开透明和统计数据公开和审裁员提名机构的自我调节（19%）。14%的人认为没有必要采取这些措施。15%的人回答说，不应该直接强制执行审裁员的多元化。

一项针对8家在网上公布审裁员名单的英国审裁员提名机构进行的调查发现，女性平均只占审裁员组的7.88%。2/3的英国审裁员提名机构没有公开披露他们的审裁员的组成，这使得多元化不容易达成。审裁员提名机构采取了一些措施来解决代表性不足的问题，如公开传达对多元化的支持，并将多元化纳入内部政策或实践。解决建筑裁决中多元化不利处境问题的可能解决办法包括：(1)发布“裁决承诺”，鼓励签署组织和审裁从业者采取措施，支持代表不足的群体，使之得以被公平代表。(2)成立一个由从业人员和相关机构代表组成的“建筑审裁工作组”，领导各种旨在改善审裁中多元化的倡议。

问卷受访者指认的建筑法案改革最常见的领域是：(i)取消第105(2)条关于与能源部门有关的建筑工程的豁免；(ii)取消第106条规定的住宅占用者例外情况；(iii)修改与时限有关的付款制度和导致审裁裁决的付款/少付通知。

二、对比视角下的域内外审裁规则

为全面了解域内外审裁实践之中的规则设计理念与程序，工作组选取域内外公布发行的部分审裁规则进行对比分析。本次调研选取的域内外审裁规则涵盖《贸仲规则》[①]、《北仲规则》、《港仲规则》、《新调规则》、《亚仲规则》和《德仲规则》等域内外有代表性的审裁规则。

整体而言，各个规则均强调审裁规则设计的初衷是为了及时、经济地解决相关争议，避免不必要的拖延或费用。由于不同法域的法律传统、审裁立法、行业需求等实际情况不一，审裁作为一种替代性争议解决制度亦有鼓励灵活性的趋势，

① 由于本规则使用“争议评审”表述，故以下引用《贸仲规则》的表述使用的审裁术语与整体术语有所差异。

域内外审裁规则的具体制度设计多有不同。例如,《贸仲规则》写入“常设评审组”,将争议解决委员会(Dispute Resolution Board)制度融入规则,为当事人提供在签订合同时成立常设评审组的选项,以跟踪了解合同履行争议,兼具预防争议和评审争议的职责①。《新调规则》在立法框架内进一步明确了审裁复审机制规则,增加了当事人救济途径。《亚仲规则》准许公布重编后的审裁决定,提升审裁案件的透明度。《德仲规则》第 20 节明确,经当事人申请,审裁员可以在特定情况下出具初步裁决,赋予了审裁员更大的权力。

尽管不同法域对于审裁规则有个性化的倾向和设计,各个审裁规则在体例上大多分为总则、审裁员、审裁程序、其他事宜,总体体现了期限限缩、程序灵活、设置免责的特点,亦对一些共同关切的核心机制作出规定。

(一)总体介绍

1. 规则体例

在体例上,域内外审裁规则主要有两个特点:

其一,整体上,域内外审裁规则均主要分为总则、审裁员、审裁程序、其他事宜 4 部分展开。例如,《贸仲规则》包含总则(含目的、定义、约束力等)、评审组(含常设、临时评审组规定、人数、资格、选定、回避、退出、职责、义务等)、评审程序(含开始、申请、答辩、调查、评审组权力、调解与和解、期限、如何作出决定、核阅、更正、约束力等)、临时评审组特别规定、报酬和费用、附则。《港仲规则》除引言(Introductory Notes)外,分为目的和管理(Object and Administration)、移交程序(Referral Process,含审裁申请、指定、利冲、移交申请、暂付款项等)、审裁进行(Conduct of Adjudication,含审裁首要责任、程序、证人、权力、当事人促进审裁、合并审理和第三方加入审裁、辞职、撤回指定、终止、不限制新申请审裁)、决定和费用(Decisions and Costs,含审裁决定、更正和澄清、审裁费用等)、附则(Supplementary Provisions,含后续仲裁或诉讼、免责等)。

---

① 北仲也有类似规定,如《北仲规则》第 5 条第 1 款规定:“当事人应当自工程开工之日起 28 日内或者争议发生后一方当事人收到对方发出的要求评审解决争议的通知之日起 14 日内各自选定一名评审专家。当事人逾期未能选定评审专家的,本会主任可以根据一方或者各方当事人的请求指定。当事人另有约定的除外。”第 10 条规定:“如果评审组认为必要,可以在工程施工期间定期或者不定期考察施工现场,随时了解工程进度。”

其二,相较而言,有审裁立法的法域的审裁规则更为简略。由于立法之中或有审裁适用范围、术语、审裁程序、审裁员指定与权限、审裁决定效力等重要问题的详细规定,甚至会涉及审裁员如何指定、审裁程序合并、审裁程序撤回和重新开始、审裁费用、审裁期限等通常由规则调整的较为细节的问题①,审裁规则相应部分可以有所简化。例如,《亚仲规则》全文引用该法域法案,规则相应没有写入审裁规则适用、审裁员资格要求等内容。

2. 规则特点

(1)期限相对限缩

由于审裁的目的是在中间阶段及时解决争议、保障付款,各个规则均以各种方式限缩期限、缩短程序。例如,在审裁员指定方面,《港仲规则》第 13 条要求在收到审裁申请书 14 日内,当事人应努力就双方可以接受的审裁员人选达成一致。如达成一致,应立即(immediately)通知港仲,港仲须迅速(promptly)指定该候选人担任审裁员。《香港国际仲裁中心机构仲裁规则》(2018)第 7.1(a)条规定,除非当事人另有约定,若在仲裁启动前,当事人约定将争议提交独任仲裁员,当事人应在被申请人收到仲裁通知之日起 30 日内共同提名独任仲裁员。可见,审裁员指定期限进行了较大压缩。在审裁期限方面,《贸仲规则》第 32 条规定:“除非当事人另有约定,评审组应当在评审程序开始之日起 84 天内出具评审意见……”而《中国国际经济贸易仲裁委员会仲裁规则》(2015 版)第 48 条第 1 款对作出裁决的期限规定则是“仲裁庭应在组庭后 6 个月内作出裁决书”。

为配合限缩期限的目的,部分审裁规则还相应简化流程,赋予机构更大的权限。例如,同样在审裁员指定方面,《新调规则》第 4.1 条规定,在当事人提交审裁申请时,新调应指定一名(或数名,视情况而定)人员担任审裁员。如果该人选未能在新调邀请规定的期限内接受指定,《新调规则》第 4.5 条规定新调可以采取其认为适当的举措另选他人。这一强势规定与新加坡立法中对提名机构指定审裁员的明确赋权密不可分,直接赋予了新调强势指定审裁员的权限,避免了因当事人无法达成一致意见而拖延程序的情况。在审裁期限方面,新调同样在立法授权下明确规定,如审裁员未能在法律法规规定的期限内出具决定,新调可以采取法

---

① 例如,马来西亚《2012 年建筑业付款和审裁法》(Construction Industry Payment & Adjudication Act 2012)对这些问题进行了规定。

案规定的措施,在严格规定期限的基础上赋权机构监督确保期限得到遵守。

(2)程序灵活度高

以港仲为例,审裁规则的程序灵活性特点主要体现在两个方面。

其一,强化审裁员权力。根据《港仲规则》第 28 条、第 30 条的规定,港仲在"审裁的进行"(Conduct of the Adjudication)部分,明确"审裁员的首要职责是公平公正,依照本规则、合同条款和适用法律进行审裁,避免延误或不合理开支"之后,赋予审裁员最大限度的审裁程序裁量权(the widest available discretion)。

其二,与赋权审裁员相配合,审裁规则的程序性事项相对规定较少。《香港国际仲裁中心机构仲裁规则》"第四章　仲裁的进行"共设有 20 条,详细规定仲裁申请、答辩、申请或答辩的变更、进一步书面陈述、证据和开庭、新增当事人的追加、仲裁合并、平行程序等程序性事项,而在审裁规则中,"第三部分　审裁的进行"(Section Ⅲ Conduct of the Adjudication)的主要内容是,审裁员的首要职责、审裁程序、证人、审裁员权力、当事人促进审裁、合并审裁和第三人加入审裁、审裁员辞任、审裁员指定撤回、审裁终止、不限制重新申请审裁,其中审裁程序(Adjudication Procedure)部分仅有 7 条。

与之相类似,《亚仲规则》第 8 条"审裁的进行"(Conduct of The Adjudication)只有 3 条规定,其中第 1 条赋予审裁员较大的程序权力:审裁员应在法案第 25 部分规定的权力内以其认为合适的方式进行审裁;第 2 条明确审裁员的公平公正要求;第 3 条则以"负面清单"方式规定审裁员"不得"(may not)进行的行为。

值得一提的是,在《港仲规则》"审裁程序"部分的 7 条之中,除最后一条当事人代理的规定外,其余同样均以"审裁员可/须"(The adjudicator may/shall)开头,体现了一以贯之的审裁员视角和赋权审裁员决定程序的特点,通过强赋权、少规定,给实践之中的审裁程序留足空间,使审裁员可以视案件具体情况决定最适合的方式,实现规则赋予其首要职责。

(3)多有免责条款

为实现短时间内迅速、低廉中期解决争议的目标,审裁制度具有"大致正义"的特点,对审裁员有较高的审裁期限要求,但同时也对其审裁责任有所考虑。在对域外相关审裁规则梳理过程中发现,审裁规则通常通过明确审裁员的行为规范、权限、要求,同时设置免责条款的方式"双管齐下",保证审裁质量,但为审裁员妥善履职后可能的责任风险兜底,给审裁员"减压"。

一方面，明确对审裁员的要求。除在审裁规则中直接规定审裁员的权力、义务外，域内外规则还有两种明确要求的方式。其一，以《贸仲规则》第 11 条、《北仲规则》第 7 条规定为代表，以上规则均要求每一位评审组成员分别与全体当事人签订《评审组成员协议》，对必要事项作出约定，包括但不限于评审组解决争议的范围、评审组的工作内容、评审组成员与当事人的一般义务、评审组成员的报酬和费用、协议的生效和终止等。其二，以《港仲规则》《新调规则》《亚仲规则》为代表，专门制定《审裁员守则》《审裁员纪律规则》等规范性文件，形成与审裁规则相配套的完整制度。其中，港仲在网站首页设审裁（Adjudication）标题，点击跳转专题页面，其中不仅包括审裁规则，还介绍何为审裁、在香港审裁的情况、港仲审裁服务、审裁员名册，并公示港仲审裁员要求、审裁员电子申请表、投诉审裁员的相关规定、审裁员道德守则等；新调、亚仲则在规则中援引规范性文件，对审裁规则形成补充，具体可见《新调规则》第 4.7 条、第 4.8 条以及《亚仲规则》第 2(b)条。

另一方面，规定免责条款。在明确审裁员权限与职责的前提下，包括贸仲、北仲、港仲、新调、德仲审裁规则在内的规则均订有免责条款。例如，《北仲规则》第 23 条第 1 款规定："评审专家不对依据本规则进行的任何评审行为承担赔偿责任，除非有证据表明该行为违反本规则的有关规定。"①《德仲规则》第 29 条规定，审裁员、德仲及其工作人员仅对故意的不当行为（intentional misconduct）负责。《新调规则》第 8.1 条规定了针对审裁员在履行或意图履行法案和法规规定的职责或义务时所做行为或未做行为，均不得向其追究责任。《港仲规则》第 85 条、第 86 条规定，港仲、港仲理事会、港仲秘书处或其工作人员、审裁员、审裁员委任的专家，除非根据本规则进行的与审裁有关的作为或不作为行为是不诚实的行为，否则均不对该行为负责；审裁员被任命决定各方之间的争议，对任何第三方不负有注意义务。

（二）对审裁制度核心问题的回应

1. 审裁员

（1）审裁员人数

在审裁员人数方面，各审裁规则做法不一。《北仲规则》第 4 条第 1 款规定：

---

① 本条第 2 款规定有北仲及其工作人员的免责条款。

“评审组由三名有合同管理和工程实践经验的专家组成。当事人对评审组的组成人数另有约定的从约定。”而《贸仲规则》第5条、《德仲规则》第1部分第3节规定可以由一名或三名/多名审裁员审理案件;《港仲规则》《亚仲规则》则默认由一名审裁员审理案件。

(2)审裁员资格

在审裁员资格方面,《贸仲规则》第6条规定:“评审专家应当具有合同管理、合同解释和建设工程行业的专业知识和实践经验。当事人对评审组成员的资格有其他特殊约定的,从其约定。”《北仲规则》第4条第1款规定:“评审组由三名有合同管理和工程实践经验的专家组成。当事人对评审组的组成人数另有约定的从约定。”两家机构均提供推荐性名册。港仲在其审裁制度配套规定——《港仲审裁员要求》(HKIAC Requirements for Adjudicator)中,对申请加入港仲审裁员名册的人员提出5点要求:其一,具有作为审裁员/仲裁员大量、深度(substantial)参与审裁/仲裁的经验;其二,圆满完成了CIArb(EAB)或相应培训提供方开设的审裁员培训评估课程;其三,与东亚地区具有深度关联;其四,未曾从法院或不端行为纪律委员会获有罪认定,此类有罪认定会使港仲质疑其担任审裁员的能力;其五,年龄低于75岁。①

(3)审裁员独立性、公正性保障

在审裁员独立性、公正性保障方面,贸仲、北仲、港仲、新调、德仲的审裁规则均作出规定。除类似仲裁的披露、回避等措施外,《港仲规则》第17条要求审裁员不得是任何一方的雇员,且不能与审裁结果存在经济或个人等利益冲突事由;《新调规则》第4.10条要求审裁员(或其律所/公司的其他人员)任何时候均不得就审裁相关事宜代表任一当事人行事(act for)。

(4)审裁员选任程序

在审裁员选任程序方面,《贸仲规则》第8条及第9条、《北仲规则》第5条及第6条、《德仲规则》第1部分第4节明确了审裁员的遴选程序与仲裁庭组成程序较为类似,即如是三人审裁组,先由当事人首先各选任一名审裁员,再由两名审裁员共同选任第三名审裁员,如无法选任,则由仲裁机构代为指定;如是独任审裁

① *HKIAC Requirements for Adjudicators*, Hong Kong International Arbitration Centre, http://www.hkiac.org/adjudication/hkiac-requirements-adjudicators.

员,则首先由当事人共同选定,如未能选定,则由仲裁机构代为指定。根据《港仲规则》第10~16条的规定,港仲采取名单法:移交材料的当事人和答辩当事人均需提供一份清单,包括至少3名提名者,每位提名者均需有意愿、有能力参与评审,还应确保其无利冲并作出独立性公正性声明。在收到审裁申请14日内,双方可就人选达成一致意见,随后港仲迅速任命该人选作为审裁员;如未能达成一致意见,则双方各提交一份合并后的人选名单,去掉有异议的审裁员人选并将其他人选按倾向性排序。收到审裁申请21日内,港仲从双方当事人合并的人选名单中选任一名审裁员。如无法从合并的人选名单中选任审裁员,港仲以其绝对的裁量权(in its absolute discretion)指定一名有意愿、有能力行事的审裁员。《新调规则》《亚仲规则》均默认由一名审裁员审理案件,其中,《新调规则》维持了机构强势态度,第4条规定了直接由新调指定其认为合适的人员担任审裁员。《亚仲规则》第3条首先规定,如果当事人就审裁员身份达成一致,审裁员确认已准备好、可以开始审裁,且a)与当事人就包括费用在内的任命事宜达成协议;或b)无协议情况下同意亚仲附件2中的标准任命条款和费用,则该人选为审裁员。如果申请人送达审裁通知后10个工作日内当事人无法就审裁员人选达成一致,或达成一致的人选未能在被通知指定之日起的10个工作日内确定其意愿,则一方或双方可申请KLCRA① 主任在审裁通知送达10个工作日届满后提名审裁员。

(5)审裁员权力

部分域内外审裁规则规定了审裁员权力。例如,《北仲规则》第15条规定:"评审组可以在充分考虑案情、当事人意愿以及快速解决争议需要的情况下,采取其认为适当的程序和方式进行调查,包括但不限于:(一)询问当事人;(二)要求当事人补充提交材料和书面意见;(三)进行现场勘查;(四)采取其他措施保证正常履行评审组的职责。"相较而言,域外规则以列举方式规定更为详细。例如,《港仲规则》第41~44条均关于审裁员权力:第41条规定当事人根据合同规定或后续书面协议可以限制或授予审裁员权力;第42条列举了审裁员权力应包括的9个方面,即利用自身专业知识,与当事人或代理人或证人见面问询,进行任何检查

① KLRCA(Kuala Lumpur Regional Centre for Arbitration)是亚仲(AIAC)曾用名,2018年2月28日起改为AIAC[Asian International Arbitration Centre(Malaysia)]。

或现场勘查、进行或要求进行任何测试或试验或开封检查，指导勘察、保存、存储或中期保管任何一方当事人控制的财产或样品或物品，任命不超过2名独立于当事人的法律或技术专家以协助审裁员，要求进一步提交材料、陈述、说明以及在任何时间允许任一当事人修改上述提及文件，指令一方当事人向其他各方当事人和审裁员为检查目的出具其所拥有、保管或控制的任何文件并提供副本，出具审裁时间表、截止日期或书面文件或口头陈述长度限制的指令，作出关于审裁进行的其他指令；第43条说明审裁员有权就其管辖权或其任命的有效性作出裁判；第44条说明审裁员可以公开、修改、审核根据合同作出的或与合同有关的任何决定、意见、指示、指令、要求、通知、证书或评价，除非合同已说明其是终局性的、结论性的。由于马来西亚立法中对审裁员权力进行了详细列举规定，《亚仲规则》授权审裁员在马来西亚相关法案规定的权力范围①内以其认为合适的方式进行审裁。

2. 审裁程序

(1)审裁申请与答辩

各规则在审裁申请与答辩程序的设计中也体现了审裁对时效的要求。其一，审裁申请材料相对简单。《贸仲规则》第22条要求，评审申请应当包括当事人关于将争议提交评审解决的约定、争议的相关情况和争议要点、申请人提交评审解决的争议事项和具体的评审请求、申请人对争议的处理意见及所依据的文件、图纸及其他证明材料。《新调规则》第3.10条要求，申请审裁时应提供填写完成并签署的审裁申请表原件、内容相同的相关文件共2套，并支付审裁申请费和审裁费预付款。其二，在答辩方面，答辩所要求的材料也相应有所限缩，此外，《贸仲规则》第23条、《北仲规则》第12条规定，被申请人未提交书面答辩的，不影响评审程序的继续进行。其三，《德仲规则》专设一部分题为“遵守时限”（Compliance

---

① 根据马来西亚2012年《建筑业付款和审裁法》第25条的规定，权力范围包括：确定审裁程序，包括限制当事人提交文件；要求开示和提供文件；设置提供文件的截止日期；利用自身知识和专业技能；任命独立专家，在当事人同意的情况下就具体事项进行调查和报告；召开与当事人的会议；举行庭审和限制庭审时间；开展与争议有关的现场、工作、材料或物品调查，包括启封已完成的工作；以问询方式主动确认做出决定所需的事实和法律；视需求或便捷要求出具任何指令；发出书面质询要求回答；要求提供任何证据时宣誓；审核和修改与争议有关的任何根据建筑工程合同、决定、指令、意见或评估已出具或即将出具的证书；决定或判定任何事项，尽管就这一事项尚未出具证书；决定财务费用和利率；视合理要求，延长本法案向当事人施加的任何时间期限。

with time - limits),规定对审裁申请、答辩和进一步说明的时限对当事人有拘束力,除非当事人同意,否则即使提交了重要原因(serious reasons),规定的时限依然不可延长。审裁员可以不采纳(disregard)迟交的说明。

(2)审裁费用承担问题

审裁费用大多包括审裁员费用(含报酬和履职期间发生的实际费用)、提供审裁服务的机构收取的申请费、审裁员指定费、审裁员回避决定费等。贸仲、北仲采取原则上由当事人平均分担的收费方式。《贸仲规则》第44~47条规定,除非当事人另有约定或者评审组另有决定,评审专家担任评审组成员的所有报酬和因履行评审专家职责而发生的所有交通、食宿等实际费用,评审组履行职责过程中发生的其他费用,包括但不限于仲裁委员会收取的相关费用以及评审程序中进行鉴定或者聘请法律或技术专家的费用等,由各方当事人平均分担,当事人另有约定或者仲裁委员会《建设工程争议评审收费办法》另有规定的除外。《北仲规则》第24条规定,评审专家报酬、本会行政费用(如有)原则上由各方当事人平均分担,当事人另有约定或《北京仲裁委员会建设工程争议评审收费办法》另有规定的除外。

《港仲规则》《新调规则》《亚仲规则》均规定当事人应先预缴费用:根据《港仲规则》第24~27条的规定,接到审裁员指令后,各方当事人在7日内均须向港仲交纳5万港元或其他规定金额作为审裁费用预缴款,审裁完成后相关费用从中扣除,如有剩余款项则安排退款。《新调规则》第2.1条规定,申请人按照新调收费规定向新调先行支付审裁申请费和审裁员费用,审裁决定中所载总费用先从申请人预付款中扣除,申请人收到审裁决定后可向被申请人请款。

3. 审裁意见与决定

(1)审裁决定作出的期限

为保证审裁制度的高效性,各审裁规则均在审限上给予审裁员一定压力,但在审限起算节点、未能遵守审限的措施等方面有所区别(见表3)。

表3　部分审裁规则对审裁决定作出期限的规定

审裁规则	相关条目	相关规定(视情况具体表述有所编辑)
贸仲	32	除非当事人另有约定,评审组应当在评审程序开始之日起①84天内出具评审意见。评审组在征得各方当事人同意的前提下,可以适当延长作出评审意见的期限。
北仲	19	评审组应当在调查会②结束后14日内,作出书面评审意见,并说明理由。当事人对评审意见作出的期限另有约定的从约定。
港仲	58、60	审裁员须在收到当事人移交的材料后的56日内作出决定。在争议移交给审裁员之后,当事人可以同意决定时间延长。 如果审裁员出于任何原因未能在规定时间内作出决定,审裁即终止。
新调	4.13	如审裁员未能在法律法规规定的期限内出具决定,新调可以采取法案规定措施。
亚仲	10	审裁员应在以下期限内作出决定并送达审裁决定; 审裁答复送达或回复审裁答复的45个工作日(取相对较晚的时间); 如未收到审裁答复,则在审裁答复送达规定期限届满的45个工作日;或 双方同意的更晚时间。
德仲	17.6	决定应尽可能快速作出,通常在口头开庭或收到最后一份说明后4周内,最迟不超过程序开始后的5个月,除非双方同意延期。

(2)审裁决定的作出

在审裁规则的形式方面,调研的所有规则均要求审裁员书面作出决定,贸仲、北仲、港仲等规定审裁员应在决定上签字,贸仲、港仲、亚仲、德仲等规定审裁决定应说明理由。

在依据法律方面,《贸仲规则》第33条规定,除非当事人另有约定,评审组应当依据合同的条款和合同项目所在地或者其他与合同有最密切联系地法律的规定,参考相关域内外行业惯例和技术标准规范,公平合理、独立公正地作出评审意见。根据《德仲规则》第2部分第19节的规定,审裁员应根据当事人选择的适用

① 《贸仲规则》第21条明确规定,评审程序自评审组收到评审申请之日开始。

② 《北仲规则》第12条第1款规定,对方当事人应当自收到评审申请报告之日起28日内,提交答辩报告,陈述对争议的处理意见并附证明材料。第13条明确规定,评审组应当自对方当事人答辩期满后14日内,召开调查会。

于争议事项的法律规则决定争议，如当事人没有做出选择，则审裁员应适用其认为合适的法律。

在审裁决定内容方面，《贸仲规则》《港仲规则》为代表的规则中所作要求，相较仲裁更为简洁：《贸仲规则》第34条规定评审意见的内容应当包括但不限于：申请人的评审请求、争议事项和双方当事人的意见；评审组对争议的评审结果和所依据的事实及理由；评审意见的效力；评审意见作出的日期。《港仲规则》第61条要求审裁决定应包括争议事项、决定、原因、未书面记录的当事人承认内容、审裁费用。《亚仲规则》之中没有对决定的内容进行规定，但附有一系列模板，其中包括"附表15：审裁决定的格式模板"，内含争议方、建设工程合同和背景事实、申请人支付请求、被申请人支付答辩（如有）、提交审裁（包括审裁范围、审裁通知中包括的救济主张、审裁通知具体情况等）、审裁员选任、事项、审裁主张、审裁答辩、审裁答辩的回复（如有）、庭审/会议/现场调查、对每个事项的查明和理由、费用与审裁员费用和开支、决定。

此外，《贸仲规则》第36条第1款规定根据当事人的约定，仲裁委员会可以对评审意见草案进行核阅。根据《港仲规则》第59条、《新调规则》第9.2条的规定，在未缴清审裁费用的情况下暂缓发出审裁决定，其中，港仲暂缓发出决定的主体是审裁员，新调则是机构。

(3)审裁决定的效力与执行力

在效力方面，《贸仲规则》第37条和《北仲规则》第21条均规定，当事人可在收到评审意见之日起14日内书面提出异议，当事人在上述期限内提出异议的，评审意见不具有约束力。同时，《贸仲规则》第37条规定，除非当事人另有约定，评审意见可以在当事人之间就相关争议进行的诉讼或者仲裁程序中作为证据使用。在这一方面，德仲规则第23.1条、第23.2条规定：如果一方愿将审裁决定提交（仲裁）法庭程序复核，须书面通知对方其完全或部分不认可审裁决定（不认可声明），这一声明须在不认可的一方收到决定后一个月内送达对方当事人。除此之外，《港仲规则》《亚仲规则》《德仲规则》均规定，审裁决定对双方有约束力，直至争议最终解决。其中，《港仲规则》规定较为全面，根据《港仲规则》第67条的规定，审裁决定自作出之日起生效，直至通过诉讼、仲裁（如果合同规定仲裁或当事人另行同意仲裁）、协议方式最终解决争议，当事人亦可同意将审裁员决定作为最终争议结果。

在执行力方面,《港仲规则》第 68 条规定当事人应毫不延迟地执行审裁决定,审裁决定视为《香港仲裁条例》第 2C 部分的和解协议。《德仲规则》第 22 节规定,当事人不遵守审裁决定的行为构成故意且严重违反合同,此类违反的后果根据主合同中的规定确定。无论(仲裁)法庭宣布审裁决定是否正当,此类违约行为不会免除。如果不遵守审裁决定导致项目延期,有义务履行的合同方违约,即使后续(仲裁)法庭确认该方当事人有权利拒绝履行。仅在当审裁程序有瑕疵的情况下不追究当事人故意和严重违约,此处所述瑕疵在相应仲裁程序中将导致仲裁裁决撤销(德国《民事诉讼法典》第 1059 部分第 2 子部分第 2 条)。由于审裁决定约束而采取或不采取法律行为的一方,没有义务向另一方赔偿损害。

(4)审裁决定的执行:《英国技术和建筑法庭指南(2022)》

TCC 法庭通常是执行审裁员的审裁决定和任何处理其他与审裁有关事项的法庭。审裁员开展审裁活动的法律依据主要来源于 1996 年《房屋补助金、建设和重建法案》(经《2009 年地方民主、经济发展和建设法》修订,适用于 2011 年 10 月 1 日或之后签订的合同)中有关在英格兰和威尔士开展建筑业务的强制性条款。这些规定自动适用于符合该法案定义的任何建筑合同。一些审裁员的决定源自包含审裁条款的标准格式合同,另一些则来自临时性的审裁协议。TCC 法庭的执行程序适用于所有类型的审裁程序。除了处理强制执行审裁决定的申请外,TCC 法庭有时也会处理当事人在审裁开始时或在审裁期间,就审裁员的管辖权或审裁的有效性等事项向 TCC 法庭提出的宣告性救济。

①强制执行审裁决定的程序

与仲裁业务不同,审裁业务既没有实践指南,又没有制式的申请表(claim form)。由于强制执行审裁决定的程序通常是寻求金钱上的给付判决,因此通常适用英国《民事诉讼规则》(CPR)第 7 部分的程序。但是,如果执行程序提出的问题不太可能涉及实质性的事实争议并且没有寻求金钱上的给付判决,则可以适用英国《民事诉讼规则》第 8 部分(Alternative Procedure for Claims)的程序。

TCC 法庭制定了一套程序以便及时处理执行申请。该程序的细节如下:

申请表上应写明依据的施工合同、审裁员的管辖权、进行审裁的程序规则、审裁员的决定、寻求的救济和寻求救济的理由。

申请表应附有申请书(application notice),列明其所寻求的程序性事项(procedural directions)。通常情况下,申请人会要求缩短各个程序步骤的时间,并根据英国《民事诉讼规则》第 24 部分进行简易判决。申请表、申请书和应附有一份或多份证人证言,列出支持执行审裁决定申请和相关程序申请所依据的证据。这些证据通常应包括提交审裁的意向通知书和审裁员决定的副本。如果提出审裁员的管辖权问题,可能还需要提供后续在审裁中提交的诉状。

申请表、申请书和所附文件应提交给适当的登记处或法庭办事处,并明确标明是“无须通知的审裁执行申请和要求 TCC 法庭法官紧急处理的申请”(Paper without notice adjudication enforcement claim and application for the urgent attention of a TCC judge)。TCC 法庭法官通常会在办公室收到申请通知后的 3 个工作日内作出与程序性事项有关的指示。

程序性事项由 TCC 法庭法官直接依据文件材料进行处理,不另行通知当事人。关于当事人的程序性事项的申请和法官作出的指示应涉及:

a)被告提交送达确认书的缩短期限;

b)被告送达任何反对所寻求的救济的证人证言的时间;

c)提前进行简易判决申请审理的日期,并说明该审理所需或允许的时间;

d)对在审裁请求听证会上提出的判决、命令或其他救济的确定。

法官在此阶段作出的命令将始终给予被告提出申请的自由。

在法官处理以电子形式提出的程序性申请时,通常也会发出指示,规定申请书、支持性证据和安排听证会的命令要在实际可行的情况下尽快送达被告,有时也会要求在某个特定日期之前送达。

法官对程序性事项作出的指示通常会规定在该指示发出后的 6 ~ 8 周内举行有关执行审裁决定的听证会,并规定被告从送达之日起至少有 14 天来提交任何反对审裁申请的证据。在比较简单的案件中,这一期限可能更短。《英国技术和建筑法庭指南(2022)》附录 F 列举了 TCC 法庭在强制执行审裁员决定的诉讼中对申请人的程序性事项申请通常会作出的标准指示草案。

申请人在提交申请时应对审理该申请所需的时间进行评估,以便法官在确定听证会的日期和时间时进行参考。如果申请人没有提供该等评估,法官通常会安排 2 个小时的听证会,但当事人应记住这是在法院对被告就执行可能提出的问题知之甚少的情况下作出的。如果可能的话,双方当事人应共同向法院通报任何对预估时间进行修改的情况,负责该案的法官将考虑是否重新确定听证日期,或者像通常情况一样,调整用于安排听证的时间段。

如果双方不能就确定的听证日期或时间达成一致,则必须以电子方式向主持听证的法官提出申请,由其作出指示。

寻求执行审裁决定的一方应当注意到,他们可能会在缺席的情况下获得判决,或者如果另一方没有提交任何证据作为回应,他们的申请可能会被视作英国《民事诉讼规则》第24部分的申请而进行快速听证。一般来说,对当事人而言最好的是获得缺席判决而不是举行快速听证,因为这样可以减少当事人的成本费用(法院的指示中通常明确提到这一点)。

②强制执行听证

如果有任何争议需要在听证会上解决,当事人应向法官提供1996年《房屋补助金、建设和重建法案》的相关章节、进行审裁所依据的审裁程序规则、审裁员的决定以及审裁所依据的合同中任何审裁条款的副本。

根据法院的任何具体指示,各方应在听证会前2个完整工作日的下午4点前提交一份包含听证会所需文件的卷册。

当事人还应向法院提交简短的框架性主张和其援引的任何权威文件的副本(最好是当事人商定后形成的联合文件集),总结他们各自的论点,用以说明为什么审裁员的决定应当被执行或不应当被执行,或当事人有权寻求任何其他救济。

对于预计时间在半天以内的听证会,当事人应在不晚于听证会前一个完整工作日的下午4点前提供框架性主张文件。

对于预计会持续半天以上的听证会,当事人应在听证会前两个完整工作日的下午4点前提供框架性主张文件。

各方应就被告可以用以阻止强制执行审裁员决定或者法院可以向任何一方提供与审裁或审裁员决定有关的任何其他救济的有限情形,做好向法院进行陈述的充分准备。

③审裁中产生的其他程序

如上所述,TCC法庭还将审理因有争议的审裁而产生的任何宣告性救济的申请。一般来说,这些申请涉及:

对审裁员的管辖权的争议。有时,相较于双方在审裁中投入大量的费用后,最终只是为了在执行听证会上再次提出管辖权问题而言,在审裁程序一开始就对管辖权进行明确的做法是更合适的。

关于当事人之间是否存在1996年《房屋补助金、建设和重建法案》下的施工合同的争议。

对可允许审裁的范围的争议，特别是申请人试图在审裁中提出的事项是否各方之间预先存在的争议。

任何此类申请将被立即分配给一位指定的法官。在这种情况下，鉴于申请可能具有紧迫性，法官通常会要求各方在分配案件后的 2 个工作日内出席有关程序指示的听证会，然后作出必要的指示以确保迅速解决争议。

上述列举的宣告性救济申请的例子虽然不具有排他性，但清楚地表明并非在所有提出与审裁有某种联系的申请的案件中，TCC 法庭都会适用执行审裁情况下的缩短时限来审理宣告性救济申请。如果没有其他理由需要进行快速听证，当事人不应使用“审裁申请”的标签来谋求快速听证（如英国《民事诉讼规则》第 8 部分的宣告性救济申请）。法官可能会拒绝审理被贴上这种标签以图插队的索赔或申请。

有时会出现这样的情况：审裁的一方启动强制执行程序，而另一方则根据英国《民事诉讼规则》第 8 部分启动程序以挑战审裁员审裁决定的有效性。这种重复劳动是不必要的，而且会给当事人带来额外的费用，特别是如果这两个诉讼是在不同的法庭办事处启动的。因此，各方或其律师之间应进行明智的讨论，商定适当的开庭地点，并商定谁是申请人、谁是被告。每一方提出的所有问题都可以而且应该在一个诉讼中提出。

然而，在审裁员有明显错误（虽然在其管辖权范围内行事）的情况下，有时可能合适的做法是根据英国《民事诉讼规则》第 8 部分提起诉讼，要求对此进行司法确认，以作为对后续可能的执行审裁申请的先发制人的回应。但这一指导意见形成了一种“惯例”，是在申请执行审裁员的决定时，相对方往往在没有启动英国《民事诉讼规则》第 8 部分程序的情况下就向法院申请确认审裁员犯了错误。这种做法具有破坏性，不符合 TCC 法庭执行审裁员决定程序的精神。因此，需要强调此类案件只限于以下情况：

a）存在一个简短的、自成一体的问题，该问题在审裁程序中就已经出现，并且被告持续性地对此提出异议；

b）该问题不需要口头证据，也不需要在执行审裁决定的中间听证会上提供任何其他详细说明；

c）该问题是一个在简易判决申请中法院不容忽视的问题，此外，在任何情况下对该问题都应该有适当的宣告性救济的程序。

4. 审裁与其他程序衔接问题

（1）审裁过程中是否可以调解或和解

《贸仲规则》借鉴了仲裁中调解的做法，规定了争议评审中和解或调解的情况。该规则第 28 条规定，当事人在评审程序中可以就争议自行和解，也可以在评审组的主持下进行调解。当事人在评审程序中达成和解或者调解成功的，评审程序终止。当事人可以就此签订和解协议。当事人也可以根据和解协议中的仲裁条款，请求仲裁委员会组成仲裁庭根据和解协议的内容作出仲裁裁决。未达成和解或者调解未成功的，评审组和各方当事人在评审程序中均不受其在和解或者调解过程中发表的口头或书面意见的约束。

值得一提的是，山东省高级人民法院《建设工程领域纠纷“评调裁一体化”工作办法》第 7 条中将争议评审作为调解过程中的一个程序，提供了审裁与调解结合的另一思路。当事人根据争议评审决定书达成一致意见时，调解员应引导及时履行，也可签署和解协议。如无法达成一致意见，则可申请继续调解。

（2）审裁员是否可以担任后续争议的仲裁员、调解员、证人

在这个问题上，审裁规则的规定不尽相同。《贸仲规则》第 16 条第 3 款规定，除非当事人同意，评审专家不得在与评审争议相关的仲裁或者诉讼程序中担任仲裁员、法官或一方当事人的证人或代理人，但在仲裁庭或法庭认为有必要的情况下，可以作为仲裁庭或法庭的证人参与仲裁或诉讼程序。《港仲规则》第 81 条、第 82 条规定，审裁员不得在审裁当事人后续仲裁中被任命为仲裁员，除非当事人另有书面约定，但审裁员可以在后续仲裁或诉讼中被传唤担任证人。《新调规则》第 4.10 条规定，审裁员（或其律所或公司的任一成员）不得在任何时候在与审裁事项有关的情况下代表任一当事人行事。《德仲规则》第 28.5 条规定，审裁员不得就其在审裁活动中被披露的事实担任证人，但这不适用于现场勘查中获知（become known to the adjudicators）的事实。

（3）审裁决定是否可以作为诉讼或仲裁程序中的证据使用

贸仲和港仲的审裁规则对此有所规定，均持积极态度。《贸仲规则》第 37 条第 4 款规定，除非当事人另有约定，评审意见可以在当事人之间就相关争议进行的诉讼或者仲裁程序中作为证据使用。《港仲规则》第 83 条规定，在后续仲裁或诉讼中，审裁过程中提交或获得的任何信息、文件或证据，以及审裁员的决定，在合适的情况下应可供使用（shall be made available as appropriate）。

第五节 审裁立法和规则制定的建议

自2007年九部委发布的《标准施工招标文件》以及2013年《建设工程施工合同(示范文本)》(GF-2013-0201)将争议评审程序引入域内后,仲裁机构对于争议评审制度就开始了探索;此外,建筑业内的造价纠纷处理一直在进行。但不论是仲裁机构的争议评审的实践,还是建筑业的造价纠纷处理,目前发展的都不甚理想。其原因在本报告前部已有详尽的分析。本部分拟就我国建筑业审裁制度的立法和规则制订做出一定的展望和建议。

众所周知,建设工程纠纷数量呈逐年上升趋势,而且建设工程纠纷专业性强、案情复杂、处理时间长,上诉率、发改率一直稳居各类型案件前列。审裁制度作为一种非诉讼争议解决方式,是对诉讼、行政调解等争议解决方式的有效补充,是多元化解矛盾机制的重要组成部分,是把非诉讼纠纷解决机制挺在前面的务实举措。可以从前端化解工程纠纷,减轻司法部门压力,减少纠纷数量,与诉讼、行政调解等可以有机衔接、相互协调,对于在建设工程领域解决纠纷,保护建筑市场各方的合法权益,维护社会稳定,促进社会和谐,保障经济社会持续健康发展具有重要意义。建设工程领域的审裁制度的推广,将具有广阔的发展前景。

一、对审裁制度应当加快立法研究和推进制度保障

目前,域内并无完善的审裁制度体系,类似于审裁制度的程序主要包括几个方面:一是各个仲裁机构制定的建设工程争议评审规则;二是造价系统的调解规则;三是法院系统主导的诉调对接机制,但上述规则、机制均未达到规范性文件的法律层阶。

审裁制度的推行,需要解决审裁制度的公信力和审裁机构的设置问题。而要解决公信力和机构设置方面的问题,最直接、最有效的方法就是审裁立法以及制定规范性文件。从比较法的角度,英国、澳大利亚、新加坡等地以及我国香港特别行政区均有审裁立法的经验和实践可供参考,虽然域内面临的情况和这些国家和地区并不完全相同,但其审裁立法实践对域内立法仍然具有借鉴意义。加快审裁制度的立法研究和推进工作,对于完善建设工程领域多元化解纠纷解决机制具有

重大的意义。

二、审裁指定机构设立应予以规范

FIDIC文本、《标准施工招标文件》、《建设工程施工合同(示范文本)》(GF-2017-0201)等均约定当事人自行选定评审组,但从调研的结果可以看出,审裁规则的潜在用户更加希望具有公信力的权威部门介入对审裁决定进行背书,因此,在审裁程序中设置审裁指定机构是有必要性的。审裁指定机构是提供审裁员指定及其他审裁辅助服务的机构,指定机构不参与审裁案件的审理。

从目前域内的实践来看,法院引导的诉调对接机制并不可能作为一个独立运行的机制,其本质上是各个机构的相互配合。而将域内审裁程序的设计和构架依托于住建部门的原有造价纠纷处理程序,或者依托于仲裁机构的原有争议评审程序,是可以优先考虑的方案。我国是一个地域辽阔、各地发展又不平衡的国家,即便是以机构的模式进行审裁,也必然会存在各地的发展不平衡、不规范的问题。虽然审裁决定不具有终局性的约束力,但并不意味着对审裁决定无须进行任何监督,因为审裁决定是具有一定法律约束力的,即使不进入诉讼或仲裁程序,审裁决定也将直接影响当事人双方利益,甚至可能会影响到第三人利益。因此,对审裁程序不进行任何监督并不现实且存在较大隐患,而监督必然需要制度化、体系化地进行。因此在主管部门与审裁指定机构之间,以及审裁指定机构与审裁员之间,在遵循尽量避免干预原则的同时,也同样需要研究合理监督的问题。

审裁工作在域内还处于起步阶段,审裁制度的推广、审裁程序的运行保障、审裁过程的监督,都需要有专业人员去进行。未来应当考虑推进审裁指定机构工作人员的职业化和专业化建设,按照市场化模式和岗位要求进行选聘和管理,建立符合审裁制度特点的指定机构工作队伍和薪酬体系,这样才能保证审裁制度可以长期健康地运行。

三、审裁制度的适用范围应予合理设定

建立审裁制度,其根本目的是高效地解决双方争议,以保障承包商等能够快速获得价款,进而保证工程得以正常推进,维护建筑市场秩序,避免因各方纠纷导致不必要的损失扩大。因此,域内的审裁立法和规则设计,均应围绕这一根本目的进行。

域外审裁制度均是主要围绕保障建筑工程的正常推进来设计，审裁制度引入域内初期也应当参考域外的经验和实践，主要解决与工程进度密切相关的价款的争议处理，如施工合同预付款、进度款，以及直接与工程相关的供货合同、勘察合同、设计合同、监理合同等价款，而对于工程最终的结算、内部承包经营、工程价款债权受让等情形，目前应当暂时不作为审裁制度关注和保障的重点。

此外，鉴于审裁制度具有快速和非终局性的特征，决定了审裁制度并不适合于较为复杂的工程质量争议、工期争议等。出现此类争议后，建议当事人选择诉讼或仲裁等程序去解决纠纷。因此，对于工程质量争议、工期争议等复杂的工程纠纷，除非当事人一致选择审裁程序解决，否则审裁程序不宜轻易涉足上述复杂工程纠纷。

四、审裁员必须具备足够的专业性

审裁制度如果要在诉讼与仲裁之外体现其独特的价值，审裁员的专业性必然要作为一个重要的因素加以考虑。虽然仲裁也强调是专家断案，但基于审裁高效性要求，导致审裁员无法通过详细的调查去厘清案件事实，审裁员需通过自己的专业知识和经验作出审裁决定。因此，审裁员应当是具有专业的知识、拥有丰富的合同管理经验和工程建设实践经验的建筑业专家，正如 FIDIC 合同所规定的，他们每一个人都应该能用合同中所规定的语言流利地交流，并且在工程相关的建筑业有专业经验，并能对合同文件作出解释。

让具备专业知识和实践经验的专家进行建设工程审裁活动，提出切实有效的审裁意见和解决方案，将有助于争议双方接受审裁结果与审裁员提出的专家意见，在很大程度上可以避免当事人由于对结果的不满而另行通过仲裁和诉讼程序来解决纠纷的情形。

当然，选择建筑业的专家进行审裁并不意味着审裁员无须具备法律专业知识。在工程案件中，工程专业问题与法律问题往往交织在一起，在审裁程序中法律专家作为审裁员时，应当起到提醒审裁庭注意相关法律规定，及时纠偏，保障审裁决定合法性的作用。

因此，在未来的建筑业审裁员名册以及具体的案件审裁庭中，审裁员的合理的构成，是需要重点关注和研究的问题。

五、程序设计方面应充分体现审裁的效率特质

审裁的特质是用尽可能短的时间给出一个各方能够初步接受和履行的审裁结果。为了体现审裁的效率特征，未来审裁制度的设计应当首先注重给予审裁指定机构及审裁庭推进程序的合理授权。审裁指定机构可以在双方未达成一致的情况下，快速依职权指定审裁庭。审裁庭也应当可以以其认为最合理的方式，如书面核实材料、快速而简便的现场调查、及时与单方或双方沟通等来保证审裁程序的快速推进。

为体现审裁的效率特征，在规则设计可以考虑要求当事人在审裁程序开始之前，对于审裁的事实及理由、相关证据、审裁员的约定等，完成合理的文件送达工作，对于当事人在审裁程序中变更请求、提出反请求，或对事实和理由进行实质性变更等行为，宜进行合理的限制。

此外，因审裁主要适用空间是与工程进度密切相关的价款处理，审裁决定亦具有非终局性特点，故一旦涉及较为复杂的工程争议，更建议通过诉讼或仲裁等程序解决。如果在审裁过程中发现双方纠纷过于复杂，并不适合通过审裁来解决的，应当赋予审裁庭及时终止审裁程序的权利，以避免影响双方通过其他程序解决纠纷的权利。

当然，审裁制度的根本目的还是保障工程价款争议快速获得解决，从本质上仍是当事人的私权利的处分，如果双方当事人合意放弃对于效率的追求，希望审裁庭通过更复杂精细的程序解决其争议，应当是被允许的。特别是在审裁法立法之前，现有的审裁实践只能基于当事人的意思自治和授权，在这个前提下，尊重当事人意思自治，在审裁员的选定、审裁程序的进行、审裁决定的内容和效力、审裁费用的缴纳和负担等方面，给予当事人更多的选择权是合理且必须的。

六、关于审裁决定的效力和执行

审裁作为一个快速解决纠纷程序，其作出的审裁决定虽然并非终局性的，但审裁决定自作出之日起至争议通过诉讼、仲裁或者协议最终得以解决之前，对各方具有法律约束力。当事人既然选择了审裁解决双方的纠纷，在审裁所涉事项被诉讼或仲裁的结论否定之前，依据诚信原则，双方当事人理应遵循审裁决定履行其义务。对于审裁决定效力的研究，应当聚焦于通过合理的审裁规则所作出的决

定，如何与后续的仲裁或诉讼进行衔接，未按审裁决定履行义务的法律后果，审裁过程中双方无争议的事实在后续诉讼或仲裁中是否可以被采纳等问题。

如果未来审裁立法工作得以顺利实施，在审裁法的框架下，则还需要考虑审裁决定如何与执行程序的衔接，赋予其强制执行力。目前，审裁制度不管是在理论上还是实践上，都还有很大的探索空间，对于审裁决定非终局性特点在法律框架内如何构建，审裁决定的既判力、预决力等如何合理设定，审裁决定是否需要撤销或如何撤销等，还需要在理论上进行深入的研究，这也是未来审裁立法的技术难点之一。

七、关于审裁的费用

根据目前域内争议评审费用的调研，仲裁机构主导的争议评审费用大幅低于仲裁收费，主要费用为评审专家的报酬，在此基础上加收少量的机构服务费用，如北仲收取的评审费用仅在评审专家报酬基础上加收 10％。而建设主管部门的造价纠纷调解工作目前大部分不收费或仅仅象征性地收取几千元的专家报酬。

对于案件标的动辄上千万的建设工程争议来说，相对较低的费用有利于减少当事人的处理成本，提高审裁的可接受度。当然，免费或过低的收费也是不可取的，因为这不但会减少开展审裁工作机构的积极性，同时过低的收费也难以聘请到优秀的审裁员，难以保证审裁工作的质量。因此，合理的做法应当是充分考虑审裁工作的工作量、审裁员的专业要求，以及当事人的心理预期，在其中找到一个合理的平衡点，用相对诉讼和仲裁而言较低的收费，从而凸显审裁相对于诉讼和仲裁而言的优势。

八、关于审裁员的免责

基于审裁的特点，审裁员需要在较短的时间内对纠纷作出审裁决定，而审裁决定是非终局性的。因此，审裁员在效率最大化的前提下，有可能对争议事项无法做到深入精细的调查和分析，其作出的决定属于阶段性的安排。因此，除非违反了审裁所涉法律上的义务，否则审裁员不应当对于其在审裁程序中所作出的决定承担责任，这一原则当然也应当适用于审裁指定机构的工作人员。